# BIBLIO 17

Collection fondée en 1981
Directeur Wolfgang Leiner

**BIBLIO 17**

Alia Baccar Bournaz (éd.)

# L'Afrique au XVII^e siècle. Mythes et réalités

Actes du VII^e colloque du *Centre International de Rencontres sur le XVII^e siècle*, Tunis, 14-16 mars 2002

# L'Afrique au XVIIe siècle
# Mythes et réalités

Actes du VIIe colloque du
*Centre International de Rencontres sur*
*le XVIIe siècle*
Tunis, 14-16 mars 2002

Edités par Alia Baccar Bournaz

Biblio 17 – 149

gn℣ Gunter Narr Verlag Tübingen
2003

Bibliografische Information der Deutschen Bibliothek

Die Deutsche Bibliothek verzeichnet diese Publikation in der Deutschen
Nationalbibliografie; detaillierte bibliografische Daten sind im Internet über
<http://dnb.ddb.de> abrufbar.

# Biblio 17

Suppléments aux *Papers on French Seventeenth Century Literature*
Directeur de la publication: Wolfgang Leiner
Secrétaire de rédaction: Béatrice Monier
Romanisches Seminar – Wilhelmstraße 50 – D-72074 Tübingen

© 2003 · Gunter Narr Verlag Tübingen
P.O. Box 2567 · D-72015 Tübingen

Internet: http://www.narr.de · E-Mail: info@narr.de

ISSN 1434-6397
ISBN 3-8233-5561-9

# Université de la Manouba

# Pr. Alia Baccar Bournaz
# Présidente du Colloque

Comité d'organisation

Lyès Annabi, Raja Yassine Bahri, Faten Béjaoui,
Zinelabidine Benaïssa, Ghazi Kermaoui

## *Centre International de Rencontres sur le XVII<sup>e</sup> siècle*

Président fondateur: Roger Duchène (Marseille)

Président: Wolfgang Leiner (Tübingen)

Secrétaire général: Pierre Ronzeaud (Aix-en-Provence)

Trésorier: Charles Mazouer (Bordeaux)

Trésorier adjoint: Buford Norman (Columbia, South Carolina)

# Table des matières

## V. L'Afrique mise en scène 247

# 0. Allocutions d'ouverture

# En guise d'introduction

par

MOHAMED ALI DRISSA

Monsieur le Président du *Centre International de Rencontres sur le XVII*
*siècle*,
Chers invités, chers collègues, chers étudiants, Mesdames et Messieurs,

En cette heureuse occasion de la tenue de la rencontre (la 7ᵉ du genre)
organisée par la Faculté des Lettres Manouba et le Centre International de
Rencontres sur le XVIIᵉ siècle, il m'est particulièrement agréable de souligner devant vous l'intérêt que nous accordons à la collaboration étroite et
déjà ancienne qui existe entre notre Faculté et le Centre. Elle remonte aux
années 80. Je dois rappeler à ce propos que certains travaux de l'Université
tunisienne figurent dans le catalogue général de Biblio 17, notamment les
actes du Colloque de «*Corneille à Tunis*» préfacés par Georges Couton,
parus en 1986, l'ouvrage de Alia Baccar «*La mer source de création litté-*
*raire en France au XVIIᵉ siècle*» préfacé par Jacques Morel, en 1991 et les
Actes «*La Fontaine et l'Orient*» en 1996, postfacés par Alain Niderst.
En cette heureuse occasion, il m'est également agréable, au nom de tous
mes collègues et en mon nom personnel, de souhaiter la bienvenue à nos
invités, aux universitaires et chercheurs qui sont aujourd'hui parmi nous,
aux amis et aux organisateurs de ce colloque. Je les remercie d'avoir accepté d'organiser les travaux de cette rencontre à Tunis; mais vous souhaiter la bienvenue et vous remercier, ce n'est que sacrifier à un simple
usage.
Par le thème qui sera débattu, lors de ces trois journées, par la diversité
des communications, par le nombre et la qualité des chercheurs ici réunis,
cette rencontre est un événement scientifique remarquable et remarqué. La
présence de quarante chercheurs venus de tous les horizons: d'Afrique du
sud, d'Algérie, d'Allemagne, de France, du Canada, de Grande Bretagne,
d'Italie, des USA et des Universités tunisiennes de Sfax, de l'Institut Supérieur des Sciences Humaines de Tunis, de la Faculté des Sciences Humaines et Sociales de Tunis, de la Faculté des Lettres Manouba témoigne
du sérieux avec lequel avait été accueilli le projet de ce colloque, de
l'importance du sujet et de l'intérêt qui lui a été porté.

J'espère que nos invités en dépit du bref séjour qu'ils auront à passer parmi nous se rendront compte que l'hospitalité tunisienne n'est pas une légende mais une réalité. La Tunisie plurielle a pu concilier toutes les composantes de son histoire et de sa géographie dans une savante et chaleureuse synthèse. Terre de rencontres, de croisement des cultures, cette terre africaine a su, malgré les vicissitudes de l'histoire, se forger une personnalité propre à elle qui lui a valu l'estime des autres nations. Les principaux traits de cette personnalité sont la tolérance, l'ouverture, la modération, le sens de la relativité des valeurs et l'amour du dialogue. En Tunisie, le goût du terroir va de pair avec l'appel de l'ailleurs, la préoccupation du présent et de l'avenir ne perd pas de vue le passé, l'attention à l'arabité n'exclut pas la prise en compte de l'apport de l'Occident.

Nous sommes là, nous universitaires, pour dire non à ceux qui parlent du choc des civilisations, non à ceux qui cultivent la violence. Notre rencontre est la meilleure réponse aux ennemis de la paix. Nous appelons de tous nos vœux au triomphe des valeurs fondamentales de l'homme déjà prônées par le Grand Siècle; nous appelons également de tous nos vœux à une paix juste et durable aussi bien en Afrique qu'ailleurs. Que cette paix soit une réalité et non un mythe, pour reprendre les termes de la problématique qui est au cœur de votre réflexion.

Je veux, pour finir, remercier les participants et les organisateurs de cette rencontre. Permettez-moi de saluer les efforts déployés par Alia Baccar et rendre hommage à son sens de la gestion, son enthousiasme et son esprit d'initiative. Elle a su créer toutes les conditions nécessaires à la réussite de ce type de colloque. Elle a su également créer une synergie auprès de certains de ses collègues qui l'ont aidée à mener à bien sa tâche. Je tiens à les nommer, car pour moi, c'est une façon de leur rendre hommage: Mesdames Raja Bahri Yassine et Faten Béjaoui ainsi que Messieurs Lyès Annabi, Zinelabidine Ben Aïssa et Ghazi Kermaoui.

Je tiens aussi à remercier les membres du comité International des Rencontres sur le XVIIᵉ siècle: les professeurs Wolfgang Leiner, Charles Mazouer, Buford Norman et Pierre Ronzeaud. Les Institutions et personnalités qui ont contribué par leur généreux soutien à la réalisation et probablement au succès de ce colloque: messieurs le Ministre de l'Enseignement Supérieur, le Ministre du Tourisme, le Ministre de la Culture, le ministre de la Recherche Scientifique, le Maire de la Municipalité de Tunis et le Centre d'Etudes et de Recherches Economiques et Sociales, l'Institut Supérieur des Sciences Humaines de Tunis, l'Institut Français de Coopération, l'Ecole Normale Supérieure.

Merci à tous. Je souhaite plein succès à vos travaux.

# Paroles de bienvenue

par

WOLFGANG LEINER

Monsieur le Président de l'Université La Manouba,
Monsieur le Doyen de la Faculté des Lettres,

au nom du Bureau et du Conseil du Centre International de Rencontres sur
le XVII$^e$ siècle j'ai le privilège de vous remercier de l'honneur que vous
nous faites en abritant le 7$^e$ colloque de notre association dans le cadre de
votre célèbre université.

Nous sommes très heureux que l'invitation du professeur Baccar nous
donne à nouveau l'occasion d'une rencontre dans un pays méridional, car
l'histoire du CIR 17 est étroitement liée à l'espace de la Méditerranée.
Fondé à Marseille en 1991 par Roger Duchêne, le CIR 17 a pris son envol
définitif en 1992 à Genova. Après cinq colloques en Allemagne, aux Etats-
Unis, en Suisse et en France, nous avons retrouvé en 2000 à Bari notre
*mare nostrum*. C'est cette tradition que nous continuons avec le colloque
de Tunis, qui nous réunit comme les rencontres précédentes à Kiel et Santa
Barbara, à Miami, à Bordeaux, à Bari dans une ville portuaire. Seul le
colloque de Fribourg, faute de mer suisse, s'est tenu à l'intérieur des terres.
Mais Espace méditerranéen et bord de mer n'auraient sans doute pas suffi
pour que les nombreux congressistes réunis aujourd'hui ici préfèrent Tunis
à Charlottesville en Amérique ou à Wolfenbüttel en Allemagne où se
tiennent en ce moment même deux autres réunions dix-septiémistes importantes. Ils ont opté pour Tunis pour prendre contact avec le centre d'études
qu'anime à la Manouba le professeur Baccar, centre dont les recherches et
publications assurent depuis longtemps une présence tunisienne au delà des
limites géographiques de votre ville et de votre pays. Et puis c'est bien
entendu le thème du Colloque: «L'Afrique au XVII$^e$ siècle: Mythes et
Réalités» qui a attiré l'attention des membres de notre Centre. Il souligne
très justement que Tunis n'est pas seulement une ville méditerranéenne
hébergeant une équipe de chercheurs intéressée dans la littérature du XVII$^e$
siècle, mais que c'est aussi une ville à vocation africaine. Cet atout distingue Tunis et son université de tous les autres lieux où nous nous sommes
réunis précédemment. En dirigeant notre regard sur les mythes et réalités
de l'Afrique, le professeur Baccar attire en même temps notre attention sur

ce rôle éminent d'intermédiaire de la Tunésie et souligne ainsi la place importante qui a toujours été la sienne dans le commerce des cultures et civilisations.

En vous remerciant, Madame, au nom du CIR 17 de nous avoir proposé un thème passionnant et d'avoir investi avec votre équipe tous vos efforts dans la préparation de cette rencontre, je formule le souhait que les nombreuses communications que votre projet a suscitées répondent pleinement à votre attente et contribuent ainsi à illustrer le rôle important de votre colloque dans l'exploration des mythes afin de mieux saisir et comprendre les réalités.

# Présentation du colloque

par

ALIA BACCAR BOURNAZ

Monsieur le Doyen de la Faculté des Lettres de La Manouba,
Monsieur le Président du *CIR 17*,
Chers collègues, Mesdames et Messieurs,

dois-je avouer l'immense plaisir que j'ai d'accueillir ici, à Tunis la 7ᵉ rencontre du *CIR 17*? Après quatre colloques en Europe ( Allemagne, France, Italie, Suisse) et deux aux USA, le voici pour la première fois en Afrique. Le Centre International de Rencontres sur le XVIIᵉ siècle qui regroupe universitaires et chercheurs du monde s'intéressant au XVIIᵉ siècle, et tenant ses travaux tous les deux ans dans un pays différent, a retenu en effet la candidature de Tunis, lors de sa 6ᵉ rencontre à Bari en avril 2000.

Nous voilà réunis pour réfléchir sur les différents aspects qu'offrait l'Afrique au XVIIᵉ siècle, dans les domaines du réel et de l'imaginaire. Quoi de plus naturel, donc, que d'abriter nos travaux ici, en *Ifriqya*, terre ainsi dénommée par les Arabes pour référer à la Tunisie romaine et byzantine?

Ce sujet a inspiré de nombreux dix-septiémistes; nous avons reçu plus de cent propositions provenant de pays différents, ce qui a rendu la tâche bien difficile au comité scientifique réuni à Aix-en-Provence en mars 2001, pour sélectionner parmi elles vingt-neuf communicants; les autres propositions ne manquaient bien sûr pas d'intérêt, mais la diversité des intervenants et des sujets primaient avant toute chose, afin de ne rien omettre des multiples aspects de ce continent fascinant, que les auteurs ont visité, étudié, imaginé, représenté, peint et même mis en musique. Certes, la terre d'Afrique offre de multiples visages: berceau de croyances païennes et des trois religions monothéistes (hébraïque, chrétienne et musulmane), berceau des civilisations pharaonique, grecque, carthaginoise, romaine, arabe, négro-africaine... génératrice aussi bien de penseurs que d'esclaves, terre de légendes et de mythes, route de l'or, du diamant, du café, des épices et du musc... continent avec son histoire, sa faune et sa flore et ses paysages aux contrastes frappants.

Le colloque se propose d'explorer ces différents aspects pour découvrir les horizons africains de la France au dix-septième siècle. Pour les Européens, ce continent était encore mystérieux. Il ne les intéressait alors que pour multiplier les comptoirs de commerce sur les côtes occidentales, pour aborder sur ses rivages souvent inhospitaliers et permettre à quelques Missionnaires de s'aventurer prudemment dans les terres intérieures. Ce vieux continent est sans doute un espace privilégié de réalités plurielles et contrastées. Il trouve aussi sa représentation dans cette zone indécise où la légende emboîte le pas sur l'histoire ainsi que la politique et prend, par une magique alchimie, valeur de mythe.

Nous avons donc tenté d'offrir une palette représentative des Afriques qui s'imposent dans les mémoires. Nous nous sommes efforcés de reconstituer la géographie de ce continent, sa faune, sa flore, la multiplicité de ses habitants et de ses héros, la diversité de ses visiteurs et de leurs interprétations .

Le résultat de cette gestation est aujourd'hui notre rencontre qui n'aurait pu se réaliser sans la foi, les encouragements et l'intérêt que j'ai rencontrés tout au long des deux dernières années pour arriver à bout de cette présidence qui fut pour moi passionnante et enrichissante; je remercie le *CIR 17*, en la personne du Pr. Wolfgang Leiner, d'avoir placé sa confiance en moi.

Merci à mon collègue et ami , le Doyen de la Faculté des Lettres de la Manouba, le Pr. Mohamed Ali Drissa qui m'a écoutée, prêté secours et aidée chaque fois où je franchissais le seuil de son bureau, lui le dix-neuviémiste chevronné!

Je dois aussi me féliciter du soutien que les institutions tunisiennes ont apporté à l'objet de notre recherche. Je remercie vivement Messieurs les Ministres qui m'ont fait l'honneur de me recevoir, se sont intéressés à nos travaux et ont bien voulu accepter de contribuer à sa réalisation .Je voudrais nommer Messieurs, Sadok Chaâbane, Ministre de l'Enseignement Supérieur, Abdelbaki Hermassi, Ministre de la Culture, Mondher Zenaïdi, Ministre du Tourisme, de L'Artisanat et des Loisirs ainsi que M.Brahim Baccari qui était alors Secrétaire d'Etat à la Recherche scientifique et la Technologie. Le Maire de la ville de Tunis, M. Abbès Mohsen m'a également prêté une oreille attentive et a donné suite à ma demande lors de l'entrevue qu'il a eu l'amabilité de m'accorder.

Merci à l'Institut Français de la Coopération pour son efficace soutien, et en particulier aux Services de Messieurs Jean Yves Hoisnard et Hubert Tullon.

Merci à mes chers collègues Samir Marzouki Directeur de l'Ecole Normale Supérieure, Hassen El Annabi Directeur du Centre d'Etudes et de Recherches Economiques et Sociales et Mohamed Mahjoub Directeur de l'Institut Supérieur des Sciences Humaines de Tunis qui ont répondu à mes demandes et m'ont réconfortée par leur sollicitude .

Merci également à mes amis Jamila Binous, Historienne-Urbaniste, spécialiste de la Médina de Tunis, à Leïla Sebaï, archéologue spécialiste de l'époque punique, à Habib Ben Younès archéologue spécialiste de l'époque punico-romaine et directeur des Musées. Tous trois ont donné de leur temps pour offrir à notre colloque, son envergure culturelle.

*Merci* à Vous tous d'avoir permis à cette rencontre de se réaliser.

Mais aurait-elle pu véritablement prendre forme et finalement aboutir sans le comité d'organisation qui, pendant plus d'un an m'a épaulée, soutenue, encouragée? Je tiens à saluer l'effort et le suivi amical de mes collègues Raja Bahri Yassine, Zine Ben Aïssa, Lyès Annabi, sans lesquels je n'aurais pu finaliser une rencontre de cette ampleur.

Je vous remercie, vous, chers collègues, venus de si loin et dont pour certains, c'est le premier séjour en Tunisie, pour les communications fort prometteuses annoncées dans le programme, je vous souhaite un agréable séjour parmi nous et *Marhaba bikoum*, bienvenue à tous !

Merci aussi à mes jeunes collègues Faten Béjaoui et Ghazi Kermaoui qui nous ont rejoints ces dernières semaines et qui sont à votre disposition pour résoudre tout point d'ordre pratique. Ils ont la responsabilité de re-grouper les textes de vos interventions que vous voudrez bien leur remettre avec leur disquette. Votre diligence facilitera la publication des Actes qui verront le jour à Tübingen dans la collection *Biblio 17* dirigée par le Pr. Wolfgang Leiner. D'ailleurs, dans cette même collection, les Actes de la 6ᵉ rencontre qui s'est tenue à Bari *«Les Méditerranées du XVIIᵉ siècle»* viennent de paraître, édités par le Pr. Giovanni Dotoli.

Avant de terminer, je voudrais rendre un dernier hommage attristé à la mémoire de deux éminents dix-septiémistes qui nous ont quittés cette année, Simone Ackermann et Maurice Laugaa dont les travaux en particulier sur Racine et Mme de La Fayette font autorité.

Mais la recherche devant continuer, permettez-moi de rappeler quelques points d'ordre pratique: les communications ne doivent surtout pas dé-passer 25 minutes; je compte beaucoup sur les présidents de séance pour le respect de l'horaire prévu .

Il ne me reste plus qu'à vous dire *bonne exploration* dans votre découverte de l'Afrique au XVIIᵉ siècle.

Tunis le 14 mars 2002

# I. L'Afrique dénommée

# Présence de l'Afrique réelle et mythique dans le *Dictionnaire universel* d'Antoine Furetière

par

SONIA GADHOUM

La recherche de traces africaines dans le *Dictionnaire universel* d'Antoine Furetière[1] nous met d'emblée devant une évidence: l'absence d'une entrée AFRIQUE et de ce fait de son corrélatif AFRICAIN. Cela se justifie naturellement par le fait que Furetière nous propose un dictionnaire de langue où les noms de lieux et de peuples ne sont pas admis. L'Afrique et les Africains auront, en revanche, une large place dans le *Dictionnaire universel géographique et historique* de Thomas Corneille[2] qui paraîtra quelques années plus tard. Or, pour peu que l'on parcoure les entrées du *Dictionnaire*, l'on y décèle quelques contradictions éclairantes liées aussi bien à l'écriture lexicographique même et aux contraintes que celle-ci impose, qu'aux choix idéologiques d'un lexicographe, fondamentalement didacticien, pris au piège d'un encyclopédisme devenu parfois «inconfortable».

Si des termes tels AFRICAIN, EGYPTIEN, ETHIOPIEN, AMERICAIN ou INDIEN[3] n'apparaissent pas en entrée, il y a bien une double entrée MAURE / MORE. Signalons ici que les dictionnaires d'aujourd'hui tel le *Petit Robert*, enregistrent sous une même entrée les deux orthographes MAURE et MORE. A MAURE, Furetière propose une définition sans copule «*MAURE, MAURESSE, homme noir ou femme noire nez en une region d'Afrique appelée la Mauritanie*». Or, la synonymie Maure = homme noir renvoyant fondamentalement à l'«*être*», se trouve immédiatement niée car reléguée dans la catégorie du «*dire*»: «*Ce mot est venu en usage en ces phrases*» dit Furetière. Ainsi, l'«*être*» noir n'est plus un «*homme*» mais devient un «*mot*» de la langue comme pour justifier sa

---

[1] Antoine Furetière, *Dictionnaire universel...*, rééd. par Alain Rey, Paris, S.N.L., Le Robert, 1978, 3 vols.

[2] Thomas Corneille, *Dictionnaire universel géographique et historique...*, Paris, J.B. Coignard, 1708, 3 vols.

[3] Il y a bien une entrée INDIENNE, mais il ne s'agit pas d'une habitante de l'Inde comme on pourrait s'y attendre, mais d'une «*Robe de chambre à la manière des Indiens...*».

présence ambigüe: structurellement incongru, il est pourtant fondamentalement nécessaire à une nomenclature qui se veut *universelle*. Le discours quotidien de l'usage, introduit par diverses formules telles «*on dit*», «*on appelle*»... consacre, de par sa dimension collective, des représentations partagées, admises, du Maure que le lexicographe, en bon didacticien, restitue telles quelles: «*Traitter de Turc à Maure, c'est à dire agir avec quelqu'un dans la derniere rigueur, ne luy relascher rien*»; «*On dit en parlant d'une chose impossible, c'est entreprendre de blanchir un Maure, un Ethiopien*»; «*Quand on veut exagerer la noirceur de quelqu'un, on dit que c'est un vray Maure...*»

On est frappé par l'absence totale de l'«*homme noir*» à MORE ou MOREAU qui n'est qu'un «*Terme de manège se disant d'un cheval qui a le poil d'un noir enfoncé, vif et luisant...*». On croit le retrouver à MORES-QUE, mais là encore il s'agit d'un signe qui désigne un emploi dans la langue: «*Moresque, adj. fém. et subst. Peinture faite à la manière des Mores qui consiste en plusieurs grotesques et compartiments qui n'ont aucune figure parfaite d'hommes ni d'animaux*». D'ailleurs, on dit «*absolument*» des «*Moresques*» pour dire des «*peintures moresques*». Cette ambiguïté constante chez Furetière qui consiste à faire coïncider le signe de la langue avec la chose est si caractéristique de son écriture propre qui accorde au contenu une valeur suprême et correspond, pour reprendre les termes d'Alain Rey, «*à une conception où les mots figurent implicitement dans une proposition qui parle du monde*»[4].

Le terme «*noir*» est ainsi promené d'une entrée à l'autre, exposé dans diverses acceptions sans jamais désigner l'homme noir proprement dit. «*noir*» se dit du «*visage*» des «*Mores*» comme des «*plumes*» des «*corbeaux*» ou du «*bled sarrasin*». Quant à «*nègre*», il est quasiment inexistant. Il apparaît, cependant, à ESCLAVE où on lit: «*On fait dans l'Amérique un grand traffic d'esclaves Nègres*». Cette anomalie a été remarquablement étudiée par Simone Delesalle et Lucette Valensi dans un article intitulé «Le mot *Nègre* dans les Dictionnaires français d'Ancien Régime. Histoire et lexicographie»[5], dans lequel elles font l'inventaire des dictionnaires parus entre 1522 et 1769 qui omettent d'enregistrer le terme. Le «*Dictionnaire françois...*» de Pierre Richelet tout comme celui de Furetière en fait partie et «*le cas du Dictionnaire de l'Académie*», commentent les auteurs, «*est assez admirable, car on peut y voir les particularités qui tiennent à son caractère de pur dictionnaire de langue jouer un rôle déterminant dans l'aveuglement idéologique [...] il est le dernier à enregistrer l'entrée Nègre*

---

4 Alain Rey, *Antoine Furetière imagier de la culture classique*, introduction à la réédition du *Dictionnaire universel*, Paris, S.N.L., Le Robert, 1978, p. 87.

5 *Langue française*, septembre 1972, pp. 79-104.

= *homme. c'est seulement en 1798 qu'il définit les Nègres comme escla-ves*». Ainsi, «*malgré les grandes découvertes, les rédacteurs de diction-naires méconnaissent l'Afrique et ses habitants et la traite dont ils sont victimes.* L'«*absence*» du Nègre n'est ni «*fortuite*» ni «*gratuite*», c'est «*un acte de censure, qui traduit l'embarras résultant de l'existence des Nègres comme peuples et comme esclaves*».

Notons, quant à notre propos, que la référence à l'esclavage en terre africaine se situe à Alger, à l'entrée ESCLAVE, mais il n'est point question de «*traffic d'esclaves Nègres*» comme on l'a vu, mais de «*captifs*»: «*Les esclaves d'Alger sont des captifs pris par des corsaires*». On retrouve in-directement ces esclaves à PIRATERIE ainsi définie: «*Vol qui se fait sur mer à main armée*». Suit cet exemple: «*les Algeriens et les Barbares vivent de pirateries*». Furetière n'émet pas de jugement moral, mais enregistre une pratique odieuse en terre mahométane. A cela, on trouve un écho direct à ESCLAVAGE: «*Servitude, prison chez les ennemis, chez les Barbares*». Après la définition, suit un exemple: «*l'esclavage est fort rude chez les Mahométans*». En revanche, lorsqu'à ESCLAVE, après avoir mentionné «*Les esclaves d'Alger*», Furetière évoque, nous venons de le voir, «*un grand traffic d'esclaves Nègres*» qui se pratique en Amérique, il ajoute immédiatement après: «*Dès qu'un esclave peut aborder en France, il est libre*». Ce qui dans la bouche du juriste est à la fois une transmission d'un savoir institutionnalisé et admis, en même temps qu'une valorisation d'une parole propre à une communauté qui partage l'idée et la culture de la liberté. Il y a de fortes chances qu'il s'agisse ici de la déclaration royale de 1571 qui affirme: «*La France, mère de la liberté n'autorise aucun esclave*» et / ou d'un autre texte de loi qui confirme en 1607 que «*toutes personnes sont libres en ce royaume; aussitôt qu'un esclave a atteint ces frontières et été baptisé, il est libre*»[6].

Nous pouvons à présent apporter une première conclusion en disant que l'être africain appartenant à un espace géographique et ethnique défini, à une communauté humaine ayant des caractéristiques propres est tout simplement inexistant. Lorsqu'il est enregistré à de rares entrées telles MAURE ou NOIR c'est pour être immédiatement nié en tant qu'«*être*» et traité dans des définitions fondées sur le «*dire*» comme un mot de la langue dont le lexicograhe décrit le fonctionnement. On ne peut s'empêcher ici de comparer le sort réservé à l'Africain à celui du Turc, de l'Arabe et du musulman dont la présence dans le *Dictionnaire* de Furetière a été décrite

---

[6] Cf. S. Delesalle et L. Valensi, article cité, p. 82.

par François Lebrun[7]. Ce travail ne propose pas d'analyse proprement dite des entrées relatives au champ lexical traité, mais se propose plutôt d'en faire l'inventaire. Il apparaît rapidement, en parcourant celui-ci, que contrairement à la rareté de l'Afrique et des Africains, le *Dictionnaire* foisonne de Turcs, d'Arabes et de musulmans et leur consacre, surtout, des entrées propres, ce qui d'emblée surprend s'agissant d'un dictionnaire de langue. A l'exception de TURC, on le verra, l'Arabe et le musulman sont traités quasiment de la même manière que MAURE. MUSULMAN n'est pas défini comme une personnne appartenant à la communauté des musulmans, mais comme un «*Terme de Relation*». Furetière poursuit: «*C'est le titre que les Mahométans prennent abusivement, qui veut dire en leur langue, vray croyant*». Le musulman n'a pas de raison d'être et d'ailleurs le «*vray croyant*» ne peut être celui qu'on appelle «*infidèle*». Plus surprenant encore, ARABE («*subs. masc. et fém.*») se résume à trois qualificatifs: «*Avare, cruel, Tyran*». La négation de l'être est on ne peut plus claire et la description du terme dans l'usage en dit long sur ses représentations: «*Quant on a affaire à des Sergents, ce sont des Arabes, ils rançonnent leurs hôtes*»; Cet usurier est un Arabe envers ses créanciers, il ne leur lasche rien*». Plus loin, la reconnaissance objective du savoir et du savoir-faire des Arabes, communauté ethnique, est soulignée, mais comme faisant déjà partie du passé: «*Les Arabes ont été sçavants en Médecine et en Mathématiques*». Quant au Turc, enfin, il bénéficie, lui, d'une faveur particulière car il existe bel et bien en tant que «*Sujet de l'Empereur d'Orient qui fait profession de la Secte de Mahomet*». Cette définition politique, religieuse et culturelle est complétée plus loin par une définition géographique à travers un exemple: «*Les Turcs viennent originairement du Turquestan ou Turcomanie*».

Curieusement, TURC est consigné dans le *Dictionnaire* au même titre que FRANCAIS («*Qui est né en France*»). Il y aurait beaucoup à dire sur le Turc accablé comme l'Arabe, de tous les vices. Il répugne, fait peur et fascine tout à la fois. Il est fortement présent dans le *Dictionnaire* et sa présence ne relève pas seulement d'une simple contradiction liée au «genre lexicographique», mais plus encore d'une articulation politique et idéologique. A une époque où l'Empire Ottoman ne s'appelait pas encore «*l'homme malade*», cet autre qualifié d'«*ennemi*», d'«*infidèle*» et de «*tyran*» occupe grandement et fatalement l'espace d'un imaginaire d'une société qui le fabrique et par là même le fait exister. On lit à TYRAN: «*L'Asie et l'Afrique gemissent sous la tyrannie des Princes Mahométans*».

---

[7] François Lebrun, «Turcs, Barbaresques, Musulmans, vus par les Français du XVIIe siècle», d'après le Dictionnaire de Furetière, *Les Cahiers de Tunisie*, XLIV, pp. 157-158, 1991, pp. 69-74.

Tout est dit. Voilà qui nous ramène à l'Afrique où il faudra à présent chercher d'autres traces.

Il nous a semblé distinguer, d'abord, dans le *Dictionnaire* de Furetière, une Afrique qui apparaît à travers des termes renvoyant à la géographie et au climat et qui est pourvue d'une faune et d'une flore particulières. On lit à CONTINENT: «*L'Afrique est un grand Continent qui n'est attaché à l'Asie que par un isthme*» et c'est «*au bout de la mer Rouge au Suez*» que cet isthme est situé. Bien entendu, il n'y a point d'entrée BARBARIE. En revanche, Furetière enregistre à BARBARE, sans commentaire, comme c'est toujours le cas s'agissant d'étymologie, la même étymologie retenue par Thomas Corneille, à la différence près qu'il cite Scaliger: «*Scaliger tient que ce mot de barabre vient de l'Arabe bar qui signifie desert. Barbare selon son sentiment, est un sauvage, un homme vivant dans les solitudes*». «*Les Grecs*», dit Furetière, «*appeloient Barbares, ceux dont ils n'entendoient pas le langage, tels qu'étoient les Scythes, les Persans, les Egyptiens*». Corneille, quant à lui, critique ouvertement l'étymologie arabe qu'il donne quand même en se référant à Marmol: «*L'origine de son nom de Barbarie est fort douteuse. Les Arabes, selon Marmol appellent encore cette région Berberie du mot Ber qui signifie Desert, à cause qu'elle n'étoit guère peuplée avant qu'il la vinssent occuper*». Ainsi, pour Furetière, qui que l'on soit, on est souvent le «*barbare*» de quelqu'un. Pour Corneille, en revanche, on ne peut être le «*barbare*» d'un Arabe qui lui même est, par définition, un nomade sillonnant le désert, un perpétuel errant, étranger à la civilisation[8]. La différence est donc de taille, elle évoque une certaine perception de cette Afrique arabisée, mahométane de surcroît et révèle surtout les choix qu'un lexicographe peut effectuer sur le strict plan de l'écriture: didactique ou polémique. Parfois, telle est la question.

Le climat africain est souvent rude. On lit à IMPETUEUX: «*Les flots de la mer sont fort impétueux vers le Cap de Bonne Esperance*». Le même exemple est repris à ORAGEUX. La «*nuée*» est une sorte de «*tourbillon de sable*» et «*dans les déserts d'Afrique il s'élesve souvent des nuées de sable qui font perir les Caravanes*». Mais on trouve également un climat plus clément à travers la «*goutte*» qui «*en terme de Relation, est une certaine rosée qui tombe en Egypte vers le mois de juin*». Elle est tellement bénéfique qu'elle peut faire cesser toutes les maladies et «*on peut sûrement communiquer avec des pestiferez*».

---

[8] On lit à HORDE: «*Terme de Geographie, qui se dit de ces troupes de peuples errants, comme Arabes et Tartares, qui n'ont point de villes ni d'habitation assurée, mais qui courent l'Asie et l'Afrique, et demeurent sur des chariots et sous des tentes, pour changer de demeure quand ils ont mangé un pays*» (Furetière).

Il y aurait également beaucoup à dire sur la faune et la flore africaines qui nécessiteraient à elles seules une étude approfondie. Faute d'espace, nous nous contenterons donc de quelques exemples. Il est difficile d'oublier les fourmis de l'Angola qui sont «*si grosses qu'on a trouvé des squelets de vaches qui en ont esté mangées en une nuit*»; les lions «*timides*» d'«*Agla en la Province d'Habat vers Maroc*» qui «*ont si peu de coeur, que le moindre enfant leur donne la chasse*» ou bien ce monstrueux «*lion marin*», «*vu vers le Cap de Bonne Esperance*» où «*il y fut tué*» et qui «*se retiroit à la mer après s'être saoulé dans les bois*». Il y a chez Furetière, auteur du *Roman bourgeois*, un plaisir indéniable du récit, ses articles constituent souvent de véritables monographies. Mais, les lumières de Descartes sont là et la raison donne lieu à un discours critique qui détruit pour mieux construire. Les articles GIRAFFE et LICORNE en sont les meilleurs exemples. On lit a GIRAFFE: «*Animal farouche dont plusieurs Auteurs font mention, mais que personne n'a veu. Belleforest en parle au liv.6 de l'Afrique, et dit qu'il y en a dans l'Isle de Madagascar: mais on n'y en trouve point*». Plus loin Furetière ajoute: «*D'autres disent qu'on n'en trouve qu'en Ethiopie*». Il est pourtant difficile de donner pour vrai ce qui émane de l'imagination des hommes qui sont capables de fournir une description de l'animal sans jamais l'avoir vu. La dernière phrase tombe comme un couperet, elle annule tout ce qui a précédé: «*La plupart des Curieux croient que c'est un animal chimérique*». A LICORNE, il y a une véritable «*poétique de la négation*» pour reprendre l'expression de Maurice Laugaa à propos de Furetière critique, tout ce qui suit la définition («*La Licorne se trouve seulement dans l'Afrique*»), consiste à nier les histoires sans fondement aucun, rapportées par les voyageurs. Ainsi, «*Le Pere Lobo dans ses Voyages rapporte plusieurs témoignages de gens qui en ont vû, et c'est ainsi que la descrit Vincent le Blanc dans son voyage d'Afrique*[9]: *mais cet autheur est fort suspect, aussi bien qu'André Thevet, qui escrit que le Roy de Monomotapa...*». S'appuyer sur des autorités, légitime la critique: «*Pline dit que le premier qui a escrit de la licorne, est un nommé Ctesias, qu'Aristote dit être un Auteur fort suspect. Ehan n'en parle qu'en doutant*». ceux qui doutent sont, en effet, les plus raisonnables: «*les plus censez tiennent que c'est un animal fabuleux*». Il arrive, enfin, que Furetière donne une information attestée qu'il transmet alors sans aucun commentaire. C'est le cas par exemple du «*faucon thunisien*» qui donc «*vient de Thunis*» et «*qui est nommé autrement alphanet de alpha, parce que les Grecs le mettent au premier rang des faucons*».

---

[9] Renvoie à la description donnée auparavant par Furetière: «*C'est un animal fort craintif qui se retire dans les bois, et qui pourtant se hasarde quelquefois à venir dans la plaine. Il a une corne blanche...*».

Cependant, l'Afrique qui est «*un pays sec et maigre*»[10] où il y a «*des monstres et des deserts affreux*»[11], est aussi un espace culturel avec ses pratiques, ses croyances et son savoir-faire que Furetière décrit et transmet tel quel en bon didacticien. Il y a bien «*en Barbarie*» une monnaie qui s'appelle le «*Medin*» qui «*est une monnaie Africaine dont Bodin fait mention*» rapporte Furetière. Le «*Marroquin de Barbarie*» désigne des «*peaux de Bouc qui viennent d'Afrique et qu'on passe en noir à Rouen*». Une partie de l'Afrique est mahométane, c'est un fait et le «*Marabout*» est défini comme «*un Prestre mahométan qui dessert une mosquée particulièrement en Afrique*».

Il y a, enfin, une troisième Afrique qui apparaît dans le *Dictionnaire* et qui est une Afrique historique, essentiellement antique dans laquelle domine l'Egypte des Pharaons. Ce sont bien sûr les Pyramides que l'on trouve à des entrées telles MAGNIFIQUE, MERVEILLE ou encore les momies, le papyrus, l'obélisque..., C'est la grandeur et la gloire passées qui continuent à fasciner. On lit à IMMORTEL: «*Les Rois d'Egypte ont laissé des monuments immortels de leur puissance par le bâtiment des Pyramides*». Alexandrie, ville du phare et d'une célèbre bibliothèque est aussi une ville phare de l'histoire et pionnière dans l'histoire du savoir. A PHILOLOGIE, on trouve ceci: «*Eratostène, Bibliothécaire d'Alexandrie a été le premier à porter le beau nom de philologue*».

L'Afrique antique est aussi, dans une moindre mesure, la Tunisie antique, Carthage et ses relations avec Rome. Hannibal et Carthage apparaissent à DIVERSION: «*Terme de guerre. Les Romains ne purent chasser Hannibal d'Italie qu'en faisant diversion, et en allant attaquer Carthage*». Mais on trouve également à des termes renvoyant à des qualités morales, des exemples tels «*Caton d'Utique se fit mourir par un noble desespoir*»[12]; «*Les Carthaginois envoyerent Attilius Regulus sur sa foy et il revint se remettre prisonnier*»[13]...

Quant aux deux personnages qui ont marqué l'Afrique à l'ère chrétienne, c'est à dire Saint-Louis et Saint-Augustin, rares sont les exemples qui les ramènent à l'Afrique. «*Saint-louis alla en personne à l'expédition de la terre sainte*» dit Furetière qui, cependant, n'évoque pas l'épisode de Tunis. «*Gros est une ancienne monnaie que Saint-louis fit battre à son retour d'Egypte en la ville de Tours...*» Quant à Saint-Augustin, il est bien sûr présent dans quelques entrées plus ou moins attendues (ORDRE, MARTYRE,

---

[10] Cf. PAYS.

[11] Cf. AFFREUX.

[12] Cf. NOBLE.

[13] Cf. FOY (serment, parole donnée).

HOMELIE...), mais il est évoqué aussi à CYNOCEPHALE où il est contesté à la suite de Pline: «*Pline et après luy, Saint-Augustin ont dit qu'il y avait des hommes qu'ils nomment cynocéphales [...] Mais les Relations de tous les modernes n'en font aucune mention*».

Que dire pour conclure sinon que dans le *Dictionnaire* de Furetière, l'Africain en tant qu'être appartenant à une communauté ethnique et géographique est absent dans les entrées principales; s'il est mentionné c'est pour être aussitôt nié. Quant à l'Afrique, elle est multiple, elle continue, certes, à véhiculer une image traditionnellement monstrueuse, mais elle est aussi un espace géographique et culturel qui a une certaine histoire et qui ouvre sur l'ailleurs. C'est une aubaine pour le lexicographe d'exercer son talent de didacticien.

# Stéréotypes d'Afrique dans la lexicographie du XVIIe siècle, entre tradition et modernité

par

SERGIO POLI

## I. Lexicographie et image du monde

On sait bien que le grand effort de mise ordre systématique du monde, parallèle à l'essor de l'esprit scientifique et à la formation des états modernes aboutit dans la lexicographie du XVIIe siècle à la séparation des mots, dans les dictionnaires, et des choses, dans l'encyclopédie. C'est avant tout une question de buts politiques et d'efficacité: les dictionnaires sont là pour témoigner, dans le domaine linguistique, d'un effort général de mise en ordre intérieure: ils témoignent d'un regard dirigé vers soi, au même titre que la législation sur le travail intellectuel, celle sur la censure, ou encore celle sur la circulations du produit-livre dans un marché rapidement élargi. Les encyclopédies, par contre, surviendront peu après pour illustrer la nouvelle projection française et européenne vers un «extérieur» que l'on veut non seulement connaître, mais aussi cataloguer dans un but de domination à la fois matérielle et intellectuelle.

La dialectique entre ces deux pôles est aussi, en quelque sorte, une dialectique entre la fixité académique et le mouvement subversif, surtout en France où l'Académie était au service du pouvoir et où, au contraire, «*[dans la culture française] l'idée de l'encyclopédie*» est « *chevillée à une pensée progressiste voire subversive*»[1]. C'est justement à la croisée de ces deux tendances que l'on peut observer avec le plus de profit la *doxa* d'une époque, et surtout le regard qu'une civilisation jette sur l'autre et sur le monde: ce regard, en effet, ne se borne pas à montrer l'image de l'autre, mais l'entoure de tous les espoirs, les peurs, les pulsions du moi. Voilà pourquoi un voyage à la recherche de l'Afrique lexicographique ne peut qu'être une circumnavigation de la mentalité française du XVIIe siècle, avec tout ses stéréotypes anciens et modernes; et voilà aussi pourquoi la

---

[1] http://www.linguistes.com/mots/dictionnaires.html. Consulté au mois de février 2002.

base d'une telle recherche ne peut qu'être le dictionnaire de Furetière, père d'une lexicographie moins «moderne» en tant que précurseur de toute la filière de Trévoux[2], mais en même temps «opposant» (forcé, peut-être...) de l'Académie et tenant d'un encyclopédisme qui annonce déjà le XVIIIe siècle. Les autres dictionnaires ne nous serviront que de temps en temps, pour nous aider à la tâche dans des cas spécifiques.

## II. Un aperçu sur les quantités:
## la place de l'Afrique dans le dictionnaire de Furetière et dans la réalité socio-historique française

Ce n'est qu'à Furetière, en effet, que l'on peut demander des données statistiques, vu que chez lui toutes les parties du globe ont leur place, et qu'il est aisé d'en repérer les traces parmi la nomenclature, les définitions et les exemples. Il suffit donc de considérer les nombres pour avoir une perception immédiate de leur importance relative: dans le défilé des continents l'Afrique fait figure de Cendrillon, avec plus ou moins 700 citations, bien derrière l'Europe, qui dépasse les 4000, l'Asie (environ 2300), et l'Amérique (831)[3]. L'Italie, à elle seule, dépasse toute l'Afrique d'une soixantaine de références (765)[4]. Il n'y a que la «Terre Australe», lieu privilégié des romans utopiques parce qu'«inconnu» et donc manipulable à l'envi, qui a droit à moins de citations: deux au total. Une donnée, celle-ci, qui, justement par son insignifiance, peut confirmer cet «esprit scientifique» qui est à la base de la modernité: Furetière veut voir le monde tel qu'il est, sans envols imaginaires, loin des utopies, qui pourtant circulaient, et des narrations «fabuleuses».

Pour lui, qui s'était plu, polémiquant avec le stéréotype du héros romanesque de la tradition, à décrire une place de Paris avec les maisons et les pâles personnages qui y vivaient, vaut peut-être cette «loi de proximité» si

---

[2] *Ibid.* C'est justement le «*caractère offensif du Furetière*» qui disparaît «*sous le travail de l'abbaye de Trévoux*».

[3] L'à peu près de ces chiffres est moins dû à des fautes de calcul qu'à l'incertitude de certaines citations ou allusions: les Tartares, par exemples, jusqu'à quel point appartiennent-t-ils géographiquement à l'Asie plutôt qu'à l'Europe? Et les «Mahométans» dans quel continent se trouvent-ils exactement? Il en va ainsi des Turcs, peut être aussi, en partie, des Arabes, et ainsi de suite. Leur précision globale est en tout cas très haute: j'en suis redevable au mémoire très soigné et scrupuleux de Francesca Martini sur *L'image du monde dans le Dictionnaire Universel d'A. Furetière* (Université de Gênes; Ier rapporteur: Hélène Giaufret).

[4] Voir Hélène Giaufret, *l'Italie dans le «Dictionnaire universel» d'Antoine Furetière*, dans *La guirlande de Cécile,* Fasano, Schena – Paris, Nizet, 1996, pp. 567-581.

chère aux journalistes d'aujourd'hui: l'intérêt du public pour les faits et les lieux est inversement proportionnel à leur distance, qu'elle soit géographique, situationnelle ou psychologique. La Terre Australe, n'étant, à son époque, qu'un continent fabuleux, imaginé de différentes façons par les Anciens et évoqué confusément dans les racontars des matelots, ne peut donc avoir de place dans son œuvre.

La Terre Australe, soit; mais l'Afrique? Les quelque 700 citations africaines de Furetière se prêtent, quant à leur quantité, à des considérations diverses, voire opposées. Du point de vue de la proximité historique et géographique, le chiffre pourrait paraître risible. Les relations Europe-Afrique remontaient à l'Antiquité, surtout pour l'Afrique du Nord, centre commercial essentiel de la Méditerranée classique, foyer ensuite du christianisme, et, enfin, lieu de départ des «adversaires», pays d'esclavages aventureux et d'évasions romanesques: il y aurait bien là de quoi s'attendre à une récolte plus riche. Du point de vue de l'évolution des mentalités, et des horizons politiques français, une Afrique qui ne se place pas trop loin de l'Italie et qui, surtout, ne reste qu'à quelque deux cents pas de l'Amérique, pourrait au contraire étonner. L'Europe, et la France avec elle, sort, au XVII^e siècle, d'un véritable engouement pour le Nouveau Monde qui vient d'être découvert: les voyages de Parmentier au Brésil[5], de Cartier au Canada[6], les tentatives de colonisation de Villegagnon au Brésil[7] et de Ribaut en Floride[8] contribuent à alimenter en France un imaginaire mythique spécifique (celui du bon sauvage, de l'âge d'or, de l'Eldorado, *etc.*) et se répercutent en littérature, de la Pléiade à Montaigne. Face à cette vague d'exotisme américain, l'Afrique reste oubliée, ou peu connue.

Il est vrai que les Dieppois revenaient tous les ans des Canaries et de la Guinée avec des navires chargés de «malaguette»[9] et de «marphil»[10], mais

---

[5] Voir sa *Description nouvelle des merveilles de ce monde et de la dignité de l'homme, composé en rythme française, ...*1531.

[6] *Le brief récit et succinte narration de la navigation faite en 1535 et 1536 par le capitaine Jacques Cartier* (1545).

[7] Il s'agit de la première tentative de colonisation française et protestante dans le continent américain, en 1556. On en possède des relations: celle de Thevet, *Singularitez de la France antarctique* (1558) et de Lery, *Histoire d'un voyage fait en la terre de Brésil* (paru en 1578).

[8] C'est la deuxième tentative française et protestante de colonisation américaine, en 1562.

[9] *Amomum melegueta (Roskoe) ou Aframomum meleguetta (linn.).*Famille des Zingiberacées comme le gingembre et la cardamome. *Synonymes:* Graines de paradis, Malaguette, Poivre de Guinée, Maniguette.

d'un côté leur Afrique n'avait pas eu – et n'avait pas – pour la France l'importance qu'elle avait eue pour le Portugal, et de l'autre …ils n'écrivaient pas de relations. La seule du XVI$^e$ siècle qui nous soit parvenue, celle de Jean Alphonse[11], montre bien le décalage qu'il y avait, au XVI$^e$ siècle, entre Amérique et Afrique du point de vue de l'information. Jean Alphonse, en effet, avait voyagé en Amérique, en Afrique, au Madagascar et en Inde, et dans son œuvre il décrit toutes ses contrées plutôt en homme du Moyen Age que de la Renaissance. Il mêle imagination et réalité, mais il est beaucoup plus précis et plus réaliste pour le Nouveau Monde que pour le Continent Noir. Pour lui, par exemple, l'Afrique est la patrie de monstres qui changent de sexe selon les années, de peuples sans têtes ou qui ont un visage de chien, et ainsi de suite: elle n'est pour lui qu'un réservoir de fables quelque peu inquiétantes, dont le message implicite vise à éloigner plus qu'à attirer. Et Rabelais, qui en 1535 envoie son Pantagruel en voyage vers le Cap de Bonne Espérance suivant la route des bateaux de Dieppe, en 1547 lui fait changer de direction: ayant décidé de l'envoyer encore un peu parcourir le monde, il lui fait suivre l'itinéraire de Cartier, et parsème ce voyage fantaisiste de données assez exactes.

Après cette mode américaine, au XVII$^e$ siècle l'intérêt se déplace vers l'Orient. L'autorisation de la traite, en 1642, la mise en place d'une installation permanente française au Sénégal (Saint-Louis) en 1659 et la promulgation du Code Noir en 1685 ne modifient en rien ce nouvel engouement, alimenté par les nombreux grands voyages en Asie et mis en évidence dans la parution de roman, pièces de théâtre, nouvelles d'inspiration orientale. L'Amérique garde en tout cas une sorte de primauté comme lieu

---

L'une des rares épices à provenir d'Afrique, La Maniguette serait originaire de la côte occidentale d'Afrique, la côte de Malaguette, en bordure du golfe de Guinée. Elle était peu connue des Grec et Romains, on la retrouve en Europe en 1245 à Lyon dans une liste d'épices. Dans son livre '*Histoire générale des drogues*', P. Pommet la décrit pour ses vertus contre la goutte et bêtes venimeuses. Puis lorsque le prix du poivre noir s'envole, la maniguette le remplace. Comme elle est d'origine inconnue et très appréciée, elle prend le nom de graine de paradis. En réalité, elle arrive en Europe grâce aux Arabes qui lui font traverser le Sahara jusqu'à Tripoli, d'où les Portugais l'importent. Très utilisée dans la cuisine africaine, elle sert aussi dans de nombreux mélange européens et pour aromatiser les vins chauds (comme l'hypocras) et les bières.

[10] Le «marphil» n'est autre que l'ivoire. Les différentes zones du golfe de Guinée étaient baptisées selon le type de commerce qui y pratiquaient les marchand européens: on rencontrait donc la *Côte des males gens*, la *Côte des graines et de la malaguette* (poivre de Guinée), *Côte des dents*, *Côte du morphil* (ivoire), *Côte d'ivoire*, etc.

[11] Fontenau Jean dit Alphonse de Saintonge, *La Cosmographie*, Paris, Ernest Leroux, 1904; voir aussi Musset, Georges, *Jean Fontenau dit Alphonse dit Saintonge, capitaine-pilote de François 1er*, «Bulletin de Géographie historique et descriptive», n° 2, 1895, pp. 253-254, 275-296.

de colonisation directe. Les atouts de l'Afrique sont de moindre importance: la traite moralement condamnable et les escales de la route vers les Indes. Dans un tel contexte, les citations «africaines» du dictionnaire paraissent donc assez nombreuses, et justifient, de notre part, une analyse typologique.

## De la quantité et de la typologie:
## la distribution des citations et l'Afrique du Nord

Tout classement pose des problèmes méthodologiques, et ne peut qu'être lacunaire et partiel: aucune grille classificatoire ne peut être véritablement exhaustive, surtout dans un domaine où se superposent la réalité et l'imaginaire, les goûts individuels et la mentalité collective, les buts normatifs et linguistiques d'un côté, l'immense variété du référent de l'autre. On aura recours ici d'abord à des critères pour ainsi dire «géographiques» et aux quantités, pour entrer ensuite dans le détail de quelques exemples où il est question d'hommes, de plantes et d'animaux. Notre corpus est constitué de toutes les allusions à régions, objets et êtres africains dans les articles du dictionnaire, quels qu'ils soient.

D'un point de vue «géographique», les entrées du *Dictionnaire Universel* se répartissent de la sorte: dans 75 entrées il est question de l'Afrique en général; mais l'Egypte, à elle seule, en totalise 93, auxquelles on doit ajouter 33 mentions du Nil[12]; le pays, ou du moins la région, qui occupe la deuxième position est la Barbarie (34 citations), suivie par l'Ethiopie (29); bien éloignés, voilà la Lybie et Madagascar (10 citations chacun) le Maroc (8), le Sénégal (4); bons derniers la Guinée et l'Angola (2 mentions) et le Congo (1). Il faut pourtant tenir compte de trois autres éléments qui complètent cette «carte mentale»: le Cap de Bonne Espérance, qui dépasse Lybie, Madagascar et Maroc avec ses 18 citations; les «Maures», élément de géographie humaine qui nous offre 33 citations, comme le Nil; et finalement les Canaries, espagnoles mais géographiquement africaines, qui se placeraient troisièmes avec leurs 44 entrées[13]. La distribution de ces chiffres montre tout de suite ce à quoi on pouvait s'attendre de notre «loi de

---

[12] De ces 33 mentions, seulement 6 sont communes au Nil et à l'Egypte (exemple: *Arroser: ...Le Gange arrose l'Inde, le Nil l'Egypte*); toutes les autres sont à attribuer exclusivement au fleuve, et donc à ajouter simplement aux précédentes.

[13] On laissera de côté les Arabes (94 entrées), même si certaines adresses se réfèrent au monde musulman en général, et seraient donc applicables à la partie du monde qui nous intéresse ici; pour des raisons semblables, nous ne nous occuperons pas des citations concernant les Sarrasins (18 entrées) et les Turcs (153), dont les intérêts africains n'avaient pas de poids comparable à ceux qui les liaient à l'Asie et à l'Europe.

proximité»: l'Afrique du Nord, avec ses 211 citations sans les Canaries (255 avec ces îles), se taille la part du lion et relègue le reste du continent dans une position d'insignifiance relative (64). Ceci dit, force est de constater que, dans le détail, la loi de proximité ne fonctionne plus et que l'abondance d'allusions cache une évidente asymétrie: face à l'Egypte et au Nil s'étend une Barbarie indistincte, avec ses Maures génériques et seulement quelques rares mentions du Maroc et de la Lybie. Pourrait-il en être autrement? L'histoire pèse, et toute notre histoire, au fond, commence aux Pyramides...

### III. L'Egypte ancien, ou de l'emploi «idéologique» du stéréotype

C'est justement aux Pharaons et à leurs monuments que sont consacrées 12 sur 13 citations qu'on pourrait définir comme relevant de «l'histoire de l'art». Toutes, pourtant ne concernent qu'un seul noyau de stéréotypes, celui du témoignage de la grandeur royale face à l'éternité:

> Les Pyramides ont *éternisé* la grandeur des Roys d'Egypte[14];
> Les Roys d'Egypte ont esté ceux qui ont laissé les plus *illustres* marques de leur grandeur;
> Les Roys d'Egypte ont laissé des monuments *immortels* de leur puissance par le bastiment des Pyramides;
> Les Pyramides d'Egypte, les Cirques, les Amphitheatres sont des *marques* de la grandeur des anciens Rois d'Egypte, de la Republique Romaine;
> *Souvenir*...se dit aussi d'un monument qu'on élève, de quelque marque qu'on laisse en memoire de quelque grande action, ou magnificence. Il ne nous reste aucun souvenir, aucuns vestiges des grandeurs des Rois d'Assyrie. Les Egyptiens nous ont laissé un éternel souvenir de leur magnificence par le bastiment des Piramides.

Si cette insistance sur les mêmes concepts et dans de tels endroits révèle d'un côté la méthode de classement et de réutilisation des fiches de Furetière, de l'autre elle est absolument exceptionnelle. Ni le dictionnaire de Nicot, ni celui de l'Académie ne présentent à leurs lecteurs de tels exemples aux mêmes adresses: ils se bornent à des remarques génériques où le lieu commun du monument comme mémoire pour la postérité est à peine évoqué, et, quand cela arrive, ils renvoient généralement au domaine de la religion et de l'Antiquité Classique, gréco-romaine[15]. A la fin du

---

[14] C'est moi qui souligne. Le mot souligné indique l'entrée de l'article où se trouve la citation.

[15] Voir, par exemple *Immortel*:

siècle, en somme, juste après l'inauguration de Versailles, le stéréotype de la grandeur monumentale qui chante les louanges de la monarchie absolue parle à l'imagination de Furetière plus qu'à celles des Messieurs de l'Académie, et l'Egypte historique s'offre comme un paradigme exemplaire. Que ce soit pour exalter le nouveau Pharaon de France, en encourageant son œuvre de bâtisseur, ou au contraire pour le rabaisser, comme un roi d'Assyrie, belliqueux et tyran, face à des exemples inégalables, une question reste ouverte: il est certain que l'allusion à la «République Romaine» à propos de cirques et d'amphithéâtres qui renverraient plus facilement à l'Empire éveille bien quelques soupçons, et que l'on connaît assez l'esprit hargneux de l'auteur d'un côté, et l'histoire des relations orageuses avec ses anciens collègues académiciens de l'autre.

Au-delà de ce lieu commun, l'Egypte ancienne exerce son charme, dans le dictionnaire, avec ses traits les plus éclatants, tels ses momies et ses mystères, dont celui des hiéroglyphes est à son époque le plus incompréhensible (Champollion devait encore naître...). Ce qui est intéressant, de ce point de vue, est un mélange curieux d'érudition, de lieux communs et d'esprit scientifique qui s'efforce de trouver le côté rationnel des choses. On parle de momies? Nous voilà, dans la définition, devant les «cabinets de curiosités» de l'érudition dix-septiémiste:

> *Mommie:* corps anciennement embaumé qu'on apporte d'Egypte, qu'on monstre dans les cabinets par curiosité;

tout de suite après on nous offre l'explication d'une longévité exceptionnelle et la citation d'une source digne de foi:

> La *mommie* est si ancienne chez les Egyptiens, qu'elle estoit en usage chez eux long-temps avant Moyse. Les coffres de mommie sont de bois de sycomore, qui a resisté à la pourriture depuis trois mille ans: mais il est fort different du nostre. On en voit la figure dans le Livre des plantes d'Egypte de Prosper Alpinus;

enfin, après une parenthèse politique (*Les Turcs empêchent tant qu'ils peuvent le transport des mommies en Europe*), nous nous trouvons face à une anecdote fantaisiste qui rapproche les connotations magiques et secrètes de l'ancienne science égyptienne au stéréotype parallèle et quelque peu négatif du Juif alchimiste et médecin:

---

> *Faire ou rendre immortel,* Mandare aeternitati, vel immortalitati *(*Nicot*)*

> Qui n'est point sujet à la mort. Dieu est tout puissant & immortel. les Anges sont immortels. les ames sont immortelles. les anciens Grecs & Romains appelloient leurs Dieux, les Dieux immortels. (Académie, 1694).

On tient que la *mumie* est venuë en usage dans la Medecine par la malice d'un medecin Juif, qui escrivit que ceste chair ainsi confite et embaumée servoit à la curation de plusieurs maladies, et sur tout aux coups orbes et mortisseures, pour empêcher que le sang ne se caillast.

Avec les hiéroglyphes, nous touchons à une région parallèle de l'imaginaire du temps: ils sont en effet interprétés comme les symboles d'une religion élitaire et secrète, sur le modèle de la Kabbale ou de l'Orphisme, selon un lieu commun de l'époque:

Figure ou symbole mysterieux qui servoit aux Egyptiens à couvrir et enveloper tous les secrets de leur Theologie. Pierius a escrit un beau volume pour l'explication des hierogliphes des Anciens. Il y a des hierogliphes dans la Theologie Payenne, dans la Juive et dans la Chrestienne, parce que ce sont seulement des images de choses divines, sacrées et surnaturelles, comme les symboles le sont des choses sensibles et naturelles[16].

Si à ce sujet le dictionnaire de Nicot reste muet, privilégiant toujours l'antiquité classique, celui de l'Académie répète parfois les mêmes mots que Furetière[17], en confirmant le rôle de l'abbé en tant que porte-parole d'une doxa bien établie; de l'autre, ce qui caractérise ce dernier est l'insistance, la mise en relief des aspects condamnables de la religion égyptienne, peu démocratique (...*Les Prestres Egyptiens cacheoient leurs mysteres au peuple sous des caracteres hyerogliphiques*) et constamment rabaissée: notre ecclésiastique ne se borne pas en effet à affirmer que

Tous les mysteres des Payens, des Egyptiens sont si extravagants, qu'ils sont tout à fait *incroyables*

mais il ne perd pas l'occasion de la ridiculiser:

---

[16] Et encore: «Mystere: [...] s'est dit aussi abusivement des fausses Religions. Les Prestres Egyptiens cacheoient leurs mysteres au peuple sous des caracteres hyerogliphiques. Les Payens cachoient sous le voile et le mystere de leurs Fables les secrets de leur Religion et de leur Morale.» Cf. aussi l'Académie de 1694: «*Hieroglyphe. s. m.* Symbole, caractere, figure qui contient quelque sens mysterieux & dont les anciens Egyptiens se servoient dans leur Religion & dans leur Morale. Hieroglyphes ingenieux. Toute la Theologie des Egyptiens estoit exprimée par des hieroglyphes, enveloppée sous des hieroglyphes.» Et encore: *Mysterieux,* [mysteri]euse. adj. Qui contient quelque mystere, quelque secret, quelque sens caché. Il se dit proprement en matiere de Religion. Les Anciens Egyptiens ont enveloppé les secrets de leur Religion & de leur Morale sous des caracteres mysterieux. tout est mysterieux dans nostre Religion. tout est mysterieux dans la Bible. toutes les paroles en sont mysterieuses, contiennent un sens mysterieux. cela se doit entendre dans un sens mysterieux. d'une façon mysterieuse».

[17] Voir la note précédente.

L'*idolatrie* a porté les Egyptiens à adorer des crocodiles, des chats,
des ognons, *etc.;*
Les Egyptiens ont adoré les *oignons* et les ciboules .

On voit bien donc l'emploi que Furetière fait des stéréotypes sur
l'Egypte ancienne, un emploi qui explique aussi, en partie, la prééminence
de cette région dans l'ensemble africain: c'est un emploi idéologique, qui
fait de la terre des Pharaons un paradigme positif (monarchie) ou négatif
(religion), suivant les penchants du lexicographe. Dans ce coin de l'ancienne Afrique on pressent déjà, de ce point de vue, un petit air de combat,
qui deviendra dans l'Encyclopédie vent impétueux.

## L'Egypte contemporaine et le Nil:
## la porte d'Afrique et la volonté de savoir

D'un autre point de vue, cette Egypte du passé est sillonnée de fond en
comble par une artère vitale qui nous porte de la remémoration de l'Antiquité vers des curiosités plus modernes. Le Nil, dans le dictionnaire, parcourt aussi bien l'espace que le temps. Il apparaît dans différents articles
avec ses traits les plus traditionnels, ses inondations qui rendent fertile le
pays (voir par exemple Accroissement, Espandre, Inondation, etc.[18]) et ses
cataractes, qui restent, pour Furetière, au nombre de deux; mais l'article qui
lui est consacré, et qui résume tout ce qui est dit dans l'oeuvre, est assez
exemplaire d'une méthode d'un côté, d'une mentalité nouvelle de l'autre:
    *Nil*: Fleuve qui traverse une grande partie de l'Afrique. Il s'employe
    dans la Langue en cette phrase proverbiale: C'est un homme obscur,
    qui cache son logis, il est aussi inconnu que la source du Nil, parce
    que cette source a esté inconnuê jusqu'à ce dernier siecle. Elle est
    dans un territoire que les habitants appellent abain ou sacahala, c'est à
    dire, le pere des eaux. Ce fleuve sort de deux fontaines, ou de deux
    yeux, pour parler comme ceux du pays, esloignées de trente pas,
    chacune de la grandeur de nos puits, ou d'une rouë de carrosse, on en
    a trouvé le fond à seize ou dix sept pieds. Les habitants qui sont
    Payens adorent la plus grande, et luy offrent plusieurs sacrifices de
    vaches, dont ils mangent la chair comme sainte, et ils laissent les os

---

[18] «*Accroissement*: on juge de la fertilité de l'Egypte par l'accroissement du Nil,
selon le degrés de hauteur qu'il marque dans la colonne qui est élevée pour cela dans le
Calis;

*Espandre*: le Nil s'espand par les campagnes d'Egypte, quand il s'enfle;

*Inondation*. Le Nil engraisse les terres d'Egypte par ses inondations.» A ce propos
on peut souligner un fait significatif: s'il est question du Nil à l'article «inondation», les

dans un endroit destiné pour cela, qui font maintenant une montagne assez considerable. Ces habitants s'appellent Agaus dans le royaume de Goyam à 12 degrez de latitude septentrionale, et 55 de longitude. C'est dans une plaine d'environ trois quarts de lieuë, enfermée dans des montagnes. Au sortir de là, il entre en un petit lac, puis il se perd sous terre par l'espace d'une portée de musquet; et à trois journées de sa source, il est assez large et profond pour porter des vaisseaux; mais à cent pas plus loin il passe à travers des rochers en sorte qu'on le passe aisément sans se mouiller le pied. On y navige avec des bateaux de natte bien serrées. Il reçoit trois rivieres assez grandes nommées Gema, Linquetil, et Brantil; et quand il est sorti du lac de Dambea qui a 50 lieues de large, il reçoit de tres grands fleuves, comme le Gmare, Abea, Baixo, et Aquers, et enfin prés de l'Egypte le Tacase. Il y a deux principales cataractes ou saults. A la deuxiesme il tombe dans un profond abysme. Le bruit s'entend à trois lieues de là. L'eau est poussée avec tant de violence, qu'elle fait une arcade, sous laquelle elle laisse un grand chemin où on peut passer sans estre mouillé, et où il y a des sieges taillez dans le roc pour reposer les Voyageurs. La premiere catadoupe ou cataracte du Nil est d'environ 50 pieds. La seconde est trois fois plus haute. Il n'est pas vray que le bruit que font les cataractes du Nil rende sourds les peuples qui en sont proches, quoy qu'on entende le bruit à trois journees, et que les eaux qui en rejaillissent paroissent comme une fumée. On dit qu'Albuquerque eut dessein de faire un traité avec les Abissins pour detourner le Nil, et le faire jetter dans la Mer Rouge, afin de rendre les campagnes d'Egypte steriles; et que pour empescher cela le Turc paye tribut au Grand Negus. Mais cela est une fable, et la chose est entierement impossible. Alexandre consulta l'oracle de Jupiter Ammon, pour apprendre où estoit cette source . Sesostris, Ptolomée, la firent chercher inutilement. Cambises, à ce que dit Strabon, employa une armée pour la chercher. Lucain témoigne que Cesar disoit qu'il eut quitté la guerre civile, s'il eust esté asseuré de la trouver. Saint augustin et Theodoret ont creu que c'estoit le fleuve appellé Geon qui arrousoit le Paradis terrestre, et qui alloit par dessous la Mer Rouge renaistre en Afrique. Ce que dessus est extrait de l'Histoire escrite en Portugais par le Reverend Prere Balthasar Telles Jesuite. Isaac Vossius a écrit de l'origine du Nil, et des autres fleuves, et on attribue la source et le debordement aux pluyes abondantes en ce pais-là en Esté. Mr de la Chambre attribue la cause de sa cruë au Nitre dont le lit de ce fleuve est plein, qu'il dit estre cause d'une vehemente fermentation. Mais il se trompe, car la vraye cause de l'accroissement du Nil sont les pluyes qui commencent entre les Tropiques le premier jour de Juin, et qui sont cause du beau-temps dont on jouit cependant en Europe. Quand le Nil ne monte qu'à 16 degrez, on craint la famine; à 23 degrez, c'est la bonne année. Quand il est plus haut, l'inondation est dangereuse.

---

exemples du verbe «inonder» ne renvoient qu'à la Hollande et à ses digues. Evidemment, les connotations positives et négatives des deux mots sont différentes.

Cette hauteur s'estend depuis 12 jusquà 18 coudées. On gardoit la mesure de l'accroissement du Nil comme un relique dans le temple de Serapis, et l'Empereur Constantin le fit transporter dans l'Eglise d'Alexandrie.

La citation est longue, et mériterait à elle seule une communication. On y cite plusieurs sources; on y trouve des anecdotes, toute une suite de noms plus ou moins exotiques, des souvenirs du royaume ancien et de l'Egypte moderne. Mais surtout à côté de tout cela on remarque une grande insistance sur les noms, sur les chiffres, sur les descriptions minutieuses; il y est question de lieues, de pieds, de pas, de portées de musquet; de mots étrangers et de leur traduction; de latitude, de longitude, de tropiques et de climat; non seulement de climat générique, mais d'explications climatiques globales reliant les pluies égyptiennes au soleil d'Europe. Cette masse d'observations, auxquelles on doit ajouter les allusions au gouvernement des Turcs et aux conflits politiques modernes, relègue au second plan les mythes et les thèmes traditionnels. En outre, tout l'article est bâti sur les axes du vrai et du faux, du connu et de l'inconnu, du croyable et de l'incroyable: les mesures de la certitude, des expressions telles qu'«inconnu, «il n'est pas vray, on dit…mais la chose est entièrement impossible, ont creu, attribue, il se trompe, la vraye cause»; et l'alternance du présent avec l'imparfait de l'indicatif, et avec les subjonctifs, scandent les passages du pôle de la certitude au pôle – plus ancien- de l'imagination.

Le Nil, en somme, devient le lieu d'un affrontement, d'une tension entre modernité et légendes, et, de ce point de vue, il est, dans le dictionnaire, la véritable «porte» d'Afrique. Toute la région, malgré ses mystères, reste au fond familière: les minéraux sur lesquels s'arrête le dictionnaire (agathe, hématite, lapis, natron, opale, salpestre) circulaient dans la Méditerranée depuis toujours; s'il est question de «réputation», on cite Alexandrie avec Constantinople; l'Empire Turc y règle la vie civile.[19] Avec l'Egypte, on commerce depuis longtemps, et on se souvient encore, par

---

19 «*Calli*: Terme de Relations. C'est un canal artificiel qui porte l'eau du Nil depuis le vieux Caire jusqu'à Damiette. Il a 90 milles ou 50 lieuës de long, et quatre cannes de large. Les Bassas le font garder par des soldats, de peur que l'eau ne soit divertie. Ils sont obligez de l'entretenir et de le nettoyer à leurs despens. Il y a au Caire une grande colonne de marbre où l'on va observer la croissance des eaux du Nil; et quand elles montent à 23 pieds, c'est une grande réjouissance, car alors toutes les terres sont inondées. Mais elles ne montent pour l'ordinaire qu'à 19, c'est cinq ou six toises de France. L'ouverture s'en fait pour les Bassas avec grande ceremonie et magnificence.» Encore aujourd'hui, un nilomètre, sur l'île de Roda (=jardin), sur le Nil, en face du Vieux Caire, mesure l'eau du Nil en coudées. A 16 coudées les paysans faisaient la fête, car c'était la crue.

exemple, du temps où le consul de France avait le monopole du commerce du séné:

> Le vray *séné* se trouve dans les bois d'Ethiopie. Les Negres le vont ramasser, et en portent de grands batteaux jusqu'au Caire. Le Consul François resident au Caire en tenoit cy-devant le party, moyennant un present de trente mille ducats qu'il faisoit au nouveau Bassa. Quand il l'avoit tout amassé, il en faisoit trois lots, dont il en brusloit deux, en envoyoit le troisiesme en Europe. Mais Mr. Bernier nous apprend que ce sont les Juifs qui ont maintenant tout ce negoce. Les Médecins d'Europe l'employent en toutes leurs purgations et tisanes[20].

Là où l'Egypte représente une énigme, c'est donc une énigme familière; s'il met en scène la grandeur, il est facile de la comparer à la nôtre; ses images et ses produits ont été métabolisés par l'Europe; mêmes ses régions les plus secrètes ont été – ou vont être – dévoilées grâce au fil d'Ariane de son Nil.

## IV. Barbarie et Maures: stéréotypes de l'ennemi

Il n'en est pas ainsi pour les pays qui l'entourent. A commencer par cette *Barbarie* qui complète, avec les *Maures* et le *Maroc*, le panorama de la partie septentrionale du continent, et qui occupe la deuxième place des fréquences africaines du dictionnaire. Dès la première entrée où il en est question, *algarade*, nous nous trouvons face à une sorte de leit-motif qui marque de son empreinte tout l'imaginaire spécifique:

> Ce mot signifioit autrefois, Course imprévue sur l'ennemi [...] Plusieurs croyent que ce mot est venu d'Alger, parce de tout temps ceux d'Alger ont esté en possession de faire des invasions subites, des courses, et des pillages dans le Destroit de Gibraltar, et sur les costes de France et d'Espagne. Covarruvias dit que ce mot vient de l'italien garade, qui vient de garrire [...] Ceste étymologie se prouve par une loy d'Espagne, qui deffend de vendre aux Infidéles du fer ou du bois pour faire des *Algarades* aux Chrêtiens.

Voilà posées les données du problème: la Barbarie, c'est l'Adversaire, connu, mais incompréhensible. Sur 34 adresses, une vingtaine dessinent cette image à travers trois ou quatre traits significatifs. Il y a la guerre, quelquefois victorieuse:

> Le Roy a fait *bombarder* Alger, et l'a obligée à demander la paix;

---

[20] Inutile de dire que ni Nicot, ni l'Académie ne citent ce détail.

on a fait plusieurs *prises* sur les habitants de Barbarie;
Les Barbares avaient assemblé une grosse armée pour faire une irruption, mais ils ont eté bien *recognez* en leur pays;

le plus souvent, toutefois, c'est la piraterie, dont Alger est le foyer le plus
important:

Les Algeriens et les Barbares vivent de *pirateries;*
Les Corsaires d'Alger vont *escumer* les mers du Ponant, au Levant;
Les Pirates d'Alger, et toute la coste d'Atlantique et de Barbarie, sont
les seuls qui portent le *pavillon* Hexagone;

avec la piraterie, voilà surgir, dans les pages des dictionnaires, les prisonniers et les esclaves qu'on avait l'habitude de rencontrer dans les pages des
romans:

On l'avait mené prisonnier à Alger, son amy luy a fourni de l'argent
pour le *degager;*
Sa *detention* parmy les esclaves d'Alger a duré huit jours
L'*esclavage* est très rude chez les Mahométans;
Les pauvres *esclaves* d'Algers sont chargés de liens, languissent dans
les liens

Rien de plus naturel qu'autour des habitants de Barbarie – qu'il est déjà si
évocatif d'appeler «Barbares» – se condensent certains stéréotypes de l'ennemi: la cruauté («*Barbare:* Estranger qui est d'un pays fort éloigné, sauvage, mal poli, cruel, et qui a des mœurs fort différentes des nostres»),
l'humeur sanguinaire («*Sanguinaire:* Les Tyrans et les Barbares sont d'humeur sanguinaire, c'est à dire, cruels et severes»); et qu'il suffit de leur
regard pour inspirer la peur par une accumulation hyperbolique: «Les Barbares ont des *regards* farouches, terribles, affreux.» Rien de plus naturel,
encore, que dans le domaine politique tout ceci se traduise par un autre
stéréotype typique dans l'imaginaire occidental, celui de la tyrannie, qui
tend à remplacer ou à se superposer aux exemples de la Grèce ancienne ou
de l'Empire: «L'Asie et l'Afrique gémissent sous la *tyrannie* des Princes
Mahométans.»
    La nature elle-même, enfin, participe de cette «sévérité» terrible: les
images «physiques» de l'Afrique du Nord sont de ce point de vue significatives: «affreux» rappelle, justement, les *déserts affreux;* «horrible»
encore les *horribles deserts;* sous «rostir» on a la surprise de rencontrer les
*sables de la Lybie,* qui *rostissent les pieds.* Pas la peine d'insister avec
«sable», «sec», «brusler», et ainsi de suite; même «nuée» réussit à nous
plonger dans les «*tourbillons de sable, ou de poussiere que le vent esleve*»,
et donc vers ces déserts d'Afrique où «il s'esleve souvent des *nuées* de
sable qui font perir les caravanes». Même là où l'auteur nous parle de

plantes, domaine dans lequel il se montre toujours très informé et précis, on rencontre, si elles poussent en pays «barbaresques», le moyen d'insinuer des connotations quelque peu menaçantes: le «napellus», en effet, est une «plante dont la substance, le suc et le fruit contiennent un poison [...] C'est avec cette plante que les Barbares empoisonnent leurs fleches.»

Mais comme les contraires quelquefois coexistent, ou s'attirent, et comme on le constate si souvent dans les romans de l'époque, où l'on passe si vite des horreurs de l'esclavage aux assauts de la passion, les regards farouches des hommes prennent, en changeant de sexe, un air fort différent: «les femmes des Maures sont de complexion *amoureuse*» affirme-t-on, sous «amoureux»; et, en renchérissant: «Les femmes des Maures sont fort *lubriques.*» Doit-on alors craindre les dangers de la chair comme on craint l'assaut des pirates? Il est certain, en tout cas, que ce «Maure», qui oscille graphiquement entre «o» (Mores) et «au» (Maures) et qui désigne les anciens dominateurs d'Espagne tout comme les habitants de la Mauritanie, est moins nettement connoté de férocité que «Barbarie» et «Barbare», peut-être justement à cause de la parenthèse ibérique ou de sa position de frontière avec une autre Afrique: il évoque aussi des danses («*Chacone*: air de Musique, qui est venue des Maures....), des instruments de musique (*Castagnette*: instrument dont se servent les Maures...), des subordinations au fond rassurantes (*Maure* [...] «traitter de Turc à Maure, c'est à dire, Agir avec quelqu'un dans la dernière rigueur») et même des déroutes (*Guerre* [...]. Les guerres civiles de Grenade ont destruit la puissance des Maures en Espagne). On peut donc parer le mot de connotations moins mortelles, et, devant la paronymie malicieuse «maure-amour», déposer les armes et rêvasser un peu.

## V. Les Canaries: porte d'Afrique et terminal de route

Avec les Maures on arrive en effet sur la façade atlantique du continent, là où se déroule une toute autre histoire. En face du Maroc on trouve les Canaries, africaines par la géographie, européennes par la politique, antiques par le mythe et toutes neuves après la re-découverte des Gênois[21],

---

21 Voir http://www.regione.veneto.it/videoinf/periodic/precedenti/numero16/storia.htm (consulté en février 2002): «Il primo contatto diretto vero e proprio che valse a segnare l'avvio a rapporti saltuari ma costanti con il Canarie è concordemente attribuito al genovese Lanzarotto Malocello sotto il cui comando era la nave portoghese che approdò verso il 1336 all'isolotto che da Lanzarotto prese il nome ; cui seguì nel 1341 una spedizione, guidata dal genovese Niccolò da Rocco coadiuvato dal fiorentino Angelino Corbizzi, la quale esplorò tutto l'arcipelago ; cui fin dall'anno successivo seguì un'altra, catalana ma anch'essa guidata da navigatori genovesi. E già nell'Atlante mediceo (1351 circa) com-

qui ont passé, avec elles, leur témoin méditerranéen aux puissances océaniques. Symétriques par rapport à l'Egypte, elles représentent, comme l'Egypte, une zone de jonction entre mondes, un lieu privilégié où le passé et l'avenir se touchent.

A la place des mystérieux témoignages de la grandeur pharaonienne, c'est maintenant le tour des légendes de la Fable, de ces *Iles Fortunées* qu'on rencontre inopinément dans l'article «Champ» (acception «Champs Elysées: Quelques-uns ont crû qu'ils étoient dans les Isles Fortunées, qui sont à présent les Canaries»), et qu'on retrouve, naturellement, aux entrées «Fortuné»[22] et «Isle»[23]. Des séquelles concrètes de cette fortune édénique, qui permettent d'actualiser le mythe, on les constate dans le chant «fort mélodieux» («Mélodieux») des sérins et sous le ciel où il résonne, dominé par un «éternel printemps»[24]. Mais aux Canaries, face à l'irruption du monde réel, l'ancien mythe s'essouffle vite: d'un côté il fait place à la matérialité un peu louche des commerces, avec l'«orseille»[25] des teinturiers et surtout avec ce «vin de liqueur […]doux et picquant qu'on boit par ragoust à la fin du repas» et qui, malheureusement, est si souvent «sophistiqué par les marchands sur les lieux, avant qu'il entre dans les ports»[26]; mais surtout, de l'autre, il se transforme, pourrait-on dire, en son contraire.

---

paiono le più settentrionali Azzorre, la cui effettiva presa di possesso spetta al portoghese Goncalvo Velho Cabral».

[22] «Les anciens appelloient Isles fortunées, celles qu'à présent on nomme Canaries, et où ils plaçoient les Camps Elisées».

[23] «Les Canaries sont celles que les Anciens appelloient des Isles fortunees.» Il est à remarquer le procédé «géométrique» de Furetière, ainsi que ses priorités et celles de la mentalité de son époque. Dans cet article, en effet, les premières «iles» citées dans les exemples sont celles de l'Egée, les plus proches et les plus «classiques» qui déplacent déjà son attention vers l'Est; viennent ensuite les Indes, les Philippines (nommées deux fois, la deuxième comme «Archipelage de Saint-Lazare», c.-à-d. avec leur premier nom, donné par Magellan, et changé en Philippines en 1542. Furetière fait sur ce point un peu de confusion), et les Maldives. Après ce tour du Levant, nous voilà aux Canaries, et, dans un nouveau départ imaginaire, cette fois vers l'Ouest, les Antilles. A propos de ces dernières, on lit: *Quand on dit qu'on va voyager aux Isles, on entend celles du Golphe de l'Amerique.*

[24] «*Eternel*: …Aux Isles Fortunées il y a un éternel printemps».

[25] «*Orseille*: est une drogue dont se servent les Teinturiers […] C'est la même chose que l'orchel ou l'usolle qui croist dans les Canaries, qui est beaucoup plus estimmée, et qui fait plus belle couleur…».

[26] «*Sophistiquer*: […..] la baume d'Egypte [est presque tout sophistiqué [...] Le vin des Canaries est sophistiqué par les Marchands sur les lieux, … *etc*.». La pratique de la sophistication, ici implicitement condamnée, était, jusqu'à un certain point, nécessaire pour la conservation même du vin à une époque où le transport se faisaient avec lenteur et dans des conditions bien différentes qu'aujourd'hui.

Si en effet les «Iles Fortunées» avaient autrefois veillé, au-delà des colonnes d'Hercule, sur les dernières extrémités du monde, au temps de Louis XIV elles invitaient au grand bond vers des richesses moins paradisiaques. Ce n'est pas un hasard si huit adresses du dictionnaire sont consacrées au Pic de Tenerife, qui «passe pour la montagne la plus *haute* du monde,» dont le sommet reste inviolé («on n'a pû encore arriver à la cime du Pic de Teneriffe») et qui s'élève beaucoup au dessus des *nuës:* c'est qu'on «l'apperçoit en mer à plus de 40 lieuës de loin *(Pic)*», première et dernière sentinelle à la croisée des routes océaniques! Et ce n'est pas un hasard si à tant d'entrées où il est question de Canaries, au lieu des fantaisies de la Fable on a des observations de tout autre type:

> Le premier *Meridien* est un de ces cercles d'où l'on commence à compter les degrés de longitude des lieux. De tout temps on l'avait establi dans les Canaries en la partie occidentale de l'Isle de Fer. Les Portugais l'avoient transporté aux Açores, sous pretexte qu'ils avoient observé que l'aiguille aimantée n'y faisoit aucune declinaison. Mais on a trouvé que cela n'estoit pas particulier à ces Isles, et les Espagnols ont creu que cela nuisoit à la pretendue division des conquestes qu'ils avoient faites en Orient ou en Occident. Les Pilotes pour compter la longitude ont eu de grands differents, et pour placer le premier Meridien, dont on voit les particularités en Herrera, maintenant les François le placent dans l'Isle de Fer, la plus occidentale des Canaries, et les Hollandois le font passer par le Pic de Tenerife, qui est la plus haute montagne du monde.

La géographie, la cartographie, mais surtout la rivalité politique pour la domination du monde même à travers l'imposition d'un système favorable pour la standardisation des mesures[27] ont vite fait d'effacer des stéréotypes manifestement inutilisables; quant à la science, les querelles à ce sujet sont à l'ordre du jour, et, se condensant dans les cieux des Canaries, elles achèvent d'y dissoudre tout souvenir trop vague et non mesurable:

> La *longitude* se compte en France depuis le premier meridien qui passe en l'Isle de Fer, l'une des Canaries. Les Espagnols l'ont mis aux Isles des Açores. [...] La France, l'Angleterre et la Hollande ont promis de grandes recompenses à celui qui trouveroit la vraye science des longitudes. [...] Monsieur Huygens pretendoit aussi l'avoir trouvée par les pendules, qui sont plus justes que les poudriers à horloger dont

---

[27] Ici, on a affaire aux controverses pour établir le point de départ de méridiens (longitude O°), qui s'acheva en 1884, par la *International Meridian Conference* de Washington, où le méridien qui passe par l'Observatoire de Greenwich fut voté par 22 états sur 25, avec une voix contraire (San Domingo) et deux abstentions (France et Brasil). Il n'est peut-être pas inutile de souligner que le problème du premier méridien est étroitement lié au problèmes de la mesure d'un temps standard.

on s'est servi jusques à présent pour le même effet: mais leur mouvement ne s'est pas encore trouvé assez exact.[28]

Canaries, Açores: autant de stations obligatoires sur la route des mers. Le premier méridien qui les traversait s'imprégnait aussi d'une valeur symbolique, celle de l'étape fondamentale d'un voyage initiatique vers l'ailleurs. Les Canaries, en particulier, jouaient un rôle essentiel: l'Ile de Fer, la plus occidentale de l'archipel, regardait donc vers l'Amérique; mais les vents portaient dans les îles des senteurs africaines:

> *Canaries:* Espece d'ancienne danse que quelques-uns croyent venir des isles Canaries, et qui, selon d'autres, vient d'un balet ou mascarade dont les Danseurs estoient habillés en Rois de Mauritanie, ou Sauvages. En cette danse on s'approche, et on se recule les uns des autres, en faisant plusieurs passages gaillards, estranges et bisarres qui representent des Sauvages.

Rois et sauvages, gaillardise, étrangeté et bizarrerie: les Canaries sont la porte d'univers complètement «autres»: l'Asie pleine de richesses, certes, mais aussi un monde habité de gaillards, peut-être en vente, de Rois bizarres, dont on peut se moquer mais dont l'étrangeté inquiète.

### VI. L'Afrique noire des esclaves: un silence qui parle

Ce qui étonne, dans cet univers lexicographique, c'est pourtant l'absence relative de l'Afrique dans champ sémantique de l'esclavage. A l'entrée «esclavage», il n'est question que de mahométans, de Barbarie et d'Alger [29]; sous «traitte» il nous est bien dit qu'«on va dans le Senega à la *traitte* des Negres», en ajoutant qu'«il y a des peuples si farouches, qu'on ne peut faire de traitte avec eux», mais dans un contexte où il est question surtout de Canada, de castors et d'Yroquois. Quant à «noir», au lieu des Noirs ce sont les «Mores» qui ont «le visage *noir*»[30]. Et pourtant, la traite constituait sûrement à l'époque un commerce important: impossible de ne pas s'en souvenir.

---

[28] Le problème d'un fonctionement régulier et sûr des horloges est fondamental pou résoudre la question du calcul de la longitude. Il y eut, à ce propos, une longue querelle entre tenants d'un calcul purement «astronomique» et tenants de l'emploi de l'horloge. Huygens, astronome et physicien hollandais (1629-1695) invité à Paris par Colbert, énonça les lois du pendule qui seront utilisées dans la construction des horloges, et fut l'inventeur du ressort spirale permettant la construction des montres.

[29] Voir les citations précédentes.

[30] A *noirastre*, ce sont les «Espagnols qui ont le teint noirastre».

Dans l'article «esclave», en effet, après la constatation que «les esclaves d'Algers sont des captifs pris par les corsaires», on ajoute qu'«on fait dans l'Amerique un grand trafic d'esclaves negres». Un mot, ce dernier, qu'on constate dans la microstructure, mais non dans la macrostructure du dictionnaire. Question d'auto-censure? En tout cas, ce silence relatif de Furetière est celui de tous les dictionnaires de l'époque, qui sont sur ce point encore plus silencieux: rien sur les Noirs, à propos d'esclave et esclavage[31]; pas de «Nègres», vu que ce mot apparaîtra seulement dans les dictionnaires du XVIIIe et XIXe siècle[32]. Et pourtant déjà Nicot, au début du siècle, parlait de la race Noire, même si dans un article...consacré aux Mores[33] et dans une remarque à propos des enseignes d'hôtellerie arborant souvent un «More» à la peau noire.

Ce que Nicot savait déjà ne pouvait pas être ignoré depuis, surtout dans une France en pleine expansion économique sur les Océans: Nantes devient au XVIIe siècle le plus grand port d'armement du Pays, et l'un des premiers d'Europe, justement grâce au célèbre commerce triangulaire entre France, Afrique et Antilles; sa flotte augmente de 2000 bateaux l'an, et 450.000

---

[31] Voir par ex. Nicot: «*Esclave*, com. gen. Est celuy et celle qui sont serfs ou par captivité forcée, comme par guerre, furt, d'emblée et acte plagiaire, ou par captivité née, comme celuy qui est né de pere et mere esclave, Seruus, Le nom est communément attribué aux forçaires des galeres faicts serfs de peine»; mais surtout l'Académie, expression d'une époque où le commerce des Noirs était fleurissant: «Qui est en servitude & dans l'entiere disposition d'un maistre. Un jeune, une jeune esclave. esclave More. esclave Turc. esclave Chrestien. vendre, acheter, delivrer, racheter des esclaves. dés qu'un esclave touche la terre de France, il est libre. affranchir un esclave, le mettre en liberté. le maistre a droit, a puissance de vie & de mort sur ses esclaves.» Et encore, sous «esclavage»: *Esclavage*. s. m. [...]. Estat, condition d'un esclave. Rude, dur, cruel, perpetuel esclavage. il estoit en esclavage en Turquie. il aima mieux mourir que de tomber en esclavage.»

[32] Voir l'Académie de 1798: «*Nègre,* esse. sub. C'est le nom qu'on donne en général à tous les esclaves noirs employés aux travaux des colonies. Il a cent Nègres dans son habitation. La traite des Nègres.
On dit familièrement. Traiter quelqu'un comme un Nègre, pour dire, Traiter quelqu'un avec beaucoup de dureté et de mépris.»

[33] Voilà la citation complète: «*More*, comm. gen. penac. Est proprement celuy ou celle qui sont de la province de Mauritanie en Affrique, Maurus, Maurusius. L'Espagnol et l'Italien disent aussi Moro, sont de couleur basanée, ou olivastre, differents du Negro, qu'on appelle, et met on pour enseigne aux hostelleries More: Mais c'est abusivement, car le Negro, que nous pouvons appeler noir, est de couleur parfaitement noire, pour le commun camus, et relevé de babines et grosses levres, payen et gentil de creance, residant en l'interieur de l'Affrique et en la coste exterieure d'icelle. Là où le More est de couleur tanée, de façon de visage commune, de creance Mahumetiste. Pour raison de laquelle religion Alcorane, le mot de More s'est estendu hors de ses premieres limites, à tous ceux presques qui sont de mesme foy, des Turcs en hors, lesquels retiennent le nom de Turcs, quoy qu'ils soyent Alcoranistes.»

esclaves environ passent, tout au long du siècle, par ses quais. La presque totale exclusion de la seule réalité d'Afrique noire parfaitement intégrée dans le circuit économique européen a vraiment l'air d'un tabou dû à mauvaise conscience. Les choses ne changeront qu'avec la montée du mouvement abolitionniste, qui obtient sa première victoire par l'abolition de la traite en Angleterre, en 1772: encore en 1798 la «traite des nègres» de l'Académie est presque cachée après celle des vins et celles des blés, et prend plus de relief seulement en 1835, quand on peut triomphalement avancer un exemple rassurant: «la traite est abolie»[34]. Tant qu'on n'en est pas là, mieux vaut avoir recours à des horizons turbulents peut-être, mais au fond plus rassurants: ceux des routes maritimes, ceux d'un intérieur encore inconnu. Voilà l'un des avantages d'un «encyclopédisme» imparfait...

### VII. L'Afrique Noire des routes et de l'intérieur, ou du désir de savoir

L'Afrique des routes est une Afrique marginale par rapport au Continent entier, mais désormais centrale dans l'imaginaire européen; elle intéresse surtout par ses mers et par ses escales dont le principal, après les Canaries, est le Cap de Bonne Espérance. L'importance de ce dernier est à la fois géographique, vu qu'il s'agit de «la pointe de terre la plus avancée vers le Midy» («Promontoire»), pratique, car il offre un point d'appui vers les Indes, et, finalement, historique et symbolique, parce qu'il représente visiblement la supériorité des «modernes» par rapport à l'Antiquité. C'est ce qu'on voit bien à l'entrée «Cap»:

> le *Cap* de Bonne Espérance est la pointe la plus méridionale de l'Afrique. Elle fut descouverte par Vasco da Gama Portugais en 1500, et elle a ouvert le chemin de la navigation aux Indes par l'Occident, inconnu aux Anciens.

Rien d'étonnant qu'on le retrouve, chez Furetière, dans 18 entrées, et qu'il soit placé dans l'œil de la zone des tempêtes lexicographiques: «impétueux,

---

[34] «*Traite*, se dit aussi Du transport de certaines marchandises, telles que blés, vins, etc., d'une province à une autre, ou d'un État à un autre. Il s'est fait de grandes traites de blés, de grandes traites de vins. On a permis la traite des blés. Il se dit particulièrement, et plus ordinairement, Du trafic que font des bâtiments de commerce sur les côtes d'Afrique, en échangeant leurs marchandises contre des dents d'éléphants, de la gomme, de la poudre d'or, etc., ou même contre des esclaves. Ce bâtiment fait la traite; il va en traite, il est en traite. La traite des nègres, ou absolument, La traite est abolie.»

Le même sort est réservé à *négrier*, à *noir* (Académie 1798: *Il se dit par opposition à Blanc. Il a trois Blancs et vingt Noirs dans sa sucrerie*) et ainsi de suite.

orageux, siphon, tempestueux, tourmenteux, tourmente»[35] scandent la nouvelle épopée d'Occident, une épopée où résonnent les contes exagérés des marins, les mots étonnés des relations de voyages, où se montre, enfin, l'autre visage terrible de l'Afrique brûlante, celui de la violence de l'eau et de l'air. C'est au milieu des orages qu'à la fin aux vaisseaux se montre la «Table», la deuxième, imposante montagne, après le Pic de Tenerife, qui signale la route nouvelle et les portes d'un autre océan:

> Les mariniers appellent la *Table*, une montagne dont le sommet est plat et uni, et qu'on descouvre en approchant du Cap de Bonne Esperance, et qu'on voit de 50 lieues en mer, quoy qu'elle soit à 50 lieues de ses bords. Sa hauteur est de 11853 pieds. On l'appelle autrement la Roche.

Ici, au seuil d'un monde encore plus étrange, voilà des phénomènes inconnus, comme au «Cap des Aiguilles, vers le Cap de Bonne Espérance, qui est ainsi nommé, à cause que l'*aiguille* n'y decline point ( «Aiguille aimantée»);» mais ici, aussi, une série de mesures par lesquelles manifeste la volonté de savoir:

> Le Cap de Bonne Esperance est à trente-cinq degrés de de latitude *Australe*; […].

> L'aiguille de la *boussole* a beaucoup de variation vers le Cap de Bonne Esperance. Elle est au nordoüest de 18 degrez à la veue de Zocotre. Sur le grand Banc sa variation est de 22 degrez 30 minutes. Guillaume Denys professeur d'Hydrographie à Dieppe a fait un Traitté exprès de la variation de l'aiguille aimantée de la boussole; […].

> On a vu vers la Cap de Bonne Espérance un *lion* marin qui y fut tué, qui avoit dix pieds de long, et quatre de large, la teste grosse comme celle d'un veau d'un an, de gros yeux affreux, des oreilles courtes, une barbe hérissée et fort espaisse, des dents qui sortoient un demi pied hors de la gueule, les pieds larges d'un pied et demi, des jambes si

---

[35] «Impétueux: les flots de la mer sont fort impetueux vers le Cap de Bonne Esperance

Orageux: …La mer est fort orageuse vers le Cap de Bonne Esperance

Siphon: en termes de Marine, est un orage qui éleve l'eau de la mer en forme d'une colonne […] il en arrive souvent au Cap de Bonne Esperance, aux costes de Barbarie, et aux plages orientales de l'Amerique

Tempestueux: [...] la mer vers le Cap de Bonne Esperance est fort tempestueuse

Tourmenteux: C'est un epithete qu'on donne en Geographie à certains promontoires, et entre autres au Cap de Bonne Esperance».

courtes, que son ventre touchoit presque à terre. Il se retiroit à la mer
après s'être saoulé dans les bois,

De quoi et comment s'était-il soûlé, ce lion marin, dans les bois aus-
trals? C'est à lui, créature aquatique et terrienne en même temps, de nous
conduire symboliquement de la mer au forêts du Continent, dans une er-
rance tout aussi incertaine et inquiétante au sein de l'imaginaire de l'époque. La précision de cette description, d'où perce l'esprit scientifique, se
double en effet d'un halo de mystère et de crainte qui tire sa force du vide
de connaissances, vite rempli par d'anciens stéréotypes. Inévitablement, le
nom de «lion», paré de toutes les connotations de la terreur, suffit à donner
aux yeux de l'animal marin ce caractère «affreux» si commun aux choses
d'Afrique, à commencer par les mers et les déserts; et, qui plus est, permet
à cet habitant des mers et des plages de sortir des «bois», berceau traditionnel des peurs européennes, mais, en ce cas, encore plus mystérieux
parce que peuplés de créatures inconnues.

Ce sont les plantes et les animaux, en effet, qui représentent au mieux le
poids et la fonction de l'Afrique dans l'imaginaire européen des dictionnaires, vu que sur ses hommes plane l'oubli[36] et que sur ses différentes
régions domine encore une ignorance relative, exception faite en partie
pour l'Ethiopie. Les plantes, qui forment un vaste ensemble et qui offri-
raient à elles seules la matière d'une étude, sont là pour témoigner les progrès d'une science descriptive faisant à l'époque l'objet de nombreuses discussions méthodologiques[37]. Les articles qui en traitent sont parfois très
longs: au coco, *Arbre des Indes*, mais dont le «vray climat est l'Affrique et
l'Arabie,» est consacré un véritable petit traité; le séné est décrit de façon
plus que minutieuse, de même que le lotus. Parfois on ne nous donne que
quelques détails parlants, comme pour le «Scoenanthum», «plante medici-
nale qui croist en Afrique et en Arabie, et qui est rousse, chargée de fleurs
minces tirant sur le rouge, lesquelles estant frottées entre les mains, sentent

---

[36] L'Ethiopie jouit, comme l'Egypte, mais à un moindre degré, d'un statut particulier; à la différence de l'Egypte, toutefois, elle possède aussi les traits typiques de
l'Afrique Noire

[37] La botanique et la zoologie reçoivent une grande impulsion à partir du XVII$^e$
siècle d'un côté grâce à l'essor des technologies liées à la vue (invention du micro-
scope) de l'autre à cause justement de la multiplications des voyages et des relations
relatives, qui portaient à la connaissance de l'Europe des plantes et des animaux inconnus bouleversant parfois les grilles conceptuelles traditionnelles. Face à une multiplication non seulement des objets de description, mais aussi des méthodologies descriptives, on ressent l'exigence de trouver des critères généraux capables de décrire et
de réunir une multitude de données et de faits isolés. John Ray, qui introduit le concept
d'«espèce» et qui ouvre la voie à Linné, est un contemporain de Furetière (il vit entre
1627 et 1705).

la rose» ou pour le «Papyrus» dont la «racine est grosse comme le bras, et tortue,» et dont la «hauteur est triangulaire, et va s'amenuisant jusqu'à la cime.» Naturellement, il s'agit surtout de plantes connues et souvent décrites depuis l'Antiquité, ou dont des exemplaires arrivaient en tout cas en Europe: elles peuvent éveiller la curiosité, intéresser pour une éventuelle utilisation, être l'objet d'analyses scientifiques, mais n'arrivent pas véritablement à troubler l'imagination. Elles se bornent à faire état du progrès de l'observation botanique.

Il n'en est pas ainsi pour les animaux. Leur fonction est double, ce qui les rend aussi plus nombreux et plus intéressants. Il suffit de considérer les chiffres: la faune africaine est constamment plus représentée que la flore aussi bien dans les entrées concernant génériquement l'Afrique, que dans celles où il est question des différentes contrées. La seule exception est là pour confirmer la règle: l'Egypte, avec ses 10 entrées pour la flore, et 9 pour la faune, est la région depuis toujours la plus connue, la plus agricole, celle dont animaux et plantes ne réservent aucun mystère, celle dont les mystères sont ailleurs. Dans le reste d'Afrique au contraire, et surtout dans l'Afrique noire, la science et l'imagination engagent l'une contre l'autre une lutte où la deuxième est destinée à succomber, mais non sans résistance. Tout de suite, à la lettre «a», là où tout commence, et, de surcroît, au mot «accouplement», on retrouve le Moyen Age et une certaine odeur de soufre et de sorcières:

> on croit que la cause des monstres d'Afrique vient de l'accouplement qui s'y fait de differentes espèces;

on est dans un anti-Eden, où la lasciveté remplace l'amour – rappelons-nous la lubricité des femmes Maures! – et fait naître des chimères effrayantes. A «d» en voilà une:

> Dragon: Serpent monstrueux qui est parvenu avec l'âge à une prodigieuse grandeur [...]. Quelques uns même ont dit qu'il y a en Afrique des dragons volans qui peuvent emporter un homme et un cheval, et qui emportent souvent des vaches.

«M» nous apporte «mesler»:

> signifie aussi, S'accoupler pour la generation. On dit que l'Afrique engendre des monstres, parce que les animaux de differentes especes s'y meslent ensemble;

«monstre», de son côté, explicite la nature féroce des espèces-parents, et élimine toute trace de «on dit»[38]:

> L'Afrique est pleine de *monstres* à cause de l'accouplement des bestes feroces de differents especes qui s'y rencontrent.

Un bon exemple de ce mélange – exception faite pour la férocité – nous est offert par le «cheval marin», version faintaisiste de l'hippopotame[39]:

> On en voit beaucoup en Egypte et en Ethiopie. Le Pere Lobo en sa Relation d'Ethiopie dit, que le cheval marin est tres-puissant, et n'a du cheval que les oreilles, et presque tout le reste du veau, sans cornes. Il a les pieds d'elephant, et marche sur la terre, où il est presque toujours à brouter, et nage à l'embouchure des rivieres. Il y a quelques-uns qui le decrivent avec des griffes au pieds.

Mais ce sont là les derniers sursauts d'une époque en train de disparaître. Le doute est aux aguets, et les sources d'information se multiplient, comme on peut le constater dans ce petit «traité» sur la licorne:

> *Licorne*: La licorne se trouve seulement dans l'Afrique. Son vray pays est dans la Province d'Agoas au Royaume de Damotes en Ethiopie. C'est un animal fort craintif qui se retire dans les bois, et qui pourtant se hasarde quelquefois venir dans la plaine. Il a une corne blanche au milieu du front de cinq palmes de longueur, telles qu'on les a depeint icy. Il est de la grandeur d'un cheval de mediocre taille, d'un poil brun tirant sur le noir, ayant le crin court et peu fourni et noir, aussi bien que sa queue. Le pere Lobo dans ses voyages rapporte plusieurs tesmoignages de gens qui en ont vû, et c'est ainsi que la descrit Vincent le Blanc dans son Voyage d'Afrique; mais cet auteur est *fort suspect*, aussi bien qu'André Thévet, qui escrit que le Roy de Monomotapa le ména à la chasse de la licorne, qui est fréquente, *dit-il* en son Royaume; et qu'il luy fit present de deux cornes de licorne, qu'il rapporta en France, dont il en donna une au Roy, et qui est celle qu'on voit à present au Tresor de Saint Denis: *et il croit qu'elle vient des dens d'elephants travaillées par les Ouvriers* [...]. Les autres Auteurs qui en ont escrit sont [...] Louis de Berthame en son Voyage en Ethiopie [...] Gesner, Garcias Abhorto, *etc.* [...] Munster (dit) que c'est un amphibie vivant dans l'eau et sur terre, et que sa corne est mobile selon la volonté de l'animal [...] Mais on a trouvé aux Indes plusieurs

---

[38] Voir, à propos de l'imaginaire lexicographique sur les monstres, l'article de Hélène Giaufret, *Le monstre humain dans les pages de dictionnaires et encyclopédies XVIIᵉ – XIXᵉ siècles*, «Bérénice», n° 19, 1999, pp. 119-125. On y parle des hommes, mais on cite aussi les accouplements monstrueux entre animaux et on évoque le mythe du Minotaure

[39] L'hippopotame, en tout cas, est décrit fort correctement à son entrée spécifique.

animaux qui ont une corne, comme vaches, taureaux, chevaux, asnes, chevres, daims. La Peyrere en sa Relation de Groenland *dit que ce qu'on croit corne de licorne* est une dent d'un gros poisson nommé par les Islandois narwal, et dans d'autres lieux robart, qui se trouve dans la Mer Glaciale, qui a fourny abondance de cornes dans les cabinets des curieux [...] Paul Louis Sacsius Medecin fait la description d'un *monstre marin* qu'il appelle unicorne ou monoceros, qui est une espece de baleine *qui vit de cadavres*, qu'on pesche sur les costes d'Island et Groenland, dont la *corne est la seule dent qu'il a en la machoire superieure*, qui est tournée, canelée, et terminée en pointe. Celle que vit cet Autheur estoit *de 9 pouces de long*[40].

Il est aisé de trouver, dans ce pot-pourri de renseignements, les traces de la vérité qui percent au milieu des légendes. Certes, celles-ci réapparaissent même là où elles devraient désormais avoir disparu, comme dans le cas de l'autruche, oiseau assez bien connu dès l'Antiquité, que Furetière décrit avec exactitude, en comparant les espèces africaines et américaines (ñandou), en introduisant force détail sur la chasse, le plumage, le dymorphisme sexuel; même ici, pourtant, il cède à la tentation d'un merveilleux quelque peu macabre:

> Lors que l'Autruche voit que ses oeufs sont prests à eclorre, elle en casse quatre, qui venant à se corrompre, il s'y engendre quantité de vers dont ses petits se nourrissent......

Certes, quelquefois la vérité même est si bizarre, qu'elle fait figure de fable: à la fin d'une très belle et fort exacte peinture de la giraffe, «animal farouche dont plusieurs Auteurs font mention, mais que personne n'a veu», qui se termine par le détail le plus curieux sur cette bête «si haute du devant, qu'elle ne sçauroit boire si elle n'escarte les jambes», le voilà de s'exclamer: «Mais la plus-part des curieux croyent que c'est un animal chimerique».

Toutefois, ces chimères mi-vraies, mi-fausses constituent désormais une minorité face au perroquet au plumage vert et jaune qu'on voit, domestiqué, en Europe; face à la gazelle qu'on connaît bien depuis longtemps; à l'ichneumon d'Egypte décrit avec une exactitude minutieuse de naturaliste: aux pintades désormais acclimatées en France. Elles existent pourtant, et constituent l'une des dernières troupes de créatures d'un monde presque perdu, fantômes merveilleux en marche vers une lumière qui bientôt les dissoudra.

---

[40] C'est moi qui souligne.

## Conclusion

L'importance de cette Afrique lexicographique consiste donc, il me semble, surtout dans le fait qu'elle s'offre au regard européen comme un réservoir, assez modeste après tout, de stéréotypes à exploiter à des fins politiques ou idéologiques. Ailleurs, c'est le territoire de nos peurs, le règne d'une altérité farouche et dangereuse, la plupart du temps incompréhensible ou étonnante. Tout conjure à la rendre le symbole par excellence de ce qui est hostile et irréductible: la nature trop sèche ou trop chaude, les mers orageuses, les ennemis cruels, les bêtes sauvages et monstrueuses. Cette Afrique est notre anti-Eden, à la différence d'une Amérique qui alimenta longuement les deux grands mythes du bonheur: celui du bon sauvage, ou du bonheur égalitaire d'un passé perdu et celui de l'Eldorado, ou des promesses non égalitaires d'un bonheur à conquérir. Moins inconnue que la «Terre Australe», elle ne peut pas non plus s'offrir comme toile de fond à un imaginaire utopique: comment pourrait-elle le faire, étant le lieu d'origine des esclaves? L'Afrique est la terre des hommes qu'on utilise, mais qu'il ne faut pas nommer, la terre de toutes les ombres qui s'agitent dans notre passé ou dans notre mauvaise conscience.

C'est justement cela qui la rend unique dans la doxa française de l'époque. On avait autrefois examiné, dans ces mêmes dictionnaires, l'imaginaire du voyage et celui de l'autre[41]: on avait dû constater, contre toute attente, un manque singulier d'attention vers le monde nouveau qui s'ouvrait, immense et attirant, à l'homme européen. Les lexicographes français, occupés à normer la langue et à contribuer par là au triomphe culturel et administratif de la monarchie absolue, fixaient leur attention surtout sur leur pays, sur Paris qui en était le centre, sur la splendeur royale, devenue désormais la pierre de touche, concrète ou métaphorique, de toute réalité non française. L'étrangeté africaine préserve le continent d'une telle destinée. A l'exception de l'Egypte, impossible d'en faire un prétexte, une arme: l'Afrique est trop grande, trop inconnue, trop fréquentée, trop chaude, trop bizarre, trop crainte, trop utile sur la route des Indes. Même trop ancienne. Massive, fermée sur elle-même, elle joue à la fin du XVII<sup>e</sup> le rôle de papier de tournesol pour mesurer les progrès de la modernité sur le monde fabuleux et hostile d'autrefois.

---

[41] Voir Sergio Poli, *Pour arriver à l'autre: Les voyages dans les dictionaires du XVIIe siècle*, dans AA.VV. *L'autre au XVIIe siècle*, Tübingen, Gunter Narr, 1999, pp. 18-30; et encore *Toutes les couleurs de la mer lexicografique*, dans *Les Méditerranées du XVII<sup>e</sup> siècle*, Tübingen, Gunter Narr, 2002, pp. 33-48.

# II. L'Afrique représentée

# L'Afrique insulaire, l'Afrique des caps, l'Afrique des marges: textes et images de Jean Mocquet (1617) et de Guy Tachard (1686) sur la route maritime des épices

par

SOPHIE LINON-CHIPON

«D'autant que les navires qui font le voyage des Indes costoyent une grande partie de l'Afrique; ce ne sera hors de propos de joindre à ceste œuvre une briesve description des costes du dit pays», indique le célèbre voyageur hollandais Jan Huygen van Linschoten[1] après le récit de ses navigations aux Indes orientales au début du chapitre intitulé «Description de la Guinée, Congo, Angola et autres pays maritimes d'Afrique».

Les voyageurs français qui ont emprunté la voie tracée par Vasco de Gama à la fin du XV$^e$ siècle n'avaient pas les mêmes moyens ni les mêmes objectifs que les premiers Portugais, ni les mêmes ambitions que les Hollandais et les Anglais qui les ont suivis avec succès. L'Afrique, que les voyageurs français longent à partir du XVI$^e$ siècle, depuis Madère jusqu'au cap de Bonne Espérance puis le long du canal de Mozambique, est en quelque sorte un non lieu puisqu'elle ne fait pas partie de l'horizon géographique de la route maritime des épices, la fameuse *Carreira da India...*

---

[1] L'ouvrage hollandais date de 1595. Nous avons consulté la traduction française qui paraît à Amsterdam chez Henry Laurent en 1610 sous le titre: *Histoire de la navigation de Jean Hugues de Linscot Hollandais et de son voyage es Indes Oirentales: contenant diverses descriptions des Pays, Costes, Havres, Rivières, Caps & autres lieux jusques à présent descouverts par les Portugais: Observations des coustumes des nations de delà quant à la Religion, Estat Politic & Domestic, de leurs Commerces, des Arbres, Fruicts, Herbes, Espiceries & autres singularitez qui s'y trouvent: Et narration des choses memorables qui y sont advenues de son temps. Avec annotations de Bernard Paludannus, Docteur en médecine, spécialement sur la matière des plantes & espiceries: & diverses figures en taille douce, pour illustration de l'oeuvre. A quoy sont ajoutées quelques autres descriptions, tant du pays de Guinée, & autres costes d'Ethiopie, que des navigations des hollandais vers le Nord, au Vaygar & en nouvelle Zembla. Le tout recueilli et descript par le mesme de Linscot en bas Allemand nouvellement traduit en Français.*

Pour ces voyageurs-là, l'Afrique n'est donc pas non plus le lieu de projections idéologiques où le récit des mythes hérités de l'Antiquité et du Moyen Age viendrait nourrir l'*imago mundi* d'un voyage qui puiserait dans ces digressions de quoi combler le silence d'une si longue traversée et transcender une navigation particulièrement pénible et souvent ennuyeuse. Ce périple maritime qui, à deux reprises, oblige à franchir l'équateur, est en effet rempli de périlleux aléas (tempêtes, calmes, courants, batailles navales) qui imposent cependant quelques escales forcées, soit pour réparer les dommages subis par les navires, soit pour soigner les malades souffrant du scorbut, soit pour se ravitailler en eau douce et viande fraîche, soit aussi pour prendre des nouvelles en consultant les lettres que d'autres navires ont déposés dans ces différents territoires relais, chapelles de pierres amoncelées ou petits fortins de fortune. Nous étudierons la nature du regard, contraint ou piégé, qui ne fait pas toujours preuve de la disponibilité que l'on est en droit d'attendre d'un esprit aventureux, capable de saisir, en quelque sorte à l'improviste, une altérité imprévue. Ceci est d'autant plus vrai que les préoccupations de ceux qui abordent l'Afrique dans ces conditions leur forme comme un écran qui occulte totalement le lieu et les personnes rencontrées. Néanmoins, quasiment étrangère à ce voyage, l'Afrique, qui apparaît ici et là, s'avère être une Afrique des marges et tout d'abord une Afrique des îles: îles Canaries, îles du cap Vert, île d'Annobon au large des côtes de Guinée, île d'Ascension et de Ste Hélène en plein Atlantique, île de Mozambique sur la côte orientale; ou bien s'agit-il d'une Afrique des caps: cap Rufisque face aux îles du cap Vert, cap Tagrin et cap de Palme en Sierra Leone, cap de Bonne Espérance et cap des Aiguilles en Afrique australe... Pour la partie orientale de «l'itinéraire africain», il y a aussi la grande île de Madagascar, les îles des Comores, l'archipel des Mascareignes et l'île de Socotora qui fonctionnent dans la périphérie d'une Afrique des terres définitivement absente. Mais cet ensemble insulaire dans la partie orientale de l'Afrique se situe à la frontière entre le monde africain et le monde indien, dans cette zone indianocéanique que le professeur Jean-Michel Racault étudie dans le présente ouvrage et que nous laissons donc de côté.

Les accidents de la navigation ne sont pas non plus les seules sources de la narration africaine. En effet, si l'on part du principe qu'il ne suffit pas de faire escale pour qu'une terre soit l'objet de discours plus ou moins longs et circonstanciés, le cas notamment de Robert Challe[2] à propos de Mada-

---

2 Voir notre article, «Quand l'escale n'a pas lieu (à propos de Mascaray, du Cap de Bonne-Espérance et de Madagascar», *Challe et/en son temps*, actes du colloque de l'université d'Ottawa (24-26 septembre 1998), textes présentés par Marie-Laure Girou

gascar est en ce sens très éloquent, nous tenterons de comprendre l'enjeu d'une certaine rhétorique sur l'Afrique mais aussi la raison de certains silences... Enfin en ce qui concerne l'Afrique illustrée, nous constaterons que, dans un corpus viatique français au demeurant peu illustré, l'image de l'Afrique ne coule pas de source...

Nous aurions pu passer en revue tous les textes[3] qui relatent un voyage sur cette route mais nous avons décidé de concentrer notre réflexion autour

---

Swiderski avec la collaboration de Pierre Berthiaume, Paris, Honoré Champion, 2002, pp. 251-270.

[3] – Le général augustin de Beaulieu s'arrête au cap Vert du 2 au 19 novembre 1619 à l'aller ainsi qu'une longue escale au retour du 16 août au 10 octobre 1622, au cap Tagrin en Sierra Leone et aux îles qu'il appelle des Idôles, puis sur les côtes de Guinée, enfin au cap de Bonne Espérance du 11 au 16 mars 1620 et du 5 au 30 mai 1622, au cap Guardafu sur la côte orientale du 19 au 27 août 1620 enfin à l'île de Sainte-Hélène du 21 au 26 juin 1622.

– François Cauche fait escale au cap Vert du 12 février au 10 mars 1638.

– Etienne de Flacourt s'arrête au cap Vert du 17 au 26 juin 1648, au cap de Bonne Espérance au retour du 7 au 26 mars 1655, ainsi qu'à l'île de Sainte-Hélène du 8 au 10 avril 1655.

– Urbain Souchu de Rennefort, s'arrête 10 jours au cap Vert du 2 au 11 avril 1665, au retour à Sainte-Hélène du 31 mars au 7 avril et à l'île d'Ascension du 17 au 19 avril 1666: soit donc un total de 21 jours d'escale.

– Dellon fait escale au cap Vert du 30 avril au 12 mai 1668.

– Dubois, ne verra de cette Afrique des marges que le cap Vert du 7 au 13 mai 1669 et l'île de Sainte Hélène, un jour au retour le 4 novembre 1672.

– L'expédition de Jacob Blanquet de La Haye, s'arrête successivement à Madère du 11 au 14 mai 1670, puis au cap Vert du 24 mai au 9 juin, au cap de Bonne Espérance du 20 août au 8 octobre 1670 et au retour à Sainte Hélène du 25 au 30 janvier 1675 et 3 jours à l'île d'Ascension du 8 au 10 février.

– Bellenger de Lespinay s'arrête longuement au cap vert du 22 juillet au 2 septembre 1670 et au cap de Bonne Espérance du 7 au 14 janvier 1671.

– Le sieur de Lestra fait escale au cap Vert du 16 au 20 mai 1671 et au cap de Bonne Espérance 12 jours à l'aller et au retour du 13 au 28 février 1675.

– L'abbé de Choisy, le père Guy Tachard et le chevalier de Chaumont, embarqués pour la première ambassade française auprès du roi de Siam, s'arrêtent 2 fois au cap de Bonne Espérance du 31 mai au 6 juin 1685 et du 13 au 26 mars 1686: soit 21 jours au total.

– L'escadre de Duquesne avec à son bord Pouchot de Chantassin et Robert Challe s'arrête au cap Vert 4 jours du 18 au 21 mars 1690 à l'aller et, du 5 au 7 mai 1691, à l'île d'Ascension au retour.

de deux témoignages bien distincts: d'une part les *Voyages en Afrique, Asie, Indes orientales et occidentales* faits par Jean Mocquet[4] (1617) et d'autre part le *Voyage de Siam des pères jésuites* du père Guy Tachard (1686), à partir desquels nous considérerons, trois perspectives différentes: l'Afrique du voyageur au service d'une écriture de l'escale (on ne parle de l'Afrique que lorsqu'on y débarque, c'est l'Afrique abordée), l'émergence d'une rhétorique africaine du voyage (lorsque l'Afrique est évoquée indépendamment des escales, c'est l'Afrique racontée) et l'Afrique représentée à travers des illustrations, stade rarement atteint au 17ᵉ siècle, qui est celui de l'Afrique imagée.

Les *Voyages en Afrique, Asie, Indes orientales et occidentales faits par Jean Mocquet, garde du cabinet des singularitez du Roy aux Tuilleries, divisez en six livres & enrichis de figures*, publié à Paris, chez Jean de Heuqueville en 1617 est un ouvrage qui rassemble en réalité 6 voyages différents: 1) *Voyage en Lybie, Canaries et Barbarie* en 1601; 2) *Voyage aux Indes occidentales, en la rivière des Amazones, pays des Caripous & Caribes & autres terres & isles d'occident*, 1604; 3) *Voyage en Marroc et autres endroits d'Afrique*, en 1605; 4) *Voyage en Ethiopie, Mozambique, Goa & autres lieux d'Afrique & des Indes orientales*, 1607; 5) *Voyage en Syrie et Terre Sainte* 1611; 6) *Voyage en Espagne...* en 1614. L'iconographie africaine est logiquement insérée dans le premier voyage au Maroc et en Lybie riche de 4 figures: «Lybiens de devers le Cap blanc allans chercher leurs ennemys», «Forme du combat des Lybiens quand ils se rencontrent», «Les Mores de Lybie vont ainsi par les deserts avec leurs chameaux», «Comme les Lybiennes vont le long de la mer cherchans quelque poisson & des œufs d'autruche pour manger». Il s'agit d'une Afrique méditerranéenne de même que dans le 3ᵉᵐᵉ voyage qui a lieu en «Barbarie» où l'on trouve 2 figures, l'une sur la «Façon de combattre des Mores Africains de Maroc & autres Arabes du pays de Barbarie» et l'autre sur la «Forme des Arabes lorsqu'ils changent & emportent avec eux leurs Adouars ou tentes, & meinent leurs familles pour ensemencer & cultiver la terre en autre lieu dans le pays» (figure 1). Cette Afrique méditerranéenne ou du Nord s'inscrit dans le paysage relativement familier soit des

---

– Le huguenot François Leguat fait escale au cap Vert du 30 octobre au 6 novembre 1690, au cap de Bonne Espérance à l'aller du 16 janvier au 5 février 1691 ainsi qu'au retour du 12 février au 8 mars 1698 puis à l'île de Sainte-Hélène du 19 au 26 avril.

– Biron ne s'arrête qu'à l'aller au cap Vert du 26 février au 5 mars 1701.

[4] Signalons l'étude récente de Grégoire Holtz, *L'intertextualité entre histoire tragique et récit de voyage dans la relation de Jean Mocquet aux Indes orientales (1617)*, DEA sous la direction de Frank Lestringant, 2000, exemplaire dactylographié, 102p.

pèlerinages à la Terre Sainte, soit des voyages au Levant (voyages commerciaux, diplomatiques ou d'antiquaires), soit de la guerre de course qui brasse toute une population de renégats, de captifs et de pirates sur une mer très fréquentée où les nations d'Europe et les populations des Barbaresques se confondent. Ces scènes de genre contrastent cependant avec les représentations véhiculées par les voyageurs antiquaires fascinés par les vestiges de l'Antiquité autant que par les lieux saints[5]. Le 4ème *Voyage à Mozambique & Goa* ne comprend que deux illustrations qui renvoient l'une aux Indes et l'autre à la Chine dans la logique d'une Afrique décalée: «Comment les Indiens Cananins de Goa sont habillés et vont cueillir les cocos sur ces palmiers» et «Façon des Chinois en leurs vêtements, manger et réjouissance».

Voyons comment le texte gère cette présence/absence de l'Afrique dans le 4ème voyage qui correspond à celui de la route maritime des épices, le long d'une «Afrique maritime» pour reprendre l'expression de Van Linschoten.

Le 29 mars 1608, embarqué aux côtés de l'escadre du comte da Feira sur le *Nossa Sehnora do Monte Carmel*, une énorme caraque portugaise avec 900 personnes à son bord, qui, en retard, ne fait ni escale à Madère ni au Cap Vert comme de coutume, et qui, à l'occasion d'une tempête terrible qui disperse les navires, manque même de faire demi-tour aux abords du cap de Bonne-Espérance, Jean Mocquet contourne toute l'Afrique d'une traite jusqu'à l'île de Mozambique où il séjourne 6 mois avant de se rendre ensuite à Goa. L'Afrique est absente du discours de cette très longue traversée mais elle est indirectement impliquée dans le récit des tempêtes, des ouragans, des descriptions de requins et autres monstres marins mal identifiés, dans le brouillard des rivages incertains et déserts d'une terre ferme où l'on n'aborde pas et d'un continent étrangement absent. L'épreuve du scorbut constitue par exemple une sorte de non-épreuve ou de contre-épreuve de l'Afrique: le fait de ne s'y être pas arrêté, prive les marins, à leur insu, de cette vitamine C présente dans les aliments frais et qui, par son absence, est la cause de tous leurs maux. La description de leurs souffrances révèle en miroir le non-regard porté sur l'Afrique, que l'on tient à distance par défiance car l'on ne cherche même pas à l'accoster, de peur de perdre du temps ou de devoir faire face à une adversité néfaste. Sans compter qu'accoster sans repères c'est risquer de perdre le navire: la proximité

---

[5] Notons au passage que le voyage aux Indes occidentales est le plus illustré avec 6 figures.

de la terre est une menace avec ses courants, ses brisants et ses vents changeants, aussi ne s'en soucie-t-on pas sauf aux quelques endroits qui ont été au préalable repérés lors d'expéditions conçues dans ce but.

La première escale de Jean Mocquet est au Mozambique[6]. Mais le Mozambique au début du 17e siècle n'est qu'une île sans eau. De 2,5 km de long sur 1,2 de large située dans ce que l'on nomme la région de la Basse Ethiopie, qui comprend le Monomotapa, le Zanguebar, le Soffala et la Cafrerie (de l'arabe *Kâfir*, c'est-à-dire le lieu des Infidèles), dans «la Baie de Mossuril par les 15° de latitude sud tout près de la côte orientale africaine». Son emplacement est stratégique puisqu'elle est la tête de pont du Monomotapa d'où l'or et l'ivoire sont acheminés. Le Fort San Gabriel construit en 1508 par les Portugais a été détruit en septembre 1607 par les Hollandais et l'importante forteresse nommée San Sebastiaõ qui fut construite entre 1555 et 1583, encore visible de nos jours, a largement été endommagée par les attaques des navires de Willemsz Verhoeven qui firent feu entre le 28 juillet et le 29 août 1608. L'île qu'aborde Jean Mocquet en septembre 1608 est une île délabrée, insalubre car surpeuplée, sans végétation suffisante pour se protéger d'une chaleur excessive et qui n'a aucune ressource propre. L'escale forcée dure 6 mois car il faut attendre, le mois de mars (1609), le retour des vents favorables pour avoir une chance de gagner Goa. L'approvisionnement en eau douce, en mil, riz, légume et viandes se fait en terre ferme au lieu dit La Cabassière (Cabaceira), où les Portugais font le commerce d'ivoire et de machettes. Le sort de Jean Mocquet n'est pas très enviable. Soupçonné d'espionnage, il est emprisonné 20 jours dans de terribles conditions puis libéré. Il séjourne alors plus ou moins chez un gentilhomme portugais qui l'autorise à construire une paillotte en palmes au fond de son petit lopin de terre, et là, avec «mon Ethiopienne, qui faisait mon ordinaire», il mène une existence rudimentaire et se remet surtout d'un scorbut qui l'a beaucoup affaibli à tel point qu'il a du mal à se déplacer. Dans ce «pays désert où je me mourrai de faim la plupart du temps» (pp. 76-77), Mocquet observe le trafic des Portugais qui troquent de l'ambre gris, des défenses d'éléphants, des toiles de coton et de l'or contre quelques vulgaires verroteries. D'ailleurs, les navires qui repartiront pour Goa auront les cales remplies de ces riches marchandises embarquées, surtout par les fidalgos, au titre d'un commerce privé, contre l'avis des fonctionnaires de la couronne. Mais Mocquet reste en marge de ces activités et se «contente» de survivre. Il a l'occasion de mener une petite expédition qui le conduit à La Cabassière, c'est-à-dire sur

---

[6] Nous avons travaillé à partir de l'édition établie et annoté par Xavier de Castro et Dejanirah Couto, parue à Paris chez Chandeigne qui reprend seulement le 4eme voyage à Mozambique et Goa.

la terre ferme où (n'oublions pas qu'il est apothicaire) il achète des plantes (*pau d'antac*) pour guérir d'une maladie (appelée *antac*) que «l'on prend ayant affaire avec les Noires». On découvre comment celles qui sont nommées les Ethiopiennes protègent leurs champs de mil contre les éléphants: elles tendent des cordes tout autour du champ et y attachent des pierres qu'elles font s'entrechoquer pour chasser les éléphants et autres bêtes sauvages...

Bien qu'il soit surtout tenaillé par les privations et l'ennui, la mise en texte de l'escale tente quelques développements en forme d'escapades, pour se tourner, de façon très brève mais décisive, vers l'autre. Le développement sur la «Barbarie & étrange naturel des Noirs» est le seul moment qui donne lieu à une sorte de petit morceau choisi sur l'Afrique résumée dans cette fresque humaine particulièrement relevée:

> Aussi ces peuples-là mangent la chair humaine, à cause de quoi on les appelle Macua, et se découpent toute la peau de mille sortes de figures. On dit qu'ils burent du sang des Hollandais à Mozambique lorsque les Portugais firent une sortie sur eux la nuit, et me dit un soldat de là qu'il vit un de ses Noirs couper la gorge à un Hollandais abattu sur place, et en avaler le sang tout chaud. Ils sont hardis et courageux en guerre, et ne se soucient d'être percés de coups d'épée ou de dards, sans quasi s'en émouvoir. Ils ne sont pas tous tels toutefois; car il y en a d'assez peureux et sensibles, mais peu de lâches et poltrons. Les sujets du Monomotapa, lorsqu'ils ont tué ou pris leurs ennemis en guerre, leur coupent le membre viril, et l'ayant fait dessécher le baillent à leurs femmes à porter au col, et elles bien parées de cela en font comme un collier d'ordre; car celle qui en a le plus est la plus estimée, d'autant que cela montre que son mari est le plus brave et vaillant; et il faut apporter cela devant le roi pour savoir où et comment ils ont tué leurs ennemis. Celles qui n'en portent point ou bien peu, on ne fait compte d'elles comme ayant des maris poltrons et couards» (Mocquet, pp. 80-81).

Alors que l'observation concernant la manière de protéger les champs de mil des attaques des éléphants s'inscrit dans un récit plutôt personnel, cette évocation de la «barbarie» fait partie des topoï africains que les textes portugais puis hollandais ont institué. Textes portugais tout d'abord, relayés par tout un champ littéraire autour de l'Afrique maritime composé de chroniques, de nouvelles, de poèmes et de chants populaires qui, prenant appui sur le motif du naufrage, ont fortement frappés les esprits enclins à la complainte douloureuse de l'exil forcé; mais aussi les textes hollandais qui ont toujours accompagné leurs relations de voyages de très nombreuses illustrations et ont, en ce sens, joué un rôle considérable dans la constitution de certains stéréotypes. En l'occurrence, le relais intertextuel mis en place dans la culture portugaise d'une part, et la combinaison texte/image sur certains sujets dans les corpus viatiques élaborés par les bataves d'autre part, ont permis de distinguer certains motifs dominants afin d'élaborer une certaine image de l'Afrique. Le motif guerrier des sexes comme butin, à la fois prises de guerre et ornement féminin de la virilité de leurs maris soldats, apparaît à l'origine dans le grand texte de van Linschoten qui voyagea dans ces contrées entre 1579 et 1592. Paru en Hollandais à Amsterdam dès 1595, l'*Itinerario* sera 5 fois réédité (dont 4 fois au 17e siècle) accompagné d'une très abondante illustration dont une scène de guerre représentant ces fameux colliers de sexes (figure 2). La traduction française[7] date de 1610, soit donc bien avant la publication en 1617 des *Voyages* de Jean Mocquet. Cette image-tableau de l'Afrique, si elle ne se manifeste pas dans l'iconographique de la relation de voyage de Jean Mocquet, elle reste présente dans l'imagerie culturelle que véhicule le texte. Les figures du sang, de la vaillance et du sexe sont comme les points saillants d'une représentation qui, de façon très manifeste, se concentre sur le caractère étrange d'une altérité agressive. A ce motif il faut en associer un autre qui, de façon récurrente, croise cette représentation: c'est l'idée physique de ce qui pend... C'est le sein très ou trop long qui pend pour nourrir l'enfant jusque dans le dos,[8] c'est le sexe masculin qui pend d'autant plus qu'il est orné d'attributs qui en quelque sorte le grossissent et l'alourdissent, ce sont ces colliers de sexes qui pendent autour du cou des femmes, et tous ces pendentifs souvent lourds et démesurément longs qui pendent aux oreilles, aux bras, à la taille, aux pieds... Ce sont aussi ces peaux de bêtes et ces intestins séchés qui pendent sur le corps des Hottentots et des Cafres et, avec cette dernière variante, l'idée d'une frontière très mince entre l'homme et l'animal, ce que l'inventaire des odeurs et des saletés confirme sans aucun doute...

Ce bref tableau de quelques lignes livré au lecteur, le texte de Jean Mocquet s'empresse de revenir à des propos dirions-nous plus «acadé-

---

[7] Deux autres éditions françaises seront proposées en 1619 et 1638 toujours à Amsterdam.

[8] «Il semble que deux longues vessies de cochon, demi-sèches et demi-enflées, leur pendent au cou. Ces vilaines mamelles dont la peau est noire, ridée et rude comme du chagrin leur descend plus bas que le nombril et ont un bout feuille morte plus gros que celui des tétines des vaches. A la vérité ces amples tétasses ont cela de commode qu'on les conduit de droite à gauche, devant et derrière, tout comme on veut...», lit-on dans le *Voyages et aventures de François Leguat* via la plume de François Maximilien-Misson, p. 216 dans l'édition des Editions de Paris présentée par Jean-Michel Racault en 1995.

miques» pour raconter plus longuement (en une dizaine pages) un épisode de l'*Aventure des Portugais en Ethiopie & de l'ambassadeur persan* (Mocquet, 81-85) ainsi que la célèbre *Histoire tragique de Manuel de Sousa Sépulveda* (Mocquet, 85-88) qui fut publiée en feuillets dès 1555 et dont on retrouve la trame dans la tragédie de Nicolas-Chrétien Des Croix, *Les Portugaiz infortunez,* publiée en 1608 à Rouen mais jamais représentée à la scène, ainsi que dans la compilation de Bernardo Gomes de Brito, l'*Historia tragico-Maritima* (1735-1736), aux côtés de onze autres récits de naufrage. Ces deux récits enchâssés appartiennent à la rhétorique luso-africaine[9] du voyage que le texte de Jean Mocquet adopte et qui se substituent à une description de l'Afrique définitivement oubliée, puisqu'elle est devenue le simple décor d'aventures extraordinaires mais aussi très morales où les héros sont des Portugais malmenés par un sort qui s'acharne sur eux ou par des Africains qui les accablent sans merci... Ces récits détournent la relation de voyage du récit itinéraire, du *roteiro*, vers une ponctuelle refonte romanesque qui, dans la perspective française de Jean Mocquet, noircit aussi l'image de Portugais féroces coupables d'avoir maltraité notre voyageur. Ainsi le territoire du pourtour africain représente, aux yeux de Jean Mocquet, un territoire lusitanien entièrement corrompu par ce qui tient lieu de mauvais usage de la relation orientale. L'image qu'il donne de l'Afrique est donc, via ces anecdotes portugaises, celle de ses propres souffrances qui, en retour, contaminent le récit en grande partie aveugle d'une Afrique dénaturée et dont le visage agressif et dégradé, a été composé au fil des contacts, souvent conflictuels, que les Portugais ont entretenus le long de la côte occidentale africaine. Alors que les premiers récits de Vasco de Gama étaient plutôt enthousiastes, livrant une image séduisante des habitants du Cap, les récits, que les chroniques et les lettres diplomatiques véhiculeront dès le début du XVIe siècle, vont en fait opérer une métamorphose radicale de l'image de ces populations initialement considérées comme

---

[9] Le travail passionnant d'études des sources a été réalisé par A. Maynor Hardee qui a édité la pièce de Nicolas-Chrétien Des Croix, chez Droz en 1991. Le foisonnement des sources atteste du succès de cette histoire qui a su franchir les frontières culturelles. signalons donc tout d'abord, de Pierre Martyr, *Extraict ou Recueil des Isles nouvellement trouvées en la grand mer Océane... et depuis translate en françoys,* Paris Simon des Colines, 1581; Fernad Lopez de Castaneda, *L'Histoire des Indes de Portugal, traduite de Portugés en François par Nicolas de Grouchy,* Anvers, Jehan Steelsius, 1554; Simon Goulart, *Thrésor d'histoires admirables et memorables de nostre temps,* Coligni, Paul Marceau, 1610; Jean Botero, *Delle Relationi Universalli,* Venise, 1592; Jeronymo Osorio da Fonseca, *Histoire de Portugal... conquête des Indes,* 1581; Cornelis de Houtman, *Journal du voyage de l'Inde Orientale,* Paris, A. Perier, 1598; Jean Léon l'Africain, *Historiale description de l'Afrique,* Lyon, Jean Tempora, 1556; Giovanni Maffei, *Historiarum Indicarum libri XVI,* Florence, 1588, trad. par F.A.D.L.B., *Livre seiziesme des Histoires des Indes,* Lyon, J. Pillchotte, 1603.

vertueuses mais vite devenues monstrueuses. Les habitants de l'Afrique australe ne seront plus considérés que comme les responsables d'un massacre perpétré contre les Portugais lors d'un affrontement sanglant qui eu lieu en 1510, dont les *Lusiades* de Camoens, les *Historias Tragico-maritimas*[10], les diverses cosmographies, les relations de voyage de toute l'Europe, les dictionnaires et les encyclopédies se font l'écho constant, pour confirmer et grossir l'idée d'une bestialité manifeste et d'une «sous-humanité monstrueuse»[11]. L'Africain des antipodes est enfermé dans le stéréotype d'une «semi-animalité hypothétique» que le père Guy Tachard, mathématicien du roi envoyé au Siam et à la Chine, semble disposé à discuter lors de son escale au Cap, contre l'avis répété de tous les voyageurs du XVII^e siècle. L'imagerie qu'il invoque participe malgré tout, de façon non négligeable, au processus de sédimentation culturelle dont sont victimes les Hottentots...

Le *Voyage de Siam*[12], découpé en six livres, consacre le second livre au *Voyage du Cap de Bonne-Espérance à l'île de Java*. En réalité, de la page 61 à la page 126, il n'est question que du Cap. Mais ce qui peut apparaître, au départ comme un traité sur le Cap, se décompose en différentes séquences. De la page 61 à la page 85 «voilà ce qui s'est passé au Cap de Bonne Espérance, au sujet de nos observations». Ce récit prolonge celui de l'arrivée avec une description de la situation du Cap, son abord par la passe, l'accueil qui est fait aux Jésuites, le climat, le beau jardin de la Compagnie, l'observatoire, les observations astronomiques pour tenter d'établir exactement la longitude du Cap. Le récit de l'escale, dans cette première séquence, ne sacrifie pas, de façon trop importante, aux digressions descriptives de réemploi. Ce qui est cependant majeur, à l'occasion de ce premier contact avec la terre ferme, ce sont les précisions très «savantes» données à propos des observations astronomiques: la position des constellations, le réglage des horloges et des lunettes sur le fil de l'horizon, la variation de l'aimant, les éphémérides de Cassini, les tables des éclip-

---

[10] On doit à Bernardo Gomes de Brito cette compilation de onze histoires de naufrages, publiées à Lisbonne en 1735-1736 (traduites en Français par Georges Le Gentil en 1939, et publiées partiellement par José Saramango aux éditions Chandeigne en 1992).

[11] L'expression est empruntée à Paolo Carile dans son ouvrage, *Huguenots sans frontières*, Paris, H. Champion, 2000, p. 179.

[12] *Voyage de Siam des pères jésuites envoyez par le Roy aux Indes & à la Chine. Avec leurs observations astronomiques, Et leurs Remarques de Physique, de Géographie, d'Hydrographie & d'Histoire*, à Paris chez Arnould Seneuze et Daniel Horthemels, 1686.

ses... Tachard marque ainsi sa différence pour affirmer son identité de scientifique et ainsi honorer la mission qui lui a été confiée... Page 85, sa mission est terminée et il est, en quelque sorte, prêt à repartir. Le récit de l'escale ne s'en tient cependant pas là et fait état de ce que ses autres collègues ont pu observer, notamment à propos des catholiques frustrés de la colonie protestante du Cap qui «pleuraient et se frappaient la poitrine»... Ces remarques signalent une légère tension entre les Hollandais du Cap et les Jésuites qu'on soupçonne «d'administrer des sacrements». Page 87, il est temps de parler

> de ce que nous avons appris de l'état du pays: car quelques uns de nos pères étaient chargés de s'en instruire, tandis que les autres travailloient aux Observations. Dans cette vue, nous tachâmes de nous informer de M. Vanderstellen, dans les différents entretiens que nous eûmes avec luy, de tout ce qui pouvait contribuer à ce dessein; et nous fîmes connaissance avec un jeune médecin de Breslau en Silésie, nommé M. Claudius, que les Hollandais entretiennent au Cap à cause de sa capacité [...]. Les Hollandais l'ont arrêté là pour les aider à faire leurs nouvelles découvertes des Terres, & pour y travailler à l'histoire naturelle de l'Afrique. Il a déjà achevé deux gros volumes *in folio* de diverses plantes, qui sont peintes au naturel, & il en a ramassé de toutes les espèces qu'il a collé dans un autre volume. Sans doute que monsieur Van Rhêden qui avoit toujours ses livres chez luy, & qui nous les fit voir, a pris le dessein de donner bientôt un *Hortus Africus* au public, après son *Hortus Malabaricus*. Si ces livres eussent été à vendre nous eussions rien épargné pour les envoyer à la Bibliothèque du Roy. Comme ce scavant médecin a déjà fait quelques voyages jusques à six vingt lieues avant dans les terres vers le Nord & vers l'Est, pour y faire de nouvelles découvertes, c'est de luy que nous avons tiré toutes les connaissances que nous avons de ce pays, dont il nous donna une petite carte faite de sa main et quelques figures des habitants du pays et des animaux les plus rares que j'ay ajouté icy. Voici ce que nous en avons appris de plus remarquable. (Tachard, p. 87-88).

L'intérêt et l'originalité de cette mise en place des origines du discours est d'établir un lien très fort avec une iconographie hollandaise particulièrement fournie sur le Cap de Bonne-Espérance. Après ce long préambule explicatif, Tachard narre presque en son nom propre les propos qui lui ont été rapportés. «Il y a...», «on y trouve», «des personnes dignes de foi, & qui ont voyagé, m'ont assuré», «tout ce que je puis dire là dessus c'est que j'ai vu les deux cornes de l'animal», «le lieutenant du château qui était du voyage me dit que», «on y a vu», «j'en ay vu la peau d'un qu'on avait tué», «j'ay oui dire au secrétaire de monsieur le commandeur, & à monsieur le commandeur même, qu'ils en avaient vu jusqu'à dix mille ensemble», «je n'ai pas de peine à le croire», «ce fut monsieur le commissaire général qui

nous le conta», «on nous a montré des pierres qu'on y a trouvé qui
semblent confirmer cette opinion»... Le système d'accréditation d'une
parole plusieurs fois relayée, masque à peine un discours emprunté qui à la
page 94 décide enfin de s'afficher directement comme une citation traduite
d'une *Relation latine des environs du Cap*. Faute d'avoir lui-même
véritablement expérimenté l'ailleurs et l'autre, Tachard est particulièrement
ravi d'avoir trouvé cette relation. On voit bien la perspective du lettré qui
attache plus de prix aux documents qu'aux expériences: «Mais nous
n'avons rien trouvé au Cap de plus curieux qu'une Carte exacte des
environs nouvellement découverts par les Hollandais, avec une relation
latine des nations qui y habitent. L'une et l'autre fut donnée par un homme
digne de foi qui n'y a rien marqué dont il ait été témoin oculaire, & dont
voici une traduction exacte» (p. 94). Les propos tenus dans cette relation à
propos des habitants du Cap, dévoilent une population plutôt pacifique et
avec qui on peut traiter. Mais, en bas de la page 96, Tachard interrompt la
citation pour: «dire ce que nous avons vu nous mêmes de ces peuples, ou
de ce que nous en avons appris de quelques per-sonnes fort sûres». Or,
avant de ré-introduire le discours déceptif des voyageurs de passage peu
avertis des mœurs réelles des Hottentots, Tachard nous signale un bref
contact avec l'un des esclaves de la Compagnie Hollandaise qui s'adresse
aux Jésuites en Portugal. Tout en ayant l'air de faire quelques concessions
au discours convenu sur les Africains des antipodes, l'analyse de Tachard a
plutôt l'intention de réhabiliter les populations hottentotes et cafres. Ainsi
commence-t-il par leur reconnaître la naïveté d'une innocence naturelle qui
les porte librement au bonheur, dans un sentiment d'autosatisfaction qui est
le signe d'un bien-être sans complexe. Il ose, malgré tout, souscrire, en
partie et en apparence aux consi-dérations négatives comme s'il faisait
mine de ne pas trop les épargner. Le couplet dysphorique qui débute par ils
«mènent une vie misérable» et qui se trouve vis à vis la figure agréable et
séduisante des habitants du Cap de Bonne-Espérance (p. 99), entretient le
cliché. On notera au passage le fossé qui existe entre une rhétorique
particulièrement dépréciative et une illustration édulchorée qui contraste
par sa douceur. Il semblerait que l'image se refuse à montrer l'horreur que
la rhétorique fabrique sans frein. Il semble aussi, que les auteurs des textes
d'une part et les dessinateurs et graveurs d'autre part n'aient absolument
pas la même conception de ces habitants. La culture de l'altérité qui les
guide est tout à fait différente avec des fondements anthropologiques
presque opposés, joint aux règles de l'art du dessin incompatibles avec un
regard ethnologique. Mais Tachard s'empresse ensuite de les pardonner
estimant que «la Barbarie n'a pourtant pas tellement effacé dans ces
peuples tous les traits de l'humanité, qu'il n'y reste quelque vestige de
vertu...». Le bilan de la description est donc plutôt positif.

Ainsi, contrairement aux critiques habituelles, il faut reconnaître à Tachard d'être, via les textes hollandais masqués par le latin, l'artisan d'une difficile réhabilitation qu'il veut prendre à son compte. Pas besoin d'attendre Levaillant ou d'autres au XVIIIᵉ siècle pour voir poindre un esprit critique qui tente de faire la part des choses. La relation de voyage de Tachard, s'approprie en effet une expédition de cinq mois menée dans les terres, ce qu'un lecteur, me semble-t-il, rapide s'imagine possible, alors que l'ambassade qui doit se rendre au Siam ne fait une escale que d'une semaine au Cap. Cette réappropriation du voyage des autres fait en réalité partie de cette tentation des terres intérieures comme source de la vérité africaine contre une Afrique des marges comme territoire du mensonge. La série des figures pliées qui représentent des reptiles, le serpent cornu, le caméléon, le petit lézard et le grand lézard du Cap semblent limiter l'étrangeté de cette terre à son domaine animal sans plus jouer de l'ambiguïté obsessionnelle attribuée aux populations hottentotes, boucs émissaires des mésaventures advenues à de pauvres marins à qui les 40ᵉᵐᵉˢ rugissants ont fait perdre bien des illusions. Si l'atrocité du portrait de l'Hottentot est proportionnelle aux atrocités vécues par les marins-colons-marchands, l'entreprise de réhabilitation amorcée par Tachard prend la mesure du long chemin qu'il reste à faire comme le montre ce parcours dans l'intérieur des terres jusqu'à une montagne dont il est dit qu'il faut quarante jours pour monter au sommet! La vérité est à ce prix, comme une pénitence, pour dire enfin que de si braves gens valent le détour: «On va à la vérité dans toutes leurs terres, & on les visite chez eux jusques dans leurs plus épaisses forêts, on traverse leurs déserts brûlants, & on surmonte leurs montagnes les plus escarpées avec beaucoup de fatigue, de dépense et de péril. Mais tout cela ne se fait que pour découvrir leurs Mines, pour connaître l'abondance de leurs provinces, pour apprendre leurs secrets, & la vertu de leurs simples, & pour s'enrichir de leur commerce. Cette entreprise, à la vérité, & l'exécution d'un dessein si grand et si difficile, seroit très-louäble, si le zèle du salut de leurs âmes y avoit un peu de part, & si en trafiquant avec eux, on leur enseignait le chemin du Ciel & les véritez éternelles». Faute de vérité africaine, gageons que ces «véritez éternelles» sauront briser le miroir, toujours trompeur, des textes...

## Figure 1 et 2

1.

*Lybiens de deuers le Cap blanc àllans chercher leurs ennemys.*

2.

*Forme du combat des Lybiens quand ils se rencontrent.*

**Figure 3 et 4**

3.

*Les Mores de Lybie vont ainſi par les deſerts auec leurs Chameaux.*

4.

*Comme les Lybiennes vont le long de la mer cherchans quelque poiſſon & des œufs d'Autruche pour manger.*

**Figure 5 et 6**

M

*Façon de combatre des Mores Afri-
cains de Maroc, & autres Arabes du
pays de Barbarie.*

N

*Forme des Arabes lors qu'ils chan-
gent & emportent auec eux leurs A-
douars ou tentes, & meinent leurs familles pour enfemencer & cultiuer la
terre en autre lieu dans le pays.*

**Figure 7**

*Manière de guerroyer des Cafres (Linschoten, 1638)*

**Figure 8**

Hottentots habitans du Cap de Bonne Esperance.

# Le Noir dans l'iconographie religieuse du XVIIe siècle

par

ALAIN NIDERST

*Nigra sed pulchra*, dit l'amante du *Cantique des Cantiques*, et cela pourrait nous faire aussitôt penser à l'Amyntas des *Bucoliques* de Virgile:

> /.../ Quid tum si fuscus Amyntas?
> et nigrae violae sunt et et vacinia nigra[1].

On sait que cette proclamation inspira André Gide et lui servit, pour ainsi dire, de caution à certaines de ses amours.

Mais l'héroïne du *Cantique des Cantiques* s'explique:

> Ne faites pas attention, si j'ai bruni;
> c'est que le soleil m'a hâlée,
> Les fils de ma mère se sont irrités contre moi,
> ils m'avaient mise à garder la vigne...[2]

Elle n'est pas née, pour reprendre les mots de Racine

[...] sous le ciel brûlant des plus noirs Africains[3].

Elle est simplement bronzée par le travail des champs.

Si la reine de Saba arrive d'Abyssinie, elle doit être noire. Elle l'est en effet dans l'ambon maillé de Klosterneunburg de Nicolas de Verdun, mais cette étrange reine, qui vient avec ses chameaux chargés d'or, de pierres précieuses et d'aromates poser des énigmes à Salomon, est blanche dans la fresque de Piero della Francesca et elle est blanche aussi dans le fastueux tableau de Claude Vignon[4] et dans la hiératique œuvre d'Eustache Le

---

[1] *Bucoliques*, X, v. 38-39: «Qu'importe qu'Amyntas soit basané?/ Noires sont les violettes et les vaciets sont noirs».

[2] *La Bible*, p. p. Edouard Dhorne, Franck Michaéli et Antoine Guillaumont, Paris, Galllimard ("La Pléiade»), 1959, t. II, p. 1447.

[3] *Bajazet*, v. 1104.

[4] Paris, Musée du Louvre.

Sueur[5], comme dans celles du Tintoret[6], de Véronèse[7] et de Mattia Preti[8].
Blanche encore dans *Le voyage en Orient* de Gérard de Nerval, comme
dans le sonnet que Théodore de Banville lui dédia, et Flaubert dans la
première *Tentation de saint Antoine* n'hésitera pas à évoquer «la peau
nacrée» de cette «femme splendidement vêtue» qui arrive portée par un
éléphant blanc. Il est vrai que dans *Le Voyage en Orient* elle est escortée de
«six négrillons vêtus d'écarlate» et dans la *Tentation de saint Antoine* d'un
«nègre à bottines rouges"[9]. Comme pour rappeler les lointaines contrées
d'où elle est partie... Quant au Lorrain , quand il peint l'embarquement de
la reine pour la Palestine[10], il la noie, selon son habitude, dans des jeux de
lumière sur de fastueuses architectures.

Est-elle avec ces mystères qu'elle soumet à Salomon, la Sybille per-
sique? Ou l'âme humaine, qui vient vers le roi des Juifs? L'Eglise?
L'humanité? Ou plus simplement la science et la richesse humaines, qui
s'humilient devant la science et la richesse divines, et lui donnent tout ce
qu'elles peuvent, car elles en reçoivent tout ce qu'elles désirent? Quand le
roi est assis et que la reine s'incline devant lui, nous pensons à l'adoration
des Mages. Quand elle est assise à ses côtés, cela évoque le couronnement
de la Vierge.

Douce et généreuse, elle garde, malgré les animaux exotiques qui
l'accompagnent, un teint d'albâtre. Il convient, en effet, de représenter une
femme belle et imposante, et cela entraîne les artistes à préférer une
blanche, plus proche des canons antiques et européens de la beauté...

Il n'est au fond que parmi les rois mages que se rencontre un Africain.
Les rois mages n'étaient pas forcément des rois. Saint Mathieu ne l'avait

---

5 Londres, Collection du comte de Devonshire.

6 Paneaux du Kunsthistorisches Museum de Vienne; Collection particulière à Bologne; Greenville (South Carolina), Bob Jones University; Château de Chenonceaux;
Madrid, Musée du Prado; Venise, Plafond du Vestibule du Palazzo Ducale.

7 Musée de Turin.

8 Viene, Galerie Harrach.

9 Gérard de Nerval, *Œuvres,* p. p. Albert Béguin et Jean Richer, Paris, Gallimard
("La Pléiade»), t; II, 1961, pp. 510-545; Théodore de Banville, *Les Exiles,* Paris, Charpentier, 1899, p. 333; Flaubert, *Œuvres complètes,* Paris, Club de l'honnête Homme,
1973, pp. 191-192. Dans la seconde version de *La Tentation de saint Antoine* on ne
trouve plus aucune allusion à la blancheur de la peau de la reine, qui porte «sur la
pommette gauche une tache brune» (*ibid.,* p. 372).

10 Londres, National Gallery.

pas dit[11]. Parmi les pères de l'Eglise, Tertullien, saint Basile, Claudien, étaient seuls ou presque seuls à l'affirmer. Ils étaient des mages. Ce qui peut signifier des «trompeurs», des «magiciens» ou des «sages». Trompeurs, ils l'ont été, puisqu'ils avaient promis à Hérode de repasser par Jérusalem après avoir vu l'enfant-roi et qu'ils ne l'ont pas fait. S'ils étaient des magiciens, comparables aux sorciers égyptiens (justement baptisés «mages»), qui, convoqués par Pharaon, accomplissent des merveilles avant de s'incliner devant Joseph, ils étaient voués au diable, et il est admirable que ces êtres sataniques se soient prosternés devant le Christ et convertis au vrai Dieu. C'est ce que disent saint Ignace, Justin, Origène, saint Jérôme, saint Ambroise et même saint Augustin. Savants et sages, comme le pensaient Clément d'Alexandrie, Chalcidius, saint Chrysostome, Calvin, ils appartenaient sans doute à la caste des prêtres de la religion mazdéenne et connaissaient l'astronomie et l'astrologie. En ce cas ils signifient que ce qu'il y a de plus fort dans l'humanité s'abaisse devant le Sauveur.

Mais n'est-ce pas ce que signifiait la reine de Saba? Ils viennent, comme elle, suivis de chameaux qui portent des objets précieux. Ils refont le chemin qu'a suivi la reine d'Abyssinie et comme elle ils s'humilient devant ce qui les transcende...

Le roi des rois devait naître en Judée. Même les Romains le savaient. Tacite rappelait que l'on vit des prodiges, quand les Romains vinrent assiéger Jérusalem. «*Quae pauci in metum trahebant; pluribus persuasio inerat antiquis sacerdotum litteris contineri eo ipso tempore fore ut valesceret Oriens profectique Judaea rerum poterentur*»[12]. Dans ces hommes Tacite reconnaît Vespasien et Titus, qui, après le siège de Jérusalem, gouvernèrent Rome et l'univers. «Mais, ajoute-t-il, le peuple /juif/, selon le penchant habituel de la convoitise humaine, interprétait en sa faveur une telle grandeur promise par le sort et refusait même par l'adversité de se laisser ramener au réel».

Suétone ne dit rien d'autre: «Tout l'Orient croyait, d'après une tradition ancienne et constante, que les destins réservaient l'empire du monde à des maîtres venus de Judée à cette époque"[13]

---

[11] *Evangile* de saint Mathieu, I-2-7. Le seul évangile où soit narrée l'histoire des mages.

[12] *Histoires,* V, 13-2: «Peu de gens s'en effrayaient; plus nombreux étaient ceux qui étaient persuadés que dans les anciens écrits des prêtres il était annoncé qu'en ce temps on verrait l'Orient l'emporter et que des hommes partis de Judée deviendraient les maîtres du monde».

[13] Suétone, *Vespasien,* IV, dans *Vie des douze Césars,* p. p. Henri Ailloud, préface de Marcel Jouhandeau, Paris, Le Livre de poche, 1961, p. 447.

Il ne faut donc pas s'étonner que les mages soient partis vers la Judée. Ils avaient été guidés par une étoile. Une étoile bien étrange. Certains affirmèrent qu'on y discernait un enfant et une croix, et même qu'elle parlait. Peut-être une étoile nouvelle, *nova.* C'est ce qu'affirme Corneille:

> D'un astre fait exprès la nouvelle carrière
> Sert de guide à trois rois et leur montre le lieu.
> La lumière leur fit connaître la lumière[14].

Peut-être une comète[15]. Ou plutôt une incarnation du Saint-Esprit ou un ange. Etoile quintuple: matérielle, c'était une étoile nouvelle, qui avait surgi en Orient; spirituelle, c'était la foi qui illumine le cœur humain; intellectuelle, elle recommanda de ne pas revenir vers Hérode; raisonnable, elle était la Sainte-Vierge; supersubstantielle, le Christ lui-même. Ils avaient été annoncés par Balaam:

> Un astre est issu de Jacob
> et un sceptre a surgi d'Israël[16],

par Isaïe:

> Le peuple qui marche dans les ténèbres,
> a vu la grande lumière /.../
> Car pour nous un enfant a été enfanté,
> un fils nous a été donné[17]

par David dans les *Psaumes*:

> que les rois de Tarsis et des îles paient un tribut,
> que les rois de Sheba et de Seba se prosternent devant lui,
> que toutes les nations le servent[18].

Peut-être étaient-ils partis ensemble de Médie ou d'Inde. Peut-être s'étaient-ils rencontrés à un carrefour, venant chacun de sa lointaine contrée avec son équipage exotique et fastueux. On ne savait trop combien

---

[14] *Hymne pour l'Epiphanie,* dans Pierre Corneille, *Œuvres,* p. p. Charles Marty-Laveaux, Paris, Hachette, 1862, t. x, pp. 501sv.

[15] Peut-être la lumière zodiacale, ou ce qui peut susciter la précession astronomique, «le passage au point équinoxial du signe zodical, du Bélier à celui des poissons» (Daniel Rops, *Jésus en son temps,* Paris, Fayard, 1963, p. 42).

[16] *Nombres,* XXV, 17 (*La Bible,* t. I, p. 469).

[17] *Isaïe,* IX (*La Bible,* t. II, p. 30).

[18] *La Bible,* t. I, p. 1051.

de temps avait duré leur voyage, qui avait pu être fort rapide, puisque, comme le dit saint Jérôme, ils avaient des dromadaires pour les porter. Ils étaient d'abord allés à Jérusalem, où ils avaient vu Hérode. L'étoile les y avait conduits. Pourquoi cette étape, puisque le Christ était à Bethléem? Parce qu'ils connaissaient le *temps* et non le *lieu* de la naissance, et qu'il était naturel d'aller d'abord à la *cité royale*, Sans doute pensaient-ils obtenir des docteurs et des scribes de Jérusalem des renseignements pour continuer leur route. En tout cas Hérode les envoya à Bethléem: ainsi les Juifs qui eux connaissaient le *lieu* et non le *temps* de la naissance, furent-ils inexcusables de rester dans l'erreur, alors que les mages, ces gentils arrivés d'un Orient peut-être diabolique avaient su accéder à la vérité.

Ils repartirent donc et l'étoile, qui les avait laissés à Jérusalem, reparut pour les conduire à Bethléem. Leurs offrandes à la main, ils se prosternèrent devant le Christ. Quand? Le 25 décembre, disent les Grecs; le 6 janvier, selon l'Eglise d'Occident; peut-être avant, peut-être après la purification. On les avertit – sans doute Dieu lui-même, qui leur envoya un ange – de ne pas repasser par Jérusalem et de regagner leur pays par un autre chemin.

Dupé et apeuré, Hérode entra en fureur et décida le massacre des Saints Innocents. La Vierge et Joseph fuirent en Egypte et sauvèrent la vie de l'enfant...

Les mages furent baptisés par l'apôtre Thomas, qui évangélisa l'Inde. Leurs corps furent enlevés par Hélène, la mère de Constantin, et portés à Constantinople. Saint Exupère les transféra à Milan et l'empereur Henri de Milan à Cologne, où ils sont toujours vénérés.

Combien étaient-ils? On ne sait trop: peut-être deux seulement, peut-être douze, comme disent les Syriaques et les Arméniens. De deux à huit dans la peinture des premiers siècles. Calvin et Casaubon hésitaient encore. Mais enfin la tradition se fixa à trois, et vers 1340 Jean de Hildesheim donna son *Historia Trium Regum*, d'où émana vers 1500 l'*Histoire Française des Trois Rois,* destinée à sacraliser la famille de Baux, qui prétendait descendre de l'un des mages. On sait comme dans la Provence et en particulier dans la région des Alpilles ce culte subsista, que Mistral célébra dans le *Cant Proumié* du *Calendau* consacré au *Prince di Baus*:

> Lou mage Bautezar doù quan
> Ero vengu d'Etiopiou decendent
> Planta bourdoun sus lis Aupiho

E semena dins si clapiho
Lis erbo aroumatico emai lou sang atdènti[19].

Ils sont trois dans presque tous les vitraux, presque toutes les sculptures,
presque tous les tableaux, où on les représenta. Cela convenait aux présents
qu'ils offrirent au Christ. L'un donne l'or, l'autre l'encens, le troisième la
myrrhe. Saint Bernard n'y vit que des offrandes simples et utiles: l'or pour
remédier à la misère de la Sainte-Famille, l'encens pour effacer la puanteur
de l'étable, la myrrhe pour réchauffer les membres de l'enfant. Mais on
préféra d'ordinaire des interprétations plus profondes: il convenait d'offrir
l'or à un roi, l'encens à un dieu, la myrrhe «incorruptible», comme le dit
Maurice Scève, à un homme voué à la mort. ainsi la triple nature du Christ
était-elle signifiée dans ces présents.

Peut-être faut-il y reconnaître aussi des dépouilles qu'Abraham prit aux
rois et qu'il aurait remis à Melchisedech. Les mages en auraient hérité, et
ils seraient ainsi les descendants d'Abraham et les représentants de la
tradition juive, qui s'incline dévotement devant le christianisme...

Quels sont leurs noms? Selon les Latins Appellius, Amerius et Damas-
cus; en hébreu Galgalat, Malgalat et Sarathin; pour les Grecs Caspar, Balthasar et Melchior, et c'est ce qui prévalut. Peut-être faut-il reconnaître en
Melchior Milcher, le trayeur de vaches; en Caspar Kuhschilder, le pâtre; en
Balthasar Bil-sar-ussu, l'éleveur de vaches.

Les mages seront donc trois. ils seront riches et généreux, mais pas
forcément des rois. Ils seront sages, mais peut-être leur sagesse est-elle due
à une conversion, qui les a arrachés à l'influence de Satan.

S'ils sont trois, ils peuvent représenter les trois fils de Noé; en Balthasar
il faudrait reconnaître Sem, en Melchior qui vient du midi, Cham, en
Caspar ou plutôt Gaspard, arrivé de la mer Caspienne, Japhet. Ils seront
aussi les trois âges de la vie: Melchior la vieillesse, Gaspard l'âge mûr,
Balthasar la jeunesse, et ils représentent les trois continents connus au
Moyen Age, l'Europe, l'Asie et l'Afrique.

En tout cas, couronnés ou pas, ces hommes, vêtus d'or, de rouge,
d'orangé, de hyacinthe, s'inclinent, escortés d'une suite bigarrée et opu-
lente, devant un petit enfant couché sur la paille, une femme et un ouvrier
misérables et rayonnants. Le triomphe des grandeurs spirituelles sur les fas-
tes de la terre est ainsi illustrée, et nous n'avons au fond qu'une reprise de
ce que nous montrait l'entrevue de Salomon et de la reine de Saba...

---

[19] Frédéric Mistral, *Œuvres poétiques complètes,* p. p. Pierre Rollet, Barcelone, Is
Edicioun Ramoun Berenguié, 1966, t. I, p. 29. Voir Marianne Elissagaray, *La Légende
des Rois Mages,* Paris, Editions du Seuil, 1965.

Est-ce encore un fait historique ou ne serait-ce pas plutôt un symbole? Le temps s'abolit, quand on peint ces mages, qui réincarnent les fils d'Abraham et qui sont la puissance, la richesse et la sagesse mêmes. D'autant que les artistes ne se gênent pas pour représenter leurs donateurs, des princes, tels les Médicis, que peint Benozzo Gozzoli, ou Charles le Téméraire, qui est le Gaspard de Memling, et on retrouve Rubens lui-même à l'extrémité droite de son *Adoration des Mages* du Prado.

Dans les *Très riches Heures du duc de Berry* on voit la rencontre des mages à un carrefour, où se dresse une montjoie sculptée portant des statues mythologiques. Dans la chapelle des Médicis de Florence Benozzo Gozzoli a figuré leur brillante chevauchée, emplie d'une opulence exotique, ce qui fait songer au «très long cortège de chameaux», qu'évoquera Hérédia[20]. Dans son triptyque de la *Nativité*[21]. Rogier van der Weyden les a representés tous trois à genoux sur une montagne, contemplant l'étoile où paraît un enfant. Mais en général les artistes nous montrent – symbole ou événement – les mages en adoration devant l'enfant.

Parmi eux un noir. Au moins à partir de la fin du quinzième siècle. On ne le trouve pas dans le psautier d'Ingerburg de Danemark, qui date à peu près de 1200[22], ni dans le tableau de Duccio di Buoninsegna fait vers 1308-1310[23], ni dans celui que le maître de Cologne peignit vers 1350[24], ni dans le retable du Bargello de 1390[25], ni dans *l'Adoration des Mages* réalisée par Rogier van der Weyden vers 1455[26], ni dans celle de Botticelli de 1475 environ[27], ni même dans celle de Léonard de Vinci de 1481[28], ou du maître de 1518[29]. Il est des noirs dans le cortège de Benozzo Gozzoli, il en est plusieurs dans ceux des *Très riches Heures du duc de Berry*, mais les mages restent blancs, comme dans le sonnet de Hérédia, qui suppose simplement qu'

---

[20] José Maria de Hérédia, *Oeuvres poétiques,* p. p. Simone Delaty, Paris, Les Belles Lettres, 1984, t. I, p. 116, *Epiphanie* (*Les Trophées*).

[21] Musée de Berlin.

[22] Chantilly, Musée Condé.

[23] Sienne, Musée de l'oeuvre de la cathédrale.

[24] Cologne, Wallraf-Richartz-Museum.

[25] Florence, Bargello.

[26] Munich, Pinacothèque.

[27] Florence, Musée des Offices.

[28] Esquisse: Florence, Musée des Offices.

[29] Madrid, Musée du Prado.

Un page noir soutient leurs robes à ramages[30].

Et pourtant Elisabeth de Schoenau l'avait déjà dit au douzième siècle le jeune mage – Balthasar, qui vient d'Afrique est noir, et il l'est dans le tableau de Friedrich Herlin le vieux, qui date de 1462[31], dans le triptyque que réalisa Memling en 1464[32], puis dans les œuvres de Bramentino[33] et de Johannes Hispanus[34] de la fin du siècle, de Jérôme Bosh[35] et de Raphaël[36] des années 1510 et de Cesare da Sesto d'environ 1520 ou 1523[37].

Peut-être les artistes flamands et allemands ont accepté cette tradition plus vite que les Italiens. A l'origine les relations nouées par la papauté avec l'Afrique, et le 25 août 1441 on vit à Rome arriver une délégation éthiopienne et une délégation copte. Puis ce furent les triomphales expéditions des Portugais en Afrique. Ils atteignent la Guinée et le Ghana avant 1480 et avec l'aide des arabes s'enrichissent par la traite des esclaves. En 1482 ils atteignent le Congo. Le royaume des Bantous Bakongo est christianisé. De 1506 à 1543 va régner Alfonse Ie: toute la population est chrétienne, l'Eglise est dirigée par don Henrique, fils du roi, évêque et gouverneur de Msangu. Cet Etat demeure indépendant, mais noue d'étroites relations avec le Portugal; de jeunes nobles vont s'instruire à Lisbonne, qui envoie des artisans travailler pour Alfonse.

Ainsi donc les noirs, qui dans les psautiers grecs incarnaient le diable, l'enfer, la mort, sont réhabilités. Il y a au cœur de l'Afrique un empire chrétien; Balthasar représente ces princes qui dans leur brûlant continent adorent le vrai Dieu autant que les Indiens convertis par saint Thomas, ou les Européens que les premiers saints ont christianisés.

Il existe d'ailleurs entre les trois mages des différences et une hiérarchie bien fixées. Le plus vieux est aussi le plus blanc. Il est à genoux et tout près de l'enfant, dont il baise ou caresse le pied. L'homme mûr est peut-être de type plus sémite, Il fléchit le genou. Le noir est un jeune homme et il est debout.

---

[30] Hérédia, *op. cit., loc. cit.*

[31] Musée de Nordlingen.

[32] Madrid, Musée du Prado.

[33] Florence, Musée des Offices.

[34] Avignon, Musée du Patit-Palais.

[35] Madrid, Musée du Prado.

[36] Rome, Vatican.

[37] Pinacothèque de Naples.

Cela signifie évidemment que le premier christianisme est celui de l'Europe. Viennent ensuite l'Asie et la jeune Afrique, qui s'inclinent ou vont s'incliner devant l'enfant-Dieu.

Cette représentation, pour ainsi dire classique, est celle qu'après Cornelis de Baellieur[38], Hugo Van der Goes[39], Jan Brueghel de Velours[40], Rogier Van der Weyden (dont le noir est simplement négroïde)[41], adoptèrent Juan Bautista Maino[42] et Guido Reni[43].

Le jeune noir est souvent vêtu d'une robe ou d'une tunique blanche. Ainsi dans la toile de Jérôme Bosch, dans celle de Pieter Bruegel[44]. C'est la tradition que suit Poussin[45]. Le blanc (quelquefois remplacé par un capuchon jaune) relève évidemment le teint sombre de Balthazar. Ces couleurs claires peuvent aussi représenter la virginité, qui est, nous le savons, l'une des voies de l'humanité pour adorer le Christ.

Dans la plupart des grands tableaux du dix-septième siècle – ceux de Rubens[46], de Jordaens[47], de Vélasquez[48], de Zurbaran[49] – le noir est le troisième. Il n'est que Richard Tassel[50] pour lui donner la deuxième place: derrière Melchior, qui se prosterne, il s'incline, tendant son offrande; le troisième rang est donné à un jeune Arabe enturbanné, qui ne regarde pas le Christ ni les autres mages, et semble perdu dans sa méditation.

Poussin hésite: son noir est placé entre Melchior et Gaspard: Melchior est prosterné, Gaspard est à genoux; quant à Balthazar, il est simplement incliné. Ainsi est-il à la fois le deuxième et le troisième. De même Rubens, dans le célèbre tableau du Musée d'Anvers, situe le noir un peu à l'écart,

---

[38] Bruxelles, Musée royal des Beaux-Arts.

[39] Berlin, Galerie Dahlem.

[40] Anvers, Musée Mayer van den Brag.

[41] Munich, Alte Pinakothek.

[42] Dont l'oeuvre est parfois attribuée à Francisco Ribalta: Madrid, Musée du Prado.

[43] Cleveland, Museum of Art.

[44] Londres, National Gallery.

[45] Musée de Dresde.

[46] Muséess du Louvre, de Lyon, d'Anvers, de Bruxelles, de Madrid, Le Prado.

[47] Eglise Saint-Nicolas de Dixmude.

[48] Madrid, Musée du Prado.

[49] Musée de Grenoble.

[50] Musée de Dijon.

mais capable d'attirer davantage l'attention que Melchior, la première place étant cette fois dévolue à Gaspard.

Au dernier rang, Balthazar est donc moins pénétré de spiritualité ni de respect que Melchior, qui d'ordinaire est prosterné, ou Gaspard à mi-chemin des deux autres mages, souriant, pris d'amour, pas encore en adoration. C'est plutôt de la curiosité que semble ressentir Balthazar. Plus âgé, plus gras dans le tableau de Vélasquez, il est simplement grave et attentif, alors que les deux autres mages, tombés à genoux, expriment une adoration, qui chez Gaspard (en première place cette fois) confine à l'extase...

Zurbaran fait de Melchior, enveloppé de soie et d'or et tombé aux pieds de l'enfant, l'image, semble-t-il, de l'Eglise, tandis que Gaspard, casqué, cuirassé, fier et roide, paraît représenter la noblesse et l'armée. Quant au jeune noir debout derrière les deux autres, portant un turban clair et une tunique rose, il semble perdu dans une sorte de rêverie, qui l'incline à regarder vers nous. Faut-il chercher en lui une incarnation de tout ce qui est en dehors de l'Autel et de l'Epée, le peuple et les contrées lointaines..?

Jordaens nous montre lui aussi Melchior couvert de riches étoffes ecclésiastiques, Gaspard attentif et bienveillant, et au fond, debout, comme à l'ordinaire, un jeune Balthazar, encapuchonné de jaune, qui se penche avec une tendre curiosité.

Dans les *Adorations des mages* de Rubens, le noir est toujours – à la réserve, si l'on veut, de celle du Musée d'Anvers – le troisième. Le premier, celui qui se prosterne devant l'enfant et lui baise le pied, est d'ordinaire Melchior, mais dans les tableaux des Musées d'Anvers et du Prado, c'est Gaspard. En tout cas il porte, comme chez Jordaens, une robe épiscopale. Rubens n'a pas cherché à représenter l'armée. Le second mage ressemble à un prêtre ou à un astrologue. Le dernier – le noir – semble incarner les richesses de la terre. Peut-être retrouvera-t-on chez le disciple de Juste Lipse les trois étages humains, l'âme, l'esprit et le corps...

Le noir est plus gras et moins jeune dans le tableau du Musée d'Anvers et dans celui de Lyon. Ailleurs il est juvénile – penchant vers l'émotion dans la peinture du Louvre, joyeux et presque hilare dans celle de Bruxelles.

En fait, les trois mages paraissent dans la plupart des toiles – celle de Zurbaran, celles de Rubens, celle de Jordaens – prolonger et diluer le même sentiment: le premier est en adoration, le second s'y dispose, Balthazar y viendra. comme dans le *Paysage avec un homme piqué par un serpent* Poussin nous montre l'épouvante, puis l'émotion, puis la quasi indifférence des spectateurs du drame.

Ces toiles, faites en France, en Italie, en Flandre, en Espagne, sont fort différentes. Les mages, destinés à la Mairie d'Anvers et commandés pour la signature de la trève de 1609, sont entourés d'un faste épique – colonnes antiques, esclaves demi-nus portant des richesses. Très loin de là Vélasquez et Poussin font descendre l'histoire sainte dans l'anecdote rustique. Poussin nous montre des mages simplement vêtus et dans leur suite éclatent de petites querelles. Vélasquez élimine également tout luxe et sa Vierge même devient, à la manière caravagesque, une paysanne.

L'adoration se déroule parfois la nuit, comme dans le tableau de la Marie d'Anvers ou dans celui qu'a peint Zurbaran. Parfois dans un plein jour solaire. Tout dépend évidemment des commanditaires – de la spiritualité qui régnait chez eux – de l'occasion qui suscita la commande.

Rubens travaille pour les Jésuites, pour les Capucins et pour le bourgmestre d'Anvers. Poussin pour Cassiano del Pozzo. Vélasquez pour les Jésuites. Zurbaran pour les Chartreux. Catholicisme triomphant ou introverti. Spiritualité émue ou fracas triomphal...Tantôt on appelle les grandeurs humaines à se prosterner devant le Christ, tantôt on se rappelle l'adoration des bergers et l'on en vient presque à faire des mages d'autres bergers.

On peut aussi, comme le fait d'ordinaire Rubens, tendre à une peinture historique et en simplifiant l'escorte et les présents leur donner simplement l'allure d'astrologues asiatiques. Ou bien on choisit le symbole et c'est une leçon de piété qu'on adresse au public.

Qui est Balthazar? Un jeune noir vêtu de blanc, plein de tendresse et de naïveté. Une image de l'Afrique que les Jésuites et les Capucins espèrent gagner au christianisme. Ou bien un être robuste, puissant, qui regarde le Christ avec une sorte d'hésitation éberluée. un magicien peut-être, comme dans le tableau du Musée d'Anvers.

On ne lui prête pas le premier rang. On ne lui demande pas d'incarner ce qu'il y a de plus élevé dans la spiritualité. Il est souvent un peu puéril. Ou alors il émane de la sauvagerie et de pratiques diaboliques. Il se rend ou il va se rendre...

D'une manière ou d'une autre il indique que le christianisme n'a pas ou ne doit pas avoir de limites, que les prédicateurs sauront amener à la vérité les magiciens ou les jeune rois de l'Equateur. Il a ainsi une fonction moins évidente peut-être que Melchior et Gaspard, mais finalement aussi importante. Il signifie que, sans se plonger dans la science ni l'analyse théologique, les cœurs simples, que Satan avait cru ou avait pu gagner, viennent tout de même à Dieu, et donc que l'enseignement du Christ est fait pour tous...

# III. L'Afrique imaginée

# Afrique et Africains dans *Polexandre*

par

## MADELEINE BERTAUD

Le tout premier XVII$^e$ siècle connut, roman et théâtre confondus, la mode de la pastorale: les bergers, sédentaires par nature, envahirent l'imaginaire littéraire. Les plus célèbres, situés par Honoré d'Urfé sur les rives du Lignon, ne connaissaient ce qui se passait au-delà des monts qui bordaient leur cher Forez que par les récits des voyageurs, dans lesquels il était question du reste des Gaules, occasionnellement de l'Angleterre ou de l'Italie, mais rarement de l'Afrique. Cependant, la génération de Louis XIII vit le déclin de la pastorale. Bien avant nous, Magendie a mis en lumière plusieurs importantes raisons de ce changement: «Les gentilshommes qui allaient faire la guerre de Trente Ans, lutter contre les protestants, et comploter contre Richelieu [on rappellera toutefois qu'au même moment, d'autres combattaient pour le cardinal...], se détournaient des douceurs de l'amour pastoral. La conception épique du roman commençait à se développer[1]».

Cette dernière, forte de la caution du Tasse, va particulièrement marquer le *Polexandre*, que Gomberville garda de longues années en chantier et dont il donna plusieurs versions inachevées et toutes différentes les unes des autres, avant de le publier en cinq parties en 1637-38: un roman d'amour, comme l'était *L'Astrée* (Polexandre, épris de l'altière Alcidiane, reine de l'Île inaccessible, séparé d'elle, mettra longtemps à la retrouver et à la conquérir avant de l'épouser au dénouement), mais en même temps, un grand roman d'aventures, qui se déploie dans un cadre gigantesque, à l'échelle du monde (outre l'Afrique, l'Europe, l'Amérique et même l'Asie): sillonnant les mers à la recherche de l'île mystérieuse, y faisant des rencontres dangereuses ou infiniment heureuses, abordant à des rivages inconnus, le héros va d'exploit en exploit et se révèle toujours insurpassable. Comme je l'ai montré ailleurs, Gomberville a écrit un «roman de

---

[1] *Le Roman français au XVII$^e$ siècle, de L'Astrée au Grand Cyrus*, Paris, Droz, 1932, p. 123.

l'homme»[2], c'est-à-dire un roman où l'homme, en ses représentants les plus glorieux, a la vedette. C'est même à se demander si l'amour, loin d'y être un thème majeur, n'est pas simple concession au goût du public (comme il l'est souvent dans la tragédie cornélienne) et prétexte à parler de sujets plus essentiels.

Toujours est-il que l'Afrique joue son rôle dans la fiction sentimentale: la sœur de Polexandre, Cydarie, dont la trace est perdue à la suite d'un enlèvement, puis d'une fuite mouvementée à travers divers pays de ce vaste continent, est aimée du prince sénégalais Almanzor; c'est pour la retrouver qu'il a accepté de se transformer momentanément en chef corsaire, et pris le nom de Bajazet; au dénouement, tous deux monteront sur le trône du Sénéga (*sic*). Par ailleurs, une prophétie assure qu'Alcidiane épousera un esclave venu d'Afrique, ce qui provoquera longtemps en elle de la révolte face à un destin indigne de ce qu'elle est, beaucoup d'angoisse, puis lorsqu'elle comprendra qu'elle aime Polexandre un vrai désespoir, jusqu'à ce qu'elle découvre qu'il est – à la suite de quelques bizarreries de l'intrigue – l'«esclave» en question). Mais cette invention, de la même veine que l'annonce dans *L'Astrée* que Silvandre doit mourir pour que Diane puisse épouser Paris et le quiproquo qui s'ensuit, n'introduit pas sérieusement dans le roman le thème africain. En revanche, celui-ci est largement appelé par le voyage, qui mène les personnages en Barbarie, au Sénéga, au Niger, au Bénin... à moins que ce ne soit dans quelque royaume imaginaire. Surtout, ce thème est constamment mis en relation avec les sujets essentiels que j'évoquais à l'instant: la politique, la religion.

*
*   *

Avant d'y venir, faisons notre deuil de ce qui manque au thème africain dans ce roman qui pourtant, ressemble en bien des épisodes à un «film à grand spectacle»[3]: l'exotisme, avec ce qu'il implique de curiosité, voire de fascination devant l'étranger, est réduit à fort peu de choses. Certes, l'Afrique est lieu de mystère, où la nature accomplit parfois d'étranges prodiges,

---

[2] M. Bertaud, *L'Astrée et Polexandre. Du roman pastoral au roman héroïque*, Genève, Droz, 1986. Chap. VI, pp. 117-129.

[3] Le rapprochement a été fait par Henri Coulet, *Le roman jusqu'à la Révolution*, Paris, A. Colin, coll. U, 1967-1968, vol. I, p. 166.

telle la parfaite Almanzaïre, née blanche sur les rives du Zaïre[4], mais cette veine n'est pas exploitée et le plus souvent elle ne dépasse pas le lieu commun: un prince éloigné de la cour vit près de «fontaines vives et claires» et exerce son courage «contre les lions, les léopards et autres bêtes furieuses» (I, 68-69). Peu doué pour rivaliser avec le peintre, quel que soit son sujet (à l'exception de remarquables scènes de batailles navales), Gomberville entraîne ses lecteurs en des régions où lui-même ne s'est naturellement jamais aventuré. Divers ouvrages, parus en son temps ou un peu plus tôt, ont pu lui fournir des informations[5], mais son imagination ne s'est pas employée à les amplifier, tout occupée qu'elle était à concevoir pour ses personnages d'extraordinaires aventures. A Maroc (Marrakech; le nom désigne à la fois la ville et le pays), les grands édifices, palais et mosquées, sont splendides, les fêtes magnifiques, mais ni les uns ni les autres ne sont décrits. Au terme d'un naufrage, Polexandre aborde une terre inconnue; des hommes noirs, gesticulant et hurlant, l'emmènent en barque «en un pays où l'air [est] si enflammé, et les sables si ardans», qu'il ne peut garder les yeux ouverts et croit marcher sur des «charbons allumés»: voici «la Zone Torride»[6], inhospitalière, et ses habitants qui ressemblent à des diables. Cependant il s'y trouve ce qu'on appellerait une oasis: «un bois de palmiers, de cèdres et d'oliviers sauvages», de l'eau à profusion, des cabanes, mais aussi une maison en pierre et un temple, «superbe et magnifique» (*loc. cit.*). La maison est celle du roitelet de Galatie: «Tout l'ornement des salles, consistait en des nattes de palmier, en quelques sièges de bois, et en certaines tapisseries de jonc de diverses couleurs, ou pendaient des arcs, des trousses pleines de flèches, des demi-piques sans fer, et des rondelles d'acier, avec d'assez belles épées» (IV, 608-609). C'est à peu près ce que, pour l'Afrique noire, Gomberville a fait de mieux en matière de couleur

---

[4] Bien que ce miracle ait son explication (le roi du Congo avait épousé une Européenne), l'accent est mis sur son caractère romanesque, qui rappelle la Clorinde du Tasse, et bien avant elle la Cariclée d'Héliodore.

[5] Ainsi la *Relation du Voyage du Cap Vert* du Père Alexis de Saint-Lo, parue à Paris et à Rouen en 1632. En 1626, une liaison commerciale régulière fut établie entre la France et le Sénégal (ainsi que la Gambie) par une compagnie de Rouen, à laquelle Richelieu accorda en 1633 un monopole de dix ans. La Guinée était plus mal connue; cependant une compagnie privée se constitua pour commercer avec elle, des missionnaires s'installèrent sur la côte, où le P. Colombin, capucin, séjourna près de quinze ans.
Autre source d'informations, les récits des rescapés des geôles barbaresques.

[6] Gomberville, *Polexandre, réimpr. Slatkine de l'édition de 1641 en cinq parties,* 1978. Part. IV, pp. 606-607. En attendant la publication de l'édition critique du *Polexandre* par Michel Serville (thèse Lettres, Nancy, 2000), nos citations du *Polexandre* renvoient à cette réimpression. Les indication de partie, en chiffres romains, et de pages, en chiffres arabes, seront faites au fil du texte.

locale, mais il ne faut pas y regarder de trop près, ni pour les espèces rassemblées, ni pour les armes, où les épées voisinent curieusement avec les flèches. On relèvera encore quelques mots flatteurs sur le Sénéga, non sans remarquer l'abstraction qui les caractérise: c'est une «belle et délicieuse contrée, qui au milieu des ardeurs de la Zone Torride, se conserve un printemps et un frais perpétuel» (I, 63).

Les hommes ne sont pas mieux traités: si le roi dont nous venons de visiter la demeure, qui a perdu la vue à force de pleurer ses malheurs, excite la compassion du héros, les «nègres» sont plus souvent objets de répulsion: «vingt des plus difformes nègres que l'Afrique mette au nombre de ses monstres» malmènent des princes prisonniers (IV, 638), «un nègre qui traînait une fille par les cheveux» reçoit la mort pour salaire de cette barbarie (*ibid.*, 647). La beauté noire («les traits du visage fort bien faits» de quelques dames de Galatie, IV, p. 610) est difficilement reconnue: les princesses de Thombut (Tombouctou?) «eussent passé pour de fort belles personnes, si cette nuit éternelle qu'elles avaient sur le visage n'eût couvert leurs principales beautés» (IV, 632). Derrière ces prises de position esthétiques, on reconnaît une typologie marquée de préjugés, qui croit pouvoir reconnaître aux visages, plutôt que les races, l'ordre ou le désordre des passions: le Sénégalais Zabaïm, qui sous l'emprise d'une sorcière (blanche il est vrai, et ancienne esclave[7]), fit beaucoup souffrir sa vertueuse épouse, était un «Prince, qui par sa couleur enfumée, par son poil crêpé, par la petitesse de ses yeux, et par la disproportion des linéaments de son visage, faisait juger combien il était sensuel, et combien inconstant en ses amitiés aussi bien qu'en ses haines» (III, 75).

En fait, quand il veut fournir de l'Africain, et de la vie de société en ce continent, une image plaisante, notre romancier la calque sur ce qui existait en Occident: la monarchie sénégalaise est fondée sur l'hérédité et la puissance des armes; la vie de cour, dans les temps heureux, y est luxueuse et raffinée, le cadre en est un «superbe palais [construit] sur le pendant de ce grand rocher à qui les Portugais ont donné le nom de Cap-Vert» (I, 68). Quant à la reine exilée, elle s'est retirée dans un ermitage curieusement agencé: des cabanes «toutes de même symétrie» et «jointes ensemble», «une cour qui ne représentait pas mal un cloître de Chartreux» (III, p. 68). En somme, pour cette grande dame malheureuse autant que vertueuse, Gomberville n'a su concevoir autre chose que l'équivalent africain d'un couvent, comme ceux qui accueillirent au Grand Siècle, sinon des reines,

---

[7] Il se trouvait effectivement des esclaves blanches, en Barbarie et en Afrique noire. Un peu plus tard, à l'époque du chevalier de Boufflers, les *signare* de Gorée (mulâtresses mariées «à la mode du pays» à des colons) s'entouraient de *raporey*, jeunes esclaves chrétiennes aux tresses mêlées de louis d'or.

du moins plus d'une favorite délaissée. Son fils Almanzor, l'un des pairs et
des amis de Polexandre, n'a rien d'exotique: «Pour la bonté de la mine, la
grâce, l'action et la beauté de l'esprit, [il] n'était devancé, je ne dirai pas
d'aucun Africain, mais des mieux faits de l'Europe» (I, 102) – on comprend sans que cela soit précisé qu'il n'a pas la «couleur enfumée» de son
géniteur... Le cosmopolitisme ne faisait pas partie du paysage mental du
temps, et l'on pouvait alors écrire un roman à l'échelle du monde sans être
vraiment curieux de celui-ci[8].

Pourquoi dès lors avoir donné tant d'importance à l'Afrique? Au prix
de nombreuses invraisemblances que le genre autorisait, Gomberville a
étalé les aventures de ses personnages sur trois-quarts de siècle, englobant
le second voyage de Colomb et la bataille de Lépante. Cet ancrage
historique donne à penser, tant sur le contenu politique du roman, que sur la
place qu'y occupe l'élément religieux.

Les épisodes africains du *Polexandre* n'ont pas tous à voir avec le
politique (les malheurs d'Almanzaïre tiennent seulement à l'inconstance de
son mari et aux agissement d'une rivale diabolique[9]). Mais il intervient
souvent, y compris lorsque les personnages et les situations sont entièrement fictifs. Les «nègres» de tout à l'heure seraient-ils aussi horribles s'ils
n'étaient à la solde d'un tyran? Des rois respectables, sages gouvernants de
sujets courageux et policés (le «débonnaire» Abrinzias au Bénin, III, 357,
le monarque congolais) voisinent avec de redoutables potentats: le
Guinéen, qui veut faire régner sa loi entre Nil et Zaïre (III, 128), le tyran de
Thombut, cruel et perfide, qui après avoir commis beaucoup de crimes finit
assassiné, en un juste retour des choses. Des uns aux autres, la différence
est claire: seuls sont de bons princes les hommes de paix, épargnés par le
désordre des passions, et qui allient à la puissance guerrière la volonté
d'être les pères de leurs peuples. La leçon, identique à celle qui se lit dans
de nombreuses tragédies (contemporaine de notre *Polexandre*: la *Mariane*
de Tristan), relève de la morale politique la plus générale; elle n'a rien de
spécifiquement «africain».

D'autres épisodes demandent une lecture plus historique, et peut-être
une indication préalable, si cocasse qu'elle puisse paraître: Polexandre
règne sur l'archipel des Canaries! Son ancêtre, descendant de Charles

---

[8] On dira que l'Île des corsaires est décrite par le menu: exemple parfait de l'association nature-intelligence des hommes (des architectes arabes) et art. Mais les corsaires
sont de toutes races et leur île, à cinq journées de navigation des Açores, est un monde à
part sur l'océan, une cité utopique: rien n'y est particulièrement africain.

[9] Un scénario très voisin de celui de *L'Innocente Infidélité* de Rotrou.

d'Anjou, y ayant par hasard débarqué (mais il n'y a pas de hasard: la Providence règne) le jour où les indigènes désignaient leur roi, s'est vu investi par eux de cette fonction, pourtant bien mal assortie à sa grandeur. Les Canaries n'occupent pas beaucoup notre marin, que l'on voit rarement sur ses terres, sauf lorsqu'il faut les défendre (comme il faudra défendre l'Île inaccessible elle-même) contre un voisin redoutable: l'Espagne (Portugal, Castille, Aragon réunis)! C'est ainsi que la fiction sert à introduire un des grands thèmes politiques de ce roman. Il trouve ses développements les plus abondants à propos de l'Amérique, mais l'Afrique apporte plusieurs pièces à un dossier très chargé: le naufrage de trois embarcations portugaises à l'embouchure du Sénéga coûta cher aux riverains: «Comme cette nation est si avare et si adroite, que même elle veut profiter de son malheur, quatre cents hommes descendirent à terre, et firent un extrême dégât aux environs du palais royal» (I, 108-109). Rentrant des Indes, arrêté par l'orage, Vasco (écrit «Vasquez») de Gama laissa ses marins dévaster la côte du Bénin[10]. Dans un cas comme dans l'autre, le romancier dénonce avec véhémence «l'ambition d'Espagne, qui est ennemie de la tranquillité des hommes, et qui court la mer et la terre, pour en chasser la paix et la liberté» (III, 268). Heureusement, les héros veillent, qu'il s'agisse d'Almanzor ou de Polexandre lui-même: celui-ci ne chassa-t-il pas les Ibères de toutes les places qu'ils occupaient entre Maroc et Bénin, afin que «les Chrétiens et les Maures apprissent qu'il n'était au monde que pour exterminer la tyrannie» (II, 1000)? Comme pour Vasco de Gama, la fiction tient la main à l'histoire: dès le XVe siècle, les Portugais avaient pris Ceuta, Tanger, Safi, Azemmour, Mazagen, Agadir; les Espagnols s'étaient installés à Melilla. Je ne m'attarde pas sur une question que j'ai traitée lors du XXe colloque du CMR 17[11]: le roman de Gomberville, voué certes au divertissement du lecteur, est aussi une œuvre de propagande, au service de la politique étrangère de Richelieu. Il se peut que cet académicien de la première heure ait agi sur ordre, comme Desmarets de Saint-Sorlin dont l'*Europe*, jouée au Palais Cardinal en 1642, diffusait le même message:

---

[10] L'épisode est inventé, mais parfaitement vraisemblable. Le navigateur avait atteint Calicut (écrit «Calecut») en 1498: nous sommes donc en 1498-99. Lors de sa seconde expédition, en 1502, Vasco de Gama fonda des comptoirs sur les côtes africaines (Sofala, Mozanbique). Le récit de ses expéditions, par Castanheda (*Historia e conquista da India*, 1551) inspira les Lusiades de Camoens.

[11] «Les Espagnols selon Gomberville: le *Polexandre* de 1637», in *L'Age d'or de l'influence espagnole. La France et l'Espagne à l'époque d'Anne d'Autriche 1615-1666*, Mont-de-Marsan, Editions InterUniversitaires, 1991, pp. 329-338.

Ibère est bien constant? Il voit la Nymphe Afrique,
Il court la belle Indie, il possède Amérique;
Puis il veut tout avoir: rien ne peut l'assouvir. (I-4)

Ibère trouble tout, partout sème l'effroi,
Emeut sang contre sang, sujet contre son Roi,
Dépouille l'innocent, opprime le pupille,
Croit que tout lui soit dû, s'il lui paraît utile. (III-2)

Toutefois les preuves manquent pour l'assurer. L'on est en revanche frappé par la force de conviction de ces attaques répétées, inattendue dans une œuvre de fiction. L'hispanophobie, commune à beaucoup de Français du temps, entretenue par maintes guerres (en 1635, la France entre dans la Guerre de Trente Ans) est ici érigée en un principe politique, auquel les événements relatés, histoire et fiction mêlées, fournissent une absolue garantie. Cela ne peut s'expliquer que par l'adhésion de l'auteur à l'œuvre du cardinal-ministre. Son emphase devant l'imaginaire épopée canarienne, qui oppose à l'odieux envahisseur une coalition internationale («J'aurais en cette guerre des Canaries, de quoi effacer les éclatants et superbes événements que les Troies, les Thèbes et les Jérusalems ont fournis à leurs Poètes», II, 991), fait écho à l'exaltation des sonnets «A son Eminence», qui prolongent la dédicace de la seconde Partie:

Ces Rois dont la valeur imitant le tonnerre
Vainquit si promptement des peuples indomptés
N'ont jamais possédé les hautes qualités
Qui t'ont mis sous les pieds l'Espagne et l'Angleterre. [...]
Tu détruis l'espérance et les desseins tragiques
Dont l'Espagne nourrit ses orgueilleux Titans...

Henri Coulet avait situé largement l'œuvre dans son temps en saluant l'esthétique baroque du *Polexandre*, dont «la composition ornementale, décorative, [...] a sa raison d'être dans son propre foisonnement»[12]. La prise en compte de l'élément politique permet de resserrer le compas – ce roman porte la marque précise de l'époque de Louis XIII – et de savoir dans quel camp l'auteur se rangeait[13].

---

[12] *Op. cit.*, p. 167.

[13] S. Kévorkian pensait que Gomberville dissimula jusqu'à la mort du cardinal l'antipathie qu'il éprouvait à son endroit (*Le thème de l'amour dans l'œuvre de Gomberville*, Paris, Klincksieck, 1972, pp. 14-15). Cela est d'autant plus douteux que, pour la réédition de 1645, le romancier aurait pu modifier son texte et ses dédicaces, ce qu'il ne fit pas (avec Scudéry, il fit partie du petit nombre des fidèles).

J'ai peu parlé jusqu'à maintenant de la Barbarie, il est grand temps d'y venir, non sans rendre hommage au pionnier que fut Guy Turbet-Delof, avec son *Afrique barbaresque dans la littérature française aux XVIᵉ et XVIIᵉ siècles*[14]. Il va être surtout question de religion: c'est une autre singularité de ce roman que d'avoir accordé autant d'importance au thème religieux! J'en suis encore à me demander si j'ai tardé de manière à garder le plus important pour la fin, ou parce que ce qu'il me faut dire, alors que je suis accueillie par nos amis tunisiens, risque de les choquer. Mais je prie l'assistance de se souvenir tout au long que c'est Gomberville qui parle, et qui réagit, devant l'Islam qu'il connaît mal, et qu'il ne peut comprendre: l'époque n'était pas au dialogue entre les religions.

Iphidamante (le frère cadet de Polexandre) et ses hommes se sont évadés du Maroc, quand ils font une fâcheuse rencontre:

> Un matelot qui était à la hune de son navire, témoignant tout à la fois sa vigilance et sa crainte: Voiles, voiles, s'écria-t-il, voiles de Maroc. Ce peu de mots apporta un si grand effroi et une si grande confusion dans le vaisseau, que les matelots n'écoutant plus la voix du pilote, ni les soldats celle du capitaine, il y en eut même qui n'osant attendre la mort dont ils étaient menacés, se jetèrent dans la mer pour la prévenir. (I, 29)

Peu différenciés des Turcs, parfois confondus avec eux, les Maures avaient une solide réputation de cruauté, dont la littérature ne manqua pas de s'emparer: en 1620, parut à Rouen l'anonyme *Tragédie française d'un More cruel*, tirée de Bandello: non content de violer la femme de son maître devant ses enfants, il tuait l'un d'eux puis promettait au père d'épargner les autres s'il se coupait le nez. Un sacrifice inutile: suivi de l'assassinat par «ce barbare Turc» des petits et de leur mère. On trouve aussi dans *Polexandre* une histoire de nez coupé sur l'ordre d'un faux prophète, racontée par Sidy Bu Median (II, 316-326), et les «Maures cruels» n'y manquent pas: les évadés savent quels «longs et horribles supplices» les attendent s'ils sont repris (I-52). La cruauté s'accroît quand l'amour est de la partie: pour un mot prononcé à l'oreille de sa belle, un roi donne l'ordre de décapiter un prisonnier...

Or l'amour, ou plus exactement la luxure, est ordinaire aux Maures, Polexandre en fait le constat sur le mode sarcastique:

> Il y a je ne sais quelle fatalité [...] en la maison de Maroc, qui contraint tous ceux qui en sortent de se rendre remarquables par de grandes extravagances. Mais depuis quelque temps, leur manie a changé. [...] de cruelle qu'elle était elle est devenue humaine et civi-

---

[14] Genève, Droz, 1973.

lisée. L'ambition leur faisait autrefois porter le feu d'une main et le fer de l'autre. [...] Maintenant ils se sont abandonnés aux voluptés les plus brutales. Ils ravissent les filles et les femmes. Ils remplissent leurs sérails de dames libres, et il n'y a ni chrétienne ni maure, dont l'honneur soit en sûreté auprès de ces infâmes princes. (II, 203-205)

Les maîtres de Tunis ont à peu près droit au même traitement; certaines belles mêmes y sont scandaleuses: un marabout prévient Iphidamante que des magiciennes ensorcellent les jeunes gens et les vendent à des femmes, ce qui lui arrive de fait, victime d'une effrontée princesse qui le retient à la cour déguisé en fille... si bien que le vieux roi s'éprend de lui, le père et la fille étant aussi fous l'un que l'autre (IV, 128 et *sq.*).

Ces épisodes semblent parfois développés pour leur scabreuse étrangeté (même si le bel Iphidamante, aussi bien que sa sœur Cydarie, à laquelle il ressemble comme deux gouttes d'eau, ce qui entraîne bien des équivoques, sort toujours intact de l'aventure): images légendaires d'un sérail mystérieux, fascinant, où tout peut se produire. Dans le fond, j'aurais pu les relever à propos de l'exotisme. Mais le plus souvent l'accent est mis sur autre chose: Néphize, qui n'a épousé Persélide (fille du roi de Tunis, amoureuse d'un autre homme, son cousin Muley), que pour la persécuter, est «le plus abominable monstre qui ait jamais déshonoré la qualité de Prince» (II, 24-25). C'est à lui qu'une Grenadine, abandonnée après avoir été séduite, lance: «Tu es homme, et [...] tu es Africain; c'est-à-dire que tu es doublement infidèle» (II, 263). C'est que tous ces désordres, cet abandon aux pires passions (je passe sur des défauts «mineurs», comme l'arrogance et la lâcheté d'Abdelmélec, frère de Néphize, qui ose se déclarer amoureux d'Alcidiane, frappe Polexandre dans le dos et reçoit de lui de rudes semonces), ont une cause et une seule: l'erreur religieuse. Sur l'Islam, Gomberville a peu d'informations: il sait que faire faire le portrait d'une jeune personne est transgresser un interdit, il connaît assez bien les rites de funérailles, qu'il décrit avec beaucoup de détails à propos des corsaires (confirmation que la plupart d'entre eux sont maures, turcs ou arabes). A aucun moment il ne manifeste de sympathie: «C'est une chose étrange, que de naître parmi les ténèbres des fausses religions. Les plus grands hommes sont sujets à des abominations épouvantables...» (III, 78-79). Les «Anges noirs» censés interroger les morts et torturer ceux qui n'ont pas suivi la loi du Prophète le scandalisent[15] (la représentation chrétienne de l'enfer n'est pourtant pas moins barbare). La guerre sainte autorise les pires exactions, et ce n'est pas pour rien si les corsaires prient Allah:

---

[15] Il avait probablement lu cela dans le récit de Belon: *Les Observations de plusieurs singularités et choses mémorables...* (1553, rééd. jusqu'en 1580).

La Zuna de Mahomet, explique l'un d'eux, nous donne les privilèges
de faire la guerre aux ennemis de sa loi; et de tenir pour un bien légitimement acquis tout ce que nous pouvons prendre sur eux de vive
force, ou autrement. (I, 415-416)

Inutile de multiplier ce genre de citations... Par une étonnante discrimi-
nation, notre romancier eut tendance à prêter aux peuples d'Afrique noire,
adorateurs du Soleil ou polythéistes, et particulièrement à leurs chefs, des
dispositions pré-chrétiennes: piété, confiance en la Providence, foi en une
espèce de «communion des saints[16], pratique de la pénitence[17]. Aussi Polexandre, véritable missionnaire à l'ardeur apostolique inlassable, assurément le plus chrétien des « rois chrétiens», est-il toujours prêt à leur apporter les lumières de la révélation, et à les amener à la conversion[18]. Mais
il n'entreprend rien de tel auprès des Maures, persuadé que toute tentative
serait vaine: ils sont à ses yeux trop enfoncés dans l'erreur.

Essayons cependant de comprendre, tant le rejet que les concessions qui
l'accompagnent: l'esprit de croisade n'était pas mort en ce premier XVII$^e$
siècle! Après La Noue, dont les *Discours politiques et militaires* parurent
en 1587, et Sully rêvant du «Grand Dessein», de nombreux pamphlets
continuaient à appeler à la guerre sainte. De 1616 à 1625, le Père Joseph
s'efforça de liguer les monarques européens contre le Turc. En 1637 encore, un seigneur de la Borde faisait paraître un projet de croisade[19]. Naturellement, ce qui valait pour les Turcs valait aussi pour les Maures. Gomberville était trop pieux pour ne pas être sensible à ces chimères, et ce n'est
pas pour rien qu'il a fait de Polexandre et d'Iphidamante les arrière-neveux
de saint Louis: leurs navires arborent la croix et combattent le croissant en

---

[16] Notamment chez Almanzaïre, voir III, 164. Derrière ces fantaisies, c'est toute la
question, si importante à l'époque, de la «vertu des païens» qui est posée.

[17] Voir l'exemple du roi du Bénin, III, 253-254.

[18] En 1630, parut l'*Histoire de la première découverte et conquête des Canaries
faite dès l'an 1402 par messire Jean de Béthencourt, Chambellan du Roi Charles VI*.
Les enseignements évangéliques prodigués par le Normand, longuement décrits, avaient
dû, comme l'a remarqué Magendie (*Le roman français au XVII$^e$ siècle...*, p. 92), frapper
le pieux Gomberville et lui donner l'idée de faire de son héros un véritable missionnaire.

[19] Sur cette question, ainsi que sur tout ce qui concerne la politique, on consultera
l'ouvrage très documenté d'Etienne Thuau, *Raison d'Etat et pensée politique à l'époque
de Richelieu*, Paris, A. Colin, 1966.

chaque rencontre, non sans s'allier alors très volontiers aux Espagnols[20];
d'ailleurs Iphidamante périt, après avoir semé la mort autour de lui, lors
d'une rencontre avec les Infidèles. Point n'est besoin de chercher ailleurs
l'origine de l'image très négative des Barbaresques dans notre roman.

Cependant la plupart des contemporains de Louis XIII savaient que le
temps des croisades était révolu, et Richelieu là-dessus n'écoutait pas le
Père Joseph... L'alliance avec la Porte était au contraire recherchée, au
nom d'intérêts économiques et par réalisme politique. Si l'on redoutait la
rencontre des Maures en Méditerranée et leurs incursions sur les côtes de la
Provence (le thème africain englobe inévitablement une large partie du
thème méditerranéen, que le temps ne me permet pas de développer), on
appréciait leurs entreprises (et celles des corsaires avec eux) contre l'Espagne – il ne s'agissait pas seulement de couler des vaisseaux: grâce à la
*jihâd* conduite par les Sa'diens, Agadir fut reprise aux Portugais dès 1541;
en 1578, Ahmad al-Mansûr les vainquit à Kasr-al Kâbir. Ce Croissant si
honni était un précieux allié contre l'impérialisme ibère. Sans doute est-ce
pour cela que les Maures du *Polexandre* ont aussi leurs qualités, que tels de
leurs défauts sont considérés avec indulgence, bref que le sombre tableau
esquissé tout à l'heure a ses limites, et quelques nuances. C'est ainsi que la
morale chevaleresque est commune aux Maures et aux chrétiens, les premiers étant par ailleurs d'excellents cavaliers. C'est encore ainsi qu'Abdelmélec finira par gagner l'amitié d'Iphidamante, et qu'à sa mort il sera
regretté par Polexandre. Et si l'on songe aux Turcs (souvent confondus, je
le répète, avec les Maures), ce même Polexandre, dont le père a été étranglé
par le sultan, n'aura de cesse de marier son cadet à la petite-fille dudit sultan, l'adorable Mélicerte. Ceci tient à une donnée inattendue dans un ouvrage de fiction: un réalisme politique que beaucoup de Français parta-
geaient avec Richelieu.

Mais quelquefois, le discours de Gomberville semble s'évader de son
siècle, en d'étonnantes échappées vers ce qui était encore à naître (voire ce
qui l'est encore...): à l'issue d'un combat gagné contre les Maures par les
hommes de Polexandre unis aux Sénégalais, aux corsaires et aux Turcs, les
Princes «vouèrent les uns des Temples [on sait que le mot «église» était
étranger au vocabulaire romanesque], et les autres des Mosquées, au même
Dieu qu'ils reconnaissaient également pour l'auteur de la victoire» (IV,
272). L'histoire est en marche, Gomberville aurait-il pressenti que les
religions l'étaient aussi? Dans la suite (inachevée) qu'il donna au
*Polexandre*, cette *Jeune Alcidiane* dont la première partie sortit en 1651,
Ipidamante et Mélicerte, rendus à la vie, règnent sur le Maroc, et leur fils,

---

[20] Voir par ex. II, 765, le choc de deux flottes au large de l'Afrique, l'une espagnole, l'autre rassemblant Turcs et Maures: la victoire espagnole est saluée avec joie.

Périandre-Achomat, prince de Fez (comme l'était Abdelmélec), est l'amant d'une princesse tunisienne. Ceci confirme la conviction de Guy Turbet-Delof, qui après avoir pensé que la guerre contre le Croissant, dans le champ méditerranéen, était devenue avec le temps «un métier, un sport», assure: «A une ligue turco-afro-américaine dirigée par la France contre l'Espagne fait suite, à la seconde génération, grâce à de subtiles combinaisons matrimoniales, un monde neuf, métis, original – celui-là même dont on constate, en ce milieu du XX$^e$ siècle, le prodigieux avènement».[21]

*

*     *

Le *Polexandre* est un roman, personne ne pourrait le nier: roman d'aventures et d'héroïsme en même temps (et plus) que roman d'amour. Mais c'est aussi, selon la formule de la dédicace de la troisième Partie, au chancelier Séguier, une «histoire morale et politique». Un contenu tout à fait sérieux, qui donnait tout leur sens aux dédicaces de la première Partie (au Roi) et de la seconde (au cardinal): l'éponyme est une image de Louis XIII, d'un Louis XIII en parfait accord avec son ministre. C'est à la lumière de ce contexte politique, bien plus qu'à propos de dépaysement, d'exotisme et de fantaisie, qu'il convient d'y interpréter le thème africain. Sous oublier, pour finir, que Gomberville était aussi un rêveur, et par moments un visionnaire, capable d'imaginer pour le monde un avenir meilleur...

---

[21] *L'Afrique barbaresque...*, p. 182 et p. 314.

# L'Afrique, nulle part, et partout: *Zaide*

par

RALPH HEYNDELS

Dans son introduction à l'édition des *Romans et Nouvelles de Mme de Lafayette* (1),[1] Alain Niderst décrit *Zaide* comme «un immense roman de l'Arabie, de l'Afrique, de Byzance et de toute la Méditerranée». Au sein de cette série géographique, c'est évidemment l'Afrique qui retiendra notre attention ici et maintenant. Il importe cependant de souligner, à l'ouverture de cette communication, que la justesse même de l'expression de Niderst dépend en fait, et du moins en première instance, précisément du paradigme dans lequel le continent africain est inclus par la médiation de l'«immense roman». Il est significatif, en effet, que l'Afrique y soit à la fois associée à l'Arabie, à Byzance et à la Méditerranée, et pourtant, par sa seule mention, distinguée, voire détachée, de l'ensemble des autres dénominations régionales, comme si elle en faisait certes partie, mais avec un degré d'autonomie et de séparation qui est ainsi marqué d'emblée. On pourrait, au demeurant, s'interroger quelque peu sur le statut même du mot «immense» qualifiant ici le roman de Madame de La Fayette – lequel n'est, après tout, pas tellement long, ni à vrai dire «immense», en quoi il participe bien évidemment de la restructuration moderne du genre opérée dans la seconde moitié du XVIIe siècle. L'adjectif semble bien avoir fait l'objet d'un glissement épithétique: ce n'est bien sûr pas tant le roman en tant que tel qui est «immense»; c'est la géographie imaginaire qu'il dispose à la lecture, et c'est sans doute bien surtout un au-delà même de cette géographie qu'il implique, et sur lequel il nous faudra revenir. Car au cœur symbolique de l'espace romanesque, mais en même temps décentré, relégué à sa périphérie – pour des raisons que l'on va s'efforcer d'esquisser –, ce qui s'offre assurément à l'immensité, c'est l'Afrique. C'est l'ombre portée de celle-ci qui fait de *Zaide* un «immense roman», ou plutôt, comme j'aurai l'occasion de le suggérer, un roman se détachant sur le fond d'une immensité non dite. Dans le texte même – comme le montre fort bien d'ailleurs Alia Baccar dans son essai sur «L'image du monde islamique

---

[1] Paris: Garnier, 1990.

dans la littérature française du XVII<sup>e</sup> siècle»[2], l'Espagne, qui, en un certain sens, est et n'est pas en Afrique – et je renvoie ici à la *Géographie de l'Espagne morisque* de Lapeyre[3] – s'inscrit «dans un espace géographique bien défini bordant les pays méditerranéens». Dans celui-ci, «les héros du roman voyagent d'Est en Ouest et du Nord au Sud» au sein de ce que l'on pourrait appeler un certain balisage de la familiarité instituée. Certes, comme le note encore Baccar, «Ce monde ne nous est pas décrit en soi, mais nous pouvons le délimiter [je souligne le terme] par les déplacements et les itinéraires des personnages, par exemple: Alamire, le jeune prince arabe, vient de Tharse, ville de Cilicie, en Turquie. Il s'arrête à Chypre avant de suivre Félime, Zaide et le père de celle-ci, Zulima, à Tunis. Ces voyageurs s'embarquent pour regagner l'Afrique [je souligne le mot «re-gagner» aussi] sur les conseils de Zulima. Mais les incidents du parcours leur font découvrir de nouveaux rivages, Alexandrie, Tunis et Fez puisque tel est le but de ce voyage. Mais si la côte occidentale Sud est représentée, il en est de même de la côte occidentale Nord [et retenons pour la suite cette focalisation sur les «côtes»], car l'Espagne est aussi évoquée [...]. Donc, grâce à un itinéraire précis suivi par les héros, la carte géographique côtière de la Méditerranée musulmane se dessine nettement sous nos yeux avec la côte orientale délimitée par la Turquie et l'Egypte et la côte orientale par la Tunisie, le Maroc et l'Espagne». Il s'agit donc ici d'une aire, qui, bien que vaste, est à la fois cadrée, connue et reconnaissable, c'est-à-dire saisissable mentalement parce que délimitée par une interdiscursivité «classique / antiquisante», elle-même d'ailleurs découpée – puisque l'époque de référence du texte est le tournant des IX<sup>e</sup> et X<sup>e</sup> siècles – sur le fond innommé d'une expansion islamique ultérieure, «à venir». Dans cette zone, l'Afrique en tant que telle joue le rôle d'une espèce de mention-limite qui n'est, quant à elle, susceptible d'aucune représentation mentale, ni d'aucune *ekphrasis*. On en vient, on la regagne, ou plutôt on y est rappelé, sans qu'elle ne soit jamais affectée d'une quelconque épaisseur concrète: «La passion de Zulima et celle d'Osmin les obligea de passer quelques années dans l'île de Chypre; mais enfin le désir de trouver quelques conjonctures favorables pour renouveler les prétentions de leur père les rappela en Afrique»[4]. Dans un *transit généralisé* dont Guy Turbet-

---

[2] A. Baccar, «L'image du monde islamique dans la littérature française du XVII<sup>e</sup> siècle», in *Présence et manifestations de l'héritage ou de l'environnement culturel dans l'œuvre littéraire*. Tunis: Publications de l'Université de Tunis, 1986, pp. 341-366, pp. 344-346.

[3] G. Lapeyre, *La Géographie de l'Espagne morisque*. Paris: SEVPEN, 1959.

[4] Mme de Lafayette, *Zaide*, éd. Niderst. Paris: Garnier, 1970, p. 164.

Delof a bien montré la construction sémiotique,[5] celle-ci ne désigne en fait ici que quelques fragments d'un rivage. Elle y accomplit la fonction, en quelque sorte tout à fait abstraite, d'extrémité ontologique, d'ultime frontière de ce qu'elle n'est pas encore, et qui est, si l'on ose dire, par-delà l'au-delà même institué par le texte. La cartographie textuelle dans laquelle l'Afrique s'insère, mais sur son pourtour absolu, est en fait définie par la présence de l'absence même de celle-ci. On sait bien – qu'il me suffise de renvoyer aux travaux de Tom Conley[6] – que toute cartographie (visuelle ou textuelle) relève d'un ordre de l'interprétation, et constitue un médiateur herméneutique qui s'apparente à la rhétorique de la fable. L'Afrique est ici à la fois ancrée à, et exclue à l'horizon de, la «méditerranée musulmane» (ou plutôt arabo-islamo-byzantine) en ce que son appellation même outrepasse cette dernière vers un ailleurs qui simultanément la déplace, l'aimante vers une transcendance muette et invisible – sans rumeur ni couleur; mais aussi l'arrête, la fige, la fixe sur le rebord vestibulaire de cette transcendance même, dans la dichotomie implicitement imposée de tout passage «par-delà» Tunis (ou Alexandrie); et la surplombe de son énigme. Cette Afrique est non seulement littéraire et culturelle – précieuse et galante du *Polexandre* de Gomberville à *l'Almahide* de Scudéry; elle est aussi, au sens anthropologique, fabulaire (ou fabuleuse), et, à ce titre, s'intègre à l'histoire cyclique des tensions et apaisements hispano-mauresques dont elle constitue en fait la toile de fond du théâtre des batailles – sur laquelle celui-ci se découpe, face à laquelle il est joué, et derrière laquelle le regard du spectateur (ou du lecteur) n'a pas accès. De Cazenave ou Chapplyn[7] à Hubert Carrier[8], en passant par Alia Baccar, plusieurs critiques ont insisté sur la topique de la chronique de guerre (héritée des *Guerres civiles de Grenade* de Perez de Hita) qui occupe une place structurellement et thématiquement privilégiée dans *Zaide*, en ponctue le récit et l'incorpore à l'ensemble littéraire du roman hispano-mauresque français. Or c'est en grande partie dans et par cette économie agonistique – dont les tenants et aboutissants idéologiques modernes ont été étudiés par Edward

---

5 G. Turbet-Delof, *L'Afrique barbaresque dans la littérature française aux XVIe et XVIIe Siècles*. Genève: Droz, 1973.

6 T. Conley, *The Self-Made Map: Cartographic Writing in Early Modern France*. Minneapolis: University of Minnesota Press, 1996.

7 H. Cazenave, «Le roman hispano-mauresque en France», in *Revue de Littérature Comparée*, V, 1925, pp. 560-594; M.A. Chapplyn *Le roman mauresque en France de «Zaide» au «Dernier Abencérage»*. Nemours: 1928.

8 H. Carrier, «Une image de l'Afrique barbaresque dans le roman classique: les Maures dans *Zaide*», in A. Wynchank et Ph.-J. Salazar, *Afriques imaginaires*. 1995, pp. 31-39.

Said dans *Orientalism*[9] – que l'Occident a constitué son identité diffé-
rentielle par la médiation de ce que Hartog désigne comme un effet de
miroir inversé[10], et ceci de la *Chanson de Roland* ou de *Garin de Mong-
lane* à l'établissement idéel même de la philologie médiévale au XIXe
siècle (par exemple chez un Gaston Paris). C'est bien là que réside tout le
sens de l'*incipit* du roman: «L'Espagne commençait à s'affranchir de la
domination des Maures». Mais il s'agit en fait ici de faire contraster cette
élaboration mentale de l'Afrique barbaresque avec ce dont elle est la figure
d'émergence – le continent littéralement implicite auquel sa dénomination
renvoie – et l'histoire non dite de sa «rencontre» avec l'Occident, que les
travaux de William Cohen, de Roland Anthony Oliver, ou plus récemment
de Joseph Ki-Zerbo et Djidril Tamsir-Niane[11] ont mis à jour. Ce n'est dès
lors pas tant le caractère conventionnel de l'Afrique «méditerranéenne» que
la non représentation de l'Afrique «continentale» qui nous intéresse ici, ou
plutôt la signification de son absence même. Il se pourrait bien, en effet,
que ce soit de cette Afrique-là que le texte constitue, paradoxalement, un
«immense roman» où s'exerce, pour reprendre une expression de Paul
Valéry, «l'action de présence de la chose absente». Bien que le texte en
élude toute description, Alain Niderst peut donc bien voir dans *Zaïde* un
«immense roman» de l'Afrique, non seulement parce que c'est le propre de
toute vision de pouvoir s'induire de la rareté – voire de l'inexistence – des
signes qui la motivent;[12] mais encore, parce qu'on peut reprendre sa formule à la lettre, et constater, qu'en excellent dix-septiémiste qu'il est, l'éditeur de Madame de La Fayette a bien vu dans ce roman, si je puis jouer sur
les mots, dans l'immensité de son absence constitutive, toute l'Afrique du
XVIIe siècle français, et ce que Serge Poli, lisant en creux le *Dictionnaire*
de Furetière, a repéré comme étant la «carte mentale» de celle-ci à l'époque
qui nous concerne. Cette Afrique, pour citer les *Voyages* de La Mothe Le
Vayer (1662) est en fait un continent dont «nous ne connaissons guères que

---

9 . E.Said, *Orientalism* . New York: Vintage Books, 1997.

10 F. Hartog, *The Mirror of Herodotus: The Representation of the Other in the
Writing of History*. Berkeley: University of California Press, 1988.

11 W. Cohen, *The French Encounter with Africa: White Response to Blacks*.
Bloomington: Indiana University Press, 1980; R.A. Oliver, *The African Middle Ages*.
1400-1800. Cambridge: Cambridge University Press, 1981; J.Ki-Zerbo and Djidril
Tamsir-Niane, *Africa from the 12th to the 16th Century*.

12 Voir R. Heyndels, «L'arrêt de mort de la vision moderne (Descartes, Lévinas,
Derrida)», in M.-F. Picard, éd., *Mises en scène du regard*. Halifax: Dalhousie French
Studies, 1995.

les côtes, et fort peu l'intérieur» (13);[13] idée que répète encore en plein
XVIII<sup>e</sup> siècle les *Mémoires* de Trévoux: «encore n'est-ce guères que des
côtes; et presque tout l'intérieur n'est aujourd'hui trop connu et encore
moins fréquenté». René Pomeau a poursuivi cette réduction littorale de
l'Afrique en plein siècle des Lumières. Dans le roman, c'est une allusion à
Tunis dans le discours de Zaide qui désigne pour la première fois le
continent africain:[14] «Elle lui montra une petite barque qui était sur la mer
et lui nomma plusieurs fois Tunis, comme s'adressant à lui pour demander
qu'on l'y fit conduire . Il lui fit signe, en lui montrant la lune, qu'elle serait
obéie lorsque cet astre, qui éclairait alors, aurait fait deux fois son tour. Elle
parut comprendre ce qu'il lui disait et bientôt se mit à pleurer». Et un peu
plus loin: «Elle lui nomma encore plusieurs fois Tunis avec beaucoup
d'empressement et beaucoup de marques de vouloir y être conduite». On
remarquera que l'Afrique – ici non spécifiquement mentionnée – est ce qui
est de l'autre côté du point de vue européen lui-même non désigné. Ce
dernier, en effet, n'existe qu'en tant que résultat référentiel réféchi d'un
déictique pointant, vers Tunis, un là-bas sans substance ni profondeur, et à
propos duquel on pourrait citer le célèbre mot de Gide repris dans son
*Journal* – et qui montre bien comment cette idée de l'Afrique comme *terra
incognita* énigmatique se poursuit jusqu'au début du XX<sup>e</sup> siècle au moins:
«Qu'est-ce que vous allez chercher là-bas? / J'attends d'être là-bas pour le
savoir». Les circonstances de la narration établissent ici un tel «là-bas» par
rapport à ce point (Tunis), sur la carte mentale, de l'autre côté de la mer,
comme un lieu dont plus que l'éloignement, la différence structurale (ou si
l'on préfère: ontologique) placerait à tout jamais Zaide à l'égard de
Consalve dans «une absence éternelle» (qui) «lui donnait déjà une douleur
sensible».[15] Certes une telle interprétation de la «position» de l'Afrique à
tel endroit du texte résulte évidemment d'une surdétermination du sens
elle-même produite par le dispositif herméneutique ici mis en place et où
s'investit la quête lectrice d'une «immense» Afrique innommée et invisible
– puisque, bien entendu, la distance, l'absence, la douleur sont ici
contingentes par rapport à la problématique posée, alors même qu'elles
sont narratologiquement nécessaires. Mais il n'empêche qu'à la demande
sémantique générée par la présente réflexion, le texte, si l'on veut, «répond» en positionnant l'Afrique dans une altérité radicale où risque de se

---

[13] Cité par Ph.-J. Salazar, «Académiciens et Africains: Une contre-naissance de
l'anthropologie, 1710-1750», in A. Wynchank et Ph.-J. Salazar, *op. cit.*, pp. 19-30, p.
23.

[14] *Zaide*, p. 47, p. 48.

[15] *Idem*, p. 49.

perdre ce qui est ici l'objet du désir. C'est bien ce que confirme l'examen de la chaîne associative du signifiant «Afrique» lui-même dans le premier passage où il fasse son apparition, au demeurant répétée trois fois en quelques lignes, et produisant par là, dans l'économie symbolique dont on a à présent disposé les éléments essentiels, un effet de sursaturation indéniable: «Le temps qu'il avait marqué à cette belle étrangère pour son départ, et qui était celui que les grands vaisseaux partaient de Tarragone pour l'Afrique, commençait à s'approcher et lui donnait une tristesse mortelle [...]. Elle veut aller en Afrique: mais elle n'est pas Africaine, et j'ignore quel lieu du monde la vit naître. Je la suivrai, Alphonse, continua-t-il, quoiqu'en la suivant je n'espère plus le plaisir de la voir, quoique je sache que sa vertu et les coutumes de l'Afrique ne me permettront pas de demeurer auprès d'elle».[16] On voit apparaître ici, en filigrane de la trame diégétique, une Afrique de la partance vers où se dirigent «les grands vaisseaux» du par-delà de l'au-delà – en une scène qui d'ailleurs se réduplique[17] – et d'où «les grands vaisseaux», plus loin dans le texte, reviennent dans un mouvement d'aller-retour qui délimite l'espace franchi par rapport à l'infranchissable. C'est aussi une Afrique de l'irréductible, dont on n'est pas, et dont les moeurs autochtones impliquent, dans ce cas, la négation de tout vivre ensemble possible: pure négativité comme placée à l'entrée d'un indéfini total. Immense lointain, immense divergence, immense impossibilité – «anti-Eden».[18] C'est vers cette immensité sans fond de l'Autre là-bas que mène, au point en quelque sorte terminal par rapport au dicible et initial par rapport à l'indicible – Tunis–, le «voyage d'Afrique» dont il est dit «qu'il n'y a point d'homme, de tous ceux qui sont ici, qu'(Alamir) n'engage aisément à faire» C'est vers «toute l'Afrique» qu'on s'en va «débarquer à Tunis»; c'est vers elle que mène «la route de Tunis»; et c'est d'elle dont on ne sait rien, si ce n'est que le grand astrologue Albumazar y est célèbre et que «peu de princes peuvent s'y égaler à Zulima». Mais encore, si l'on persévère dans une telle lecture symptomale jusqu'à la résolution du mystère et la découverte du subterfuge qui concluent le roman, alors il s'agit tout aussi bien d'une Afrique du leurre, voire du simulacre selon Baudrillard, ici représenté par le vêtement qui habille, par une hasardeuse destinée, Consalve dans le portrait qu'il fit faire de lui «en Africain», et qui produisit, comme on sait, tout le trouble de Zaide: «Le portrait que vous avez, et qui est pareil à celui-ci, ne peut être tombé entre vos mains que depuis la bataille que perdit Nugnez Fernando,

---

[16] *Ibid.*, p. 100.

[17] Voir pp. 213, 214.

[18] Je renvoie à la communication de Sergio Poli, reprise dans le présent volume.

père de Consalve, contre les Maures. Il le fit faire par un excellent peintre qui avait voyagé par tout le monde et à qui les habillements d'Afrique avaient paru si beaux qu'ils les donnait à tous ses portraits».[19] Comme l'énonce Philippe-Joseph Salazar, l'Afrique au XVIIe siècle est «essentiellement un continent fictif», que le Père Labat, dans sa *Nouvelle Relation de l'Afrique Occidentale* , publiée en 1728, prétendra avoir vu, dit-il, «sans y avoir mis les pieds». On pourrait ajouter: un lieu de fiction où toute vérité s'effondre. Lieu de mensonge, d'hypocrisie, de fourberie, d'ambivalence généralisée – pour reprendre quelques unes des caractéristiques que lui attribue François Pidou de Saint Olon dans son *Etat présent du Maroc* paru en 1694.[20] D'autre part, l'Afrique au XVIIe siècle – et il s'agit là d'un *topos* qui aura la vie longue – est le plus souvent définie certes comme un pourtour, un littoral, une extériorité donc, mais elle est dotée d'une connivence dans la dissemblance qui contraste avec un «intérieur» inconnu, dont on ne viendra jamais à bout, et qui est en quelque sorte monstrueusement retiré du monde (qu'il établit dès lors précisément comme tel), dans une étrangeté absolue résistant à toute appréhension conceptuelle – un impensable imaginaire.[21] C'est bien l'Afrique de *Zaide* au-delà de Tunis, pur signifiant vide qui motive dans le texte une orientation de l'activité dans et par laquelle, en tant que forme-objet, elle est à la fois nommée et fixée sur le fond littéralement inconcevable dont elle émerge à l'esprit comme figure. Elle n'est arrimée ni à la vision, ni à la raison, conditions de la vérité occidentale: on la voit sans la regarder, on la songe sans la réfléchir. A tout jamais désancrée du *cogito*, donc infondée et injustifiable, terre du je-ne-sais-quoi qui permet de l'inventer sans conséquence ni légitimation, et du presque-rien qui autorise à en dire tout ce qu'on veut sans limite ni contrôle, elle s'apparente à l'intraitable du mirage et de l'équivoque,[22] quiproquo sans immanence. *Zaide*, «immense roman de l'Afrique» nulle part, et partout, au XVIIe siècle, et peut-être même, bien souvent, jusqu'à aujourd'hui encore.

---

[19] *Zaide*, p. 233.

[20] Ph.-J. Salazar, *art. cit.*, p. 21.

[21] Voir S.Ames, Y. Bamps and R. Heyndels, *L'Impensable imaginaire. The Unthinkable Imaginary*. Cincinnati: Cincinnati Romance Review, 1991.

[22] Voir R. Heyndels, «L'intraitable dans la métaphysique classique», in *Cahiers du XVIIe Siècle / An Interdisciplinary Journal*. Athens:SE 17, 1996.

# Des déserts de l'Afrique à ceux de l'Amérique: exploration d'une même topique spatiale[*]

par

MARIE-CHRISTINE PIOFFET

Que les voyageurs et romanciers associent les vastes étendues sauvages du Nouveau Monde à celles qui recouvrent le continent noir n'a rien d'étonnant. Est-il besoin de rappeler que les Canaries, le Cap-Vert et le littoral sénégalais constituaient des escales quasi obligées pour les navires en partance vers l'Amérique centrale ou méridionale? Mais le pont établi au-delà de l'Atlantique par les écrivains tient davantage à la prégnance d'un paradigme fictif qu'aux contraintes de la navigation. Malgré la multiplication des relations de voyage, l'Afrique et l'Amérique intérieures restent pour la majorité des Français des *terrae incognitae*. D'où la nécessité pour les auteurs de combler le vide entretenu par la géographie de l'époque au moyen de spéculations topographiques qui confinent à la fabulation.

On aurait en vérité tort d'attribuer ce parallélisme aux seules conditions climatiques. Si les contrées de la Zone torride de l'un et l'autre côté de l'Atlantique où croît une flore analogue peuvent expliquer la comparaison, comment dès lors justifier les convergences entre les forêts canadiennes et les solitudes de la «terre de Negres»[1], si ce n'est par l'existence d'un archétype spatial lié à la représentation du «désert», au sens classique du terme? Quelle que soit sa situation sur la sphère terrestre, la nature sauvage se dessine, dans l'imagerie littéraire, comme un territoire fantasmé, autant tributaire des progrès cartographiques que d'un modèle inventé. Telle est à tout le moins l'hypothèse que je vérifierai dans le cadre de cette intervention.

Traiter d'un tel sujet en quelques pages peut sembler ambitieux tant les auteurs à l'âge baroque sont avides de dépaysement. Aussi, pour éviter de tomber dans des généralisations abusives, j'axerai principalement ma ré-

---

[*] Mes travaux sur la littérature du XVIIᵉ siècle ont pu être menés grâce aux subsides du C.R.S.H.C.

[1] C'est ainsi que Sébastien Münster et François de Belleforest désignent les régions australes du continent (*La Cosmographie universelle de tout le monde [...], * Paris, M. Sonnius, 1575, t. III, p. 1796).

flexion autour de deux textes narratifs de la première moitié du dix-
septième siècle, soit le célèbre roman de Marin Le Roy de Gomberville,
*Polexandre*, et une œuvre moins connue, *Les Voyages fameux du sieur
Vincent Leblanc*, remaniée et amplifiée par les géographes Pierre Bergeron
et Louis Coulon[2]. Dans les deux cas, l'extraordinaire mobilité des protagonistes invite au rapprochement intercontinental. A l'instar du roi des Canaries et de ses compagnons qui sillonnent les mers, Vincent Leblanc
effectue, en l'espace de quelque cinquante années, d'incessants périples qui
le mèneront aux quatre «extremitez de la terre»[3]. Que l'auteur de ces
pseudo-mémoires ait pillé çà et là une relation authentique, comme le
pensent Gilbert Chinard[4], Venanzio Amoroso[5] et Maurice Laugaa[6], importe peu pour notre propos. Son inventaire des singularités observées dans
les quatre parties du monde n'en baigne pas moins dans la fantaisie et
relève en ce sens de la tradition romanesque la plus pure.

### Un continent mal aimé

A l'exception des îles du Cap-Vert ou des Canaries en qui plusieurs ont
reconnu les Gorgones et les Hespérides[7], l'Afrique noire suscite un

---

[2] *Les Voyages fameux du sieur Vincent Leblanc par Vincent Leblanc, marseillois,
qu'il a faits depuis l'aage de douze ans jusques à soixante, aux quatre parties du Monde
[...]*, Paris, Gervais Clousier, 1648. Même si Louis Coulon a semble-t-il terminé l'ouvrage laissé inachevé à la mort de Pierre Bergeron, celui-ci en a vraisemblablement rédigé la majeure partie. Aussi, pour des raisons d'économie, je me bornerai à indiquer
son nom à titre d'auteur.

[3] L'expression est de Louis Coulon dans son épître à Messire Eustache Picot,
conseiller, ausmonier du Roi.

[4] *L'Amérique et le rêve exotique dans la littérature française au XVIIe et au XVIIIe
siècle*, Genève, Slatkine, 1970, p. 80.

[5] *La Découverte de la France au XVIIe siècle*, neuvième colloque de Marseille
organisé par le Centre méridional de Rencontres sur le XVIIe siècle, 25-28 janvier 1979,
Paris, Editions du CNRS, 1980, p. 173.

[6] «"Les Voyages fameux du sieur Vincent Leblanc" par Vincent Leblanc, Pierre
Bergeron et Louis Coulon (1648)», dans *La Découverte de nouveaux mondes: aventures
et voyages imaginaires au XVIIe siècle*. Actes du XXIIe Colloque du Centre méridional
de Rencontres sur le XVIIe siècle (Gênes, 23-25 janvier 1992), Cecilia Rizza, éd., Fasano, Schena editore, 1993, p. 257).

[7] Pierre d'Avity, *Description generale de l'Afrique, seconde partie du monde [...]*,
Paris, C. Sonnius, 1637, p. 586.

enthousiasme mitigé de la part des géographes de la Renaissance[8]. Thevet, qui juge contrairement aux Anciens les pays de la Zone torride parfaitement habitables[9], nourrit à l'égard de ces contrées des sentiments contradictoires. Séduit par la Mauritanie qu'il estime de loin supérieure à ses habitants[10], le cosmographe considère l'air du continent dans sa partie australe «fort dangereux, tant à cause des vapeurs qui procedent des montaignes, que des petites bestioles venimeuses, qui s'engendrent quasi par tout le plat païs»[11]. Véritable microcosme continental, la rivière de Seneca réunit à ses yeux les deux visages antinomiques de l'Afrique: «elle divise & separe les païs secs & arides de la Lybie, d'avec ceux qui sont fertils & plantureux: & me suis esbahy voyant d'un costé du fleuve le peuple gras, bien fourny & en bon poinct, & la terre verdoyante & belle, ou de l'autre les Noirs sont tous haslez & secs, leur païs & terroir ne sentant que la rudesse & aspreté de quelque grande solitude sablonneuse, telle qu'est tout ce païs qui regarde vers la Nubie»[12]. Comme le suggère ce passage, l'inventaire cosmographique prend ici une connotation fortement axiologisée, dépréciant les zones stériles et désertiques au profit des régions fécondes, dominées par une flore épanouie. Sous la plume de Jean-Léon l'Africain, la division du continent en quatre zones distinctes, soit la Berbérie, la Numidie, la Libye et la Terre des Noirs[13], revêt une portée hiérarchique explicite lors même qu'il définit la Numidie comme la partie la «moins noble»[14] de la péninsule. C'est également avec une certaine répugnance que le géographe arabe décrit la «terre des Noirs» comme un pays fort

---

[8] Au sujet des pérégrinations en sol africain, Sébastien Münster et François de Belleforest (*op. cit.*, t. III, p. 1795) déplorent la méconnaissance des voyageurs de l'ère moderne: «le pays Africain ne leur est cogneu autrement que l'on voit la coste d'un pays maritime en passant aussi viste que l'œil peut descouvrir les choses qui luy sont objectees, & que s'ils ont mis pied a terre, ce n'a esté pour y sejourner plus haut d'un jour».

[9] Au tout début de sa *Cosmographie universelle* consacrée à l'Afrique, André Thevet note: «Des cinq Zones, elles sont toutes habitables, contre l'opinion de tous les anciens, & aucuns modernes Scholastiques, qui ignoroient ce que j'ay experiementé au contraire: ny ayant lieu en la terre, qui ne soit habitable, ou ne puisse estre habité, hormis l'Arabie deserte & sablonneuse» (Paris, G. Chaudière, 1575, t. I, p. 3).

[10] Cf. «Je confesse & accorde bien, que ce terroir est beaucoup meilleur que les hommes, lesquels y sont paresseux» (*ibid.*, t. I, p. 9).

[11] *Ibid.*, t. I, p. 87.

[12] *Ibid.*, t. I, p. 70.

[13] *Description de l'Afrique*, traduction d'A. Epaulard, Paris, Maisonneuve, 1956, t. I, p. 4.

[14] *Ibid.*, t. I, p. 7.

chaud et humide[15]. Un siècle plus tard, cette dévalorisation trouve une résonance directe chez Pierre Bergeron qui considère non sans dégoût «la grande & effroyable solitude» de la «Biledugerid, autrefois Numidie» (2ᵉ partie, p. 7). Il n'est pas non plus indifférent que Georges de Scudéry dans la préface d'*Almahide* doive se défendre d'avoir situé son roman dans un pays habité par les Maures, opposant avec force l'Afrique méditerranéenne aux régions plus méridionales qu'il appelle de façon fort suggestive les «Pays bruslez»:

> ce Nom de Maures fera peut-estre peur à ceux qui ne sçavent pas la Geographie & la Carthe: & qui peut-estre ignorent que le Royaume de Grenade touche l'Andalouzie, [...] de sorte que confondant cette province & l'Ethiopie, & les Maures & les Negres, ils s'imaginent mes Abencerrages & mes Demoiselles Grenadines, avec le mesme taint de ceux à qui nous voyons porter des colliers d'Argent à Paris [...]. Mais ceux qui sçavent ce que ceux-cy ne sçavent pas, [...] leur aprendront premierement, que Maroc, Alger, Thunis, & Fez, ne sont pas voisins d'Angola, ni de Congo: [...] j'espère que [...] l'on ne condamnera pas mon choix[16].

Cette citation est éloquente sur le mépris des Européens à l'endroit de cette partie du globe et de ses habitants. Un reflet de cette africanophobie est également perceptible chez Alcidiane, l'héroïne de Gomberville, terrifiée à l'idée d'épouser un «esclave sorty des deserts d'Afrique» comme l'annonçait une prédiction[17]. Ses compagnes devant la délicatesse de Polexandre n'ont de cesse de s'étonner que la contrée «la plus monstrueuse» ait pu produire une aussi «parfaite créature» (t. V, p. 1246). Dans un tel contexte, on mesure bien la hardiesse de Gomberville, qui fait pénétrer le lecteur français au cœur de ce continent mal aimé.

## Une apologie ambiguë

Contrairement à l'auteur d'*Alaric*, le continuateur de *L'Astrée* ne reste pas insensible devant les «rivages verdoyans» de la côte sénégalaise où

---

[15] *Ibid.*, t. 1, p. 54.

[16] *Almahide ou L'esclave reine*, Paris, A. Courbé, 1660, avis «Au lecteur» non paginé.

[17] Marin Le Roy de Gomberville, *Polexandre*, Genève, Slatkine Reprints, 1978, t. V, p. 1268.

échoue son héros à la faveur d'une tempête (t. II, p. 715)[18]. En outre, les «campagnes extremement unies» du Royaume de Gheneoa et leurs terres «si fertiles, que les habitants ne manquent d'aucune des choses necessaires à la vie» (t. IV, pp. 676-677) offrent, au milieu des plus terribles solitudes, une véritable oasis, à la vue de laquelle le valeureux roi des Canaries se délecte: «Polexandre prit grand plaisir à voir l'abondance des lieux que les anciens Geographes ont marqués comme des déserts inhabitables» (ibid.). Au reste, ce témoignage euphorique réservé à certaines parties de l'Afrique n'est pas aussi anachronique qu'il y paraît. Pierre Bergeron soulignera à son tour l'extraordinaire fécondité du terroir situé le long du Niger: «ces pays sont si fertils […] qu'ils portent deux fois l'an & chaque moisson est suffisante de fournir aux peuples des provisions pour cinq ans» (2ᵉ partie, p. 4). Plus à l'Est, l'Ethiopie prend ouvertement à travers les mailles de son inventaire l'allure d'un nouvel Eldorado pour son extraordinaire richesse: «la terre est fort fertile en quelques endroits en d'autres noms; elle abonde en mines d'or, argent, fer, cuivre, plomb, soufre, toutes sortes de fruits, comme citrons, oranges, mais peu de vignes» (2ᵉ partie, p. 53). Ailleurs le voit-on admirer la majesté des cours d'eau et l'irrigation naturelle de certains endroits de la péninsule «arrousée de plusieurs beaux fleuves» (2ᵉ partie, p. 6). Sur les traces de Vincent Leblanc aux abords d'Amina, le voit-on encore peindre avec un brin d'exaltation «un chemin couvert des plus beaux ombrages du monde, à sçavoir de palmiers, citronniers & orangers qui y viennent a foison», des «campagnes […] remplies de toute sorte de bestial & d'oyseaux sauvages» (2ᵉ partie, p. 103)[19].

Toutefois, cet enchantement n'est que de courte durée. L'Afrique, malgré sa plénitude et son cadre parfois séducteur, se transforme dans l'imaginaire de la première moitié du siècle en un pays maudit où le protagoniste connaîtra force tribulations. Polexandre, prisonnier des Galatiens, doit ensuite affronter le roi de Thombut et ses troupes rebelles (t. IV, p. 612-628) avant de pouvoir regagner le royaume d'Alcidiane. Loin de constituer une destination intentionnelle, le continent noir est une terre de naufrage pour le héros de Gomberville «qui ne cherchoit que l'occasion

---

[18] Dans la troisième partie de son roman-fleuve, il vante les abords du «fertil & delicieux Senega» (Gomberville, op. cit., t. III, p. 238).

[19] Pour inattendus qu'ils paraissent, de tels commentaires sur la générosité de la nature tropicale située d'évidence aux antipodes des zones désertiques trouveront plus tard un écho chez René Du Chastelet des Boys qui, dans son Odyssée ou diversité d'avantures, présente le continent noir comme un véritable pays des merveilles «n'y ayant point de partie du monde si ramplie de choses extraordinaires & nouvelles que celle-là» (L'Odyssée ou diversité d'avantures, rencontres et voyages en Europe, Asie et Afrique, divisée en quatre parties, La Flèche, G. Laboe, 1665, Seconde partie, p. 106).

d'abandonner l'Afrique, pour trouver quelque vaisseau, avec lequel il peust courir derechef apres cette Isle enchantée» (t. IV, p. 628). Chez Bergeron, l'Afrique porte en elle des germes destructeurs. Ainsi le géographe raconte comment les fruits délicieux peuvent servir de poison mortel: «il se trouve certains arbres appellez *Coscoma*, qui portent un fruict comme les pommes d'amours, tirant sur le violet, qui est de bon goust: mais qui estant pris en quantité purge avec une telle violence qu'il fait vuider jusqu'au sang, & enfin mourir» (2ᵉ partie, p. 38). Sur un tel continent, le voyageur doit toujours rester sur ses gardes.

Il s'en faut de beaucoup que l'Afrique imaginée ne constitue, en cette première moitié du Grand Siècle, un territoire homogène. Aux côtés d'une nature luxuriante se profilent des zones des plus inhospitalières. Bergeron décrit la «vaste Peninsule» (2ᵉ partie, p. 6) africaine comme une contrée contrastée où le visiteur croise des mines d'or (*ibid.*), des «deserts affreux» et des «forests impénétrables» (2ᵉ partie, p. 4). Semblablement, l'Afrique de *Polexandre* forme un continent bigarré où les provinces fort fertiles voisinent avec les déserts «effroyables» (t. II, p. 363), composés de précipices & de montagnes abruptes. Dans son périple à l'intérieur des terres, le protagoniste passe fréquemment du ravissement à l'horreur. Quelle ne fut pas la surprise de Polexandre et de ses compagnons de découvrir au cœur de la Galatie «un païs où l'air estoit si enflammé, & les sables si ardans que presque [ils] crurent qu'ils marchoient sur des charbons allumez, & furent contraints de se laisser conduire à yeux clos. Ils arriverent enfin dans un lieu aussi délicieux que l'autre qu'ils avoient passé estoit insupportable» (t. IV, p. 607). En définitive, l'Afrique, de Gomberville et de Bergeron, oscille entre deux *topoï* spatiaux bien connus, ceux du paradis terrestre et de la géhenne.

## Du rêve africain au rêve américain

A l'instar du continent noir, l'Amérique méridionale se dessine dans l'imagerie littéraire tel un territoire polysémique. Par-delà les déboires des premiers colons, il faut chercher l'origine de cette désaffection dans une croyance tenace, en vertu de laquelle les pays de la zone subéquatoriale seraient impropres au peuplement[20]. Pierre Bergeron, qui s'enthousiasme

---

[20] Thevet, qui réfute cette opinion (*op. cit.*, t. I, p. 66), avoue néanmoins avoir été pris de malaise en parcourant la Guinée: «Finalement, & qui est le pis l'indisposition de l'air, & chaleur excessive, qui afflige tellement ceux qui pensent y arrester, que de cent personnes quelquefois il n'en eschappera pas quinze ou vingt: ce que je puis dire,

pour le Brésil et certaines régions de l'Afrique tropicale, s'attaque vivement à cette opinion: «Quant à la qualité de cette Zone Torride toute contraire à celle que les anciens nous avoient voulu donner à entendre, à sçavoir qu'elle estoit impenetrable, & du tout inhabitable, pour les excessives chaleurs des rayons perpendiculaires du Soleil, [...] c'est le pays le plus tempéré du monde, & le plus habité, & plein de grands lacs, fleuves, & de pluyes en certain temps & heures, & des vents qui rafraischissent & fertilissent merveilleusement» (3e partie, p. 57). Cependant, cet éloge ne va pas sans restriction, comme le suggère la suite du passage: «Il est bien vray que tout le long de la Torride la qualité de l'air n'y est pas telle, s'y trouvans plusieurs endroits secs & brulez faute d'eau de lacs, fontaines ou rivieres, ou à cause des montagnes hautes & stériles, comme en plusieurs lieux d'Ethiopie, Guinée, deserts d'Afrique, Andes & montagnes du Perou, & ailleurs» (ibid., p. 58). On ne sauroit assez insister sur la comparaison intercontinentale qui confirme la proximité symbolique de ces deux parties du monde dans l'esprit de l'auteur.

Outre la parenté climatique, ce qui frappe le voyageur dans l'un ou l'autre de ces continents, c'est l'immensité du territoire au milieu duquel l'homme mesure sa petitesse. Dans une sorte de survol panoramique, Bergeron jauge non sans admiration l'étendue de ces «espace[s] prodigieux» que sont l'Afrique (2e partie, p. 2)[21] et l'Amérique[22]. Réfractaires à une investigation approfondie, ces masses continentales s'esquissent à ses yeux tel un univers fragmenté, troué de zones d'ombre «à cause des horribles deserts, qui [...] ferment les chemins et [...] en ostent la connoissance» (2e partie, p. 7)[23]. Davantage que l'ouvrage du géographe émaillé de multiples toponymes, le *Polexandre* se révèle chiche de détails sur la configuration des lieux et à plus forte raison sur la partie australe du continent africain qui se perd en quelque sorte dans la béance. Il suffit de penser aux approximations relatives au royaume de Galatie, composé de «trois grands vilages, & quelques vingt ou trente petits hameaux» (t. IV, p. 623) pour s'en convaincre. Il faudrait en effet être bien naïf pour

---

l'ayant experimenté». Pire encore se révèle son témoignage sur l'Afrique méridionale: «L'air en ces endroicts est fort dangereux» (ibid., t. I, p. 87).

[21] Cf. «La grandeur de cette partie du monde se reconnaît particulierement, en ce qu'on y conte plus de cent cinquante Royaumes tres-grands, sans comprendre plusieurs autres de moindre estenduë, qui peuplent cette vaste Peninsule de plus de deux mille lieuës en long & en large» (Bergeron, op. cit., 2e partie, p. 6).

[22] Cf. «Ce nouveau monde est un Continent de la mer du Nort à celle du Sur, & qui s'estend au Nort jusques à Groneland, Island, &c.» (ibid., 3e partie, p. 36).

[23] Bergeron constate également les lacunes de la cartographie américaine: «pour la terre Australe [...] on ne sçait bien encore ce que c'est» (ibid., 3e partie, p. 62).

chercher dans la représentation du continent noir un souci d'exactitude. Le paysage africain, évoqué en coulisse, relève de l'abstraction. Mis à part les palmiers (t. IV, p. 607), les buissons (t. III, p. 444), les sables brûlants (t. IV, p. 607), aucun détail ne permet un véritable dépaysement.

Mais revenons au Nouveau Monde. Dresser le cadastre du territoire s'avère une entreprise irréalisable. A l'instar du continent noir, les Indes occidentales, par la prolifération des états qui les composent, résistent, selon les aveux de Garruca, à toute tentative d'inventaire: «il m'est impossible de vous dire combien nostre Monde a de peuples & de Republiques. [...] il y a plus de vingt grands Royaumes; come celuy des Yncas, celuy des Quasmez, celuy de Mexique, celuy de Naco, & celuy de Guatimala, qui sont tous si peuplez de villes, de Bourgs, & de peuples qu'à la comparaison l'Arabie, la Perse, la Grece, & l'Espagne sont des païs sauvages, & des Provinces desertes» (*Polexandre*, t. I, pp. 211-212). Comment mieux suggérer que par ces quelques lignes l'ampleur et la diversité de ces terres neuves?

Après avoir décrit le royaume des Incas comme un pays bienheureux qu'il renonce à délimiter tant il est vaste, puis le Mexique en des termes qui rappellent le *locus amœnus* classique, c'est-à-dire comme «une campagne si couverte de fleurs, & d'arbres, environnée de tant de canaux, & arrousée de tant de sources d'eaux vive [de sorte] qu'on ne pouvoit rien voir de plus delicieux» (t. II, p. 364), Gomberville évoque en un violent contraste «les sablons arides & bruslans» des Caraïbes (t. III, p. 29). On reconnaîtra sans peine ici une quasi-réplique des déserts galatiens représentés par le romancier. Même les abords les plus charmants des Antilles s'avéreront funestes comme le prouve la suite du récit, puisque les compagnons d'Izatide périront après avoir goûté aux fruits empoisonnés des arbres du pays (t. III, pp. 29-30), tandis que la jeune princesse y sera atteinte de cécité (t. III, pp. 30-31). Une malédiction semblable frappera Alphonse de Padilla qui «perdit la vue pour avoir dormi à l'ombre pestilentielle» de quelques feuillages (t. III, p. 646). La symétrie des deux épisodes antillais, où se reflètent admirablement les propriétés mortifères du lieu, est on ne peut plus frappante. Bien que Gomberville affirme dans l'appendice de son œuvre avoir tiré cet épisode de López de Gómara[24], il est en outre possible d'y reconnaître un

---

[24] Le romancier reprend ce passage de l'*Histoire générale des Indes occidentales* pour attester l'existence de ces «pommes venimeuses»: «si un homme ou un chien, ou quelque beste que ce soit en mange, il devient tout en vers, lesquels croissent & s'engendrent en son corps en peu de temps & rongent les parties du corps sans aucun remede. L'arbre qui les produit est assez haut, & fort commun. Son ombre est si pestilentieuse qu'aussi tost elle engendre une douleur de teste à celuy qui se met dessous, & s'il y repose quelque temps, la veuë luy vient trouble, & s'il y dort, il perd la clarté» (Gomberville, *op. cit.*, t. V, pp. 1377-1378).

écho de la *Cosmographie universelle* de Thevet selon lequel la Floride abrite une espèce d'arbres «si venimeux, que la seule odeur de leur fumee fait mourir un homme» (t. II, p. 1012). Quoi qu'il en soit, l'Amérique du Sud et les Caraïbes, malgré leurs réserves d'or et leurs nombreux attraits, résistent à toute forme de pénétration ou d'occupation par les étrangers[25]. Le rêve américain tourne ici au cauchemar.

Sous la plume de Bergeron, le Nouveau Monde dans son ensemble n'a rien non plus d'un cadre purement idyllique. Que l'on songe seulement à la montagne de Pelacaca au Pérou, «où l'air est si froid, subtil & fort, qu'il fait mourir la plus part des passans, en leur donnant des vomissemens estranges jusques au sang, avec des douleurs incroyables» (3e partie, pp. 105-106), aux nombreuses secousses sismiques dont «plusieurs lieux de cette Inde» sont la proie (*ibid.*, p. 107) ou encore aux flammes des volcans de Boucan qui vomissent le feu avec une «merveilleuse furie» (*ibid.*, p. 108).

Mais qu'en est-il des régions septentrionales du continent que les romanciers semblent d'évidence peu priser? Là où Gomberville exclut de la trajectoire de ses protagonistes cette portion du monde, Bergeron, qui consacre à peine neuf pages de son inventaire à la Nouvelle-France, ne cache pas sa déception devant l'âpreté du lieu: «Le pays y est fort froid, & sujet aux tremblemens de terre» (3e partie, p. 68). Il «ne produit point de mines d'or» (*ibid.*, p. 66). Si l'on exclut les quelques notations laconiques et souvent négatives du géographe, il revient à Antoine du Perier d'avoir incorporé les froides régions du Canada dans une œuvre de fiction, *Les Amours de Pistion et de Fortunie*[26]. Mais le pittoresque de ce petit roman reste bien mince et corrobore la vision dysphorique que les contemporains d'Honoré d'Urfé se font de ces «inaccessibles forests» couvertes de continuels «brouillars»[27]. Pistion s'étonne d'abord de voir la belle Fortunie élire son domicile dans les déserts du Canada «où aucun ne vient et n'y vit que par force»[28]. Que l'auteur des *Voyages fameux* soutienne que le Nouveau Monde dans son ensemble demeure une terre rude, hostile à toute entreprise de civilisation, paraît dès lors tout naturel.

---

[25] On se souviendra des diatribes que Gomberville met dans la bouche de Garruca sur la colonisation du continent par les Espagnols (*ibid.*, t. I, pp. 210-211).

[26] Antoine du Perier, *Les Amours de Pistion et de Fortunie*, Ottawa, Les Editions de l'Université d'Ottawa, 1973, p. 61.

[27] *Ibid.*, pp. 52-53.

[28] *Ibid.*, p. 61.

La plus grande partie de l'Amérique est une terre inhabitable, à cause des hautes & grandes montagnes stériles & froides & du peu de plaines de longue estendue; force forests sablonneuses & stériles, *comme Egypte & Lybie*[29], où il n'y a aucune habitation ny commodité de vivres, de grands arbres sans aucun fruit pour alimenter les hommes & les bestes sinon qu'en quelques endroits (3e partie, p. 59).

En définitive, l'exotisme, qu'il soit africain ou américain, se montre volontiers électif, filtré par de nombreux partis pris géographiques qui s'exercent au détriment des grands espaces. Bref, tout se passe comme si l'imaginaire tentait de condenser la superficie territoriale en s'attardant plus volontiers à quelques îles ou enclaves territoriales telles que les Antilles, les Canaries, le Pérou, le Brésil, le littoral du Sénégal et la Barbarie. Le reste, soit l'immense majorité de ces deux continents, se fond dans les limbes de la chorographie imaginaire.

### Des repaires de vie sauvage

Mais le rapprochement littéraire ne s'arrête pas là. Les deux réservoirs continentaux grouillent de vies sauvages. L'Afrique, «mere des prodiges»[30] pour reprendre une expression de Scudéry, se révèle un antre d'animaux féroces et anthropophages aux griffes desquels le protagoniste risque à tout moment de se buter. Au Mozambique, Vincent Leblanc doit rebrousser chemin de crainte de s'«exposer seul au hasard d'estre devoré par les bestes sauvages» (2e partie, p. 67). Au royaume de Couran, des ossements humains, restes de quelques passants assaillis par des «chiens fort cruels» (2e partie, p. 86), remémorent au protagoniste le sort qui guette les promeneurs en ces parages. Plus loin, le voisinage de lions et de tigres «fort friands de chair humaine» (*ibid.*, p. 162) lui fait encore craindre le pire. Si la multiplicité des catastrophes envisagées peut faire frémir, la vision des forêts vierges de l'Afrique telle que l'auteur de *La Cythérée* l'imagine n'est guère plus rassurante. Almanzor et son protecteur, exilés au cœur du continent, devront «exercer [leur] courage contre les Lyons, les leopards, & les autres bestes furieuses» (*Polexandre*, t. I, pp. 68-69) de la région. Et l'on multiplierait sans peine les exemples qui contribuent à dramatiser le parcours du voyageur à travers les régions peu fréquentées. Derrière cette conception terrifiante de l'Afrique affleurent de vieilles croyances. Pline, attribuant au feu et par contrecoup au soleil une influence sur la «configuration des

---

[29] C'est moi qui souligne.

[30] Dédicace d'*Almahide*.

corps»[31], rapporte l'existence en l'extrémité orientale de l'Ethiopie de «peuples sans nez, dont toute la face est plane, d'autres sans lèvre supérieure, d'autres sans langue; quelques-uns, ayant la bouche close et privés de narine, ne respirent que par un pertuis qui sert aussi de passage à la boisson»[32]. On chercherait en vain la trace de telles créatures dans les œuvres de la première partie du Grand Siècle. Mais presque tous les voyageurs s'entendent pour faire ressortir l'aspect repoussant des habitants de ces contrées qui tiennent parfois davantage de la bête que de l'homme[33]. Bergeron les compare à des «chiens affamez» (2ᵉ partie, p. 2), tandis que Gomberville apparie les Galatiens à des «Demons» puis à des «Phantosmes dançant» (t. IV, p. 605). Devant ces hommes «noir[s] depuis les pieds jusqu'à la tête» (t. IV, p. 604), Dicée, le compagnon de Polexandre, «ne pouvoit s'imaginer autre chose, sinon qu'il estoit arrivé en cét endroit espouventable, où sa Nourrice luy avoit raconté que les Diables faisoient le mestier de bateliers, & passoient les ames dans les Enfers» (t. IV, p. 606). Une frayeur semblable saisit Vincent Leblanc et ses compagnons devant une séance de magie noire menée par des Africains allant livrer bataille (2ᵉ partie, p. 101). L'aspect infernal du continent est encore explicitement suggéré au terme de l'odyssée continentale du voyageur marseillais qui semble prêter foi à une légende voulant que l'Egypte abrite une région baignée d'une «perpétuelle obscurité» (2ᵉ partie, p. 134).

Sur la terre «nigrite», pour reprendre l'appellation de Pline[34], l'auteur des *Voyages fameux* imagine encore des «nains» (2ᵉ partie, p. 85) et des «pastres d'une excessive grandeur» (*ibid.*, p. 99). Il s'ensuit que l'Afrique

---

[31] *Histoire naturelle de Pline*, éd. Littré, Paris, Dubochet, Le Chevalier, 1851, t. I, livre V, p. 217.

[32] *Ibid.*, t. I, livre VI, pp. 270-271. Plus évasif, Thevet (*op. cit.*, t. I, p. 63) relève la présence de bêtes monstrueuses dans les parages de la grande ville de Manicongre.

[33] Bien qu'il se moque des chimères imaginées par les Anciens et de la naïveté des voyageurs, Gabriel de Foigny atteste encore à la fin du siècle la survivance de certaines fables quand il rapporte non sans ironie les affirmations des Portugais concernant l'existence d'espèces monstrueuses rencontrées au Congo: «La pluspart des Historiens placent quantité de monstres en ces quartiers: mais c'est sans autre fondement que le récit de ceux qui les ont inventez. [...] Nous apprîmes [...] qu'un homme du pays ayant élevé une petite Tigresse, devint si familier avec cette bête, qu'il l'aima charnellement & commit le crime infame avec elle, d'où suivit un homme monstre qui a donné l'origine à ces Sauvages qu'on ne peut humaniser. Une preuve invincible de cette histoire, c'est que leurs faces & leurs pieds ont de grands rapports avec les Tigres: & leurs corps mêmes ne sont pas exems de plusieurs taches pareilles à celles de ces animaux» (Foigny, *La Terre australe connue (1676)*, éd. P. Ronzeaud, Paris, S.T.F.M./Aux Amateurs de Livres, 1990, pp. 46-47).

[34] Pline, *op. cit.*, t. I, livre V, p. 215.

reste encore au dix-septième siècle le pays de la difformité et de la démesure. Les animaux eux-mêmes n'échappent pas à cette amplification, puisque Vincent Leblanc dit avoir rencontré des «tortues de terre d'une excessive grandeur» (2ᵉ partie, p. 49)[35] et autres «monstres effroyables» (*ibid.*, p. 7) aux contours indécis. Devant l'étonnante diversité de la faune africaine, André Thevet conclut, quelques décennies auparavant, que cette partie du monde «nourrist toujours quelque chose de nouveau»[36].

Un tel jugement pourrait, il va de soi, tout aussi bien s'appliquer aux terres neuves de l'autre côté de l'Atlantique. Si l'Amérique ignorée des Anciens a pu échapper à leurs *fabulas*, on aurait cependant tort de croire ce territoire à l'abri de toute mythification. Thevet en tête n'hésite pas à se faire le relais de certains contes colportés par les Portugais qui rapportent avoir découvert, aux confins méridionaux du Nouveau Monde, une terre de Géants[37]. Faut-il voir dans cette assertion l'origine de l'«effroyable» Popocampeche qui s'attaque, dans le premier livre de *Polexandre*, à Zelmatide (t. I, p. 347)? Il n'est pas interdit de le penser. Au reste, Pierre Bergeron confirme bien l'étendue de ces croyances quand il révèle la présence d'une peuplade appelée *Piperones*, composée d'hommes de «dix pans de haut» (3ᵉ partie, p. 37)[38]. De telles observations viennent étayer mon hypothèse initiale, en vertu de laquelle la géographie et la mythologie se rejoignent dans l'imaginaire du voyage. Qu'il s'agisse de l'exploration de l'Amérique ou de l'Afrique, l'évasion spatiale ouvre au protagoniste les portes de l'insolite. C'est en ce sens qu'il faut interpréter l'allusion au pays des Amazones que Bergeron (3ᵉ partie, p. 112) et Gomberville (t. I, pp. 240-241) transportent parallèlement en Amérique méridionale[39].

Afin de décrire les animaux féroces des contrées lointaines, l'imagination prend quelque liberté avec la vraisemblance et les contraintes géographiques. Ainsi Gomberville, évoquant la faune du royaume des Incas

---

[35] Touchant à l'Ethiopie, Bergeron note encore: «Ce fut là que nous rencontrâmes ces tortuës, & quelques unes domestiques d'une prodigieuse grosseur, qui ne laissoient pas de cheminer encores qu'elles eussent un homme dessus» (Bergeron, *op. cit.*, 2ᵉ partie, pp. 110-111).

[36] Thevet, *op. cit.*, t. I, p. 65.

[37] *Ibid.*, t. II, p. 905.

[38] Cf. encore: «Les premiers peuples [du Mexique] estoient des geans, comme il se voit encore par les ossemens qu'on a trouvé[s], & par les dens grosses comme un gros œuf de poule» (Bergeron, *op. cit.*, 3ᵉ partie, p. 84).

[39] Vincent Leblanc rapporte par ouï-dire la configuration d'un autre royaume des Amazones situé en Afrique (*ibid.*, 2ᵉ partie, p. 59).

(t. I, p. 243), semble ignorer, à l'encontre des remarques de Thevet[40], que le continent américain est dépourvu de tigres et de lions. En fait, le romancier calque d'évidence la représentation de la forêt américaine sur un canevas hérité de l'Afrique noire. Non moins significatives me paraissent les remarques d'Antoine du Perier qui peuple, à la suite de Marguerite de Navarre[41], les froides régions du Canada de lions[42] et de tigres[43], comme quoi la chorographie romanesque est tributaire de rêveries ou de récits de seconde main plutôt que d'un référent connu.

Que conclure de ce voyage à travers les terres vierges de l'Afrique et de l'Amérique sinon que ces deux continents, dont la topographie reste volontairement floue dans l'imaginaire, inspirent des sentiments ambivalents. La topique du désert, à coups de réminiscences intertextuelles ou de témoignages fantaisistes, invite le lecteur à transcender le cadre référentiel. Loin de constituer un univers géographique cohérent, les contrées désolées s'articulent selon un paradigme symbolique qui interdit toute association à un contexte précis.

Par-delà un goût pour l'extraordinaire qui pousse les écrivains à arpenter par procuration les sentiers excentrés des derniers confins de la terre, l'invention du décor exotique s'investit presque d'une dimension morale. Le séjour dans les «lieux barbares»[44] que sont l'Amérique et l'Afrique a souvent pour corollaire la déchéance du héros. Doit-on dès lors se surprendre si la division binaire du continent noir se double d'une opposition plus fondamentale entre le primitif et le civilisé?

Dans l'imagerie littéraire, les deux versants du monde sauvage se déploient en un syntagme continu. La représentation qui en découle oscille dans une troublante dialectique entre les deux pôles bien connus que sont le *locus terribilis* et le lieu d'agrément, clichés qui, en dépit de leur étonnante banalité, révèlent l'étanchéité des «ailleurs imaginés»[45] par rapport à l'es-

---

[40] Cf. «j'avois oublié à vous dire que ce pays qui s'estend d'un Tropique à l'autre, ne se trouve une seule de ces bestes Oursines non plus que des Loups, Lyons & Elephans» (Thevet, *op. cit.*, t. II, p. 1018).

[41] On reconnaît dans ce passage un écho de la 67e nouvelle de *l'Heptaméron* de Marguerite de Navarre.

[42] A. du Perier, *op. cit.*, p. 124.

[43] *Ibid.*, p. 61 et 84.

[44] L'expression est de Gomberville pour désigner tour à tour les contrées de l'Amérique (Gomberville, *op. cit.*, t. I, p. 226) et de l'Afrique (*ibid.*, t. III, p. 681).

[45] J'emprunte évidemment l'expression au titre du colloque organisé par Jean-Michel Racault: *Ailleurs imaginés: littérature, histoire, civilisations,* éd. J.-M. Racault,

pace des géographes. Les déserts de l'Afrique et les vastes solitudes de l'Amérique, miroirs de l'altérité extrême, se réfléchissent comme des territoires jumeaux, isomorphes, chargés des mêmes potentialités narratives et thématiques, si bien que l'on pourrait penser que l'*imago mundi* demeure imperméable, dans le premier dix-septième siècle, aux effets de la dérive des continents.

Saint Denis, île de la Réunion, Université de la Réunion, Faculté des lettres et sciences humaines, Paris, Diffusion Didier-Erudition, 1990.

# Une Altérité voilée: images de l'Afrique dans la fiction de Madame de Villedieu

par

DONNA KUIZENGA

Quand les auteurs français du dix-septième siècle évoquent l'Afrique du Nord, cet orient qui constitue pour eux l'exemple le plus proche de l'altérité, comment construisent-ils cet Autre obsédant qui peuple les romans et les récits de voyage?[1] Comme plusieurs de ses contemporains, Madame de Villedieu a donné à un certain nombre de ses écrits un cadre africain. Quelle image de l'Afrique nous donne-t-elle dans les quatre ouvrages qui composent ce corpus africain: *Alcidamie*, les *Galanteries grenadines*, des parties des *Annales galantes*, et les *Nouvelles affriquaines*?[2] Je vais privilégier trois aspects de ces textes: l'emploi de l'Afrique comme repoussoir pour faire la critique de certains aspects de la société européenne, l'économie du désir amoureux, et le protagoniste africain. C'est à travers l'analyse de ces trois aspects du corpus africain de Villedieu que j'espère montrer comment ces textes, comme maintes autres de la même époque, révèlent la difficulté, voire l'impossibilité, de concevoir et mettre en discours une authentique altérité.

Les personnages étrangers peuvent d'abord permettre à un auteur de faire la critique de sa propre société, et c'est ainsi que, dans les *Annales galantes*, Villedieu se sert de Jacaya, prince africain, pour faire la critique des mœurs des dames françaises:

> Hé! Mesdames, leur disoit-il un jour plaisamment, ayez quelques égards pour le droit d'azile, et laissez mon cœur en pleine franchise. Vous ne voulez point en faire un bon usage, je connois déjà les Dames Françoises, leur unique foible est la vanité. Dans les Païs d'où je viens on est de bonne foi, on ne dit que ce qu'on pense; et quand on pense

---

[1] Dans son «Reading the Orient: Lafayette's *Zaïde*,» *Romanic Review* 81.2 (1990), 145-60, Harriet Stone étudie les fonctions de l'Autre oriental dans le roman de Madame de Lafayette.

[2] Micheline Cuénin juge fausse l'attribution des *Mémoires du Sérail* à Villedieu. *Roman et société sous Louis XIV: Madame de Villedieu (Marie-Catherine Desjardins 1640-1683)*, 2 vols, Paris, Champion, 1979, v. 2, p. 61.

quelque chose, on se picque d'oeconomie sur les démarches: Les
Dames seroient bien fâchées d'en perdre aucune; mais dans cette Cour
la Déesse la plus religieusement adorée est l'apparence. Grande
liberté, grande douceur: La société est non seulement permise, mais
commandée; et quand de ce qui seroit tout, dans un autre lieu, on veut
retirer quelques utilitez dans celui-ci, on trouve que ce Tout n'est
rien.[3]

Réciproquement, en attribuant à une culture étrangère des qualités ou
défauts de sa propre société, l'auteur peut en faire la satire, et c'est dans ce
but que Villedieu évoque quelquefois l'Afrique. Dans les *Galanteries
grenadines*, Villedieu se sert d'un Muphty mondain pour faire la critique
des prêtres trop peu humains dans leur conduite des âmes féminines.[4] Dans
deux autres parties des *Annales galantes* cette critique du culte des
apparences s'étend à l'hypocrisie religieuse. En plus de l'histoire des
Fraticelles, qui constitue la troisième partie des *Annales galantes*, celle des
Princes derviches sert à faire la critique de l'appareil de la fausse dévotion.
Pour rester près de leurs bien-aimées les deux princes se sont déguisés en
hommes saints.[5] La réussite de leur stratégie est assurée par la facilité avec
laquelle ces faux dévots trompent un public complaisant:

[...] faisant semer dans les Villes prochaines le bruit de leur haute
vertu, ils ne demeurerent pas long-temps dans leur desert sans y être
visitez de tous les bigots de Mahomet. Ils n'entretenoient cette sainte
compagnie que de la vanité des choses de la terre, et du plaisir solide
qu'on trouve dans la contemplation de celles du Ciel. C'est une
maxime generale que les faux devots sont toûjours plus éloquens que
les veritables, leur esprit n'est plein que de lui-même; l'humilité des
bonnes ames, la meditation sur les mysteres qu'on traite, et cette
simplicité Evangelique, qui est le caractere inimitable de la vraïe pieté,
ne dérobant rien à la richesse de leurs expressions, elles sont toutes
fortes et persuasives. Nos feints Dervis joignant donc à l'hypocrisie,

---

[3] Madame de Villedieu (Marie-Catherine Desjardins), *Les Annales galantes,
OEuvres complètes,* 12 vols, Paris, Compagnie des Libraires, 1720-21, éd. facs. 3 t.,
Genève, Slatkine Reprints, 1971, t. 3, pp. 145-46/557-58. Toutes les références aux
*Œuvres complètes* de Villedieu donnent le tome de l'édition Slatkine, suivi des numéros
de pages de l'édition Slatkine, puis de ceux de l'édition de la Compagnie des Libraires.
Le sigle AG renvoie aux *Annales galantes*.

[4] Villedieu, *Les Galanteries grenadines, op. cit.,* t. 1, pp. 562-63/621-22. Le sigle
GG renvoie aux *Galanteries grenadines*.

[5] «Ils prennent l'habit et l'apparence de certains nouveaux Dervis de la secte de
Scaydar, fameux Commentateur de l'Alcoran, dont ils étoient descendus...», AG, t. 3,
pp. 121/459.

un trés-grand esprit naturel, firent d'abord un progrés parmi les habitans du Texel, qui parvint jusques aux oreilles du Sultan Selim.[6]

Or, si dans ces trois exemples, le cadre africain permet de satiriser quelques aspects de la société française, ces exemples ont aussi quelque chose à nous dire sur l'image de l'Afrique. L'Islam, qui pour Villedieu est intimement lié à l'image de l'Afrique, pose un problème particulier pour l'Europe puisqu'il utilise des matériaux considérés comme chrétiens. L'association entre Mohamet et l'imposture est d'ailleurs très marquée.[7] Si le Muphty des *Galanteries grenadines* permet au personnage espagnol de souhaiter plus d'humanité dans les prêtres dans la conduite des belles dames, la satire que véhicule l'histoire des princes derviches a comme point de départ cette association entre Islam et imposture. L'histoire démontre, dans un registre comique, le triomphe de l'hypocrisie. C'est grâce à elle que ces princes non seulement libèrent leurs bien-aimées de leurs rivaux mais qu'ils réussissent aussi leurs conquêtes militaires de la fin de l'histoire. Tandis que les complots des Fraticelles sont déjoués, les faux derviches triomphent en hypocrites. Cet exemple montre le refus de voir dans l'Islam une véritable altérité, et plusieurs détails des différentes histoires africaines confirment cette constatation. Pour ne citer que deux exemples, dans les *Galanteries grenadines,* la mosquée, telle l'église, est un lieu propice pour qui veut glisser un billet dans le livre de prières de sa maîtresse,[8] et il y a une maison de dames dévotes qui reçoivent les pèlerins qui vont à la Mecque[9] mais qui remplit dans l'histoire précisément la même fonction que le couvent—lieu d'enfermement.[10]

Tandis que dans ces quelques exemples, l'Afrique est utilisée pour faire la critique des mœurs européennes, et que cet emploi nous révèle quelque chose de la difficulté de penser l'Islam autrement que comme le double inauthentique de la religion chrétienne, c'est à travers les protagonistes

---

[6] *Ibid.*, t. 3, pp. 121/460-61.

[7] Edward W. Saïd, *L'Orientalisme. L'Orient créé par l'occident*, tr. Catherine Malamoud, préface de Tzvetan Todorov, Paris, Seuil, 1980, p. 83.

[8] GG, t. 1, pp. 539/529.

[9] *Ibid.*, t. 1, pp. 543/542.

[10] Dans *Alcidamie*, Muly qui raconte l'histoire de Hali Joseph fait des allusions relativement fréquentes au Prophète et à sa religion. Ces allusions donnent un coloris exotique au récit, même si la vision providentielle du déroulement des événements ne se distingue que par les allusions au Prophète, de la conception européenne de la providence divine. Villedieu, *Alcidamie, op. cit.*, t. 1, pp. 413-50/14-170. Le sigle Alc renvoie à *Alcidamie*.

africains et leurs histoires que l'on peut mieux comprendre le défi de l'altérité. Globalement, on constate que les personnages africains ont tendance à se trouver dans un contexte qui les lie à l'Europe d'une manière ou une autre. L'histoire comique des princes derviches est effectivement l'unique histoire importante du corpus à se dérouler uniquement dans un contexte africain.[11]

Comme les évocations de l'Afrique sans référence à l'Europe retiennent peu l'attention de Villedieu, la gamme de relations amoureuses entre personnages est limitée. Quand un homme européen tombe amoureux d'une Africaine, elle est toujours de sang mixte. Feliciane, héroïne de l'une des deux histoires de la sixième partie des *Annales galantes* et bien-aimée d'Alphonse, est la fille d'une mère espagnole et un père africain. Dans ce même ouvrage le roi de Portugal tombe amoureux de Xerine, qui est ainsi décrite:

> Muley avoit une fille nommée Xerine, qui pour être née d'une Grecque, étoit plus blanche que les Affriquaines ordinaires: Elle étoit belle autant qu'on le peut être [...][12]

Dans les *Galanteries grenadines*, Don Rodrigue et le prince de Léon tombent amoureux de la jeune Moraysele, de qui la mère est d'origine espagnole et qui fait preuve de son hispanophilie par son désir d'apprendre l'espagnol.[13] Lorsqu'un Européen tombe amoureux d'une dame africaine, elle se révèle être plus européenne qu'africaine. Ces relations amoureuses mettent en valeur une esthétique de la beauté européenne et occultent ou écartent l'altérité.

La séduction qu'exerce la femme européenne sur l'homme africain est également occultée dans les récits africains de Villedieu. Seules les plus brèves allusions évoquent des mariages ou des relations entre Africains et

---

[11] Dans *Alcidamie*, l'histoire de Hali Joseph se déroule dans un cadre africain, mais se raconte aux personnages européens, et comme le roman demeure inachevé, il n'est pas possible de savoir si le sort de Hali/Théocrite sera africain ou européen. Dans les *Galanteries grenadines*, deux histoires intercalées se déroulent exclusivement entre personnages africains: l'histoire du le Malique Alabez et de Cohayde, qui a lieu à Fez, et l'histoire d'Abenhamet, d'Abendaraez et de Zulemaïde, qui a lieu en Espagne. Il faut noter cependant, qu'à la fin de cette deuxième histoire, le prince de Léon intervient pour mettre terme au différand d'Abenhamet et d'Abendaraez. Enfin, il est difficile de savoir comment classer l'histoire d'Abenhamet et de la belle Hache, puisque tout en étant en principe de sang arabe, Hache est blanche et blonde, GG, t. 1, pp. 553/584.

[12] AG, t. 3, pp. 127/482.

[13] Dans l'une des histoires secondaires, Gazul voue un amour malheureux à Zaïde, fille du roi de Fez et d'une Européenne.

Européennes, le plus souvent pour élucider les origines de tel ou tel personnage.[14] Les protagonistes des deux histoires principales où il est question des amours entre un Africain et une Européenne ont des ascendants européens. Dans les *Annales galantes*, on trouve Jacaya, fils de Mahomet III et d'une mère chrétienne. Ce personnage de prince errant, qui est le héros de deux malheureuses intrigues amoureuses, ne s'identifie pas comme Africain:

> Je ne dois point être regardé comme un Turc, reprit Jacaya froidement, j'ai sorty si jeune de ma patrie, que je n'ai contracté aucune de ses habitudes: J'ai passé mes premieres années en Grece, où on vit avec assez de liberté; la Cour de Pologne n'est pas austere, et [...] si on en croit les visions de Marquis de Strossi, je n'ai pas sujet de me plaindre de la severeté d'Italie.[15]

A la fin de la nouvelle, Jacaya disparaît, comme s'il n'y avait pas de sort possible pour un prince africain en Europe. (Je vais revenir à la question du protagoniste africain dans la troisième partie de cet article.)

Si les hommes européens donnent leur préférence à des Africaines qui le sont très peu, et si les seuls hommes africains dont les amours avec des dames européennes sont évoquées se trouvent, comme je vais le montrer, désolidarisés de l'Afrique, les femmes arabes, pour leur malheur, subissent la séduction des Européens. Dans l'une des histoires secondaires d'*Alcidamie*, Clélie, née à Chypre, explique à Colimodon, fils de l'Archon d'Athènes[16] pourquoi elle est amoureuse de lui:

> Par ce bonheur que vous dites, Seigneur, [...] et par ce charme invisible qui lie les cœurs d'Affrique avec ceux du Nord, et qui se moque de la prudence humaine.[17]

Dans une autre intrigue secondaire d'*Alcidamie*, Almanzaïde descendante des Amazones, est contrainte par les lois de son pays de ne se marier qu'une fois. Cette reine africaine[18] tombe amoureuse d'Artambert, prince

---

[14] E.g. les allusions aux parents de Feliciane, et de Jacaya, dans les *Annales galantes*, t. 3, pp. 103/389, 135/516.

[15] *Ibid.*, t. 3, pp. 143/548.

[16] Alc, t. 1, pp. 455/190-191.

[17] *Ibid.*, t. 1, pp. 460/211.

[18] «Ah! Madame, reprit Almanzaïde, quand j'aurois assez d'esprit pour faire un juste discernement des Vers de deux hommes aussi galans qu'Ozomar et Lisicrate, ma seule qualité d'Affriquaine me dispenseroit de l'emploi que vous voulez me donner; car à mon sens pour bien juger des Vers qui se font dans une langue, il en faut connoître

de Thule, présenté comme la dernière île européenne,[19] exemple donc de cette attirance, en dépit de la prudence humaine qu'exercent les cœurs du nord sur ceux de l'Afrique.

Pour Micheline Cuénin, «Almanzaïde figure [...] le négatif de la princesse intrépide qui trouve des forces dans son amour pour accomplir son devoir. Ceci amorce une décadence de l'héroïsme ancien, d'où va se dégager lentement un nouveau type, la femme éperdument fidèle.»[20] Puisque *Alcidamie* reste inachevée, nous ne savons pas quel sort Villedieu aurait réservé à Almanzaïde, victime volontaire de sa propre passion. Mais que dire de l'infidèle Artambert? Il n'a pas le beau rôle dans cette histoire, certes, mais sa raison pour quitter Almanzaïde trahit néanmoins l'une des hantises fondamentales représentées par l'Afrique. Un mariage secret unit Almanzaïde et Artambert, ce qui permet à Almanzaïde de continuer à régner. Après une courte période de félicité, cette situation ne suffit plus à Artambert. Il veut un trône qu'il ne doit qu'à lui-même. Derrière cette ambition se profile l'image de l'Afrique comme séductrice, celle qui fait tomber en quenouille l'Européen.[21]

Les relations entre Européens et Africains sont évidemment le sujet d'une vive réalité contemporaine. L'économie du désir amoureux dans les œuvres africaines de Villedieu révèle d'une part la supériorité des Européens. Le portrait de la femme aimable répond aux critères de l'Occident, même si cette femme a des origines africaines, du moins en partie. La femme africaine peut subir la séduction de l'homme européen, mais ces amours finissent mal et «se moqu[ent] de la prudence humaine.»[22]

---

toutes le délicatesses, puis qu'une des qualitez la plus essentiellement nécessaire à de beaux Vers, c'est la pureté du langage, et la netteté de l'expression. Or cette pureté a ses proprietez dans toutes les langues, et ne peut être bien connuë que de ceux qui sçavent les finesses de celle dans laquelle les Vers se font.», *ibid*., t. 1, pp. 493/345.

[19] *Ibid*., t. 1, pp. 497/358.

[20] Cuénin, *op. cit.*, v. 1, p. 414.

[21] On peut objecter à cette lecture qu'elle détourne le sens de l'histoire de Villedieu qui valorise Alamzaïde et fait un portrait tout à fait négatif d'Artambert. Les cartes sont brouillées, je crois, parce que d'une part ces histoires reprennent les mythes de l'Afrique qui sont ambiants à l'époque, et que d'autre, Villedieu comme romancière, visant un public sinon uniquement féminin, néanmoins largement sous l'influence d'une culture féminisée (c'est certainement le point de vue des critiques du roman, tel Boileau), a intérêt à défendre les droits de l'amour, et donc du personnage femme qui incarne cette passion. Les difficultés d'interprétation sont redoublées par le fait que le roman reste inachevé, et on ne peut pas savoir avec certitude quel destin Villedieu réservait à ses personnages. L'ambition d'Artambert peut néanmoins se comprendre comme une résistance à sa situation féminisée.

[22] Alc, t. 1, p. 460/211.

L'amour de l'Africain pour l'Européenne est occulté, et jamais dans ces textes est-ce qu'une femme européenne tombe amoureuse d'un Africain. Le désir amoureux est focalisé sur l'Occident, comme confirmation de sa valeur.[23]

Si, comme il se doit dans des histoires galantes, l'attention du lecteur est focalisée sur l'amour, dans des histoires à cadre africain, la présence du sérail est emblématique d'une association entre l'Afrique et un érotisme qui fascine et déroute. Pour le public français du dix-septième siècle, le sérail est à la fois lieu de réclusion des femmes—qui marque la différence entre le rôle important joué par les femmes dans le beau monde français et leur subordination dans les pays arabes—et lieu de ce troublant érotisme.[24] Villedieu exploite peu les possibilités narratives du sérail, cependant. Le seul portrait du sérail qu'elle nous donne se trouve dans les *Nouvelles affriquaines*.[25] Cet ouvrage, qui comporte non seulement l'unique évocation du sérail mais aussi le protagoniste africain le plus développé du corpus, est très révélateur de la manière dont Villedieu présente l'Afrique, et c'est à ce texte que je vais consacrer la dernière partie de cet article.

J'ai noté dans ma discussion de l'économie du désir amoureux qu'il n'y a chez Villedieu que deux protagonistes africains qui aiment des dames européennes, Jacaya et Mahemet Lapsi, personnage des *Nouvelles affriquaines*. Cette dernière histoire se déroule dans le contexte d'événements récents – le traité de paix de 1665-66, et le voyage de M. de Moulin et du chevalier d'Arvieux à Tunis pour y porter la ratification, et faire exécuter les termes du traité. Le personnage de Mahemet Lapsi est basé sur Muhamed El-Hafsi, avec son frère Murad, l'un des Beys de Tunis.

Un rapide résumé de l'intrigue donnera un contexte à ce qui suit. Dans les *Nouvelles affriquaines*, Albirond, Français en exil pour cause de duel, et en proie à des malheurs d'amour, s'embarque pour l'Afrique après avoir voyagé à travers les cours de l'Europe. Là il retrouve un vieil ami,

---

[23] Les relations d'amitié entre hommes tendent à confirmer cette thèse. L'amitié que voue Albirond à Mahemet dans les *Nouvelles affriquaines* est pour le moins problématique, puisqu'il cherche à trahir son ami, et dans les *Galanteries grenadines*, Muça se subordonne toujours aux souhaits de ses amis espagnols.

[24] Sur le rôle du sérail dans les histoires galantes, voir Marie-Christine Pioffet, «L'Imagerie du sérail dans les histoires galantes du XVIIᵉ siècle,» *Tangence* 65, hiver 2001, pp. 8-22.

[25] Pour une discussion de la description du sérail, voir Pioffet, *op. cit.*, pp. 17-20. Au sujet de cette nouvelle, voir aussi mon «Espaces féminins? La topique des lieux dans les *Nouvelles affriquaines* et les *Mémoires de la vie de Henriette-Sylvie de Molière* de Madame de Villedieu», à paraître, *Locus in Fabula. Actes du XVᵉ Colloque de la SATOR*, éd. Nathalie Ferrand, Louvain, Peeters.

Mahemet Lapsi, «qui n'avoit de Turc que l'habit et le nom.»[26] Mahemet est amoureux de l'une des ses esclaves, la belle Rahecma, et souhaite qu'Albirond l'aide à fléchir cette dame. Rahecma se révèle n'être autre qu'Uranie, la bien-aimée d'Albirond.[27] Au dénouement d'une intrigue assez complexe, rythmée par les exigences contradictoires de l'amour et de l'amitié, Albirond et sa maîtresse, à qui Mahemet aura renoncé, partiront de Tunis, pour vivre leur amour dans un ailleurs jamais spécifié.

Villedieu donne une description relativement détaillée de la maison de Bardou où Mahemet Lapsi a son sérail de cent femmes.[28] A l'image générale de l'ensemble s'ajoute l'évocation d'un certain nombre de lieux spécifiques: une chambre remplie de parfums, une grotte en rocaille qui est propice aux conversations secrètes (mais qui permet aussi à de tierces personnes cachées de voir ce qui s'y passe, ou d'entendre les conversations), la chambre de Rahecma, qui est à différents moments ou prison ou refuge potentiel, des couloirs sombres, des bains, des balcons – ces derniers permettant également de voir sans être vu. Le sérail est donc à la fois lieu de plaisir, prison, lieu hautement sécurisé, et lieu pénétrable – par des messages, par des regards, par des personnages déguisés.[29] Le côté érotique du sérail est voilé par l'amour galant que Mahemet voue à Rachema/Uranie, mais transparaît à deux moments, le premier quand Mahemet raconte à Albirond comment il a pu voir Rachema au bain:

> Je l'ay veuë au bain sans qu'elle l'ait sçu, poursuivit Mahemet... ses Esclaves qui sçavoient où j'étois, favorisoient ma curiosité. Ah! Mon cher Albirond, pourrai-je bien dépeindre la perfection de cette personne.[30]

Le seconde allusion à l'érotisme du sérail est un bref à côté, quand Albirond essaie de comprendre le sens d'une lettre qui lui promet bonne fortune:

---

[26] Villedieu, *Les Nouvelles affriquaines, op. cit.,* t. 2, pp. 248/476. Le sigle NA renvoie aux *Nouvelles affriquaines.*

[27] Sur les retrouvailles au sérial, voir Pioffet, *op. cit.,* p. 17.

[28] NA, t. 2, pp. 250/486-87.

[29] Cf. Pioffet, *op. cit.,* pp. 12-15.

[30] NA t. 2, pp. 251/491.

Albirond sçavoit que dans les lieux où on renferme les femmes, elles prennent d'étranges licences, et ne donnoit pas le nom de bonne fortune à tout ce qui semble le meriter.[31]

D'une manière générale, cependant, le sérail est présenté plutôt comme lieu de tromperie, de subterfuge que comme lieu érotisé. Rachema, par exemple, est bel et bien prisonnière, mais elle réussit à cacher son identité.[32] Le maître de ce lieu, Mahemet, a suscité diverses appréciations de la part des critiques.[33] Ce personnage, qui «n'avoit de Turc que l'habit et le nom»[34] et qui a des ascendants européens, est francophile, et se distingue de ses concitoyens et coreligionnaires par une conduite qui affirme la justesse des valeurs européennes. Tout en jouissant des droits absolus sur les cent femmes de son sérail, il est amoureux de Rahecma et préfère se faire aimer à se faire obéir:

je veux son amour plûtôt que sa complaisance, et c'est à quoy tous mes soins ne peuvent arriver. Je luy offre de me faire Chrestien, et d'aller vivre avec elle dans quel endroit du monde elle voudra choisir.[35]

La valeur du personnage est justement son statut d'exception, et le dénouement heureux n'est possible qu'à cette condition. Tout ce qui est valorisé chez Mahemet est tout ce qui le rend semblable aux Européens, et tout ce qui le dévalorise est ce qui le fait connaître pour turc et musulman, comme le montre ce passage où, vers la fin de l'histoire, Uranie cherche à persuader Mahemet de la primauté de son amour pour Albirond:

Qu'êtiez-vous avant qu'il (l'amour) eut changé vostre naturel? Vous estiez le miracle de l'Empire Othoman; vous aviez corrigé vos Loix de ce qu'elles ont d'injuste. Et vos victoires sur vos desirs étoient plus

---

[31] *Ibid.*, t. 2, pp. 263/540.

[32] *Ibid.*, t. 2, pp. 249/483.

[33] Pour Micheline Cuénin, *op. cit.*, v. 1, p. 300, la peinture du personnage constitue «la contribution de cet ouvrage mineur au mythe du corsaire généreux, largement diffusé par Gomberville, sous les noms de Mustapha, Bajazet ou Almanzor, suivant les différentes versions de *Polexandre*.» Pour Guy Turbet-Delof, l'auteur des *Nouvelles affriquaines* «a choisi, lui de bâtir presque tout son récit sur le thème de la confidence.» *L'Afrique barbaresque dans la littérature française aux XVIᵉ et XVIIᵉ siècles,* Paris, Genève, Droz, 1973, p. 205.

[34] NA t. 2, pp. 248/476.

[35] *Ibid.*, t. 2, pp. 249/484-85. Cf. le père de Feliciane, AG t. 3, pp. 103/ 389, qui épouse sa mère: «L'Afriquain devint amoureux de son Esclave, et la trouvant trop vertueuse pour tourner cette passion sur la simple commodité, il fut contraint de l'épouser.»

fameuses chez les gens vertueux, que celles des Amurats et des
Bajazets, chez les Peuples qui composent leur Monarchie. Que sont
devenus ces nobles sentimens?[36]

Le dénouement heureux qui permet à Albirond et Uranie de partir de
l'Afrique pour vivre leur bonheur est rendu possible par une suite d'événements fortuits et par la générosité de Mahemet, qui maîtrise sa passion en
reconnaissant la supériorité de l'éthique amoureuse européenne. Comme le
constate la narratrice:

> comme je l'ay déjà dit, il avoit l'ame plus delicate que les autres
> Turcs. Il vouloit être aimé de ses femmes; et plus d'une fois il en avoit
> renvoyé de tres-belles sans leur toucher, parce qu'il s'étoit apperçu
> que l'interêt, ou la crainte entroient plus que le cœur, dans l'obéïs-
> sance qu'il exigeoit d'elles.[37]

Pour Albirond, le sérail et Tunis sont des lieux de malentendus, où en
dépit de ses connaissances de la langue et de la culture arabe, il se trompe
aussi souvent qu'il trompe son ami Mahemet. Si l'intrigue mime les détours
du sérail, et si les événements sont souvent difficiles à comprendre pour
Albirond, il reste néanmoins toujours en position de supériorité vis-à-vis de
Mahemet, et les *Nouvelles affriquaines* servent à démontrer à la fois la
nécessité de faire que l'Autre nous ressemble, et la nécessité de le laisser
toujours dans une position d'infériorité. Albirond réussit toujours à dissi-
muler son émotion devant Mahemet, non pas seulement parce qu'il est
habile, mais parce que Mahemet est présenté comme à la fois naïf et trop
sujet à ses passions.[38]

Or si en même temps cet «amant aveuglé» fait exception, c'est parce
qu'il est doté d'un «excellent naturel».[39] Sa francophilie, souvent naïve,[40]
et son comportement galant envers les femmes de son sérail sont des

---

[36] NA t. 2, pp. 273/579.

[37] *Ibid.*, t. 2, pp. 254/503.

[38] Voir NA t. 2, pp. 248/477, 250/486 où Mahemet affirme croire qu'Albirond ne le
trahira pas. Aux pp. 250-51/487-90, 252-53/496-98, 253-54/500-502, Albirond et/ou
Rachema/Uranie réussissent à cacher leur émotion à Mahemet qui est comme hypnotisé
par la présence de Rachema/Uranie. De même, pp. 265/550, Mahemet interprète mal la
langueur de Rachema/Uranie.

[39] *Ibid.*, t. 2, pp. 262/534, 272/576.

[40] Mahemet propose de libérer deux chevaliers français et de les envoyer à Louis
XIV dans l'espoir d'obtenir la grâce d'Albirond. Albirond prend la défense de l'inter-
diction des duels ainsi: «Vous ne connoissez pas ce Monarque [...] il pese ses resolu-
tions, et n'en prend aucune legerement [...], *ibid.*, t. 2, pp. 262/ 535.

preuves que ce naturel, parachevé par le contact avec l'Europe, pourrait le rendre presque honnête homme. Au moment où Mahemet menace de posséder Rachema, Albirond et Rachema essaient de le fléchir en lui proposant un choix entre deux cultures, choix qui n'en est pas un, puisque il n'y a qu'une option qui vaille. Quand Mahemet demande à Albirond s'il n'est pas en droit de faire ce qu'il veut de son esclave, celui-ci repond:

> Vous en êtes en droit comme un Grand Seigneur Mahometan [...]; mais comme Mahemet Lapsi, vous ne voudrez jamais y être.[41]

C'est Albirond qui connaît le cœur de Mahemet[42] et jamais le contraire. Leur amitié est bien inégale. L'embuscade fortuite de la fin,[43] qui permet à Albirond de sauver la vie à Mahemet, et rend possible le dénouement, donne à Albirond l'occasion de faire preuve de la plus grande générosité envers cet ami qu'il n'a pas hésité à tromper tout au long du récit. La générosité de Mahemet n'est que la réaction à celle d'Albirond, et Mahemet lui-même en diminue la portée à deux reprises.[44] Mahemet reconnaît que sa résolution n'est pas inébranlable:

> Albirond voulait demeurer auprés de son ami, jusques à son entiere guerison; et ne pouvant se défier d'une generosité si héroïque, il l'asseuroit contre lui même; mais le Bey sçavoit bien ce qu'il sentoit, la vûë d'Uranie lui donnoit des émotions, qui avoient peu de chemin à faire pour déroger en de fatales foiblesses.[45]

Ce passage est révélateur. Albirond, l'ami de Mahemet, qui n'a pas hésité à tout essayer pour le trahir et enlever Uranie du sérail, veut que les sentiments de Mahemet soient conformes à la grille proposée. Si la clairvoyance de Mahemet rend le personnage plus sympathique au lecteur, c'est au prix de la constatation que chez Mahemet les passions sont plus fortes que l'éthique de la générosité. Tout en réussissant le test de l'occidentalisme, le personnage doit avouer son incapacité de vivre cette éthique héroïque. Mahemet est donc le parfait protagoniste africain. Son bon

---

[41] *Ibid.*, t. 2, pp. 270/569-70.

[42] *Ibid.*, t. 2, pp. 271/573.

[43] Cet événement est tellement fortuit que la narratrice intervient pour l'expliquer au lecteur, *ibid*, t. 2, pp. 273/580-81.

[44] Mahemet parle d'Uranie comme «un don, que six jours de felicité me rendroient peut-être indifferent», *ibid.*, t. 2, pp. 274/584, et pp. 275/587, il encourage Albirond et Uranie de partir vite puisqu'il se méfie de l'effet des charmes d'Uranie.

[45] *Ibid.*, t. 2, pp. 275/587.

naturel le rapproche des Européens, mais il n'est jamais tout à fait leur égal, et il leur renvoie une image flatteuse d'eux-mêmes.

Il est fort instructif de comparer les *Nouvelles affriquaines* à l'*Amoureux Africain* de Sebastien Brémond, texte qui a vraisemblablement servi de source à l'ouvrage de Villedieu,[46] ainsi qu'à un second texte du même auteur, *L'Heureux esclave*.[47] Dans le premier, l'Afrique et le sérail sont les lieux d'un terrifiant désir féminin déchaîné, et dans le second les Africains et les Africaines sont présentés comme étant irrémédiablement autres, et inférieurs. Quand Villedieu a fait un seul personnage des deux personnages femmes de *l'Amoureux Africain* elle a non seulement rendu l'histoire plus galante, comme le veut Micheline Cuénin, elle a aussi, dans une large mesure, occulté l'association entre le sérail et une sexualité conçue comme trop libre sinon perverse.[48] Tandis que les romans de Brémond trahissent une sorte de panique devant ce qui est ressenti comme une véritable altérité, à travers le personnage de Mahemet Lapsi, dans sa version galante, Madame de Villedieu cherche à cerner dans d'étroites limites cette altérité, à le voiler. [49] Elle souligne la véracité de son portrait à la fin des *Nouvelles affriquaines* comme pour nous montrer que la fonction de l'Autre est de nous renvoyer une image flatteuse, et quelque peu critique, de nous-mêmes:

> Il n'est pas necessaire de faire une Preface, pour persuader le Public que ces nouvelles sont autant de veritez. Mahemet Lapsi est encore vivant, et même assez jeune. Il n'aborde aucun François de qualité sur la côte de Barbarie, qui ne reçoive des marques de la bien-veillance qu'il

---

[46] Voir Cuénin, *op. cit.*, v. 1, pp. 296-97.

[47] *L'Amoureux Africain, ou Nouvelle Galante*. Composée par Le Sᵣ B. M., Cologne, chez Philippe Le Barbu, 1671. *L'Heureux Esclave, nouvelle*. Dernière édition. Revuë de nouveau, corrigée, et ornée de Figures en Taille-douce, Paris, Pierre Witte, 1708.

[48] Cf. Saïd, *op. cit.*, p. 73.

[49] A la fin de cette appréciation globale du personnage de Mahemet Lapsi, Cuénin, *op. cit.*, v. 1, p. 301, on voit cette même tendance de gommer la notion de la différence: «Un courant circule entre les anciens schémas romanesques et une réalité fraîche qui leur infuse un sang nouveau. A la faveur de la légende de ces Corsaires dont l'hérédité plonge au cœur des vieilles provinces, la gloire louis-quatorzienne s'étend au-delà de la Méditerranée, car on ne doute guère que la déférence et la magnificence de ces beys ne soit partiellement due au rayonnement du monarque français. Mais inversement, par sa courtoisie exemplaire, ce même Corsaire contribue à régénérer l'idée chevaleresque qui se dégrade dans sa patrie d'origine. Il résulte de ce double mouvement une fusion romanesque par laquelle s'établir une «vraisemblance» garantie par le côté magnanime et galant de l'Infidèle. Implicitement s'élabore aussi une notion de type humain supérieur indépendant de la race et des climats.»

conserve pour nôtre Nation. Il en parle assez bien la langue; j'ai vû de ses Lettres originales, qui feroient honte à certains François [...][50]

Pour Marie-Thérèse Hipp, l'évocation de l'Afrique au dix-septième siècle ne se fait que par un réseau d'images superficielles. Dans *Mythes et réalités, enquête sur le roman et les mémoires, 1660-1700,* elle constate:

> Cet orientalisme cependant demeure un orientalisme de bazar et de pacotille: il ne s'attache qu'aux aspects les plus frappants et les plus superficiels, donnant de l'Orient islamique une image mythique et très conventionnelle, se complaisant en particulier dans les scènes de harem.[51]

L'Afrique de Madame de Villedieu est autre. Elle est plutôt discrètement voilée, son altérité minimisée. A travers ces histoires galantes, cependant, on s'aperçoit la hantise de cette civilisation si proche, si différente.

---

[50] NA t. 2, p. 275/589.

[51] Paris, Klincksieck, 1976, p. 126.

# IV. L'Afrique visitée

# L'Ethiopie orientale
## à travers la relation de Joan Dos Santos (1609)

par

HASSEN EL ANNABI

De l'Afrique orientale les Européens ne connaissent encore au début du XVIIe siècle que peu de chose. Certes, à l'époque, les Portugais sont déjà solidement implantés dans cette zone. Leurs comptoirs établis sur les côtes des Etats actuels du Mozambique, du Malawi, de la Tanzanie, du Kenya et de la Somalie et sur les ports fluviaux, notamment Sena et Teté sur le Zambèze, leur permettent d'avoir la maîtrise du trafic de l'Océan Indien et de poser une tête de pont sur la route de l'or du Monomotapa. Cependant, en Europe on reste encore très peu renseigné sur les peuples qui cohabitent dans ces contrées, et à plus forte raison sur la civilisation Swahili à laquelle appartiennent la plupart des cultures locales; une civilisation qui paye d'ailleurs les frais d'une politique coloniale agressive.

Ainsi, le rêve d'abondance, le mythe de l'or, le vieux cliché de la chaleur torride et de la sécheresse encombrent-ils l'imaginaire collectif. Quant au royaume du Prêtre Jean, situé d'après la légende quelque part dans ces contrées, après avoir été placé en pleine Asie au Moyen Âge, ses contours géographiques ne sont pas clairement définis[1]. Il souffrirait, d'après la tradition, de l'encerclement des Etats musulmans et reste donc présent dans les esprits comme un instrument idéologique de combat.

La publication en 1609 à Evora, au Portugal, d'un ouvrage intitulé *L'Ethiopie Orientale ou Histoire véritable des choses remarquables arrivées en Orient*[2], vient donc combler une importante lacune dans l'information concernant cette partie de l'Afrique. Cette relation de voyage, qui est rédigée par le dominicain Joan Dos Santos, présente un intérêt certain puisqu'elle sera traduite en français à la fin du XVIIe par Gaëtan Charpy et constituera une source incontournable pour bon nombre de dictionnaires

---

[1] Médeiros (F. de), *L'Occident et l'Afrique (XIIIe-XV[e] siècle). Images et représentations*. Paris, Karthala, 1985, pp. 169-171 et p. 198.

[2] *Ethiopia Oriental e varia historia de causas notareis do Oriente.*

géographiques et historiques du XIXe siècle[3]. Or, à notre connaissance, aucune recherche, du moins en français, n'a été consacrée à ce récit. C'est pourquoi nous avons jugé utile de le présenter afin de susciter la réflexion autour du thème des représentations de l'Afrique. Pour ce faire, nous nous référerons à la traduction de Charpy qui existe en deux versions: un manuscrit conservé aux Archives du Quai d'Orsay[4] et un ouvrage publié déposé en un seul exemplaire à la Grande Bibliothèque de France[5].

Mais, avant d'en venir à l'étude de contenu de ce récit, examinons d'abord le profil du voyageur et le contexte de son périple.

## Dos Santos et son voyage en Ethiopie orientale

En réalité sur Dos Santos nous savons peu de chose. Né à Evora, il entre jeune dans l'ordre de Saint Dominique[6], s'embarque en 1586 comme missionnaire pour le Mozambique, parcourt les divers établissements portugais des Indes Orientales, revient en Europe après une absence de onze ans, puis, attaché à nouveau à la mission de Goa, il retourne en Afrique en 1617 et y meurt en 1622. Auteur de la célèbre relation sur l'Ethiopie Orientale, il rédige également un autre ouvrage *Commentarios da regiao dos Rios de Cuama* (Commentaires sur la région du Rio de Cuama) qui reste

---

3 Voir, par exemple, Hoefer (F.), «Afrique australe, Afrique orientale, Afrique centrale», in *L'univers ou description de tous les peuples, de leurs religions, mœurs, coutumes,* etc. Paris, F. Didot, 1848.

4 Archives du Quai d'Orsay, Mémoires et documents. Afrique n° 1, *Relation de l'Ethiopie Orientale écrite en portugais par le père Joan Dos Santos religieux dominicain qui a esté onze ans en ces pays-là, imprimée à Evora en 1609 et achevée de traduire le 8 juillet 1694,* 269 fol.

5 *Histoire de l'Ethiopie Orientale,* Paris, C. Barbin, 1684, 232 p. (ouvrage dédié à Colbert, marquis de Seignelay et publié après approbation de deux clercs réguliers dont F. Caffaro, professeur en théologie). Il faut remarquer que la date de publication mentionnée ici est antérieure de 10 ans par rapport à celle qui est inscrite sur le manuscrit du même auteur. Nous penchons plutôt pour la date de 1684, car le marquis de Seignelay auquel l'ouvrage est dédié est mort en 1690. Notons aussi que les dictionnaires du XIXe siècle (voir note plus bas) adoptent la date de 1684.

6 Ordre institué par Saint Dominique au début du XIIIe siècle à l'occasion de l'hérésie des Albigeois que ce saint combattit avec beaucoup de zèle. Dès 1216, s'étant mis sous la règle de Saint Augustin, il obtint du Pape, Honorius III, une bulle qui confirma son institut sous le titre d'«ordre des Frères Prêcheurs».

inédit[7]. Peu d'informations peuvent être données sur le niveau intellectuel de Dos Santos. A travers son récit il apparaît comme un esprit curieux, un homme cultivé quoique assez crédule. Malgré la haute idée qu'il a de sa mission religieuse, il reste quand même ouvert à la découverte de tout ce qui l'entoure: la faune, la flore, les peuples, leurs activités, leurs mentalités et ceci sans oublier les enjeux stratégiques et culturels de la présence portugaise en Afrique Orientale.

Ces enjeux sont importants à l'époque. N'oublions pas qu'à partir de 1580 le Portugal perd son indépendance au profit de l'Espagne et ceci pour plus d'un demi-siècle. Si ce protectorat n'affecte pas directement les établissements portugais en Afrique, particulièrement l'Afrique Orientale, il marque une période de déclin du dynamisme colonial portugais face aux actions menées par les Hollandais, les Anglais et les Turcs dans les zones de la Mer Rouge et de l'Océan Indien. A mesure que le temps passe il y a même un désintérêt portugais de plus en plus manifeste pour cette côte africaine qui demeure aussi séparée de l'intérieur du continent qu'elle l'était au Moyen Age et que le commerce, plusieurs fois centenaires, des esclaves, de l'ivoire et de l'or a fini par appauvrir[8].

Il n'en reste pas moins que l'ambition poursuivie par les Portugais jusqu'à la fin du XVIᵉ siècle d'affaiblir la puissance maritime et commerciale de leurs rivaux arabes demeure forte. Elle est doublée d'une action corollaire, à caractère religieux et plus largement culturel. C'est que les cités-états africaines de l'époque qui bordent l'océan Indien, de Lamu sur la côte de l'actuel Kenya à Kilwa au large des îles Comores, sont ethniquement peuplées de divers peuples qu'une religion (l'Islam) et une langue (le Swahili) ont fini par unifier. Aussi, ces cités-états sont-elles, depuis la fin du XVᵉ siècle, le théâtre de la première grande confrontation entre Islam et Chrétienté en terre d'Afrique. Pénétrés de l'esprit de croisade, les Portugais continuent donc à harceler les villes de la côte en y causant d'importantes destructions. Leur politique prend un tournant en 1591 quand Mombassa, jusqu'alors actif foyer de résistance swahili, tombe entre leurs mains grâce au concours du roi de Malindi, Ahmad, ce qui leur permet d'asseoir leur influence, et celle du christianisme, sur la côte d'Afrique de l'Est pendant plus d'un siècle[9].

---

[7] *Biographie universelle ancienne et moderne*, Paris, 1825, t. 4, p. 373; Hoeffer (éd.), *Nouvelle Biographie générale depuis les temps les plus reculés jusqu'à nos jours*, Paris, 1864, t. 43, p. 318.

[8] Cornevin (R. et M.), *Histoire de l'Afrique des origines à la deuxième guerre mondiale*, 4ᵉ édition, Paris, 1964, p. 197.

[9] Mayeur (J.-M.), Pietri (Ch. et L.), Vauchez (A.) et Venard (M.) (éds.), *Histoire du Christianisme*, t. IX (*L'Age de raison. 1620-1750*), Paris, 1997, p. 751.

L'expédition de Dos Santos se situe donc dans un contexte caractérisé par une situation assez paradoxale: d'un côté le déclin économique et politique de la métropole et de l'autre une action évangélisatrice portugaise assez active. Par ailleurs, l'appartenance de notre missionnaire à l'ordre des dominicains n'est pas le fruit du hasard. Cette organisation constitue alors le principal ordre missionnaire du Sud-Est africain. Encouragés par le succès des Augustins qui, les premiers, ont pu établir un couvent à Mombassa en entrant par la côte de Melinde[10]; et prenant la succession des Jésuites, que l'échec tragique de la mission de Conçalo da Silveira a échaudés, les dominicains fondent en 1577 leur première maison à Mozambique et finissent par pénétrer en 1600 dans le royaume de Monomotapa. Leur monopole durera encore quelques années, au moins jusqu'en 1610[11].

Emboîtant le pas à cinq moines dominicains (Thomas et Louis de Brito, François de Matos, François de Cunha et Gaspar de Texeira) qui ont fait en 1585 le voyage de Malacca, et répondant à l'appel de l'évêque de cette ville, Dos Santos, avec plusieurs autres religieux de son ordre (18), s'engage dans une mission qui va le conduire jusqu'au Mozambique[12].

L'expédition est longue et difficile. Elle dure cinq mois. C'est le 13 avril 1586 que les cinq navires composant la petite flotte en partance pour l'Afrique de l'Est quitte le port de Lisbonne[13]. Une escale à Madère permet aux capitaines de mettre quelques malades à terre et de s'approvisionner en poisson. En fait, c'est le passage de l'équateur (la ligne) qui est le plus éprouvant. Huit jours sont nécessaires pour venir à bout des grands calmes puis des orages furieux. A l'arrivée au Cap, le 1er juillet (après près de deux mois de navigation), quatre navires sur cinq manquent à l'appel. Séparés au passage de l'équateur, ils ne se retrouveront qu'au Mozambique. Cependant, les voyageurs ne sont pas au bout de leur peine, car sur leur route vers les côtes de l'Afrique orientale, de fortes tempêtes soulèvent la mer et mettent leur vie en danger.

L'arrivée à bon port au début du mois d'août ne signifie pas pour Dos Santos la fin du voyage. Ayant son obédience à Sofala (ville située à 160 lieux de la ville de Mozambique), il lui faut encore du temps avant de regagner son centre d'attache. Huit mois se sont déjà écoulés depuis son départ de Lisbonne lorsqu'il fait son entrée à Sofala en décembre 1586.

---

10 *Relation de l'Ethiopie Orientale (manuscrit), op. cit.*, fol. 5e v°.

11 Mayeur (J.-M.), etc., *Histoire du Christianisme, op. cit.*, p. 749.

12 *Relation… , op. cit.*, fol. 184 v°.

13 *Ibid.*, Ces cinq navires sont: «Saint Thomas», «Caranja», «Saint Philippe», «Le Sauveur», «Les Reliques».

C'est dans la zone portugaise, celle qui s'étend entre le Mozambique au sud et le cap Delgado au nord que Dos Santos passe la plus grande partie de son séjour. Il est évidemment appelé à administrer des sacrements, à participer à l'embellissement, sinon à la construction de certaines églises. Mais, il ne s'en tient pas à ces obligations fondamentales. En tant que missionnaire il essaye aussi de convertir le maximum de personnes au christianisme (il déclare avoir converti 694 personnes dont le neveu du roi de Zanzibar)[14] et essaye aussi d'affaiblir l'emprise de l'Islam sur les populations locales en s'attaquant à certaines pratiques comme le jeûne de Ramadan ou la circoncision. Il lui est même arrivé de mettre le feu à une mosquée à Sofala[15]. Des affaires administratives l'amènent aussi à voyager à plusieurs reprises en Asie (Goa, Cochim, etc.)

### La relation de Dos Santos: objectifs et structure du récit

Rédigée à l'extrême fin du XVIᵉ siècle, sinon dans les premières années du XVIIᵉ siècle, la relation de Dos Santos n'est traduite en Français que près d'un siècle plus tard. Il s'agit d'une traduction abrégée qui est faite par un religieux théatin supérieur de la maison de Paris, originaire de la ville de Mâcon, Gaëtan Charpy. Celui-ci est également l'auteur de plusieurs ouvrages manuscrits dont la *Relation de la mission faite en France par les Théatins en 1644*[16].

On s'explique mal, à première vue, l'intérêt porté en France au récit de Dos Santos, plus de quatre-vingts ans après sa publication au Portugal; qui plus est, cette traduction est faite à une époque où le Mozambique n'offre plus guère de ressources, suite à l'échec des diverses tentatives d'accéder à l'or du Monomotapa.

Il faut dire que la politique mercantiliste de Colbert qui se développe en direction de l'Océan indien, à partir de 1664, date de la création de la compagnie française des Indes Orientales, ne peut qu'encourager le mouvement de traduction en vue de la recherche de données géographiques fiables[17]. Par ailleurs, l'intérêt porté en France pour le récit de Dos Santos s'inscrit

---

[14] *Idem.*, fol. 217.

[15] *Idem*, fol. 203.

[16] Prevost (M.) et D'Amat (R.) (éds.), *Dictionnaire de biographie française*, t. VIII, 1959, p. 649.

[17] On peut renvoyer à un autre récit portugais sur l'Abyssinie qui est traduit en Français au début du XVIIIᵉ s. Il s'agit de l'ouvrage du jésuite Lobo (Jérôme), *Relation historique d'Abyssinie*, publié à Paris chez Guérin en 1728.

dans un contexte caractérisé par la multiplication des voyages en direction de l'Asie via le Cap et l'Afrique orientale.

Reste à dire que le fait que la traduction française soit dédiée à Jean-Baptiste Colbert, marquis de Seignelay, fils du contrôleur général des Finances et secrétaire d'Etat puis ministre d'Etat à partir de 1689, donne à penser que les considérations politiques ne sont pas absentes.

Dos Santos, se défend, quant à lui, d'avoir rédigé son récit sur commande. Il veut, bien sûr, décrire ce qui lui est arrivé, ce qu'il a pu voir ou remarquer de plus considérable, mais en plus, dit-il, «deux raisons m'ont obligé à écrire cette relation: «La première», précise-t-il, «c'est que j'ay cru que les fidèles considérant l'état misérable où sont toutes ces nations barbares dont je décris les mœurs et les coutumes remercient Dieu de leur avoir donné bien heureuse naissance et une meilleure éducation. La seconde raison c'est que ceux qui sont destinés pour prêcher et enseigner l'Evangile, voyant combien il y a encore de peuples à convertir et les grands profits que l'on pourrait faire dans tous ces pays-là pourront peut-être y passer et aller chercher ces brebis égarés et les mettre dans le chemin du ciel comme ont fait et font les religieux de Saint Dominique qui, animés d'un zèle apostolique, se sont répandus dans ces vastes régions et y ont gagné tant d'âmes à Dieu »[18].

En fait, le public ciblé est beaucoup moins large qu'il n'y paraît. Dos Santos appréhende la réaction de ses lecteurs, car, dit-il, «comme il y a beaucoup de choses qui tiennent du prodige et qui paraistront mesme incroyables à ceux qui ont peu de connaissance des merveilles de la nature, je ne doute pas que je risque de n'estre pas cru». Aussi déclare-t-il ne point vouloir écrire «pour ces personnes peu éclairées qui traitent de conte et de chimères tout qui est au dessus de la faible portée de leur esprit»[19].

Pour toutes ces considérations et de l'aveu même de l'auteur on ne doit chercher dans cette relation ni fleurs de rhétorique, ni politesse, ni beauté de style, mais un récit écrit «d'une main simple et grossière»[20] (dans le sens d'ordinaire).

### L'Ethiopie Orientale au regard d'un dominicain

La relation de Dos Santos comporte deux parties. La seconde a trait à la mission de notre dominicain et reste moins intéressante que la première

---

[18] *Relation...*, *op. cit.*, fol. 5 v°.

[19] *Ibid.*

[20] *Idem.*, fol. 5.

partie qui, elle, concerne l'Ethiopie Orientale et qui représente en volume 75% de l'ensemble. L'auteur y traite en cinq livres de cinq grandes régions: le pays du Quitève, le Monomotapa, la région côtière du Mozambique au Cap Delgado, les pays voisins de l'Egypte et la côte de Mélinde.

Toutes sortes de données (géographiques, politiques, sociologiques, militaires, historiques, etc.) y sont exposées au gré des observations faites par l'auteur ou des témoignages et déclarations qu'il a pu collecter. A ce propos Dos Santos cite parfois ses sources: il s'agit une fois d'un chrétien fugitif fait prisonnier par les Mores du royaume d'Adel, une autre fois d'un certain Hiéronymo Chérubin, marchand vénitien qui est passé d'Alexandrie en Abyssinie où il s'est établi et s'est marié, les témoignages sont également collectés chez quelques abyssins rencontrés lors de ses pérégrinations, etc.[21]

Evidemment, à trois siècles d'intervalle les pays mentionnés dans le récit de Dos Santos ont changé parfois de nom, aussi est-il nécessaire de définir d'abord certains toponymes.

Dans notre liste, le mot *Ethiopie* vient en première place. Si les Grecs nommaient *Ethiopiens* tous les peuples qui ont la peau noire ou basanée, les géographes des XVI<sup>e</sup>-XVIII<sup>e</sup> siècles «ne s'accordent pas mieux que les anciens (c'est-à-dire les Grecs) sur les pays que l'on doit nommer Ethiopie»[22]. Aussi continuent-ils à l'utiliser comme «nom collectif et général pour désigner tous les pays dont les peuples sont noirs»[23]. Sans prétendre être très précis, Dos Santos a le souci quand même de donner des limites plus géographiques qu'ethniques à l'Ethiopie Orientale. Celle-ci s'étend, dit-il, «depuis le Cap de Bonne Espérance jusqu'à la Mer Rouge du sud au nord et depuis l'Ethiopie Occidentale qu'elle a au couchant jusqu'à l'océan qui la borde du côté de l'est»[24].

En gros, si les limites nord et sud sont plus ou moins précises, celles de l'ouest ne le sont pas. Voici en tout cas une grande étendue de terres qui, précise l'auteur, «contient une infinité de peuples» et qui n'est pas «également fertile». Mais, ce que notre voyageur trouve commun à toute l'Ethiopie Orientale c'est le climat: «les chaleurs sont excessives dans tous ces pays et l'air y est fort malsain et les estrangers ont beaucoup de peine à s'y

---

[21] *Relation...*, *op. cit.*, fol. 128.

[22] La Martinière (B. de), *Le Grand dictionnaire géographique, historique et critique*, t. 2, Paris, 1740, p. 107.

[23] «Relation de la Haute Ethiopie ou Abissinie vulgairement appelé le Païs du Prestre Jean contenant son état ancien et moderne par le s. De La Croix». *Archives du Quai d'Orsay, Mémoires et documents. Afrique 3*, s.d., fol. 14.

[24] Relation..., *op. cit.*, fol. 6.

accoutumer», aussi «presque tous les Portugais tombent-ils malades en y arrivant et meurent de fièvres...»[25].

En fait, ce que Dos Santos appelle *Ethiopie Orientale* est une partie entière du continent africain qui comporte, pour lui, deux zones différentes: la première, qui s'étend le long de la côte, est fertile et habitée de populations de cultures plus ou moins évoluées. La seconde, dans l'arrière pays, est en général montagneuse, plus hostile, à l'exception des deux royaumes du Prêtre Jean et du Monomotapa.

Voyons rapidement ce que dit Dos Santos du pays et de ses habitants. En ce qui concerne d'abord la zone côtière Dos Santos ne va pas au-delà de Sofala au sud. Ce nom s'applique à la fois à un petit royaume qui s'étend à proximité du tropique du Capricorne (environ 20 degrés de latitude sud) et qui est situé entre le fleuve Cuama et le mont Manica[26], à la rivière qui le traverse (probablement le Revue Bezi) et au comptoir du Portugal, plus précisément au fort où réside le commandant portugais[27].

Le pays de Sofala est décrit comme un véritable Edene: «un jardin parsemé de jasmins dont la verdure et la blancheur mariées ensemble composent un émail le plus agréable»[28]. Une contrée réputée notamment pour ses arbres fruitiers (grenadiers, citronniers, orangers, bananiers, palmiers) et ses victuailles, en particulier les produits de boucherie. «La viande la plus commune», dit-il, «est la poule: une poule bien grasse ne coûte pas plus de 15 deniers. On s'y nourrit aussi beaucoup de pourceaux, de chèvres, vaches et on trouve dans le marché du cerf, du sanglier et d'autres animaux sauvages»[29].

Plus au nord on trouve le Mozambique. Là aussi, le nom s'applique à la fois à un territoire, qui est cette fois-ci bien plus vaste puisqu'il va du 20ᵉ au 10ᵉ degré (cap Delgado) et au fort portugais qu'on y trouve et qui prend

---

[25] *Ibid.*

[26] *Idem.*, fol. 14. Ce mont se trouve sur la frontière du Zimbabwe actuel.

[27] Dos Santos dit à ce sujet: «Autrefois, il n'y avait qu'un commandant pour Sofala et Mozambique et ce commandant demeurait toujours à Sofala et se contentait d'envoyer un directeur à Mozambique pour avoir soin du comptoir. Mais, en 1558 la reine Dona Catharina, Régente de Portugal pendant la minorité de Dom Sébastien, fit bastir une citadelle à Mozambique [...]. Depuis que cette citadelle fut bastie les capitaines passaient six mois de l'année à Sofala et autres six mois à Mozambique. Aujourd'hui ils demeurent à Mozambique et mettent un commandant à Sofala avec des provisions qu'ils prennent du vice roy des Indes.» *Idem*, fol. 8 v°. Le fort lui-même est un «quarré parfait revêtu d'une bonne muraille, flanqué de quatre bastions et garni de son artillerie», voir *Histoire de l'Ethiopie, op. cit.*, p. 21.

[28] *Op. cit.*, p. 21.

[29] *Relation...op. cit.*, fol. 10 et 11.

de l'importance à la fin du XVI<sup>e</sup> siècle en rapport avec le péril turc. Dos Santos s'intéresse ici surtout à la faune (à la fois terrestre et marine: les éléphants, les baleines, les tortues, le corail) et à la flore (en particulier le palmier). Il consacre également une partie de son récit aux îles qui bordent cette longue côte, à commencer par l'île Saint-Laurent (Madagascar) et les îles Comores.

Plus au nord, depuis le cap Delgado jusqu'au détroit de la Mer Rouge, Dos Santos identifie un grand nombre d'îles dont Quirimba, Quiloa, Maroupe, Pemba, Zanzibar, etc. Certaines sont très fertiles, on y trouve, dit-il «de l'ambre, de l'ivoire, de la cire, (on y cultive) le mil, le riz et on y charge beaucoup de navires d'éponges, de noix de coco, de nattes, de certains ouvrages de paille, d'étoffes de soie et de coton, chacune de ces îles (ayant) son roi maure et tous ces princes relèvent du roi du Portugal à qui ils payent tribut»[30].

Dans l'arrière-pays, loin de la frange côtière, Dos Santos place les deux célèbres royaumes du Monomotapa (au sud) et du Prêtre Jean (au nord).

L'existence du premier royaume ne peut pas être mise en doute. Sans chercher à comprendre l'étymologie, Dos Santos considère que le mot Monomotapa s'applique tout simplement à un pays riche et puissant. Aujourd'hui, on peut dire que ce mot vient du nom d'un roi bantou du clan des Rozwi appelé *Moutapa* qui régna de 1450 à 1480 sur un véritable empire comprenant la quasi-totalité de l'actuelle Rhodésie du Sud et une partie du Mozambique, une superficie, en gros, plus grande que la France. Or, comme c'est un pays riche en minerai d'or, le souvenir de ce roi restera longtemps attaché à cette richesse, d'où le nom de *Mwene Moutapa* (le seigneur des Mines) qui deviendra, transcrit par les Portugais, Monomotapa[31].

Par ailleurs, le mot Monomotapa est appliqué aussi par les historiens actuels aux provinces septentrionales de ce royaume (régions de Salisbury et vallée du Zambèze) que le roi Moutapa, conscient des difficultés d'administration d'un si grand empire, garda sous son autorité, laissant les provinces orientales et méridionales à des gouverneurs Rozwi[32]. Cette politique ne tarda pas, d'ailleurs, à amener une désagrégation de l'empire dès la

---

[30] *Idem.*, fol. 146.

[31] Cornevin (R. et M.), *Histoire de l'Afrique...*, *op. cit.*, p. 180. Une toute autre explication de ce mot prévalait au XIX<sup>e</sup> siècle. Ainsi, Hoefer affirme que le mot Monomotapa est «dérivé de l'arabe Banou-Moutaba, mercenaire. [...]. C'est moins le nom d'un pays que celui d'une domination, d'un empire, dont le chef était connu sous le nom de Quitève», voir Hoefer (F.), *Afrique australe, Afrique orientale, Afrique centralee: empire de Maroc*, Paris, F. Didot, 1848, p. 167.

[32] *Ibid.*

fin du XV$^e$ siècle, si bien que déjà au début du XVI$^e$ siècle, le Mwene Moutapa ne contrôlait plus que le nord de l'actuelle Zambie et une frange
littorale de quelque huit cents km. de long sur 200 km de large[33].

Dos Santos semble être au courant de ces faits. «Ce royaume est situé»,
dit-il, «dans les terres que l'on appelle Maçaranga, lesquelles anciennement
étaient toutes de l'empire Monomotapa. Présentement, elles sont divisées
en quatre royaumes: le Monomotapa, le Quitève, Dedanda et Chiconga»[34].
Dos Santos fait, on le voit, une distinction entre le Monomotapa et le pays
du Quitève, alors qu'il admet en d'autres lieux que le mot Quitève est
commun à «tous ceux qui sont reconnus rois et princes souverains des
terres circonvoisines de la rivière de Sofala. Ils ne sont pas plus tôt déclarés
rois», dit-il, «qu'ils perdent les noms qu'ils avaient auparavant, pour
prendre celui de Quitève, qui les élèvent jusqu'à la divinité»[35].

Quoiqu'il en soit, Dos Santos se fait l'écho de l'image légendaire prédominante à son époque. «C'est là» (c'est-à-dire au Monomotapa), dit-il,
«qu'estaient les magasins de la Reyne de Saba. De là tout l'or qu'elle
faisait descendre par la rivière de Cuama et qu'on charge ensuite sur des
navires qui allaient terre à terre le long de l'Egypte, entraient dans la Mer
Rouge, allaient dans les ports les plus voisins d'Egypte d'où on transportait
ensuite cet or à la cour de la Reyne de Saba qui commandait à une grande
partie de l'Ethiopie et de l'Egypte. D'autres disent que les ruines qu'on a
pris pour le palais de Saba sont des magasins de Salomon»[36].

Le Monomotapa est donc synonyme de pays de grande richesse. «Beaucoup de gens», dit-il, «m'ont assurépendant que je voyageais en ces pays-là
que le soleil non seulement convertit (la terre) en or, mais qu'il fait pousser
de l'or comme pousserait une plante. On trouve des feuilles d'or [...] et
pour peu qu'on fouille on en trouve aussitôt»[37].

Le pays du Prêtre Jean est plus mythique encore que celui du Monomotapa, non pas à cause de ses richesses, mais plutôt en raison de sa religion, de son étendue et de l'identité de son chef. Les données fournies par
Dos Santos montrent qu'il s'agit de ce qu'on appelle actuellement *l'Abyssinie historique*. On sait que cette région comporte cinq grandes provinces
dont certaines sont citées par notre voyageur: le Tigré (appelé Tigare),
Amhara (ou Amara), Choa (appelé Xoa). Les provinces de Lasta et Godjam

---

33 Cornevin R. et M.), *op. cit.*, p. 180.

34 *Relation, op. cit.*, fol. 65 v°.

35 *L'Ethiopie Orientale, op. cit.*, p. 25.

36 *Relation...op. cit.*

37 *Idem.*, fol.73 v°.

ne figurent pas dans cette relation[38]. En revanche, d'autres royaumes sont, d'après Dos Santos, tributaires du pays du Prêtre Jean: Fatagar (appelé Fatigar), Adea (?), Damut (?)[39], royaumes qui ne sont pas tous peuplés de chrétiens, loin s'en faut, puisqu'on y trouve, d'après lui, des «mores» et des «idolâtres». Mais, dit-il, «Ce que les Abyssins ont de meilleur, c'est qu'ils ne souffrent point de juifs chez eux» (là c'est l'inquisiteur qui parle)[40].

La totalité de ces contrées est à une altitude excédant 1500 m. avec des sommets dépassant souvent 3000m. C'est sur l'un d'entre eux, appelé Angote ou Angole (?), que Dos Santos place «de grandes campagnes et de belles sources d'eau», où, dit-il, «on enferme et on tient prisonniers tous les enfants et les plus proches princes du Prêtre Jean, (car) il n'y a que le fils aîné qui doit hériter que l'on élève dans la cour. Tous les autres ne sortent point de cette montagne à moins que ce ne soit pour monter sur le trône. On leur permet de se marier », ajoute-t-il, «mais, ny leurs femmes, ny leurs fils, ny leurs petits fils ne peuvent sortir de cette montagne»[41].

Sur la personnalité du Prêtre Jean nous ne disposons que de quelques bribes qui ont trait à sa cour et à ses déplacements. Dos Santos place la cour de ce roi dans la province de Choa (Xoa), où, dit-il, «l'air est sain»[42]. Mais, en fait, précise-t-il, le Prêtre Jean «n'a point de lieu fixe pour sa demeure; il est tantôt dans un de ses royaumes tantôt dans l'autre. Sitôt qu'il arrive en quelque endroit on dresse toutes les tentes qui sont en grand nombre et tout près on place celles de la reyne son épouse qui en a ordinairement six ou sept très grandes et très belles et garnies d'étoffes de soye»[43].

Toutes ces données sont évidemment recueillies par ouïe dire par Dos Santos sans qu'il ait pu ou voulu les vérifier. Il y a tout lieu de penser que ces données circulaient depuis longtemps au Portugal, car il va sans dire que le nom de «royaume du Prêtre Jean» était entièrement inconnu aux Abyssins. Notons que cette légende va s'éteindre au XVIIIe siècle. Une version établie par de La Croix affirme qu'il s'agirait à l'origine d'une erreur commise par un missionnaire portugais, un certain Pierre Covilham, qui, ayant parcouru à la fin du XVe siècle inutilement l'Asie à la recherche du pays d'un roi nestorien voisin de la Chine dont le chef s'appellerait Joanan

---

[38] Cornevin (R. et M.), *op. cit.*, p. 174.

[39] *Relation...*, fol. 128, 136 et v°, 137.

[40] *Idem*, fol. 145 v°.

[41] *Idem.*, fol. 134.

[42] *Idem.*, fol. 136.

[43] *Idem.*, fol. 143 v°.

(Jean), revint par la Mer Rouge en Egypte et ayant appris à Aden que le roi d'Ethiopie était chrétien et qu'il portait la croix, il s'imagina trouver en Afrique ce qu'il était venu chercher en Asie[44].

Les indications relatives aux habitants sont souvent plus intéressantes pour nous que celles qui concernent le gouvernants, car elles sont le produit d'observations faites par le voyageur lui-même sur l'état des groupes sociaux et de leurs rapports au début du XVIIe siècle.

Paradoxalement, Dos Santos se montre relativement plus sévère vis-à-vis des chrétiens qu'à l'égard des musulmans (appelés mores). Les premiers, en particulier les natifs d'Abyssinie, commettent, d'après lui, plusieurs abus: ils n'observent pas la continence pendant les temps morts (l'avent et le carême) et pratiquent la répudiation, etc.[45]. Les Portugais, ne sont pas mieux estimés. La gourmandise n'est pas le moindre de leurs pêchés[46]. Ils sont insolents et injustes vis-à-vis des populations (en particulier les mores) qui cohabitent avec eux[47]. En revanche, les mores sont, dit-il, «tous très pauvres et très misérables»[48]. Il précise que dans certains bourgs du pays de Sofala «ils sont dans une grande dépendance du gouverneur et des chrétiens; aussi tous sont très faibles et très misérables et ne vivent que de ce qu'ils peuvent gagner au service des Portugais qui les emploient à porter des marchandises, à conduire des bateaux. Les femmes de ces mores s'occupent comme les chrétiennes à labourer la terre et ces pauvres gens payent à nostre Eglise la dixme de tout ce qu'ils recueillent»[49].

Mais, ce sont les natifs du pays qui accaparent son attention. Sa relation abonde en détails sur les structures sociales, le mode de vie, l'organisation politique, les qualités et les défauts qu'il trouve à ceux qu'il appelle les «cafres». Mot d'origine arabe et à connotation religieuse qui est appliqué par Dos Santos à tous les peuples vivant en Afrique orientale. Ce mot est pour lui synonyme de sauvage. «Je pense certainement», dit-il, «que dans le monde il n'y a point de peuple plus barbare et plus sauvage que les

---

[44] Archives du Quai d'Orsay. *Mémoires et documents, Afrique, 3*e: «Relation de la haute Ethiopie ou Abissinie vulgairement le pais du Prestre Jean contenant son etat ancien et moderne par le s. de La Croix (secrétaire de l'Ambassde de France à la Porte ottomane)».

[45] *Idem.*, fol. 136.

[46] *Idem.*, fol. 148.

[47] *Ibid.*

[48] *Idem.*, fol. 33.

[49] *Idem.*, fol. 7.

cafres»[50]. Cette barbarie provient moins de leur physique sur le quel il ne porte aucun jugement que de leur culture. Ce qui choque le plus notre dominicain c'est leur incroyance. Ce terme mérite explication d'ailleurs, car pour Dos Santos la croyance est liée au christianisme excluant tout autre culte. Ainsi, d'une part, il reconnaît que les cafres savent qu'il y a un grand (entendez un dieu) appelé Molungo qu'ils confondent parfois avec le quitève ou dont celui-ci est pris pour son lieutenant sur terre. Il dit: «ils sont persuadés qu'il y a une autre vie après celle-cy et qu'il y a des récompenses pour les bons et des peines pour les méchants. Les cafres appellent le diable Mufuca et disent qu'il est méchant et qu'il fait beaucoup de mal aux hommes». Mais, d'autre part, Dos Santos nie à ces peuples toute forme de religion. «Ils n'ont», dit-il, «ni Dieu, ni idoles, ni images, ni temples, ni aucun culte»[51]. La règle souffre, cependant, une exception. Ainsi, les cafres Macuos de la rivière Coranga ont, dit-il, «plus de principes de religion que tous ceux de leur nation. Ils n'adorent qu'un Dieu qui est au ciel, ils croient à l'immortalité de l'âme, ils ne nient point la providence divine et sont persuadés qu'il y a des démons qui sont méchants. Avec tout cela», ajoute-t-il, «ils sont grands blasphémateurs et quand ils n'ont pas une bonne récolte ils maudissent Dieu»[52].

La seconde sauvagerie que Dos Santos trouve aux cafres est leur anthropophagie. Mais, là quelques tribus seulement sont visées. C'est le cas, par exemple, des cafres Muzimbas (qui vivent près du fort de Teté sur le Zambèze) qui, dit-il, «mangent non seulement ceux qui fuient en guerre, mais encore tous les esclaves qui sont vieux et qui ne peuvent pas travailler et lorsqu'ils ne peuvent pas tout manger, ils les vendent par morceaux à la boucherie comme on fait en Europe du bœuf et du mouton»[53].

Ceci dit, Dos Santos est plus ouvert d'esprit qu'il n'y paraît. D'abord, il reconnaît que certains peuples cafres sont forts, robustes et travailleurs[54], il y en a qui sont bien faits et qui ont bonne mine[55]. D'autre part, il essaie de trouver des explications objectives aux problèmes que vivent les cafres. Ainsi, si ces derniers sont pauvres, c'est parce que la plupart d'entre eux sont fainéants, n'aimant que chanter et danser[56] et aussi parce que leurs

---

[50] *Idem.*, fol. 17 v°

[51] *Ibid.*

[52] *Idem.*, fol. 92.

[53] *Idem.*, fol. 81.

[54] *Idem.*, fol. 95.

[55] *Histoire de l'Ethiopie, op. cit.*, p. 60.

[56] *Relation…*, fol. 23 v°.

rois les pressurent[57]. Dos Santos n'établit, donc, aucune liaison entre croyances ou absence de croyance des cafres et conditions matérielles d'existence.

Il y aurait encore beaucoup à dire sur la faune, la flore, les conflits entre Portugais et Ottomans, les rivalités maritimes et coloniales entre les puissances européennes dans l'Océan Indien, etc. ce qui dépasserait le cadre de cette étude. C'est dire la richesse et l'intérêt de cette relation. La comparaison entre la traduction française et le document original (en portugais) pourrait donner lieu à d'importantes conclusions. Mais, c'est déjà là un autre chantier.

---

[57] *Histoire de l'Ethiopie*, p. 87.

# Pierre du Jarric et l'Afrique.
## Le royaume du Monomotapa

par

ANNIE MOLINIE

Deux vrais amis vivaient au Monomotapa:
L'un ne possédait rien qui n'appartînt à l'autre:
Les amis de ce pays-là
Valent bien, dit-on, ceux du nôtre.

La Fontaine, *Les deux amis.*

Pierre du Jarric,[1] jésuite de la province de Toulouse, publie à Bordeaux entre 1608 et 1614, trois volumes in 4°, une vaste fresque intitulée *Histoire des choses plus memorables advenues tant ez Indes Orientales que autres païs de la descouverte des Portugais, en l'establissement & progrez de la foy chrestienne & catholique.*[2] La seconde partie de l'*Histoire* est dédiée au roi très chrétien de France et de Navarre, Louis XIII et fut publiée en 1610. Elle est consacrée aux Indes Orientales:

> Et pour ce nous traiterons en ce troisième livre de ce qui est advenu ès Royaumes de Congo, d'Angola, de Monomotapa, du Preste-Ian, et de quelques autres d'Afrique.

Pierre du Jarric écrit principalement sur les entreprises des jésuites dans les pays découverts par les Portugais. Cette Histoire de près de 2500 pages reprend l'œuvre missionnaire des pères jésuites au Congo, en Angola, dans le royaume du Monomotapa, vaste empire bantou dans la région du

---

[1] Né à Toulouse en 1565, Pierre du Jarric enseigna pendant quinze ans la théologie morale au collège de Bordeaux.

[2] L'édition du deuxième volume que j'ai utilisée porte la date du 15 juin 1610.

Zambèze (le Cuama), en Ethiopie, au Brésil,[3] à Ormuz et dans le royaume de Chine.

Je n'ai retenu ici, bien évidemment, que ce qui a trait à l'Afrique et plus particulièrement encore au Monomotapa.

Je voudrais dire un mot de la page de titre du deuxième volume, car elle illustre les principaux martyres des jésuites qui furent massacrés dans les Indes Orientales: François-Xavier, le père Gaspar Barzé et surtout le père Gonzale Sylveira qui fut envoyé en 1561 au Mozambique et à Goa. Après avoir baptisé le roi de Monomotapa et sa famille, il périt en effet assassiné et le père du Jarric rapporte le martyre avec force détails, nous y reviendrons: le jésuite tient un crucifix dans la main droite, il est maintenu au sol par des gens à demi-nus qui l'étranglent avec une corde. D'autres brandissent de longues flèches.

Cette communication sera consacrée au seul Monomotapa, même si dans tous les ouvrages anciens qui parlent de l'Afrique figurent ensemble et presque suivant un même ordre obligé des informations et des descriptions du Congo, du Mozambique, de l'Ethiopie... et des contrées voisines, et ceci avant et après le texte de Pierre du Jarric. Je pense à Filippo Pigafetta et à sa *Relation du Congo*,[4] au *Voyage aux Indes*[5] Orientales de François Pyrard de Laval (1601-1611) et à François de La Mothe le Vayer.[6] Il est clair que le jésuite s'était largement inspiré du texte de Pigafetta, à travers la traduction latine de 1598. La *Relatione del Reame di Congo et delle circonvicine contrade* fut publiée en 1591, grâce aux informations du commerçant portugais Duarte Lopes mises en forme par l'écrivain Pigafetta. Le jésuite a tendance à mêler la légende, le fabuleux et la réalité, comme la plupart des auteurs d'histoires universelles. Ce qui l'intéresse plus que tout c'est la mission des jésuites en terre d'Afrique, c'est le martyre de Gonzale Sylveira et l'implantation de la foi chrétienne chez ces peuples farouches et barbares. Pour le reste, il s'en remet à ses inspirateurs et aux informations

---

[3] Annie Molinié-Bertrand, «Une histoire ancienne des jésuites au Brésil», in *Pour l'Histoire du Brésil,* Mélanges offerts à Katia de Queirós Mattoso, Paris, L'Harmattan, 2000, pp. 203-224.

[4] La première édition française à partir de l'édition latine date du XIXe siècle. En février 2002, est parue aux éditions Chandeigne une traduction française, de l'italien, de Willy Bal *Le Royaume de Congo & les contrées environnantes (1591).*

[5] *Discours du voyage des français aux Indes Orientales*, Paris, 1611.

[6] *Œuvres de François de La Mothe Le Vayer,* Paris, chez Thomas Jolly, 1671, tome VI. *La géographie du Prince,* chap. LXVIII. Du Royaume de Monomotapa, pp. 137-138. Le chapitre précédént est consacré au Congo et le suivant à la côte de Zanzibar et des Caffres.

fournies par ceux de la Compagnie; il accorde néanmoins une bonne place à l'exotisme africain et aux mythes attachés à ces contrées.

Le chapitre VIII est consacré à la «Description de la coste de la Mer, depuis Angola jusques au Cap de bonne espérance, & delà jusques à Soffala: ensemble du Royaume de Monomotapa, & de l'Isle du Mosambique»; le neuvième à la conversion du Roy de Inambane, «& puis celuy de Monomotapa» et le chapitre X à comment «le Roy de Monomotapa faict tuer le P. Gonzale Sylveira: & ce qui advint apres sa mort».

### Pourquoi le Monomotapa

Le Monomotapa nous fait pénétrer dans l'intérieur, dans l'épaisseur du continent africain, alors que la plupart des voyageurs ou missionnaires venus d'Europe ont décrit principalement la côte. Ce mot kikongo, qui avait pu séduire La Fontaine et d'Assoucy,[7] signifie le «seigneur des mines» – Mwene Matapa, ce vaste empire était en effet célèbre pour ses mines d'or «à certains endroits le fleuve contient de l'or réduit en particules comme du sable» autant que pour ses ruines anciennes. La puissance de l'empire de Monomotapa reposait sur les placers d'or des régions de Butua, Mokaranga et Mania.[8]

Région légendaire à cause des prétendues ruines, pays mythique de l'or et de l'ivoire, pays des Amazones et des éléphants, le Monomotapa est un état paré de noms exotiques et enchanteurs, tels que Soffala, Cuama ... Depuis La Fontaine, d'aucuns avaient pu penser qu'il s'agissait d'une région inventée, rêvée, au nom magique et insolite. Il n'en est rien et l'on pouvait situer ce royaume et ses limites sur une carte représentant l'Afrique dès le XVIe siècle. Il suffit de se reporter à celle dessinée par le commerçant portugais Duarte Lopes, qui accompagne le texte de Filippo Pigafetta.

On peut également deviner le Monomotapa sur la carte qui se trouve dans l'*Histoire de la navigation* du Hollandais Jean Hugues de Linschoten, publiée à Amsterdam en 1619. Il est vrai que l'épaisseur du continent africain n'a cessé d'intriguer voyageurs et découvreurs. Ajoutons que Pigafetta sera abondamment utilisé par tous ceux qui écriront sur l'Afrique, y compris jusqu'au XIXe siècle. Pierre du Jarric avait abondamment puisé

---

[7] Voir William Graham Lister Randles, *L'Empire du Monomotapa du XVe au XIXe siècle,* Paris, Mouton, 1975.

[8] Charles d'Assoucy, *Les avantures d'Italie*, Paris, 1677, chez Antoine de Rafflé, ch. VII ou VIII (selon les éditions), p. 120.

dans ce texte à travers la traduction latine de 1598: *Regnum Congo hoc est Vera Descriptio Regni Africani, quod tam ab incoles quam Lusitanis Congus appelatur.* Ceux qui avaient voyagé en Afrique au XVIe et au XVIIe siècles, dans leurs récits, suivent presque toujours le même itinéraire: le Royaume du Congo, généralement la région la plus longuement décrite, l'Angola, l'île du Mozambique et le Monomotapa qui comprend la côte de Soffala. Ainsi La Mothe le Vayer lorsqu'il parle de l'Afrique et consacre deux pages de la *Géographie du Prince* au Royaume de Monomotapa, adopte-t-il le même ordre: la Guinée, le Royaume de Congo, le Royaume de Monomotapa et il poursuit avec un chapitre (LXIX) sur «la côte de Zanzibar et des Caffres».

### Le Monomotapa et ses habitants

L'Empire du Monomotapa est très étendu; il se trouve dans une sorte d'île, formée par la mer, le fleuve Magnice, une partie du lac dont provient celui-ci, et par le fleuve Cuama.

Du Jarric prête une attention toute particulière à la magesté et à la taille des deux fleuves:

> Le fleuve Magnice où commence du costé d'Occident la coste de Soffala, est un des plus grands & renommez de toute l'Affrique [...] et puis ceste autre riviere tant fameuse de Cuama, laquelle se desgorge dans la mer avec sept bouches, qui sont cinq petites isles, tout de mesme que le Nil (p. 106).

On retrouve bien évidemment le mythe des sources du Nil. Il décrit la côte de Soffala tantôt stérile et déserte, tantôt habitée et assez fertile. Toute la terre ferme qui est entre ces deux rivières appartient au Royaume de Monomotapa, qui se présente «comme une isle borné de tous costés d'eau».

Ce Royaume abonde en or «car en plusieurs provinces d'iceluy, il y a des minieres, d'ou l'on en tire en grande quantité: mais principalement au Royaume de Toroa, ou l'on void encore des ruynes de quelques grands edifices de pierre, fort antiques, qui peuvent être parangonnez, pour leur grandeur & beauté, aux oeuvres des anciens Romains»(p. 107).

L'empire de Monomotapa est très peuplé. Selon Pigafetta, plus précis que Pierre du Jarric, «ses habitants sont incultes et païens; ils ont la peau noire, une stature moyenne et sont fort rapides».

Les éléphants sont l'autre rareté du Monomotapa, ils étaient peu connus en Europe et étaient représentés sur certaines cartes de l'Afrique: «il y a si grand nombre d'Elephans, qu'on tient que ceux qu'on y tue chasque année, montent à plus de cinq mille: & pour ce l'yvoire (qui sont les dens de ceste beste) y est à fort bon compte». Aussi le Roi de Monomotapa est-il riche et puissant. Il domine plusieurs autres rois qui lui payent un tribut et son pouvoir s'étend presque jusqu'au cap de bonne esperance. Pour montrer sa grandeur et sa puissance, il entretient toujours un grand nombre de soldats «pour aussi maintenir son Estat en paix».

Les armoiries du Monomotapa sont une petite houe au manche d'ivoire et deux flèches: «La hoüe c'est pour faire entendre à ses subiects le soing qu'ils doivent avoir de cultiver la terre. L'une des fleches est pour signifier qu'il a du pouvoir, pour chastier les meschans & rebelles: & l'autre pour monstrer qu'il a des armes pour se deffendre contre ses ennemis» (p. 109). Du Jarric évoque à la suite comment le roi de ce pays maintient dans l'obéissance tous les autres rois et grands seigneurs de son Royaume en faisant élever leurs enfants en son palais et à la cour. Il suit Pigafetta qui disait que «beaucoup de rois sont les vassaux de Monomotapa; souvent ils se révoltent et luttent contre lui. Leurs armes sont les arcs, les flèches et les dards».

### Les Amazones

Du Jarric, tout comme son principal informateur Pigafetta, sacrifie à la légende fabuleuse, mythique des Amazones et il déclare que les principales forces du roi consistent en une armée de femmes guerrières et courageuses:

> en une legion de femmes, qui habitent seules sans compagnie d'hommes en une Province, que le Roy leur a baillée, & vont à la guerre comme les anciennes Amazones. Elles se bruslent aussi le tetin droit, pour tirer mieux de l'arc (car ce sont leurs armes ordinaires) & combattent le plus souvent contre les Giachas, peuples cruels & farouches, ausquels elles ne cedent point, ny en proüesse, ny en subtilité, ny en experience; estans fort courageuses, & exercitées aux armes (p. 108) .

Pigafetta insiste davantage sur leur «astuce guerrière» dans les batailles pour massacrer les ennemis: «Leur rapidité, leurs embuscades et leurs autres ruses de guerre les font craindre beaucoup dans ces contrées». Il est vrai que cet empire est engagé dans des guerres continuelles; dans ces régions s'affrontent du côté du Monomotapa les Amazones, et du côté du Monemugi, les fameux Jaga qui avaient ravagé le Congo vers 1568. Les Jaga (Giaqua) sont de couleur noire et sont une chose terrifiante, diabolique; ils mangent de la chair humaine. Ce mythe des guerriers cruels et anthropophages aurait été inventé par les Portugais et repris par les missionnaires.[9]

Le père du Jarric d'ajouter avec prudence: «Voyla ce qu'aucuns en ont escrit. Toutesfois cela n'est pas encor fort verifié» (p. 108). Comme Thevet, il est prêt à contester leur authenticité. Les Amazones apparaissaient déjà dans *Les singularitez de la France antarctique* du «cosmographe» André Thevet (Paris, 1558) et furent peintes sur la *Mappemonde* de Sébastien Cabot (1544). Remarquons encore que dans l'édition originale en italien de Filippo Pigafetta, parmi la série de gravures des frères de Bry, celle des femmes du Monomotapa ne figurait pas. En revanche elle se trouve dans l'édition en latin au chapitre IX avec le titre «De foeminis Monomotapanis, de quibus cap. 9 secundi libri agitur». Un texte d'une dizaine de lignes accompagne la remarquable gravure.

Cette tradition aura la vie longue puisque Jean Mocquet, «garde du Cabinet des singularitez du Roi aux Tuileries», dans ses *Voyages en Afrique, Asie, Indes orientales et occidentales* (Lyon, 1617), reprend ce mythe «On tient qu'il y en a encore en Afrique vers le cap de Bonne Espérance au royaume de Monomotapa» et il fournit une gravure des Amazones allant à la guerre. Somme toute, l'on pensait qu'il y avait plusieurs tribus d'Amazones en diverses parties du monde aussi bien en Amérique qu'en Afrique.

## Le père Gonzale Sylveira au Monomotapa

Elargir la chrétienté aux dépens des infidèles, des Musulmans africains, justifiait les expéditions des Portugais en Afrique et l'envoi de missionnaires jésuites, capucins et dominicains dans ces contrées. Le père Du Jarric, après avoir présenté l'empire de Monomotapa, va aborder l'œuvre missionnaire des jésuites. Il s'inspirera alors des lettres annuelles ( *cartas anuas*) de la Compagnie.

Lorsqu'il s'est agi d'évangéliser le Royaume du Monomotapa, après que les Portugais eurent reçu des nouvelles que le roi du Monomotapa désirait avoir leur alliance, ils s'en réjouirent en pensant y faire du

---

[9] Pour une synthèse sur les débats autour des Jaga, voir Paulo Jorge de Sousa Pinto «Em torno de um problema de identidade: os «Jaga» na Historia do Congo e Angola», *in Mare Liberum*, n° 18-19, 2000, pp. 193-243.

commerce «avec un grand gain et profit», mais surtout pour «y planter la foy chrestienne»; ils avisèrent alors le vice-roi de l'Inde. Le Provincial de la Compagnie de Jésus en Inde, le P. Antoine de Quadros, nomma le P. Gonzale Sylveira, personnage illustre, fils du comte de Sortella. Deux autres jésuites quittèrent Goa avec lui en 1560 et arrivèrent au Mozambique. Ils furent logés par le capitaine de la place dans la forteresse. De là escortés par des soldats, ils gagnèrent le royaume d'Inambane et tombèrent malades en raison des fortes chaleurs de cette région située «sous la zone torride». Le père Sylveira prend alors le chemin vers le Monomotapa, car il estimait que de la conversion de ce Prince dépendait celle de tous les autres d'alentour. Il rapporte que tous les peuples de ces contrées qu'on appelle Cafres sont «gens cruels et barbares et ne supportent pas qu'on veuille les instruire pour leur salut». Ils sacrifient aux idoles. Après un long et pénible voyage, il arrive le jour de la Circoncision de Notre Seigneur à la ville de Monomotapa, capitale de tout le Royaume. Un des gentilshommes du roi vient le saluer et lui présente des cadeaux: premièrement grande quantité d'or puis quelques bœufs qu'ils estiment là beaucoup, et plusieurs serviteurs ou esclaves, pour les offices domestiques; car le Roi avait entendu que le Père était de grande maison, mais ce dernier lui renvoie tous ses présents par Antoine Cayade, l'interprète. Le Roi pensant que cela n'était point suffisant lui demande combien d'or il voulait, combien de bœufs – aussi estimés que l'or et l'argent – combien d'arpents de terre, et finalement combien de femmes.

Après que la Vierge Marie soit apparue cinq fois de nuit au roi, «lui parlant un langage divin», le roi demande le baptême et prend le nom de Sébastien et sa mère celui de Marie. Le jésuite baptise aussi 300 gentilshommes. «Tous lui faisaient présent de lait, beurre, chevaux et choses semblables pour sa nourriture», mais il se nourrissait seulement de millet cuit et de quelques herbes ou fruits sauvages. Le Roi, trompé par quatre «grands sorciers & enchanteurs Mahométains», dont un cacique sarrasin, natif du Mozambique – «Ceux-cy brassent une trahison au Père, forgée plustost dans les boutiques d'enfer» –, délibère de faire mourir Gonzale Sylveira.

Du Jarric, suivant en cela ses informateurs jésuites, décrit le martyre survenu le 11 août 1561:

> Là dessus autres quatre le prennent par les pieds & par les bras, & l'ayant levé de terre, autres deux luy mettent une corde au col, & la tirent l'un deça l'autre delà:& de ceste sorte ils le tuèrent, luy ayant fait jetter grande quantité de sang par le nez & par la bouche [...]. Or apres que les barbares l'eurent meurtry, ils prirent l'image du Crucifix qu'il avait entre les mains & la mirent en pièces; puis attachèrent le

corps à une corde,& le trainèrent à une rivière, qui passe là auprès nommée Monsengesses (p. 123).

C'est ce que l'on peut voir sur la page de titre du troisième volume, dans la gravure de L. Gaultier

Le roi de Portugal envoya en 1569 une grosse flotte avec le capitaine François Barret contre le roi de Monomotapa. Il s'agit de mener une guerre juste contre ce barbare. Il redeviendra par la suite ami et confédéré des Portugais «desquels mesmes il se sert en ses guerres, les attirant à sa solde, avec des gros gages & pensions».

Pour ce qui est des jésuites, après la mort de trois autres pères envoyés pour aider les soldats sur le plan spirituel et pour s'employer à la conversion des habitants du Monomotapa, on n'y a plus envoyé aucun de la Compagnie. Les raisons exposées par Du Jarric sont du plus haut intérêt quant à l'implantation des Dominicains dans ces contrées:

> non pas, comme quelques Huguenots disent, pour cause de la stérilité du païs. Car ils vont bien en des lieux plus stériles, comme à la coste de la Pescherie & ailleurs [...]; ny aussi pour la cruauté des habitans, veu qu'ils vont bien au Brasil, où les gens sont beaucoup plus farouches; & il y a une infinité de Portugais, qui trafiquent en Monomotapa aussi asseurément qu'en Portugal. La cause donc est parce que les pères de l'ordre de S. Dominique ont entrepris de cultiver par leur saincte doctrine & bons exemples ce champ de nostre Seigneur (p. 126).

On mesure la rivalité des ordres religieux en Afrique à travers l'ultime remarque de Du Jarric: «Nous n'avons toutesfois aucunes mémoires de ce qu'ils y ont faict jusqu'à présent, ny d'autre chose de ce païs, qui concerne la foy». Les religieux de S. Dominique avaient en effet un couvent au Mozambique et un autre à Sena au Monomotapa.[10]

Il est clair que le père du Jarric a mêlé, dans ces chapitres consacrés au royaume de Monomotapa, deux sources fondamentales: la relation du Congo de Filippo Pigafetta pour ce qui est de la description de l'empire du Monomotapa et les nombreuses informations venues de la Compagnie pour la longue évocation du martyre du père Sylveira.

On mesure aussi dans cette *Histoire* combien l'épaisseur du continent africain n'a cessé d'intriguer voyageurs, découvreurs, cosmographes et missionnaires. Au XVIIᵉ siècle, il y a en quelque sorte conjonction de deux

---

[10] On songe bien évidemment au dominicain João dos Santos dont une *Relation de l'Ethiopie orientale* fut publiée en 1609.

imaginaires. Le Monomotapa est un lieu mythique, inexistant, inconnu, une espèce d'Eldorado qui s'insère dans cette espèce de résurrection des désirs d'ailleurs, comme pour La Fontaine ou d'Assoucy.[11] D'autre part, cette contrée fait partie de l'univers de la découverte de pays réels et pourtant si lointains.

Enfin, Pierre du Jarric, qui n'avait guère dû quitter son collège de Bordeaux, a repris tous les stéréotypes et les mythes véhiculés par les récits de voyage, en les utilisant à des fins propagandistes: l'œuvre missionnaire des pères jésuites en Afrique.

---

[11] Charles d'Assoucy déclare ainsi: «je savais fort bien que j'en eusse plutôt trouvé (du pain) au Royaume de Monomotapa, plutôt «qu'auprès des princes d'Italie».

# De l'observation en tant que l'un des beaux-arts: le chevalier d'Arvieux en Afrique du Nord

par

FRANCIS ASSAF

Les mémoires de Laurent d'Arvieux (1635-1702) constituent un paradoxe littéraire. Tout le monde les connaît, mais très peu les ont lus. Pourquoi? Encore que soient disponibles des éditions fragmentaires contemporaines, la seule complète à ce jour[1] demeure celle qu'effectua en 1735 le P. Jean-Baptiste Labat, de l'Ordre des Prêcheurs, laquelle reste d'un accès problématique, vu que relativement peu de bibliothèques la possèdent.

Observateur à l'œil infaillible, diplomate, polyglotte, anthropologue, zoologue même, le chevalier a laissé un passionnant récit de voyage aussi bien qu'un roman d'aventures qui nous dépeint avec vivacité et précision ce bassin méditerranéen qu'il parcourra d'un bout à l'autre au cours de sa longue carrière, du Bosphore pratiquement jusqu'au détroit de Gibraltar. Et le Maghreb y occupe une place éminente, ce Maghreb qui ne cessera d'informer l'imagination française, littéraire aussi bien, hélas, que coloniale ou colonialiste. Sans nier l'apport du P. Labat, on peut certainement considérer ces mémoires comme reflétant authentiquement la pensée et la voix de d'Arvieux[2]. Les critiques s'accordent pour inclure la partie que consacre le chevalier à Tunis et à la Tunisie dans cette catégorie. C'est donc autant un itinéraire intellectuel et affectif que géographique que nous proposent les mémoires, un regard tout ensemble critique et admiratif sur celui qui fut, peut-être le premier vrai historien français des mentalités.

Laurent Arviou – il ne deviendra Laurent, chevalier d'Arvieux, qu'en 1670 – arrive en rade de Tunis le 12 juin 1666. Il a trente et un ans. C'est un homme fait, qui comprend et parle couramment arabe, turc, persan, langues qu'il a apprises durant son séjour dans les échelles du Levant:

---

[1] La troisième partie des mémoires est publiée en 1717 par Jean de La Roque sous le titre *Voyage dans la Palestine, vers le Grand Emir, chef des princes arabes du désert [...] fait par ordre du roi Louis XIV, etc...* Paris, 1717, Amsterdam, 1718.

[2] Dans son article «Culinary Cooperation...» (p. 53), Mary Hossain commence par mettre en question l'authenticité des mémoires, mais par la suite elle adopte les arguments contraires, concluant que l'édition du P. Labat est un reflet fidèle de la voix du chevalier. Régine Goutalier (*q.v.*) conclut la même chose.

Smyrne et Sidon. Sur les ordres du roi, il accompagne en tant qu'interprète
Jacques Dumoulin, écuyer de la Reine et Envoyé[3] de Louis XIV, chargé
par le monarque de faire ratifier le traité de Paris conclu par le duc de
Beaufort entre la France et la Régence de Tunis le 26 novembre 1665, ainsi
que de racheter des captifs chrétiens, provençaux ou autres, auprès du Dey.

Effectuons ici un rapide retour en arrière pour tracer à grands traits la
carrière de Laurent d'Arvieux – c'est le nom que nous lui donnerons désormais, sans égard pour la chronologie – avant la période tunisienne. Il était
parti de Marseille pour Smyrne à dix-huit ans, le 7 octobre 1653 sur le vaisseau *Le Postillon.*, comme agent de la maison de commerce marseillaise de
son oncle Bertrandié. Il n'était arrivé dans la patrie d'Homère que le 4
décembre, après un voyage tortueux et mouvementé qui l'avait mené à
Gênes, puis à Livourne, puis à Malte. L'escale livournoise, qui durera du
24 octobre au 22 novembre, est l'occasion d'un tableau d'une bataille
rangée entre *Le Postillon* et trois vaisseaux hollandais, bataille déclenchée à
la suite d'une collision entre le Français et l'un des Hollandais, le *St.*
*Pierre*. A l'instigation du consul des Provinces-Unies dans cette ville, la
bataille prend de l'ampleur et il y a de part et d'autre des morts et des
blessés . Furieux de voir des étrangers se faire la guerre dans son port, le
gouverneur de Livourne fait donner du canon contre les deux vaisseaux,
jugeant que leur altercation montre de l'irrespect pour le Grand-Duc de
Toscane, maître de la ville[4]. Déjà, d'Arvieux fait preuve de ce sens extraordinaire de l'observation qui lui permettra de donner vie à des aventures
dont très peu de ses contemporains – voire des nôtres! – connaîtront de
pareilles. Il nous montre, par exemple, un de ses amis, frappé d'un boulet
de canon qui lui sectionne la cuisse. Pour quelqu'un qui reçoit son baptême
du feu, le jeune Laurent fait preuve d'un étonnant sang-froid:

> Il pensa m'arriver un accident qui auroit fini tous les voyages que
> j'avois projettés. J'estois descendu entre les ponts pour prendre les
> armes avec un de mes amis, nommé Benoît de S. Pierre surnommé
> Lescot. Il étoit de Lyon et fort bon garçon. Il remontoit sur le pont, &
> je le poussois par la tête, lorsqu'un boulet de la Forteresse lui coupa la
> cuisse. Le vent du boulet me renversa, & on me crut mort: je revins
> dans un moment, & après avoir mis la jambe de mon ami dans un
> coin, je montai sur le pont, où j'aidai avec les autres à repousser les
> ennemis[5].

---

[3] C'est son titre officiel, qui le place entre agent et ambassadeur. Voir l'édition
Maussion, n. 16, p. 126.

[4] Lewis, p. 14.

[5] *Mémoires*, Ire partie, Ch. 1, p. 12.

Le combat fini et l'ordre revenu, les passagers du *Postillon* réussissent à persuader le gouverneur qu'ils étaient bien victimes et non agresseurs. Le bateau ayant subi d'importants dommages, il faudra du temps pour le radouber et le remettre en étant de prendre la mer, ce qu'il fait le 22 novembre.

L'étape suivante est Malte, qu'il atteint le 26. Curieusement, d'Arvieux y passera moins de vingt-quatre heures, puisqu'il en repartira le 27. Nous disons «curieusement» à cause de la masse de renseignements que révèlent ses mémoires: neuf pages de l'édition de 1735 décrivent, avec un luxe de détails surprenant, la présence de l'Ordre de Malte dans l'île. Précisons qu'il nous fournit lui-même des raisons de penser que ce n'est pas en si peu de temps qu'il a observé et assimilé toutes ces choses, mais qu'il s'appuie sur les récits et rapports d'autres voyageurs:

> Le Capitaine fit faire une si grande diligence que nous fûmes prêts à remettre à la voile le lendemain, de sorte que nous n'eûmes pas le loisir de voir cette place [Malte] qui meriteroit une description particulière, si tant de gens qui y ont séjourné long-tems n'avoient eu soin d'en faire de très exactes[6].

Il est certain qu'il a été reçu dans des maisons de l'Ordre, puisqu'il rapporte qu'il avait des lettres d'introduction, et donc qu'il a pu faire sa part d'observations, mais il reste que son séjour est trop court pour lui en avoir permis d'aussi détaillées.

Le *Postillon* arrive en rade de Smyrne le 4 décembre 1653. d'Arvieux séjournera dans la ville jusqu'au 7 février 1658. Sa santé compromise, il demande à Bertrandié de lui permettre de gagner Sidon, qu'il rejoindra en passant par Alexandrie. Nous avons évoqué dans notre précédent travail son séjour dans cette ville, comme son voyage et ses impressions de l'Egypte, de la Palestine et du Liban, choses sur lesquelles nous ne reviendrons pas dans celui-ci, sauf pour dire qu'il a passé un an et demi entre Smyrne et Sidon, où il arrive vers le milieu de 1660. Il se rembarquera pour la France le 20 mai 1665, arrivant le 21 juin en rade de Marseille, jour anniversaire de sa naissance. Il a trente ans; il en a passé douze entre Turquie, Egypte, Palestine, Syrie et Liban.

Et-ce un effet de la déculturation qu'il a forcément subie en ces douze ans de Levant? Sa réinsertion dans la société marseillaise ne se fait pas sans déception. Les déboires financiers subis lors de son séjour à Sidon l'ont-ils un tant soit peu aigri? Il reste que ses premières impressions, retour au pays natal, ne sont pas des plus positives:

---

6 *Mémoires*, I^re partie, Ch.1, p. 23.

Je passai les huit premiers jours à recevoir les visites & les compli-
mens d'une infinité de gens de ma connaissance, & d'autres qui vou-
loient sçavoir des nouvelles du Levant. Ces civilitez extraordinaires &
peu attenduës me charmerent d'abord; mais j'appris bientôt que ces
politesses n'étoient que des coûtumes incommodes introduites &
conservées avec soin dans cette Ville, qui n'ont point du tout pour
fondement une amitié sincère […].[7]

Ses problèmes d'argent le retiennent à Marseille près d'un an, puisqu'il
en repartira le 6 juin 1666 pour Tunis, à bord d'un navire armé exprès pour
l'expédition. Il a reçu une commission d'Henry de Maynier, baron
d'Oppède, conseiller du roi et premier président du Parlement d'Aix, pour
accompagner Jacques Dumoulin,écuyer de la reine, portant le titre officiel
d'«Envoyé.». L'expédition comprend aussi un personnage du gouvernement de Tunis, Baba Ramadan, qui revient chez lui. Il était envoyé extraordinaire auprès de Louis XIV, chargé de signifier au roi les bonnes inten-
tions de la Régence de Tunis touchant les Français installés dans le pays.
D'Arvieux pensait qu'il serait utile dans les négociations avec le Dey et le
pacha de Tunis, mais il s'avère par la suite qu'il n'y a pas besoin de lui. Il
n'en reparlera plus guère, sauf pour dire qu'il a été utile dans l'échange de
six janissaires contre un nombre égal d'esclaves français.

D'Arvieux commente succinctement les problèmes diplomatiques qui
commencent avant même qu'on ait largué les amarres: les valets de Baba
Ramadan font du scandale et agressent les bons bourgeois de Marseille qui
se promènent sur le port. Vérification faite, il se trouve que quelqu'un les
avait enivrés, ce qui les avait portés à ces écarts de comportement. Lecteurs
et lectrices ne peuvent manquer d'admirer son calme et sa prévoyance; il
fait tout ce qu'il peut pour apaiser les esprits et épargne aux valets tout
ennui: «On s'en tint là, parce qu'on crut avoir besoin de cet homme quand
on serait arrivé à Tunis[8].», dit-il pour tout commentaire. Il nous avertit
également ici de la nature problématique de Dumoulin, à la fois vaniteux et
incompétent. Le vaisseau qu'ils ont retenu pour la traversée est la propriété
de son capitaine, Philippe Martin. Dumoulin insiste pour le commander,
avec Martin comme second. Quelques pages plus loin, d'Arvieux nous
confirmera cette première impression, à la faveur d'une accalmie qui ra-
lentit à l'extrême la marche du bateau. Profitant de ce délai pour établir
avec Dumoulin une stratégie de négociations viable, il se rend compte du
cauchemar qui l'attend, en somme celui de tout subalterne ayant le malheur
d'être plus intelligent et plus compétent que ses supérieurs:

---

[7] *Mémoires*, III$^e$ partie, Chapitre XXIII, p. 387.

[8] *Ibid.*, p. 394.

Comme ces entretiens me donnèrent lieu de connaître à fond le caractère de son esprit, je prévis aisément qu'il me donneroit bien de l'exercice, & malgré tout ce que je lui pouvois dire de l'honneur des Turcs et des Barbaresques, que je conoissois mieux que lui, ce qui étoit pourtant absolument nécessaire dans l'affaire délicate que nous allions traiter avec des gens la plûpart sans parole et sans honneur, & que l'intérêt seul conduit et fait agir[9].

Notons ici la pointe, le paradoxe: d'Arvieux est soucieux de ne pas offenser l'honneur d'hommes sans honneur. Maladresse de style? Humour inconscient? Non: finesse psychologique. Il a suffisamment fréquenté Turcs et Arabes pour savoir qu'ils ne plaisantent pas sur les égards qu'ils s'estiment dus, même s'ils ne se montrent pas toujours scrupuleux dès qu'il s'agit de traiter avec un infidèle. Ce sentiment ne lui vient pas de son séjour à Smyrne, dont il semble conserver un souvenir plutôt positif, mais de ses voyages subséquents en Egypte, Palestine et surtout à Sidon. C'est aux fonctionnaires turcs des douanes ottomanes qu'il réserve son mépris le plus profond.

Le vaisseau aborde la côte tunisienne le 12. D'Arvieux a bien soin de faire comprendre au lecteur l'importance qu'il entend se donner vis-à-vis des Turcs: il a mis un fort bel habit; il a son épée au côté et sa canne à la main. Il est suivi de trois valets en livrée. Le «je» narratif exclut ici Dumoulin, pourtant «commandant» du bateau et chef nominal de mission. Vanité? Peut-être, mais surtout savoir-faire diplomatique: il faut non seulement faire bonne impression et se concilier les bonnes grâces des officiels, mais aussi leur montrer qu'ils n'ont pas affaire à n'importe qui. On assiste ici à un phénomène assez intéressant. D'Arvieux ne manque pas d'étaler ses capacités linguistiques en parlant arabe au douanier. Celui-ci lui répondant en turc, il adopte illico cette langue, ce qui lui vaut un traitement fort courtois: le douanier lui offre les rafraîchissements de rigueur: café, sorbet, tabac. La double image que projette d'Arvieux, d'une part celle d'un personnage officiel important, de l'autre celle d'un quasi-compatriote, est calculée pour provoquer la sympathie autant que le respect et inviter à la confidence, ce qu'il recherchait justement.

D'emblée, nous nous trouvons plongés au sein de la politique locale: le pacha de Tunis, Hamouda Mehmed Bey, avec qui le duc de Beaufort avait conclu le traité, était mort. Ses deux fils, Mourad Bey et Mehmed Bey el-Gafsi[10], avaient chassé, puis empoisonné le Dey Karagueuz (le régent nominal de Tunisie, représentant du sultan), l'accusant d'avoir été la cause

---

[9] *Ibid.*, p. 397.

[10] Ainsi surnommé parce que né à Gafsa, au centre de la Tunisie.

de la mort de leur père. D'après ce que lui dit le douanier, ils ne semblent guère portés à ratifier le traité. On verra par la suite que ce n'est pas le cas. Par cette très habile entrée en matière, d'Arvieux établit le scénario et fait anticiper au lecteur les problèmes et difficultés qu'il aura à résoudre et à surmonter pour mener à bien sa double mission: faire ratifier le traité et racheter les captifs chrétiens.

Les obstacles en question semblent venir surtout de Dumoulin. A la lecture, on jurerait qu'il n'a été nommé au poste d'Envoyé que pour faire échouer la mission. A Marseille, il a insisté pour faire fabriquer une chaise à porteurs constellée de fleurs de lys, qu'il compte offrir en cadeau personnel au Dey, en dépit des objections de d'Arvieux, qui essaie en vain de lui faire comprendre que non seulement les Orientaux considèrent comme dégradant que des hommes, même esclaves, servent de *mulets de litière*[11], mais qu'aucun officiel turc n'irait s'exhiber en public dans un véhicule ainsi décoré, de crainte de donner l'impression qu'il se considère comme vassal de la France.

Comme prévu, Hajji Mehemet, le nouveau Dey – qui par ailleurs est enchanté de savoir que d'Arvieux a appris le turc à Smyrne, sa ville natale, et le traite désormais de *hennechei*, c'est-à-dire de compatriote – refuse la chaise. D'Arvieux nous montre alors Dumoulin qui s'en sert pour aller faire son entrée officielle. Comme de juste, ce personnage, dont le ridicule dépasse de loin tout ce qu'aurait pu imaginer Molière pour M. Jourdain, s'attire moqueries et huées de la part d'une populace qui trouve grotesque cet appareil. Ni le Dey ni les membres du Divan ne comprennent un traître mot à la longue harangue en français de Dumoulin, laquelle d'Arvieux est obligé de traduire. Le seul résultat en est le suivant:

> Le Day et le Divan me remercièrent, & firent dire à M. Dumoulin qu'il pouvoit se reposer des fatigues de son voyage, qu'ils avoient sçu par moi ce que nous souhaitions, & que ce serait avec moi qu'ils traiteroient et termineroient les affaires pour lesquelles nous étions venus[12]

Les détails physiques et matériels de sa mission, qui commence effectivement le 20 juin, après les fêtes du Baïram (qui coïncident avec las Pentecôte), sont tout à fait fascinants. Mais il faut donner ici la primauté à l'observation psychologique et à l'étude des mœurs. Non seulement d'Arvieux offre une opposition diamétrale – et profondément intéressante – entre son propre caractère et celui de Dumoulin, mais il présente avec une

---

[11] L'expression est celle du texte. *Mémoires*, IIIe partie, Ch. XXIV, pp. 421-422.

[12] *Mémoires*, IIIe partie, p. 425.

sympathie non feinte celui des Turcs avec qui il a affaire: les deux fils du défunt pacha et le nouveau Dey, ainsi que d'autres personnages. Il mêle description physique et portrait moral, de façon à offrir aux lecteurs une «humanisation» aussi complète que possible de ces gens, à une époque où le grand public en France et en Europe perçoit les Turcs comme des monstres et l'Islam comme une religion du mal.

Nous apprenons ainsi la nature extrêmement scrupuleuse de Hamouda Mehmet Bey, le feu pacha de Tunis, dont l'attachement quasi-obsessif à la lettre de la loi religieuse est sans doute la véritable cause de son décès. Ses fils, Mourad Bey et Mehmed Bey el-Gafsi, font aussi l'objet de descriptions aussi minutieuses que complémentaires. Le premier, commandant les forces terrestres de la régence, est grand, brun, bien fait et beau. Son aversion pour la violence, son amour de la justice et son sens du devoir nous le rendent fort sympathique, encore que d'Arvieux le présente comme peut-être un peu trop sérieux. Plus petit, replet, blond aux yeux bleus, son frère, à la tête de la marine, est un bon vivant, un jouisseur qui tient table ouverte. Marié à la plus belle fille de Tunis, qu'il aime d'ailleurs, et envers qui il se montre d'une générosité et d'une sollicitude allant bien au-delà de l'extravagance, il préfère cependant ce que d'Arvieux nomme pudiquement une «volupté honteuse». Ses esclaves, qu'il a soin de choisir en fonction de leur perfection physique, sont si bien traités en toutes choses qu'ils ne prennent pas la peine de se racheter, même lorsqu'ils ont plus d'argent qu'il n'en faut pour cela, sachant qu'ils ne seront mieux nulle part ailleurs que chez lui. Ce qui est surtout intéressant, en l'occurrence, c'est l'absence de jugement moral. D'Arvieux passe légèrement sur les mœurs de Mehmet el-Gafsi, mettant surtout l'accent sur son sens de la qualité de la vie, dont il ne se contente pas de jouir égoïstement, mais qu'il partage largement avec quiconque vient à sa porte lui demander quoi que ce soit.

Nous nous trouvons donc devant une étude systématique de contrastes, qui n'est ni moins réussie ni moins artistique que celle que nous donne la Bruyère avec les personnages imaginaires de Giton et de Phédon dans les *Caractères*[13]. Le mérite des observations de d'Arvieux, c'est qu'elles portent, elles, sur de vrais individus et non des modèles abstraits, des gens qui ont bel et bien existé et qu'il a fréquentés. En même temps, on assiste à ces banquets somptueusement servis, où coulent à flots vins fins et liqueurs. Comment ne pas penser au contraste que lui-même forme avec Dumoulin et sa sottise tâtillonne, son étroitesse d'esprit, sa mesquinerie? D'Arvieux ne manque pas de les souligner à chaque fois qu'il le peut, et de montrer que c'est lui qui jouit de la confiance des fils du défunt pacha et du

---

[13] La Bruyère, Jean de. *Les Caractères, ou les mœurs de ce siècle*. VI: «Des biens de fortune, pp. 169-170.

Dey. En même temps, la présentation des fils de Hamouda Mehmet Bey semble fonctionner comme une sorte d'auto-promotion: tandis que se morfond à bord de leur navire ou dans la résidence consulaire le maladroit et obstructionniste Dumoulin, c'est lui, d'Arvieux, qui fréquente le «gratin» tunisois et traite d'égal à égal avec les plus puissantes personnalités de la régence.

Ses craintes initiales quant au traité se sont vite dissipées: quelles que puissent être leurs réticences personnelles, les fils de Hamouda Mehmet Bey ont à cœur d'honorer les dernières volontés de leur père, qui tenait par-dessus tout à cette ratification. La convivialité du chevalier y est aussi pour quelque chose, et même pour beaucoup, sans doute: prodigieux mangeur et buveur, il tient tête sans mal aux fils du pacha, passant jusqu'à douze heures d'affilée à table avec eux, ensemble ou séparément.

Il faut à ce propos souligner l'importance centrale de cette atmosphère rabelaisienne du banquet. L'article de Mary Hossain (*q.v.*) sur la nourriture et la boisson dans les mémoires fournit une nomenclature importante de la cuisine turque et arabe, comme de la laxité des officiels concernant le vin et les boissons fortes, ce qui éclate dans le récit de d'Arvieux. Soulignons ici le fait que non seulement toute négociation, mais aussi que tout contact entre d'Arvieux et les fils du pacha ou le Dey s'accompagne de nourriture et de boisson, les repas – toujours plantureux – s'achevant quelquefois en beuveries qui durent jusqu'au matin. D'Arvieux insiste sur ce phénomène non seulement pour souligner l'hospitalité orientale, mais aussi et surtout pour personnaliser autant que faire se peut les rapports, qui se pratiquent essentiellement dans un contexte de plaisir. On mange et boit en guise de préambule aux négociations; on recommence après, pour sceller le marché. La viande, le vin, le café, les liqueurs servent d'agent médiateur à toute communication, y compris le rachat d'esclaves chrétiens.

> Nous bûmes et nous mangeâmes à l'ordinaire. Le Beig, après avoir bu, commença à chanter; nous en fîmes autant, et franchement, j'avois lieu de chanter, car je venois de remporter une victoire à laquelle je ne devois guere m'attendre[14].

Il se réfère au rachat d'un esclave noble: Gabriel de Bayaux de Colombière de Gipsy. Le problème que pose le rachat de ce gentilhomme est complexe et donne un aperçu des obstacles que rencontraient ceux dont la mission était de racheter les captifs chrétiens. Le chevalier de Colombière est membre de l'Ordre de Malte, ce qui le rend inéligible pour le rachat par les agents du roi, vu que l'Ordre est souverain. Avec un mélange de ruse, de sincérité, de convivialité, de bonhomie, et grâce au

---

[14] *Mémoires*, III<sup>e</sup> partie, Ch. 24, pp. 474-475.

témoignage inespéré de deux autres captifs chrétiens, d'Arvieux réussit à persuader le Dey que le chevalier de Colombière n'est plus membre de l'Ordre de Malte, mais qu'il en a été radié pour avoir tiré l'épée contre un autre chevalier et l'avoir blessé, ce qui fait de lui un simple sujet de Louis XIV, valant comme les autres le prix normal, au lieu des deux mille six cents piastres réclamées.

Le rachat des esclaves chrétiens fait l'objet d'une narration – et d'une comptabilité – extrêmement détaillées, qu'il serait fastidieux de rapporter en détail. Voici cette opération dans ses grandes lignes: les chrétiens s'échangent à parité contre les Turcs détenus par les Français. D'Arvieux ramène avec lui six janissaires, qu'il troquera sans mal. Mais pour les nombreux Français et Provençaux surnuméraires, le prix fixé par le Dey est de 175 piastres par esclave, ce qui donne lieu à une comptabilité assez complexe. Le Dey fait preuve d'une remarquable intégrité dans ses tractations avec d'Arvieux, prenant fait et cause pour lui contre ses propres coreligionnaires, lorsque ces derniers se montrent réticents à honorer les accords conclus. L'attitude de d'Arvieux par rapport à cette question du rachat, l'un des deux buts primordiaux de son voyage à Tunis, est elle aussi intéressante. D'une part, il résiste fortement aux pressions que lui fait subir Dumoulin à propos de la libération prioritaire du chevalier de Colombière, arguant qu'il faut commencer par racheter un maximum de matelots pour fournir le service de la marine royale[15]. De l'autre, il déploie des trésors de diplomatie pour persuader le Dey de lui laisser racheter Colombière au taux ordinaire, une fois l'autre problème réglé. Il se dégage du récit que ses rapports avec les officiels de la régence de Tunis, malgré leur délicatesse, sont bien plus faciles et infiniment plus cordiaux que ceux qu'il entretient avec Dumoulin, qui se comporte plus en adversaire – sinon en ennemi – qu'en compatriote. La sotte obstination de ce dernier, son ignorance totale et son mépris tout aussi profond des mœurs et des coutumes des Turcs de Tunis, son instinct quasi-infaillible pour offenser, tous ces fâcheux traits de caractère pourraient à eux seuls faire l'objet d'une étude substantielle. Il suffit que d'Arvieux les présente avec assez de détail pour que les lecteurs se demandent par quel miracle il a pu mener à bien sa mission avec un pareil trublion..

La neutralité morale qu'on rencontre chez d'Arvieux à propos des mœurs de Mehmet el-Gafsi se retrouve dans ses réflexions et ses observations concernant le statut des esclaves à Tunis. A aucun moment il ne livre le fond de sa pensée concernant ces pratiques, se bornant à rapporter ce qu'il voit sans vrai commentaire personnel. Tous les esclaves ne réagissent pas de la même façon à leur condition. Certains ne vivent que dans

---

[15] *Mémoires*, IIIᵉ partie, ch. 24, pp. 432-433.

l'espoir de revoir un jour leur famille et leur patrie. Par exemple, lorsque Dumoulin, piqué au vif par le dédain des pachas et par l'humiliation essuyée devant d'Arvieux, décide de rentrer en France en emportant l'argent destiné au rachat des captifs, on assiste à de poignantes scènes de désespoir:

> Cependant une troupe d'esclaves français qui avaient cru leur liberté assurée et qui la croyaient bien éloignée par ce départ criaient comme des désespérés. Les uns se battaient la tête contre la muraille, les autres se voulaient enfoncer leurs couteaux dans la poitrine: jamais je n'ai vu le désespoir plus marqué. [...] J'avais beau leur dire que je ne les abandonnerais pas, ils me répliquaient en pleurant: «Il emporte tout l'argent, que pouvez-vous faire?[16]»

D'autres fois, il constate que les esclaves ne sont pas pressés de se faire libérer ou racheter. Beaucoup de maîtres soignent bien leurs esclaves afin de ménager un capital coûteux. Non sans cynisme, d'Arvieux commente: «Qui est le maquignon qui met les chevaux qu'il veut vendre sur les dents et sur la litière à force de les faire travailler et de les faire jeûner?[17]»

Ses observations détaillées sur les esclaves démontrent un savoir de première main. Il démystifie la notion que les esclaves chrétiens sont forcés sous la torture à se faire musulmans. Si on l'en croit, c'est par des prières et des exhortations qu'on cherche à les convertir. Ceux qui demeurent insensibles à ces arguments peuvent être persuadés par d'autres moyens: argent et/ou luxure. Nombre de veuves qui possèdent un esclave chrétien lui offrent souvent de l'épouser et de lui donner leurs biens s'il se convertit. D'Arvieux n'offre pas beaucoup de détails sur ce point-là, mais il est raisonnable de penser que, pourvu que la dame conserve quelque charme, un captif chrétien dans la force de l'âge ne verrait pas d'objection à renier sa religion dans l'espoir de jouir à la fois de la liberté, des plaisirs conjugaux et du bien-être matériel. D'ailleurs le nombre de «renégats» qu'on trouve au fil des pages des mémoires et dont beaucoup occupent des postes importants et participent aux négociations montre bien qu'il n'est pas bien nécessaire de recourir aux sévices pour obtenir des conversions. L'ouvrage de Bartolomé Benassar, *Les Chrétiens d'Allah* (q.v.), donne en annexe une liste impressionnante de Français passés à l'Islam entre 1560 et 1678 (d'après des sources inquisitoriales). Malheureusement, ces sources ne peuvent mentionner que ceux qui sont revenus et de toute façon la période qui correspond aux activités de d'Arvieux est celle qui compte le plus petit nombre de renégats. Mentionnons enfin que le défunt Pacha de

---

[16] *Mémoires*, IIIe partie, Ch. 24, p. 436.

[17] *Ibid.*, p. 459.

Tunis, père de Murad Bey et de Mehmed Bey el-Gafsi était lui-même fils d'un renégat corse. Un détail intéressant, cependant, c'est que l'esclavage ne semble pas relié directement à la religion. Les esclaves chrétiens renégats n'en sont pas pour autant affranchis *ipso facto*, mais doivent se racheter selon les normes en vigueur, ce rachat n'étant pas d'ailleurs obligatoire vis-à-vis du maître. D'Arvieux cite le cas de l'amiral d'Alger, commandant une flotte et jouissant d'une autorité toutes deux considérables, légalement esclave et dont le maître ne voulut jamais l'affranchir.

Et, d'autre part, beaucoup d'esclaves rachetés et prêts à être rapatriés conservent, semble-t-il, d'excellentes relations avec leurs anciens maîtres, témoin cette observation:

> Mais ce que j'ai vu à Tunis m'a convaincu que ces peuples[18] sont humains: car j'ai été témoin que quand nos esclaves étoient sur les bâtiments en attendant le temps propre à mettre à la voile, il ne se passoit point de jour qu'ils ne leur envoyassent des bateaux chargés de pain, de vin, de viande, de poules et de fruits. Ils leur envoyèrent des hardes, et quand ces esclaves venoient à terre et qu'ils alloient voir leurs patrons il n'y avoit sorte de bonne chère qu'ils ne leur fissent. Il y en eut même qui me prièrent de trouver bon qu'ils demeurassent chez leurs patrons jusqu'au jour de l'embarquement [...]. Leurs patrons les faisoient manger avec eux, leur donnoient du tabac, et les regardoient comme leurs enfants. Ils les embrassoient en les quittant, et les assuroient que, quand leurs affaires ou leur malheur les conduiroient une autre fois dans le pays, ils pouvoient venir librement chez eux et qu'ils y seroient bien reçus[19].

Il n'auroit sûrement pas parlé de la sorte s'il ne s'était agi que d'un ou deux incidents isolés. Guy Turbet-Delof confirme, au moins en partie, ce qu'affirme d'Arvieux. Il fournit d'autres détails sur les captifs en Algérie et au Maroc, qui vont eux aussi dans cette direction et montrent que ces pratiques sont bien établies, et depuis longtemps:

> Les esclaves chrétiens de Fez, du temps de Léon[20], chômaient tous les vendredis après-midi et bénéficiaient d'un congé payé de huit jours par an. A Alger, pour l'Aïd es-Seghir, ils avaient trois jours de vacances, durant lesquels ils jouissaient de libertés particulières [...].

---

[18] Les musulmans en général et les Turcs en particulier.

[19] *Ibid.*, pp. 459-460.

[20] Léon l'Africain. Jean-Léon de Médicis, ou à l'origine: Al Hassan ibn Muhammad al Wazzan az Zayyati al Fasi (né à Grenade v.1485-90?, mort probablement à Tunis après1554). Voyageur arabe, fils adoptif du pape Léon X.

A Meknès, sous Moulay Ismaïl, les captives mariées étaient dis-
pensées de travail, ainsi que leurs époux[21].

La mission de d'Arvieux tire à sa fin. Il est temps de se reposer et de se
divertir avant de reprendre la mer. Il insère à ce point-là de son récit des
histoires intercalaires, qui présentent en détail les personnages à qui il a eu
affaire. Nous avons parlé brièvement des fils de Hamouda Bey et du Dey
Karagueuz, mais la plus intéressante de ces histoires, et sur laquelle il nous
faut passer rapidement, faute de place, est celle de Mehmed Cheleby, dit
don Philippe. Renégat «à l'envers», il s'est converti au christianisme, non
pour avoir été pris par des corsaires chrétiens, mais par amour de l'Europe
et crainte de son père, secrétaire du Divan devenu Dey avant Karagueuz. Il
est pourtant revenu à Tunis en dépit des dangers entraînés par sa conversion et a repris, au moins en apparence, un style de vie islamique. Il a
même fait le pèlerinage de La Mecque, mais conserve une grande affinité
pour la culture européenne. Son histoire occupe dans les mémoires le
chapitre XXVI de la troisième partie[22].

Diplomate consciencieux, d'Arvieux attend la fin de ses négociations
pour parler de la ville de Tunis. Il nous laisse l'impression d'un lieu plutôt
agréable, encore qu'il trouve qu'il y fait chaud. Comme de juste, il fera
bonne place aux *bagnes* où vivent les esclaves qui n'habitent pas chez leurs
maîtres. De sa description des lieux et des règlements qui régissent leur vie,
il ressort que leurs relations avec leurs maîtres, tout en étant bien moins
douces que celles de ceux qui vivent en maison, sont surtout commerciales.
Il mentionnera en passant que bon nombre d'entre eux vivent à leur
fantaisie et font ce qu'ils veulent, tant qu'ils paient une redevance à leurs
maîtres. Le danger principal qu'ils encourent est monétaire: un captif ne
doit sous aucun prétexte révéler l'état de richesse de sa famille, de peur de
se voir frappé d'une rançon exorbitante.

Nous avons droit à une série de vignettes colorées et tracées d'une
plume alerte, mais sans vraie connexion les unes avec les autres, sur les
maisons des gens ordinaires, celles des notables, les palais, les mosquées,
les forteresses, les fondiques et même les cimetières, où se pratique une
ségrégation religieuse entre musulmans et juifs, à cause, dit d'Arvieux
pince-sans-rire, «de la conséquence et de la difficulté qui se trouveraient à
la Résurrection générale, si les gens de religions différentes trouvaient leurs
corps confondus dans un même lieu[23].» Le cimetière des chrétiens n'est pas

---

[21] *Op. cit.*, p. 118.

[22] Pages 62 à 68 de l'édition Kimé (*q.v.*)

[23] *Mémoires*, IV^e partie. Ch. 1, p. 19.

mieux loti, vu que les Espagnols manifestent leur catholicisme en sac-
cageant la chapelle, ne pouvant souffrir qu'on enterre là aussi des Anglais
et des Hollandais, suppôts de l'hérésie calviniste[24].

Les Arabes, qu'il a vus aux environs de la ville et autour de l'étang de
La Goulette, sont bien plus pauvres que les Turcs et même ceux qu'il a
connus en Syrie et au Liban, mais il ne leur en reconnaît pas moins une
profonde dignité et un sens tout à fait civilisé de l'hospitalité, en dépit de
leur dénuement.

Le gouvernement de la république (c'est ainsi qu'il la nomme) fait
l'objet d'une description très précise: c'est une organisation essentiellement
militaire, où le Dey est le personnage le plus puissant. Les autorités
religieuses ont aussi la juridiction des affaires civiles, alors que la justice
pénale relève du Dey.

Une dernière manifestation du zèle imbécile de Dumoulin manque de
mettre par terre tout le travail de d'Arvieux. En janvier 1666, Louis XIV
avait décidé d'honorer son alliance avec la Hollande en déclarant la guerre
à l'Angleterre, qui se battait contre les Hollandais depuis le 14 mars de
l'année précédente. Prétextant de l'état de guerre, Dumoulin décide de
prendre d'assaut un vaisseau anglais mouillé dans le port de Tunis. D'Arvieux est atterré devant cette agression en territoire neutre, qui risque non
seulement de rompre le traité de paix qu'il s'est donné bien de la peine à
faire ratifier, mais aussi de faire massacrer toute la colonie française. Il est
tout près de passer son épée à travers le corps de Dumoulin, mais les choses
s'arrangent tant bien que mal, le vaisseau est rendu à son capitaine et tout
rentre dans l'ordre, au moins provisoirement. Le départ de Tunis se fera le
15 août, l'arrivée à Marseille le 27, à cause à la fois de vents contraires et
de l'obstination de Dumoulin, qui insiste pour aller d'abord à Malte se faire
recevoir chevalier, en dépit de son manque de qualifications.

La deuxième aventure nord-africaine de d'Arvieux sera son consulat à
Alger, qui dure moins d'un an, d'août 1674 à mai 1675. Période fort dés-
agréable, car ni les humiliations ni la malveillance ne lui sont épargnées,
tant de la part des officiels algériens que de ses rivaux français. Nous
réservons le détail de cette mission à un futur travail.

Que pouvons-nous dire, en conclusion, sur un aussi prodigieux
observateur, sinon reconnaître notre impuissance à lui rendre vraiment
justice en ces quelques pages? Il nous a fallu laisser de côté un grand
nombre de détails tout aussi fascinants que ceux que nous avons tenté de
rapporter ici. Même si l'on fait abstraction de l'apport présumé du P. Labat,
la somme de ce qu'il nous a laissé dans ses mémoires défie la mise en
catégories. Nous avions parlé, il y a deux ans, à Monopoli, du formidable

---

[24] *Ibid.*

appétit de voir et de savoir qu'il déploie. Mais ici, nous nous trouvons face à face avec quelque chose d'autre. Plus que le séjour à Smyrne et dans le Levant, en 1666 ses actes, ses paroles engagent le devenir d'une nation. C'est notre attention – et notre admiration – qu'ils engagent aujourd'hui.

## Bibliographie

Arvieux, Laurent d'. *Mémoires du chevalier d'Arvieux.* Labat, Jean-Baptiste, O.P., (éd.). Paris, Charles Jean-Baptiste Delespine, 1735.

Benassar, Bartholomé et Lucile. *Les Chrétiens d'Allah: l'histoire extraordinaire des renégats – XVI^e^-XVII^e^ siècles.* Paris, Perrin, 1989.

Bono, Salvatore. *I Corsari barbareschi.* Torino, Edizioni RAI Radiotelevisone Italiana, 1964.

Favières, Jacques de Maussion de (éd.). *Mémoires du chevalier d'Arvieux: le voyage du chevalier d'Arvieux à Tunis.* Préface de Pierre Gorce. Paris, Editions Kimé, 1994.

Goutalier, Régine. *Le Chevalier d'Arvieux: Laurent le Magnifique, un humaniste de belle humeur.* Paris, L'Harmattan, 1997.

Hossain, Mary. «A Frank in the Ottoman Empire: The case of the Chevalier d'Arvieux.» In *Exiles and Migrants: Crossing Thresholds in European Culture and Society.* Coulson, Anthony (éd.).

_____. «Culinary Cooperation: Food and Drink in the *Mémoires* of the Chevalier d'Arvieux.» *Dalhousie French Studies.* 1986 Fall-Winter: 53-70.

Julien, Charles-André. *Histoire de l'Afrique du Nord: Tunisie–Algérie–Maroc.* Paris, Payot, 1931.

La Bruyère, Jean de. *Les Caractères, ou les mœurs de ce siècle.* Paris, Bokking International (Classiques français), 1993.

Lewis, W. H. *Levantine adventurer: theTravels and Missions of the Chevalier d'Arvieux, 1653-1697.* London, Andre Deutsch Ltd., 1962.

Sebag, Paul. «La Négociation de Laurent d'Arvieux (12 juin-15 août 1666)» *IBLA: Institut des Belles-Lettres arabes* 147-148, N°. 1, 2 (1981): 71-94; 253-286.

Turbet-Delof, Guy. *L'Afrique barbaresque dans la littérature française aux XVI^e^ et XVII^e^ siècles.* Genève, Droz, 1973.

_____. *La Presse périodique et l'Afrique barbaresque dans la littérature française aux XVI^e^ et XVII^e^ siècles.* Genève, Droz, 1973.

# Alger au XVII<sup>e</sup> siècle: le regard d'un captif porteur d'eau (Le sieur de Rocqueville)[1]

par

FATIHA LOUALICH

## Présentation de la recherche

Nous proposons pour cette étude un texte peu connu; bien qu'il s'inscrive dans le cadre de la littérature de l'époque, il se distingue des différents récits de voyages qui se sont consacrés à la description des bagnes d'Alger, lieu redoutable pour les captifs, au marché des esclaves, le «badistan», lieu de négociation de leurs ventes et de leurs rachats. Tous ces sujets ont fait l'objet de plusieurs relations, comme celle de Aranda fait captif à Alger en 1641.[2] Il ne s'inscrit pas dans le discours des Pères de la rédemption qui y ont séjourné durant cette période.[3] Certains d'entre eux, ayant été à la fois captifs et rédempteurs,[4] leurs relations réservaient un intérêt particulier à la religion, thème abordé par la plupart des narrateurs qui ne font que réitérer un panorama mental préétabli fait autant d'ignorance que de préjugés.[5] Dans le discours des récits des différents voyageurs et missionnaires, cette littérature importante décrit terres et paysages à travers un regard plein de contrastes: pittoresque et cruauté.

Loin du discours ecclésiastique et de la littérature orientaliste, nous aborderons un texte qui offre un regard particulier sur une ville alors

---

[1] Rocqueville Le Sieur De, *Relation des Mœurs et du Gouvernement des Turcs d'Alger*, Paris, chez Olivier de Varennes, au palais dans la salle royale au vase d'or, 1675, 112 p.

[2] Aranda Emmanuel Sieur de, *Relation de la captivité*, Paris, 1657.

[3] Dan (P), *Histoire de Barbarie et de ses corsaires des royaumes et des villes d'Alger, de Tunis, de Salé et de Tripoli*, Paris, 1637.

[4] Brahimi Denise, *Opinions et regards des Européens sur le Maghreb aux XVII<sup>e</sup> et XVIII<sup>e</sup> siècles*, Alger, Sned, 1978, p. 9.

[5] Magali Morsy, *La relation de Thomas Pellow, une lecture du Maroc au XVIII<sup>e</sup> siècle*, Paris, Edition Recherche sur les Civilisations, 1983, p. 10.

prospère, il s'agit de la *Relation des Mœurs et du Gouvernement des Turcs d'Alger* narrée par Le Sieur de Rocqueville, emmené à Alger en 1674 tout d'abord comme captif, puis comme esclave, investi d'une nouvelle fonction: «transporteur d'eau»dans les rues de la cité. L'auteur absorbé par son métier informe sur le vécu d' Alger au XVII$^e$ siècle. Ce médiateur nous permet de parcourir les rues de la ville, de nous introduire dans les maisons, de dévoiler des détails sur la vie privée de ses clients . Le contact fréquent qu'il établit avec les habitants nous permet de découvrir certains aspects de leur vie intime, surtout celle des femmes, car elles considèrent que le regard d'un esclave a peu d'importance:

> Quand elle arrive du bain, elle se déshabille toute nue et prend une autre chemise que lui donne l'esclave. Car les femmes de ce pays disent que les chrétiens ne voient pas. .[6]

Ce guide itinérant nous fait suivre des conversations et nous invite à l'accompagner dans ses déplacements: rues, fontaines, portes des bains, campagne etc.

Par ce choix, nous avons opté pour une autre approche, un autre regard où l'auteur est beaucoup plus un accompagnateur qui nous aide à visiter son lieu de séjour, à suivre son parcours professionnel, tout en nous informant rarement sur sa biographie.

Le texte choisi s'intéresse rarement au pays, à la politique du gouvernement d'Alger, et aux guerres ou à la course qui était comme nous le savons la source essentielle de son enrichissement; il relève du particulier, il décrit le quotidien et l'ordinaire. Loin des opinions et des regards, il dévoile un aspect spécifique d'Alger au XVII$^e$ siècle.

## Introduction à un récit

L'auteur introduit son récit par une dédicace qui sert de repère nous permettant de le situer socialement; ainsi se présentant comme neveu d'un comte et d'un conseiller du roi, nous concluons qu'il appartient à la noblesse française.

> A Madame Rouillé.

> Femme de Monsieur Rouillé Comte de Meslé, Conseiller du Roi en tous ses conseils, maître des requêtes ordinaire, et intendant de justice pour sa majesté en Provence. Madame, comme on ce fait un plaisir du souvenir des maux passez, et que naturellement on a aimé l'intention

---

[6] Rocqueville Le Sieur De, *op. cit.*, p. 87.

de ceux qui parlent de leurs voyages. J'ai cru que je n'aurais pas
mauvaise grâce de vous présenter aujourd'hui une histoire dont le récit
ne vous a pas autre fois déplu; je veux parler, madame, de mon
esclavage à Alger et des mœurs de ce pays lâ. Recevez s'il vous plait
ce faible présent cavalier, qui ne sait comment s'acquitter des grandes
obligations, dont il est redevable à votre maison. J'ai eu l'avantage des
l'age de sept ans d'être élevé par les soins de feu monsieur votre père,
de qui j'avais l'honneur d'être neveu l'avoué enfant qu'il m'épargna
rien pour mon éducation, qu'il ne tint pas à lui que je ne fasse un
grand homme de lettres; et aussi capable de vous offrir un plus bel
ouvrage, mais mon étoile en a disposé autrement. Enfin, madame, j'ai
été né pour être esclave et non docteur. Il y a beaucoup de français qui
sont passés par lâ, véritablement cette condition est une école ou l'on
apprend à bien vivre. Mais grâce au ciel il ne me reste de ma servitude
que le souvenir *etc*.[7]

Il enchaîne par un Avertissement au lecteur. Cette précision même, fait
la particularité du texte. Ainsi il écrit:

Je ne parle point ici sur la foi d'autrui, je n'ai que peu de chose qui
font la matière de cette relation. J'ai été pendant neuf mois esclave
dans la ville d'Alger, et j'y étais même un misérable porteur d'eau,
dont l'emploi donne librement l'entrée par tout. [8]

L'auteur exerce un métier qui nécessite une certaine mobilité qui
l'amène à observer, constater et s'informer. Cette présence permanente et
ce regard constant lui donnent le privilège d'être un témoin pertinent:

D'ailleurs ma condition m'élevait l'esprit au-dessus du reste des
esclaves, et me faisait regarder curieusement tout ce qu'il y avait à
voir, et quelques fois fainéant, je me délaissais sur mes barils, j'étais
le témoin de ce qui se passait de plus particulier chez les grands
seigneurs.[9]

Son maître le revêt de l'habit propre à sa profession, signe distinctif de
sa condition dans la ville d'Alger[10] et le dote d'un baril. Le voilà parcourant les rues d'Alger, passant son temps entre les fontaines et les maisons, criant dans les rues afin d'écouler sa marchandise...Les fontaines
étant lieux des rencontres et de croisements avec d'autres esclaves, ces der-

---

[7] Rocqueville Sieur De, *op. cit., Dédicace.*

[8] Rocqueville Sieur De, *op. cit.*, Introduction.

[9] *Idem.*

[10] *Ibid.*, p. 34, «celui qui m'avait acheté, m'emmena chez lui, après quelques jours
il me donna un habit de toile d'une vieille voile de navire.»

niers découvrent le nouveau venu et une solidarité de corps prend forme, ils
l'aident à se familiariser avec son nouveau cadre, à maîtriser le terrain; ils
lui enseignent les techniques du métier, les secrets de la capitale et même
quelques mots de l'arabe et de la *lingua franca* afin de lui faciliter le
contact avec la ville et ses habitants. Ils lui enseignent aussi les astuces
pour exercer son métier dans les rues qui sont extrêmement étroites, ce qui
rend sa tache bien difficile. A part la rue principale liant la porte de Bâb al
Oued à celle de Bâb Azûn, plus large par sa fonction commerciale et
économique, déambuler dans ce labyrinthe est bien pénible.[11]

Dans les ruelles, afin que l'on vous fasse place, il faut crier de loin
«beluque», qui veut dire prenez garde. Il fallait chaque jour porter plus de
cent barils, tant pour payer sa journée que pour pouvoir vivre. C'est ainsi
que l'auteur découvre des faits et des personnes qui sont en relation avec
son métier.

### Contenu du récit

Le cadre spatial du porteur d'eau est essentiellement composé des rues
qu'il sillonne, des fontaines, des maisons[12] qu'il fournit régulièrement, des
bains ou Hammam . De ce fait, il entre en relation avec ses habitants par le
biais de ses services et de sa présence permanente sur les lieux: la rue l'aide
à établir des contacts avec sa clientèle. Grâce à son itinéraire, il décrit la
ville, son site, ses portes dont la principale est celle de la marine qui offre
une ouverture sur le port et l'extérieur. C'est par elle qu'on accueille les
corsaires et les fortunes qu'ils rapportent, leur arrivée représente des moments forts vécus par la population qui participe très activement à ces retrouvailles fort attendues. L'importance de cet événement est relaté par
plusieurs autres récits et mémoires: le Chevalier d'Arvieux, par exemple,
qui a séjourné à Alger en 1675, décrit le retour des vaisseaux corsaires, et
ce qu'ils représentent dans la vie d'Alger.[13]

Après la description de la ville, Rocqueville nous présente les mœurs de
ses habitants, il nous informe sur ce qu'ils consomment, sur leurs jeux, sur
le rituel de la prière et sur le Ramadan: comment ils jeûnent, les différents
repas, comment ils organisent leurs journées et leurs nuits. Il nous

---

[11] Haedo Fray Diego De, «Topographie et histoire générale d'Alger», traduit de
l'Espagnole par: Berbrugger (A), et Monnereau (D), in *Revue Africaine*, T 14, Alger,
1870, p. 431.

[12] Rocqueville, *op. cit.*, p. 38.

[13] Brahimi Denise, *op. cit.*, p. 82.

renseigne sur des habitudes dont la grande partie est en relation avec le métier qu'il exerce.

En premier, il parle des mariages et de la beauté des femmes, de la propreté des maisons et de la fréquentation des bains fort nombreux et fonctionnant selon un horaire bien établi: la matinée est réservée aux hommes et l'après midi aux femmes[14]qui sont plus nombreuses à fréquenter les lieux.[15] Certaines maisons sont généralement munies de bain, cependant d'autres n'en ont pas, ce qui amène la gente féminine à se rendre deux fois par semaine aux bains publics.[16] Elles sont accompagnées d'une ou de plusieurs esclaves portant le linge propre que leurs maîtresses doivent revêtir après le hammam. Elles se lavent avec du savon et une terre de Fez pour blanchir et adoucir leurs corps qu'elles parfument avec des eaux de senteur, dont elles font une grande consommation;[17] ces eaux sont composées d'infusions de roses, de sauge, de romarin et de fleurs d'orangers.[18]

Au XVIIᵉ siècle, Alger comptait, en effet, de nombreux bains. Ils étaient au nombre de 34[19], chaque quartier ayant le sien. Notre auteur avoue qu'ils faisaient les délices des femmes. Il en parle en connaissance de cause car il y accompagne souvent sa patronne, porte le linge propre dans une petite cuve d'étain jusqu'à la porte et la remet à une servante noire puis il récupère le linge sale qu'il ramène à la maison. Généralement, après le bain, les femmes se parent de leurs plus beaux atours: en dehors de ses bienfaits pour le corps, la fréquentation du hammam est aussi un moyen pour ces dames de montrer leur appartenance sociale .C'est un lieu ostentatoire qui permet de confirmer distinction et condition . L'auteur constate d'ailleurs que les Turcs dépensent plus pour leurs toilettes que pour leur nourriture.

Rocqueville parle aussi des habitations très propres qu'on lave chaque semaine avec beaucoup d'eau et qu'on blanchit trois ou quatre fois par an, pour lutter contre les maladies et les épidémies. Cette remarque a été faite

---

[14] Rocqueville, *op. cit.*, p 88.

[15] Diaz Diego, *Relacion verda*, Madrid, Biblioteca Nacional, Naniscrutos raros, 15 mars 1639, p. 412.

[16] Haedo Diego De, *op. cit.*, n° 15, 1871, p. 203.

[17] Extraire les essences des fleurs et des roses, ainsi que celles de certaines plantes aromatisées est une activité courante pratiquée par les femmes d'Alger. Toutes les maisons possèdent les ustensiles de ce procédé artisanal.

[18] Heado Diego De, *op. cit.*, Revue Africaine, n° 15, 1871, p. 203.

[19] A N Alger, fonds ottoman, Registres de *Baït al. Mâl* (trésor public) et du *Beylik* (du domaine), ces registres dressent un recensement des différents immeubles et biens qui existent dans les quartiers d'Alger. Parmi ces biens nous avons recensé les bains.

elle aussi par plusieurs auteurs qui ont séjourné à Alger durant le XVII<sup>e</sup>
siècle.[20]

Il décrit les nombreuses maisons de campagne qui se trouvent dans la
banlieue d'Alger, toutes entourées de jardins et de vergers. Car il n'est
guère d'habitant, quelque peu aisé qu'il soit, qui n'ait bâti son propre logis
dont la blancheur tranche sur le paysage verdoyant, ce qui donne à cette
campagne l'aspect du littoral de Gênes.[21] Ces résidences secondaires restent des lieux de détente et de convivialité, car les Algérois se rendent à la
campagne en groupe pour faire «sauffre» des festins ensemble. Lors de ces
déplacements, ils sont accompagnés par leurs esclaves . Suivant son maître,
notre porteur d'eau est bien entendu de la partie. C'est pourquoi, il dépeint
les lieux avec précision: il constate, comme la plupart des voyageurs et
visiteurs, qu'hors des portes d'Alger, il y a des puits et des fontaines vives
d'eau douce et fraîche. Au milieu d'une exubérante floraison, ces points
d'eau apparaissent aménagées sur les côtés des jardins.[22] La banlieue de la
ville est noyée dans des espaces verts offrant une vue agréable grâce aux
nombreuses vignes et aux différents arbres qui en-tourent la cité.[23]

La description de la caravane allant à la Mecque est une occasion pour
le narrateur pour citer les différents éléments qui composent le cortège, les
préparatifs qui l'accompagnent, ainsi que les pèlerins. Il se renseigne auprès d'un renégat qui a accompli le pèlerinage, pour comprendre les différentes étapes du voyage, ainsi que les plus importants points de repères
dans cet itinéraire [24], comme par exemple le regroupement des pèlerins à
Damas. Il s'informe aussi sur plusieurs détails dont le plus important à ses
yeux est la présence, en cours de route des fontaines qui permettent de
désaltérer et abreuver les animaux.[25]

---

[20] Boyer Pierre, «Continuation des mémoires des voyages du feu Père Hérault en
Barbarie pour la rédemption qu'il a inscrit luy mesme estant à Alger l'an 1645 ainsi que
s'en suit», in *Revue de l' Occident .Musulman et de la Méditerranée*, n° 19, 1975, (pp
29-74), p. 64.

[21] Haedo Diego De, «Topographie et histoire d'Alger», in *Revue Africaine*, n° 15,
1871, p. 463.

[22] Khodja Ali, «La maison de campagne des environs d'Alger», in *Cahiers des Arts
et Techniques d'Afrique du Nord*, 1960-1961, n° 6, Paris, (pp. 73-81), p. 79.

[23] Marçais Georges, «Les jardins de l'islam», in *Mélanges d'histoire et d'archéo-
logie de l'occident Musulman*, Alger, Imp officielle du G. G. de l'Algérie, 1957, p. 214.

[24] Rocqueville, *op. cit.*, p. 58.

[25] *Idem*, p. 60.

Dans sa description de la ville d'Alger et des mœurs de ses habitants, l'eau est toujours présente, elle est dans les «bardaques»[26] car les Turcs boivent de l'eau ou bien des sorbets, (mélange d'eau et de sucre), quand ils fument ou ils mangent.

Il retrace le cheminement de l'eau, sa consommation, ses usages, sa circulation dans la ville d'Alger; les repères liés à l'eau ponctuent en effet son itinéraire, les fontaines restant les lieux privilégiés de son parcours journalier. L'intérêt que porte la population à l'eau, ses usages divers et variés, sa présence dans le quotidien, ces différents aspects nous familiarise avec cet élément de vie sacré.

Les habitants de la cité s'intéressaient à la provenance de l'eau et à la construction des fontaines. Des inscriptions célèbrent les auteurs de ces œuvres. On y lit des souhaits de ce genre:

> que celui qui, avec l'aide de la vérité, a fait couler cette eau reçoive pour chaque goutte cent mille récompenses.[27]

Ces précisions rapportées par Rocqueville, correspondent tout à fait aux témoignages historiques concernant cet élément architectural familier dans la ville d'Alger.

Il existait alors une sorte d'administration des eaux dirigée par un «khûdja al- a'yun» ou chef des fontaines. Il s'occupait de faciliter le service régulier des eaux[28] et gérait les nombreux immeubles que les particuliers avaient constitués en habous au profit des fontaines et des aqueducs. Toute une institution était au service de ce secteur, elle travaillait directement sous le contrôle d'un chef «amin al a'yun».Quelques fois, il partage la tâche avec certains Oukils, le tout dépendant directement du cheikh al baled. Les Mu'alim ou Maîtres-artisans des fontaines et des conduites d'eau touchaient un salaire, les registres de l'administration «registres du beylik» réservent un chapitre à part, dans lequel ils incluent les dépenses pour la réparation des conduites, l'entretien des fontaines, les redevances des maçons qui sont de manière permanente au service de ce secteur, ainsi que les salaires des fonctionnaires appartenant à cette institution.[29]

---

26. *Ibid.*, p. 76, le mot Bardaques est un terme Turc qui signifie le verre.

27 Marçais Georges, *L'architecture Musulmane d'Occident*. Tunisie, Algérie, Maroc, Espagne, Sicile, Paris, 1954, p. 448.

28 Busson De Jonssons Gérard, *Contribution à l'étude des biens habous publics Algérien*, Thèse, décembre 1950, Faculté de Droit, Alger, p. 37.

29 Archives Nationales Alger, Fonds ottoman, série les registres du Beylik (du domaine), Boite 70, Registre n°154 – 70, les années: 1667-1678.

L'eau avait déjà une valeur inestimable chez les populations des zones chaudes, et en terre d'islam, l'usage fréquent des ablutions en fait l'élément purificateur par excellence; c'est par elle que l'on peut se remettre à tout instant en état de grâce. Les idées de charité et de solidarité sont à l'origine de la théorie du régime des eaux en droit musulman. Tout un chapitre y est consacré à l'eau et à son usage; il est donc particulièrement méritoire de faciliter au passant ou au voyageur l'accomplissement des ablutions en multipliant des fontaines à l'intérieur de la ville ou sur le parcours des caravanes.

## Conclusion

Le récit du Sieur de Rocqueville se veut un témoignage édifiant et vivant sur le mode de vie des algérois au XVII^e siècle et sur l'organisation urbaine de la ville d'Alger. Il ressort du récit de Rocqueville l'importance accordée dans la société orientale à l'élément et à ses institutions. De par son statut d'esclave, «porteur d'eau» plus précisément, le narrateur a pu nous restituer, vu de l'intérieur, l'univers, demeuré jusque-là peu accessible à l'étranger, de la hiérarchie sociale algéroise. Dans ce récit où le narrateur cache difficilement son étonnement face à certaines pratiques sociales étrangères à ses us, à aucun moment ne transparaît dans ses propos un quelconque parti pris péjoratif ou dévalorisant. Ce qui confère à l'ensemble le statut d'un authentique document auquel les historiens du XVII^e siècle peuvent s'adosser éventuellement pour étudier en partie les us et coutumes algéroises.

# Errance des Morisques en Méditerranée, après l'expulsion de 1609

par

RAJA YASSINE BAHRI

Je voudrais évoquer aujourd'hui l'expulsion des Morisques d'Espagne et tenter de retracer l'itinéraire qu'ils ont emprunté hors de la Péninsule Ibérique pour s'achever en terre d'Afrique. Les travaux sur lesquels je me suis appuyée pour mener à bien ce travail relèvent des sources inquisitoriales, de manuscrits espagnols dont l'un mérite d'être cité car son auteur anonyme l'avait écrit au début de son exil à Tunis. Je me suis appuyée également sur des ouvrages français et espagnols et des actes notariaux.

L'expulsion des Morisques est un événement qui a marqué l'Espagne et a fait l'objet de nombreux écrits[1]. Il fut longtemps un sujet de polémique entre les défenseurs de la tolérance et plusieurs écrivains catholiques enclins à justifier cette grave mesure. Les uns reprochaient aux hommes qui gouvernaient l'Espagne au début du XVIIe siècle d'avoir agi sans humanité en chassant de leurs terres des populations qui y étaient fixées depuis de nombreuses générations, d'avoir ruiné de fertiles campagnes et de florissantes industries. Les autres soutenaient que l'expulsion était nécessaire, que les Morisques, restés fidèles à l'Islam malgré leur baptême, constituaient un péril incontestable tant pour la religion catholique que pour l'Etat espagnol.

Fonseca, contemporain des Morisques, les compare en 1612, au (mal du cancer), et dit,«qu'afin d'empêcher tout le corps de s'infecter, il faut en couper la partie atteinte». Il ajoute que «seul l'eau pourra éteindre cet

---

[1] M. Guadalajara y Xavier, *Memorable expulsión y instíssimo destierro de los Moriscos de España* , Pamploma, 1614. P. Aguilar Gaspar, *Expulsión de los Moriscos de España por la S. C. R. Magestad del Rey don Felipe Tercero*, Valencia, 1610. A de Corral y Rojas, *Relación de la rebelión y expulsión de los Moriscos del Reyno de Valencia*, Valladolid, 1613. F. Janer, *Condición social de los Moriscos de España: causa de su expulsión y consecuencias que ésta produjo en el orden económico y político*, Madrid, 1857. Danvila y Collado, *La expulsión de los Moriscoa españoles*, Valencia, 1901.

incendie qui a touché toute la région de Valence, donc la seule solution est de les embarquer»[2].

Telles sont les paroles employées par Fonseca pour justifier cette décision de grande envergure qui a bouleversé les esprits de l'époque. Ainsi, la plupart des hommes religieux, contemporains des Morisques avaient essayé de démontrer par la plume les bienfaits de cette décision[3]. Trois siècles plus tard, Fernand Braudel pense que le problème morisque est avant tout un problème civilisationnel, il écrit:

> Il ne s'agit point de savoir si l'Espagne a bien ou mal fait de se priver de la laborieuse et prolifique population morisque, mais de savoir pourquoi elle l'a fait. Elle l'a fait parce que le Morisque est resté résolument inassimilable. Elle l'a fait, non par haine de civilisation, par haine de religion. Et l'explosion de sa haine, l'expulsion, est l'aveu de son impuissance. La preuve que le Morisque après un, deux, trois siècles suivant les cas, était resté le maure d'autrefois: costume, religion, langue, maisons cloîtrées, bains maures, il avait souvent tout conservé. Il s'était refusé à la civilisation occidentale; et c'est l'essentiel du débat[4].

Pour lui:

> Chaque Morisque, du fait de sa simple appartenance à la 'race des nouveaux convertis', partage la culpabilité collective de sa communauté et se trouve contraint de partager le refus collectif, opposé par ses coreligionnaires, aux chrétiens[5].

Mais qui sont ces Morisques et pourquoi refusaient-ils une complète assimilation à la société dominante? Pourquoi n'ont-ils pas essayé de masquer leur vrai identité, au moins en apparence afin d'améliorer leur sort, d'autant plus que la religion musulmane les autorisait à se soumettre à une autre religion en cas de péril. Malgré des efforts d'intégration apparents, le morisque continuait d'être un danger pour la communauté chrétienne. Fray Alonso Chacón qui, lui aussi connaît les Morisques et était

---

[2] D. Fonseca, *Justa expulsión de los moriscos de España, con la instrucción apostasía y traición dellos: y respuesta de las dudas que se ofrecieron acerca desta materia*, Roma, 1612, Ms. R11918, folio 478.

[3] P. Aznar Cardona, *Expulsión justificada de los moriscos españoles y suma de las excellencias de ... felipe ...Tercero*, Huesca, 1612, Pascual Boronat y Barrachina, *Los moriscos españoles y su expulsión, Estudio historicrítico*, Valencia, 1901.

[4] F. Braudel, *La Méditerranée et le monde méditerranéen à l'époque de Philippe II*, Paris, 1949, pp. 592-593.

[5] *Ibid.*, p. 593.

chargé de leur évangélisation par Philippe II, écrit à Sa Majesté, le 22 février 1588, une lettre sur le danger que représentent les Morisques pour l'Espagne, leur reprochant leur hypocrisie: «Sous une fausse apparence, ils montrent ce qu'ils ne sont pas et cachent ce qu'ils sont en cas de menace»[6].

Tout d'abord, les Morisques sont les descendants des musulmans d'Espagne qu'on appelait les Andalous. Ces derniers avaient occupé l'Espagne pendant plus de sept siècles, de 711, date de leur arrivée, jusqu'à la chute de Grenade en 1492[7]. Suite à la conquête de Grenade par les Rois Catholiques, plusieurs andalous avaient quitté la péninsule mais la plus grande communauté musulmane avait préféré rester sur la terre de leurs ancêtres. Les Capitulations de Grenade signées entre les Rois Catholiques et Boabdil dernier Roi de Grenade, stipulent que les musulmans pouvaient continuer à habiter Grenade et jouir des mêmes privilèges qui leur étaient accordés sous la domination musulmane. En outre, ils pouvaient continuer à pratiquer leur religion musulmane et préserver leurs us et coutumes. Avec la chute de Grenade s'achève l'histoire politique des musulmans en Espagne. Si cet événement est considéré du point de vue politique et militaire comme le sommet de la tragédie arabo-musulmane dans la péninsule ibérique, cela ne signifie nullement qu'il a marqué la fin de leur présence dans la péninsule. Les musulmans devaient se convertir de force au christianisme, renoncer à leur religion d'origine et abandonner pour toujours leur mode de vie, adopter la forme vestimentaire chrétienne et abandonner leurs costumes traditionnels. Tous avaient été baptisées et portaient des noms chrétiens. Ils devaient en outre assister aux différents rites chrétiens, se rendre à la messe tous les dimanches et se confesser une fois par an. Ceux qui désobéissaient étaient conduits devant le tribunal de l'Inquisition. Le fanatisme était alimenté chez les gouvernants de l'Espagne, par la crainte de voir l'Islam réintroduit par l'émergence de l'Empire Ottoman.

L'Espagne entreprit alors une christianisation forcée. Une série de réformes fut promulguée dont la plus radicale est celle de 1567.

La vie en commun entre Chrétiens et Musulmans était devenue dangereuse pour les nouveaux convertis car toute fidélité à l'Islam les conduisait devant le Tribunal de l'Inquisition. Face à une telle situation, le Morisque était devenu un objet de persécution, privé de toute liberté sociale, religieuse et intellectuelle.

Afin d'affirmer leur identité, les Morisques s'étaient réunis dans des *aljamas* et avaient continué à vivre en marge de la société chrétienne.

---

[6] A.H.N., Madrid, Inq., leg. 1791, II.

[7] Cf. *L'écho de la prise de Grenade dans la culture européenne aux XVI° et XVII° siècles*, Actes publiés par Alia Baccar Bournaz et Fatma Haddad Chamakh, Cerès editions, Tunis 1994.

Obligés de recevoir le baptême ou de s'expatrier définitivement, ils ne se sont pas assimilés et n'ont cessé de subir des vexations et des discriminations multiples. La dispersion suite à la guerre de Grenade en 1569-1570 ne put mettre fin aux tensions, au point qu'en 1609 le roi d'Espagne et l'Eglise décidèrent leur expulsion générale.

Le Duc de Lerme qui, en était l'instigateur, a présenté cette initiative comme une mesure de bonne santé publique car il s'agissait de défendre l'Espagne sur le plan politique et religieux. Les modalités de cette expulsion ont été décrites par Henri Lapeyre[8]. Les premiers départs, suite à la décision de l'expulsion décrétée le 9 avril 1609 touchent la région de Valence où les Morisques sont considérés comme les plus dangereux et constituent les 35% de la population dans cette région.[9] Des dispositions sont prises pour leur embarquement: d'un côté on avise les chefs des escadres d'Italie de tenir leurs galères prêtes et de l'autre des mesures sont prises pour protéger les côtes espagnoles et portugaises contre d'éventuelles attaques à partir des côtes barbaresques. Le 22 septembre, les crieurs publics annoncent, avec l'accompagnement habituel de timbales et des haut bois, l'ordre d'expulsion. Elle se fait en plusieurs étapes et dans le plus grand secret. Il ne fallait pas laisser le temps aux Morisques d'organiser leur défense et de bénéficier de l'aide extérieure. Vingt mille furent expulsés du Royaume de Valence. Andalous et Grenadins de Murcie leur succédèrent puis ce fut au tour des Aragonais et des Catalans. Les expulsions s'échelonnèrent ainsi jusqu'en 1614. Les seconds départs furent difficiles à mener, car vingt mille Morisques prirent les armes, résolus à ne pas quitter leur patrie. Ils se retirèrent alors dans les montagnes de Cortés et del Aguar mais ne purent résister longtemps et finirent par se rendre très rapidement après avoir perdu un grand nombre de leurs contingents. Le Roi ordonna de suite leur bannissement à l'exception de leurs chefs qui furent exécutés[10]. Les expulsés durent quitter pacifiquement leurs villages et se dirigèrent vers les ports d'embarquement. Aznar Cardona, contemporain des Morisques, décrit leur souffrance, en ces termes:

> Ils avançaient en procession désordonnée, les uns à pied d'autres à cheval, dans une grande confusion aveuglée de douleur, en larmes, soupirant et se lamentant à haute voix, chargés de leurs femmes et

---

8 H. Lapeyre, *Géographie de l'Espagne morisque*, S.E.V.P.E.N.,Paris 1959.

9 J. Regla, *La expulsión de los moriscos*, Ariel, Barcelone, 1974, pp. 247-250, pp. 466-473.

10 J. Bleda, *Justa expulsión de los Moros del Reyno de Valencia*, Valencia, 1610-1618, B.N.M. R.44.401 et R.15 119, pp. 587-596.

enfants, de vieilles personnes et d'enfants en bas âges, couverts de poussière, en transpiration et essouflés[11].

Ils empruntèrent le chemin de leur destinée sans incidents notables. La quasi totalité des départs se déroulait dans un climat de peur, au mieux dans une suspicion mêlée de crainte. Ces premières expulsions avaient marqué par leur ampleur, par les souffrances et les traumatismes engendrés. Elles constituaient presque toutes un arrachement au pays natal, une perte du quotidien. Quelques uns acceptaient le départ comme une fatalité et exprimaient une certaine confiance pour l'avenir qui se profilait sur la terre d'Afrique, terre de l'Islam où ils pourraient finalement affirmer leur identité. Un Morisque affirme dans un manuscrit écrit en cxil[12] que Dieu a eu pitié de son peuple et a inspiré Philippe III à prendre cette décision.

> Ceci relève d'une inspiration divine, ici j'ai vu des écrits qui datent de plus de mille ans prévoyant ce qui nous arrive actuellement. Il était écrit que Dieu nous ferait sortir de cette terre.

Des dispositions avaient été prises pour protéger le pays et éviter la décadence économique due à un départ précipité d'une grande communauté active qui jouait un rôle primordial dans certains domaines, en particulier dans l'agriculture car les Morisques étaient considérés comme des experts en irrigation. D'ailleurs, lors de leur passage en France et plus tard en Tunisie, ils changèrent le paysage agricole de certaines régions. Ainsi, six familles sur cent avaient été autorisées à rester dans chaque village pour conserver «les maisons, moulins à sucre, récoltes de riz et irrigation et pour qu'ils puissent mettre au courant les nouveaux habitants»[13]. Nul ne pouvait ignorer les qualités laborieuses de cette minorité mais leur pertinence constituait un danger pour la Monarchie. Au total, 300.000 Morisques furent expulsés. Les Valenciens ont été transportés directement en Barbarie sur les galères espagnoles et, pour une petite part, sur des navires de commerce, subissant une déportation pure et simple, sans même avoir le droit d'emmener avec eux leurs enfants en bas âge. A partir de 1610, les conditions du départ furent profondément modifiées. Les Morisques eurent alors le droit de les prendre avec eux à condition de partir vers un pays

---

[11] P.Aznar Cardona, op.cit.

[12] J. Oliver Asin, Un morisco de Túnez; admirador de Lope, Estudio del Ms. S2 de la Colección Gayangos», *Al-Andalus,I*, 1983, pp. 409-450.

[13] P. Borronat y Barrachina, *Los moriscos españoles y su expulsión, Estudio histórico crítico*, t;II, Valencia 1901, pp. 181,187,188 y F. Janer, *Condición social de los Moriscos de España: causa de su expulsión y consecuencias que ésta produjo en el orden económico y político*, Madrid, 1857, pp. 299-302.

chrétien. Dès la fin de janvier, les Grenadins de Castille, autorisés à quitter l'Espagne se dirigèrent au nord, vers la frontière française, tandis que les Andalous et les Murciens affrétèrent des navires afin de s'embarquer, les uns pour la Barbarie, les autres vers les ports de la chrétienté. La France fut concernée pour des raisons politiques. Si l'expulsion résultait de la volonté du roi d'Espagne, le passage des Pyrénées était soumis au bon vouloir du roi de France, dont les Morisques avaient pu se prévaloir de bonne heure. Ainsi le 22 février un arrêt du conseil du roi autorisait officiellement les Morisques à entrer dans le royaume français, et même à s'y établir, s'ils le désiraient dans certaines régions, en faisant profession de foi catholique[14]. Comme en témoignent les procès de l'Inquisition, Henri IV avait noué des relations avec les Morisques tout au long du XVIᵉ siècle[15]. Il avait même sollicité leur appui pour fomenter un soulèvement contre la monarchie des Autrichiens en 1598 mais l'insurrection avait échoué à cause d'un nouveau converti au christianisme qui, voulant se rapprocher de la Couronne, en avait averti les autorités à Madrid. Marañón donne des détails de cet épisode dans une lettre adressée à Antonio Pérez:

> Heureusement que le soulèvement qui était si bien préparé échoua, et cette fois non en raison des mouchardages de Santisteban mais à cause d'un tailleur morisque au service du Roi Catholique qui, face à un tel miracle, voulut rendre un service au Roi et aussi en raison de la loyauté du Roi d'Angleterre qu'ils invitèrent à participer à l'entreprise et qui en tant qu'ami de l'Espagne en avisa Madrid[16] .

D'autres soulèvements furent fomentés et organisés avec l'appui des Français qui avaient réussi à pénétrer clandestinement en Espagne. Ces émissaires français étaient envoyés par le roi Henri IV afin de semer le désordre en Espagne. Cette fois-ci les Morisques comptaient également sur le concours d'un parti de mécontents formé de chrétiens et de juifs et en contre partie, ils leur offraient beaucoup d'or et des places fortes. Mais la conspiration fut découverte, et en 1605 les principaux organisateurs furent exécutés[17].

---

[14] Henri Lapeyre, *op. cit.*, pp. 151-159. La meilleure étude sur les Morisques en France se trouve dans le livre de Francisque Michel, *Histoire des races maudites de la France et de l'Espagne,* Paris, 1847, 2 vol.

[15] A.H.N., Legs. 548, n°1 et 12, leg. 551, n° 14, leg. 556 n°7 et leg. 552 n°8.

[16] Gregorio Marañón, *Antonio Pérez*, t;II, pp. 640-641.

[17] F. Michel, *Histoire des Races maudites de la France et de l'Espagne*, t. 2, chap. VIII, et plus particulièrement pp. 57-98, Paris, 1847, cette même partie est publiée dans la *Revue d'Histoire Maghrébine*, n°55-56, 1989, pp. 147-169.

Ainsi le XVI° siècle a été marqué par un déplacement continu des Morisques par les Pyrénées. Ce mouvement clandestin se dirigeait vers Marseille ou Gênes pour atteindre ensuite les côtes africaines ou turques.

Plusieurs régions de France ont été concernées par cette situation, particulièrement la Provence[18], l'Aquitaine, le Languedoc[19] et Marseille[20]. En effet, le passage des Morisques par la France ne pouvait passer inaperçu aux yeux de leurs contemporains. A ce propos, je citerai les travaux de Pierre Andoque, Conseiller au Ttribunal de première instance de Béziers qui avait publié en 1648, *L'Histoire du Languedoc*, ouvrage très représentatif de la situation des Morisques en France. L'auteur relate la misère des uns et la richesse extrême des autres. Il s'attarde également sur l'injustice qu'avait subie ce peuple en désarroi et le rejet de la population qui ne cessait de solliciter leur expulsion les traitant d'ignorants, voire de contagieux. seule une minorité de nobles les qualifiait de bons artisans et d'excellents marqueteurs. Cet ouvrage de grande importance a servi de support à de futurs travaux d'historiens originaires du Languedoc. Ruffi évoque quelques années plus tard, en 1696, les conséquences de cette expulsion en citant des exemples concrets sur leur passage par Marseille: naufrages, récits de rescapés transportés vers les hôpitaux, peur de la peste, compassion du peuple français pour ces gens en détresse etc...[21] H. Bouche, en 1664, étudie la même question en donnant d'autres précisions sur leur présence , et précisément sur le métier exercé par quelques uns lors de leur passage en Provence, «de leurs métiers, soit à la nourriture des vers à soye, soit à faire des tuiles, et d'autres vaccations qu'ils avoient exercées en Espagne»[22].

Francisque Michel[23] évoque aussi la présence morisque en France. Comme nous le constatons, leur passage par la France a donc fait l'objet de plusieurs études.

Le 15 avril 1610, le roi de France était revenu sur les mesures favorables qu'il avait prises en février car il considérait que ces apatrides étaient nombreux et se trouvaient dans une situation lamentable, (pauvres, mendiants, malades). Il interdisait aux Morisques l'entrée de son royaume et ordonnait l'expulsion de ceux qui s'y trouvaient, menaçant les contreve-

---

[18] Louis Cardaillac,«Morisques en Provence» in *Revue des Langues Romanes*, 1971, t. 79, pp. 297-315.

[19] Louis Cardaillac, «Le passage des Morisques en Languedoc», in *Etudes sur les Morisques Andalous*, publiées par M. Epalza et R. Petit, Madrid, 1973, pp. 89-113.

[20] A. de Ruffi, *Histoire de la ville de Marseille...*, 2° éd., Marseille, 1696, p. 454.

[21] *Ibid.* p. 456.

[22] H. Bouche, *l'histoire chronologique de Provence*, t. II, Aix, 1664, p. 850.

[23] Francisque Michel, *op. cit.*, pp. 71-98, 284-286.

nants de la peine de galère, il ordonna la fermeture de la frontière des Pyrénées. La destination finale qui s'offrit alors à eux était la terre d'Afrique et en particulier, Tunis. Des mesures furent prises pour que chaque région se charge de l'expulsion des Morisques du territoire français. Tous les patrons de navire furent condamnés à assurer leur transport ou à verser au trésorier général du pays une somme fixée entre 30 et 300 livres. Les Morisques les plus riches devaient également contribuer au transport de leurs compatriotes. Mais ces mesures ne furent pas respectées car les riches feignaient la pauvreté et cachaient leurs ressources.

> Ce fut une chose pitoyable, dit un contemporain, de voir comme ils faisoient embarquer ces pauvres nécessiteux, les exposant à la mercy des ondes et de la faim, sans leur fournir d'aucunes provisions pour leur nourriture, non pas memes à suffisance de biscuit, à raison de quoy ces pauvres abondonnez melans leurs soupirs et leurs larmes aux plaintes qu'en faisoient les patrons, qui ne vouloient point courir le risque de soustenir et souffrir le reproche et l'opprobre de leur famine prochaine et de leur desespoir.[24]

Pour les Morisques se fut une seconde déchirure; ils ne souhaitaient pas se lancer dans une nouvelle aventure et refusaient de quitter le territoire français. Un sentiment de détresse les avait envahis car ils avaient beaucoup d'affinités avec le peuple français. Les gens du pays avaient éprouvé une grande compassion pour ce peuple en désarroi; de nombreuses familles avaient pris à leur charge plusieurs Morisques et s'étaient même engagés à les nourrir et à les protéger. D'autres français, par contre, étaient favorables à leur expulsion car ils craignaient les épidémies. Des 30 000 Aragonais qui attendaient, seuls 7000 Morisques avaient réussi à passer les Pyrénées[25]. D'autre part, des mesures très sévères furent prises à l'encontre de ceux qui désobéissaient aux ordres du roi et s'obstinaient à passer la frontière. Face aux flots d'immigration qui continuaient à pénétrer dans le Languedoc, le roi avait adopté des mesures encore plus sévères allant jusqu'à la peine de mort pour les Morisques et une sanction de dix mille livres pour les responsables. Après l'assassinat d'Henri IV, Marie de Médicis, devait respecter les vœux du défunt et arrêter l'immigration. Malheureusement, des milliers de Morisques attendaient de l'autre côté de la frontière et la Reine avait dû autoriser leur passage moyennant le paiement d'un droit de 10 à 12 réaux par tête.. Au total, soixante mille Morisques réussirent à traverser le Languedoc, laissant des traces sur leur passage. Aigrefeuille

---

24 *Ibid.*, p. 160.

25 La Force, *Mémoires*, t. II, lettres du 6 août, à M. de Gourgues et à M. de Loménie (pp. 297-2999) et diverses lettres de la Reine des 17, 24 août et 10 septembre.

dans *l'Histoire de la ville de Montpellier*, décrit le passage des Morisques, leur installation, la richesse des uns et la misère des autres, en particulier, leur habilité dans certains métiers, notamment la médecine. Aigrefeuille insiste sur l'apport culturel, économique et scientifique de la majorité.

> La pitié naturelle que l'on éprouve ici pour les étrangers nous a encouragé à en recevoir un grand nombre dans nos villes où ils exerçaient le commerce, la médecine et où, plus d'un, se consacrèrent à l'agriculture ou à divers métiers dans lesquels ils excellaient[26].

Baltazar Jordan, écrit en 1824 que les Morisques expulsés d'Espagne avaient contribué au développement économique et social du Languedoc et qu'un grand nombre d'entre eux s'y était installé malgré l'Edit d'expulsion.[27]

Pierre Paul, douanier à Marseille au XVII<sup>e</sup> siècle, évoque dans un poème, écrit en provençal, les multiples produits nouveaux que les Morisques avaient apportés en France. Il met l'accent sur la diversité des produits pharmaceutiques et cosmétiques de leur pays d'origine. Quelques plantes provenaient d'Egypte, du Mexique, de Ceylan, ou de la Turquie et avaient un bienfait considérable sur certaines maladies. Ces produits avaient bouleversé le marché français de l'époque et témoignent de la grande richesse botanique morisque[28].

Malheureusement, ce peuple en désarroi dut quitter la France car il avait l'impression de revivre l'Espagne inquisitoriale. Lassés des malheurs qu'ils avaient subis, les Morisques avaient exprimé le souhait de s'installer là où ils se sentiraient en paix. Leur situation empirant, ils durent partir pour une destination meilleure.

Les plus riches s'étaient consacrés au commerce qu'ils avaient développé et consolidé surtout avec l'Italie et particulièrement avec les Livournais; la politique du Grand Duc encourageait alors tous les riches immigrés à mettre en valeur la terre et les Morisques ainsi que les juifs représentaient à cet égard des atouts considérables. Le Grand Duc avait entrepris des démarches afin d'attirer la minorité morisque la plus fortunée à s'installer à Livourne, et nombreuses sont les lettres envoyées par le Grand Duc à cet effet. Malgré l'insistance des Livournais, les Morisques les plus fortunés

---

[26] Cité par Louis Cardaillac «A propósito del paso de los Moriscos por el Languedoc» in *Actes du Colloque, Granada 1492-1992. Del Reino de Granada al futuro del mundo mediterráneo,* publiés par Manuel Barrios Aguilera et Bernard Vincent, Granada, 1995, p. 144.

[27] *Ibid.,* p. 143.

[28] *Ibid.,* p. 153.

mirent le cap sur Tunis et sur la Turquie. D'autres, craignant le contact des indigènes de l'Afrique du Nord et des Arabes, avaient préféré réintégrer la France et plusieurs réussirent à s'établir dans les Landes de Béarn, et de Guyane[29] d'autres dans le Pays Basque[30] et à Bordeaux[31], moyennant un versement considérable d'argent aux autorités régionales et une profession de foi catholique. Les Archives Communales de Toulon témoignent que des centaines de Morisques avaient réussi à demeurer en France. Bonifacio De Echegaray s'attarde sur la question de leur présence dans le pays Basque de France et insiste sur les vestiges et les traces qui persistent jusqu'à nos jours dans cette région: noms de rivières, de familles, de maisons et même des pierres tombales portant encore des épitaphes d'origine morisque[32]. Nous retrouvons également dans la langue provençale actuelle le mot «mouriscou» pour désigner un homme au teint basané[33].

Les départs vers l'Afrique du Nord se faisaient du Port de Marseille et d'Adge. Des milliers furent expulsés progressivement.

Au cours de la traversée vers la Barbarie, les Morisques les plus fortunés étaient victimes d'attaques de piraterie: quelques uns étaient dépouillés de toutes leurs richesses par les capitaines de navire et on les jetait nus sur les côtes tunisiennes, près de Bizerte et de Porto Farina[34].

Suite à ces incidents, les capitaines de navires étaient astreints à fournir un document attestant du transport en toute sécurité des Morisques.

La Tunisie a été le pays qui a accueilli le plus grand nombre de Morisques. Ils y étaient plus nombreux qu'au Maroc et surtout ils y constituaient une minorité active, instruite et solidaire, ce qui n'était pas le cas des Morisques établis sur le territoire marocain[35]. Le roi Othman Dey (1593-

---

[29] Chansenque (V. de), les Pyrénées, 2° ed. Agen, 1854, t. I, pp. 72-73.

[30] Bonifacio de Echegaray, «¿ Se establecieron los Moriscos en el país Vasco de Francia?», *in Bulletin Hispanique,* T. XLVII, 1945, pp. 92-102.

[31] F. Michel, *op.cit.*, t. II, pp. 71-98, 284-286. Les mêmes documents ont été publiés la même année par L. Mery et F. Guindon, *Histoire des actes et des délibérations de la Municipalité de Marseille*, t.v, pp. 439-445.

[32] Bonifacio De Echegaray, *op. cit.*, p. 100.

[33] L. Honoré «Les bohémiens en basse-Provence du XVᵉ au XVIIᵉ siècle» in *Bulletin philologique et historique,* 1924, p. 156.

[34] Pierre Grandchamp, *La France en Tunisie au début du XVIIᵉ siècle, (1611-1620)*,Tunis, 1921, 10 vol., t. II, p. 159.

[35] Henri Pieri, «Accueil par les Tunisiens aux Morisques expulsés d'Espagne: témoignage morisque» in *Recueil d'Etudes sur les Morisques Andalous en Tunisie*, Madrid, 1973, pp. 128-134.

1610) leur avait accordé beaucoup de privilèges. L'auteur anonyme de ce Manuscrit écrit ce qui suit:

> Uzman Dey, le superbe Roi de Tunis, nous reçut en cette ville et nous apparut aussi doux qu'un agneau , Cidi Bugaiz avec sa sainteté et les gens avec leur Yslam; tous nous invitèrent et nous comblèrent d'amour et d'amitié. Uzman Dey abolit une coutume qui consistait à payer chacun cent écus comme droit d'entrée afin de nous encourager à venir dans cette cité[36].

Epalza dans son article intitulé, *Trabajos actuales sobre la comunidad de los Moriscos refugiados en Tunez*[37], fait allusion à Sidi Abu al-Gays, un arabe tunisien, riche, sage, pieux et homme de grand talent qui s'est donné corps et âme à aider ce peuple, à consolider son identité religieuse et à mieux s'assimiler à cette société primitive. Il a installé quelques uns dans des familles et avait mis à la disposition de la majorité un enseignant d'éducation religieuse afin de satisfaire la curiosité de la masse qui était avide de savoir. Pour une meilleure assimilation l'enseignement religieux était donné en castillan. De même, l'auteur anonyme du manuscrit relate l'accueil et le soutien apporté par cette personnalité d'origine andalouse. Plus loin dans le manuscrit, il décrit la joie du Dey à l'annonce de l'arrivée des Morisques[38].

Il leur facilita l'installation, les exempta des impôts perçus pour les étrangers pendant trois ans et il intégra les plus brillants à son administration. Le morisque anonyme ajoute que le Dey leur procura en outre une grande sécurité contre d'éventuelles attaques indigènes[39]. Il leur permit de repeupler des régions complètement désertées et abandonnées. Ces régions connurent plus tard, un grand essor économique et social. La plupart avait préféré la ville de Jdeida, Tebourba, Grich-el Oued, Medjez el Bab, Testour, Soliman, Grombalia. Au sud de la capitale, ils construisirent la ville de Zaghouan sur les vestiges romains. Les villes fondées par les Morisques avaient un cachet espagnol avec les villas aux tuiles rouges, les vergers étaient tracés et cultivés selon le modèle espagnol. Les Morisques ont fortement influencé la terre d'accueil en apportant leur richesse

---

[36] Jaime Oliver Asin,« Un moriscos de Túnez, admirador de Lope, Estudio del Ms. S2 de la Colección Gayangos», *Al-Andalus*, I, 1983, pp. 409-450.

[37] Miguel de Epalza, «Trabajos actuales sobre la comunidad de Moriscos refugiados en Túnez, desde el siglo XVII a nuestros días», in *Actas del Coloquio Internacional Sobre Literatura Aljamiada y Morisca*, Oviedo 10 al 16 de Julio de 1972, Madrid, Editorial Gredos, (1978), pp. 427-444.

[38] *Ibid.*, p. 431.

[39] *Ibid.*, p. 411.

culturelle et leur savoir-faire[40]. Ces migrations avaient permis la mise en valeur d'une terre idéalisée. En effet, l'agriculture fut révolutionnée par l'introduction du système d'irrigation, la plantation d'oliviers, de mûriers, de la sériciculture et le textile connut un nouvel essor avec le tissage de la soie, la fabrication de la chéchia[41], de même que le travail du marbre, de la céramique et du plâtre. L'arrivée des Morisques a également transformé la vie gastronomique tunisienne. Les mets se sont nettement enrichis. La pâtisserie s'est diversifiée, et on peut citer les banadij ou empanadas. La langue a également été imprégnée de mots espagnols comme «zapatos», «calcetines», «acequias» etc… et de nombreuses familles portent le nom de leurs régions d'origine, Chebil de Séville, Merichco de Morisque, Kortbi de Cordoba, Gharnati de Grenade, Balansi de Valence, Saraqusti de Saragosse etc… Le commerce a également enregistré un grand essor puisque les Morisques étaient de grands commerçants et des négociants de toutes marchandises et particulièrement de la soie. C'est peut-être pour ces raisons qu'ils manifestaient un sentiment de supériorité raciale et culturelle par rapport à la population locale qui les jalousait. De nombreux Morisques s'adonnaient en outre à la piraterie, première source de richesse de la Tunisie. D'autres s'étaient lancés dans la Course puisqu'ils connaissaient parfaitement les côtes espagnoles.

Les femmes morisques ont également révolutionné la tradition vestimentaire tunisienne de l'époque[42]. Azcar Cardona, contemporain des Morisque avait fait une description détaillée, en 1612, de la femme Morisque au moment de l'expulsion il dit:

> Couvertes d'argent de la tête au pieds, de bijoux, de grands anneaux d'argent reposaient sur leur poitrine et, elles étaient vêtues d'étoffes précieuses, chamarrées comme si elles avaient voulu cacher leur souffrances[43].

---

[40] Farhat Dachraoui «Morisques à Tunis au XVII° siècle» in *Actes Echo de la prise de Grenade, op. cit.*, pp. 57-64.

[41] R. Ricart, Espagne et la fabrication des bonnets tunisiens, à propos d'un texte du XVII°, in *Revue Africaine*, Alger, 1956, pp. 423-437. A. Turki, «Documents sur le dernier exode des andalous vers la Tunisie», in *REMAT*, pp. 114-127. J. D. Latham, «Towards a study of andalusian immigration and its place in Tunisian History» in *Cahiers de Tunisie*, 5, 1957, pp. 203-252. R. Thouvenot, «Notes d'un espagnol sur un voyage qu'il fit en Tunisie», in *Revue Tunisienne*, Tunis, 1938, pp. 35-36, 313-322.

[42] Fathia Harzallah «Survie grenadine à travers le costume féminin et les recettes culinaires, en Tunisie, au XVII°siècle», in Actes *Echo de la prise de Grenade … op. cit.* pp. 79-88.

[43] Aznar Cardona *op. cit.*

En effet, les Morisques les plus riches avaient encore en leur possession à Tunis une grande quantité de bijoux en or. Le Morisque anonyme écrit ce qui suit:

> Chacune portait plus d'or que n'en contenaient les magasins les plus côtés et même les plus modestes portaient des choses que les reines de cette terre n'avaient jamais connu avant notre arrivée, finalement l'envie est un animal venimeux[44].

En fin de compte, l'expulsion massive et tragique de 1609 devient pour un faisceau de facteurs l'élément fondateur d'une communauté qui vit hors de sa terre natale. Le déracinement et l'éparpillement sur le sol français puis africain, contribuent très rapidement au renforcement d'une conscience commune qui avait commencé à prendre forme en Espagne. Dans une grande mesure, l'attitude volontairement dévalorisante des pouvoirs publics comme le rejet d'une partie des Français et des Tunisiens après la mort de Ozman Dey vont donner naissance dans le cœur des Morisques à un sentiment que connut tout peuple opprimé; bien que faisant partie de l'élite, ils vécurent pendant plusieurs années à l'écart. Ce qui ne les empêchait pas pour autant d'éprouver un sentiment de supériorité à l'égard de la population autochtone qui les jalousait. Les lettres qui avaient été échangées par la suite entre les Morisques installés en Tunisie et ceux qui étaient restés en Espagne témoignent d'une grande stabilité et d'une intégration pratiquement totale du Morisque. Celui-ci avait retrouvé sa liberté de mouvement, et surtout sa liberté de religion. Dans une des lettres adressée à des coréligionnaires restés en Espagne, le Morisque anonyme exprime ce sentiment de libération enfin retrouvé en terre d'Afrique:

> Nous rendons grâce à Dieu et à sa divine grandeur, car il nous a soustraits au pouvoir des Pharaons et des Inquisiteurs et sans qu'il ne soit nécessaire que la mer ne s'ouvre, nous a conduits jusqu'à cette terre tant recherchée.[45]

---

[44] J. Oliver Asin, *Un morisco de Tunez, op. cit.*, p. 413.

[45] *Ibid.*

# Madagascar dans les littératures de voyages de la seconde moitié du XVIIe siècle

par

JEAN-MICHEL RACAULT

C'est en somme une double altérité qu'incarne Madagascar à l'âge classique. Version elle-même autre de cet «autre monde» qu'est l'Afrique noire continentale, la Grande Ile, la plus vaste de toutes celles alors répertoriées, comme le rappellent rituellement les voyageurs, demeure jusqu'à la fin du XVIIe siècle et même au-delà un territoire mal connu qui focalise spéculations, mythes et fantasmes[1].

Et cela d'autant plus aisément que, à l'image de ce qui s'est produit pour l'Amérique, les représentations ont précédé la découverte effective par les Occidentaux et largement prédéterminé l'appréhension qu'en ont eue ultérieurement les voyageurs. Reconnue pour la première fois en mai 1500 par Diogo Dias, capitaine de l'un des navires de l'escadre portugaise de Pedralvares Cabral, l'île figurait pourtant dès 1492 sur le globe de Nuremberg de Martin Behaim, affectée d'une forme fantaisiste et bizarrement placée entre Zanzibar et Taprobane, probablement sur la base des informations recueillies auprès des navigateurs arabes par Marco Polo[2].

C'est surtout André Thevet, au XVIe siècle, qui est le grand responsable de la construction des stéréotypes antagonistes qu'on retrouvera chez les voyageurs du siècle suivant. Certains sont positifs: les *Singularités de la France Antarctique* vantent la richesse et la fertilité des sols, l'abondance

---

[1] La principale source sur la connaissance de Madagascar par les Européens jusqu'au XVIIe siècle demeure la monumentale *Collection des Ouvrages Anciens Concernant Madagascar* d'Alfred Grandidier et Guillaume Grandidier, Paris, Comité de Madagascar, puis Union Coloniale, 1903-1920, 9 vols. (ci-après *C.O.A.C.M.*), qui a recueilli et commenté les principaux témoignages de voyageurs jusqu'à Flacourt. Pour la période antérieure à 1613, voir *C.O.A.C.M.*, t. I.

[2] Mais les spécialistes s'accordent aujourd'hui à penser que le pays décrit par celui-ci sous le nom de *Mogelasio* ou *Madagascar* correspond en réalité à la côte orientale d'Afrique, ce qui expliquerait les lions et éléphants qu'il prétend s'y trouver. Selon Grandidier, repris par Hubert Deschamps (*Histoire de Madagascar*, Paris, Berger-Levrault, 1972, p. 60), la confusion s'expliquerait par l'ambiguïté du mot arabe *djeziret*, qui désigne indifféremment une île, une côte ou un territoire maritime (*C.O.A.C.M.*, t. I, Introduction, p. XI).

des fruits qui poussent sans culture «aussi doux et plaisants que si les arbres avaient été entés» (alors que nos «fruits agrestes» sont «fort âpres»), plus une faune extraordinaire: oiseaux géants aux «oreilles énormes pendantes sur la gorge», éléphants (sans doute empruntés à Marco Polo), «bêtes unicornes» dont l'une est «l'Ane indique» et l'autre l'Oryx, mais, précise-t-il, pas de licornes[3]. Ce qui relève du monde humain est en revanche très négativement marqué. La *Cosmographie universelle* dépeint Madagascar comme une île «plaisante et recherchable», mais habitée par des barbares mahométans ou idolâtres, contradiction qui appelle et légitime par avance la colonisation européenne:

> Or voyez si Madagascar, étant telle que je vous ai décrit, ne mérite pas bien d'être habitée d'hommes plus civils et modestes que ne sont ces Mores mahométans et cruels qui y demeurent, plus bestiaux que pas un des peuples vivant en ces contrées?[4]

Ainsi sont posés les divers axes thématiques du discours sur Madagascar qui prévaudra pendant tout le 17e siècle: étrangeté exotique, sous les deux aspects du merveilleux et du monstrueux, double polarité de l'île, tantôt île-paradis aux décors de pastorale, tantôt île-enfer peuplée d'indigènes féroces, enfin rêve d'une rédemption de l'humanité de l'île par la voie d'une christianisation et d'une colonisation inévitablement associées à l'exploitation commerciale de ses ressources.

### I Textes et contexte

Tels sont les fils conducteurs retenus pour cette enquête sur l'image de Madagascar dans la seconde moitié du siècle. Elle a été volontairement limitée aux témoignages contemporains de la première tentative coloniale française (1642-1674), parfois publiés beaucoup plus tardivement et, pour certains, comme les voyages de Melet et de Ruelle, demeurés inédits jusqu'à une date très récente, puisque ces deux textes ont été publiés en 1998 seulement par l'équipe des malgachisants de l'INALCO[5]; soit un

---

[3] André Thevet, *Les singularités de la France Antarctique* (1558), ch. XXIII, p. 42, cité in *C.O.A.C.M.*, t. I, pp. 105-109.

[4] André Thevet, *La Cosmographie universelle* (1575), t. I, l. I, chap. V, pp. 104-106, cité in *C.O.A.C.M.*, t. I, pp. 127-134.

[5] La *Relation de mon voyage tant à Madagascar qu'aux Indes Orientales* (1665-1668), de J. Ruelle, a été publiée par Jean-Claude Hébert. L'édition de la *Relation de mon voyage aux Indes Orientales [...] sous le commandement de Monsieur de la Haye* de Jean-Pierre (ou Jean-Jacques?) de Melet est due à Anne Sauvaget. Ces deux récits,

échantillon non exhaustif[6], mais suffisamment représentatif, d'une dizaine de récits, chronologiquement répartis entre la relation, probablement romancée, publiée en 1651 par l'homme de lettres Morisot des aventures vécues à Madagascar par le matelot rouennais François Cauche à l'orée de la période coloniale (1638-1644)[7], et les *Mémoires pour servir à l'histoire des Indes Orientales* (1688) du secrétaire de la Compagnie des Indes Souchu de Rennefort[8], qui couvrent la période 1665-1674; ce dernier relate, sans beaucoup s'y attarder, la fin lamentable de la colonisation de Madagascar et l'évacuation de l'île en septembre 1674 par les rescapés du massacre de la garnison de Fort-Dauphin. Parmi ces textes dont beaucoup ne concernent que partiellement Madagascar, souvent traitée comme une simple escale sur la route des Indes, il faut faire une place particulière à l'ouvrage monumental d'Etienne de Flacourt, gouverneur et associé de la Compagnie des Indes Orientales, résultat d'un séjour de près de dix ans à Fort-Dauphin (1648-1658). Publiée en deux versions (1658 et 1661) et récemment rééditée en édition critique par Claude Allibert, qui a retrouvé le manuscrit original dans la bibliothèque du château de Vaux-le-Vicomte, l'*Histoire de la Grande Isle Madagascar*[9] a fait figure d'ouvrage de référence pendant deux siècles et demi et reste encore aujourd'hui la principale source historique et anthropologique sur l'ancienne société malgache à l'époque des premiers établissements français.

---

regroupés sous le titre *Deux textes inédits sur l'Océan Indien au 17ᵉ siècle*, occupent le numéro 25-26 des *Etudes Océan Indien* (Paris, INALCO, 1998). Les références aux textes renvoient toujours aux éditions citées.

[6] Pour une bibliographie complète des témoignages des voyageurs, voir Nivoelisoa Galibert, *Chronobibliographie analytique de la littérature de voyage imprimée en français sur l'Océan Indien (Madagascar-Réunion-Maurice) des origines à 1896*, Paris, Champion, 2000. Nous remercions vivement l'auteur de cette étude pour ses utiles suggestions bibliographiques ainsi que pour la communication de divers documents. On se reportera également à la thèse de Sophie-Jenny Linon, *Le Genre de la relation de voyage française sur la route maritime des épices: des origines à 1722* (thèse dact., Paris-IV-Sorbonne, 1993, 3 vol.).

[7] *Relation du voyage que François Cauche de Rouen a fait en l'île de Madagascar, autrement Saint-Laurent* [in Morisot, *Relations véritables et curieuses de l'île de Madagascar et du Brésil*, Paris, Augustin Courbé, 1651], édition A. et G. Grandidier, *COACM*, t. VIII, pp. 24-191.

[8] Urbain Souchu de Rennefort, *Mémoires pour servir à l'histoire des Indes Orientales [...]*, Paris, Arnould Seneuze et David Horthemels, 1688.

[9] Etienne de Flacourt, *Histoire de la Grande Isle Madagascar*, édition critique de Claude Allibert, Paris, INALCO-Karthala, 1995.

Rappelons ici quelques jalons historiques[10]. Des tentatives d'implantation ont été menées en divers points des côtes, sans succès, par les Hollandais, les Anglais et surtout les Portugais. Ces derniers ont fondé des espoirs sur un jeune prince du royaume d'Anosy rebaptisé Don André, qu'ils ont enlevé pour le confier aux Jésuites de Goa. Nous retrouverons ce personnage chez Flacourt sous le nom de Dian Ramach, revenu au paganisme dès son retour au pays et à présent opposé aux Français. Ceux-ci se sont installés à Fort-Dauphin, au sud-est de l'île, sous le commandement d'abord de Pronis, simple commis de la Compagnie des Indes, puis de Flacourt, personnage beaucoup plus important, et enfin, après la demi-disgrâce et la mort de Flacourt, sous celui de de Beausse puis de Champmargou, placés eux-mêmes sous la tutelle plus ou moins lointaine d'un lieutenant-général, d'abord le Marquis de Montdevergue, puis l'amiral Blanquet de La Haye. Entre-temps, la première Compagnie des Indes, créée par des familiers du Surintendant Fouquet (parmi lesquels Flacourt), a cédé la place à une seconde compagnie appuyée par Colbert, dont l'académicien Charpentier se fait le propagandiste officiel dans sa *Relation de l'établissement de la Compagnie Française pour le Commerce des Indes Orientales* (1661)[11].

En réalité, sous les deux administrations, la colonie se retrouve très vite à peu près livrée à elle-même dans un territoire hostile où la mortalité est effrayante, tant à cause des ravages provoqués par les fièvres que des guerres incessantes avec les Malgaches. Loin de fournir les richesses espérées par les actionnaires, l'entreprise se révèle incapable de subvenir à ses propres besoins alimentaires, si bien que la disette et même la famine s'ajoutent aux autres causes de décès. Les *Mémoires* de François Martin[12], futur fondateur de Pondichéry et sous-marchand de la Compagnie au petit poste de Fort-Gaillard dans le pays de Ghalemboule (Fénérive) au cours des années 1665-68, le montrent consacrant toute son activité à des expéditions de traite de riz et de bétail pour l'approvisionnement de Fort-Dauphin, souvent au prix d'un énorme gaspillage: il cite ainsi l'exemple des 15000 têtes de bétail razziées par son ami La Case, dont il ne parvient que 1200 à Fort-Dauphin.

---

10 Pour une synthèse historique, voir l'ouvrage cité de Deschamps ou, plus récemment, Pierre Vérin, *Madagascar*, Paris, Karthala, 2000.

11 François Charpentier, *Relation de l'établissement de la Compagnie Françoise pour le Commerce des Indes Orientales*, Paris, Sébastien Cramoisy et Sébastien Mabre-Cramoisy, 1661.

12 François Martin, *Mémoires de François Martin, fondateur de Pondichéry, 1665-1696*, édition A. Martineau, Paris, Société d'Editions Géographiques, Maritimes et Coloniales, 1931, 3 vols.

Quant à la connaissance effective du pays, elle est limitée à la frange littorale du Sud-Ouest et surtout du Sud-Est de l'île, où se trouve Fort-Dauphin, plus les zones où existent des postes de traite comme l'île Sainte-Marie et la baie d'Antongil. Aucun Européen n'a encore pénétré dans la partie centrale de l'île, celle où s'établira un siècle plus tard la monarchie merina; François Martin, qui découvre en 1667 le lac Alaotra à l'occasion d'une expédition de traite, est apparemment le premier voyageur à atteindre la région des hauts plateaux.

Peut-être le caractère limité et répétitif des itinéraires individuels en terre malgache est-il responsable des clichés et des stéréotypes qui tissent d'un texte à l'autre une sorte de topique obligée. Le motif classique des mensonges des voyageurs en fait partie: Cauche dénonce les mensonges de Magini, Belleforest et autres concernant les lions, tigres, léopards et éléphants qu'on trouverait à Madagascar, tout comme le prétendu canni-balisme des indigènes[13]; Flacourt s'en prend à la fois aux fantaisies de son prédécesseur, qu'il considère visiblement comme un imposteur, et aux descriptions fabuleuses du sieur Vincent le Blanc[14]. La question de l'ori-gine exogène ou non de l'or qui circule à Madagascar est posée à peu près dans tous les textes: pour Flacourt, il y a bien des mines d'or dans le pays d'Anossi[15]; Souchu de Rennetort croit également à leur existence, attestée par les ornements des indigènes, contre le scepticisme de Dellon[16], pour qui ces gisements imaginaires ont surtout servi de prétexte aux Grands de la contrée pour attirer les Européens dans des lieux écartés. Les invasions de sauterelles, les périls imaginaires ou réels des crocodiles mangeurs d'hommes constituent d'autres topoï convenus. Est-il exact que les camé-léons se nourrissent d'air, comme on l'a répété? Tous les voyageurs se po-sent la question; Dellon, qui est un esprit positif – il est médecin – en ouvre un et constate qu'il vit de mouches[17].

## II L'altérité naturelle: monstres et merveilles

Le parcours des lieux communs concerne d'abord en effet cette première forme d'exotisme qu'est l'altérité de l'environnement naturel. Le

---

[13] Cauche, *op. cit.*, pp. 40-41.

[14] Flacourt, *op. cit.*, p. 18.

[15] Flacourt, *op. cit.*, p. 143 et p. 217.

[16] Charles Dellon, *Nouvelle Relation d'un voyage fait aux Indes Orientales par M. Dellon, Docteur en Médecine* [1685], Amsterdam, Paul Marret, 1699, p. 21.

[17] *Op. cit.*, p. 34.

discours des voyageurs sur la flore, la faune, le climat est fréquemment travaillé par l'antagonisme du merveilleux et du monstrueux. C'est la première polarité qui l'emporte dans cette description par Flacourt d'un arbre qui doit être le baobab:

> C'est en ce pays qu'il y a un arbre nommé Anadzahé, qui est monstrueusement gros, il est creux dedans, et son vide est de douze pieds de diamètre, il est rond se terminant en voûte, au milieu de laquelle il y a comme un cul-de-lampe et sa voûte est bien de vingt-cinq à trente pieds de haut. Sa porte est de quatre pieds de haut et de trois de large. Le reste du corps de l'arbre est épais d'un bon pied et également taillé dedans; et le dedans et le dehors sont également lisses. L'arbre toise bien trente-cinq pieds de haut, et il n'y a que quelques petites branches par-ci par-là, sur la proximité de l'arbre, qui est une merveille à voir, il est fait comme une tour pyramidale.[18].

Au-delà d'une lourdeur et d'une maladresse assez évidentes, la difficulté à dire signale ici l'émergence d'une radicale étrangeté.

Les deux dimensions, celle du merveilleux et celle du monstrueux, sont en réalité souvent associées. Le même Flacourt, pourtant armé d'une solide formation de naturaliste et peu enclin aux entraînements de l'imaginaire, présente ainsi une étrange créature intermédiaire entre l'animal et l'homme qui, d'après les spécialistes, pourrait correspondre à une espèce éteinte de lémurien géant[19]:

> *Tretretretre* ou *Tratratratra*, c'est un animal grand comme un veau de deux ans qui a la tête ronde et une face d'homme, les pieds de devant comme un singe et les pieds de derrière aussi. Il a le poil frisoté, la queue courte et les oreilles comme celles d'un homme. Il ressemble au *Tanacht* décrit par Ambroise Paré[20].

Passons, toujours chez Flacourt, sur le «sanglier de mer» trouvé échoué près du Fort, ou sur un autre «monstre marin [...] de la grosseur d'un bœuf» qui était sans doute un dugong[21]. D'autres témoignages sont

---

[18] Flacourt, *op. cit.*, p. 141.

[19] C'est l'identification proposée par C. Allibert (Flacourt, éd. citée, note 20, p. 529).

[20] Flacourt, *op. cit.*, p. 221. Peut-être cette description a-t-elle inspiré l'être fantasmagorique mi-humain, mi-animal, présenté sur une gravure hollandaise comme «un monstre trouvé dans l'Isle de Madagascar en Afrique, par un Capitaine d'un vaisseau de Monsieur le Maréchal de la Meilleraye» –donc à l'époque de la réorganisation de la Compagnie des Indes Orientales; la légende précise qu'on le baptisera «si on trouvoit qu'il raisonna» [sic]. Voir reproduction in *COACM*, t. VIII, p. LIX bis.

[21] Respectivement *op. cit.*, p. 232 et p. 381.

manifestement plus fantaisistes, comme la découverte rapportée par Souchu de Rennefort d'une mine de topazes gardée par des crocodiles mangeurs d'hommes[22], ou les récits recueillis par Du Bois concernant certains oiseaux de la province de Ghalemboule qui «ont la teste faite comme un chat et le reste du corps comme un griffon» et se laissent tomber du haut des arbres pour fracasser le crâne des passants avant de les dévorer[23].

De cette faune fantastique aux diverses créatures du folklore, à mi-chemin de l'humain et de l'animal comme aussi de la nature et de la sur-nature, il y a bien continuité: les hydres à sept têtes dont certains voyageurs acceptent l'existence relèvent en réalité des croyances malgaches[24], au même titre que les diverses catégories d'esprits et de démons dont Flacourt dresse une typologie minutieuse, tels que les *Coucoulampou*, qu'il compare aux lutins et aux fées d'Islande et de Norvège, ou les *Loulouvocarts*, sortes de morts-vivants assimilables aux loups-garous ou aux vampires d'Europe Centrale[25].

Mais les descriptions en apparence les plus fantasmatiques peuvent transcrire des observations bien réelles. Comment de prime abord ajouter foi à ce «dragon ailé épouvantable» qui s'attaque au cours d'une chasse au voyageur Ruelle «avec un sifflement horrible et les yeux plus rouges que du feu»? Les précisions anatomiques – quinze pieds de long, «la tête et le corps gros comme un veau allant en diminuant des ailes jusqu'à la queue»[26], des écailles, des pattes couvertes de corne – sont tout à fait conformes à l'imagerie médiévale. Mais la peau du «dragon volant» a bien été remise au Marquis de Montdevergue avec d'autres «curiosités». Jean-Claude Hébert, l'éditeur de ce texte obscur, montre de façon convaincante qu'il s'agit très vraisemblablement de l'un des derniers spécimens subsistants d'*Aepyornis*, cette espèce d'autruche géante du Sud malgache au-jourd'hui éteinte dont nous aurions ici l'unique observation *in vivo*[27].

Autre figure obligée du discours naturaliste sur l'altérité madécasse, la climatologie de l'île donne lieu à des appréciations contrastées voire

---

[22] Rennefort, *op. cit.*, première partie, livre II, p. 96.

[23] Du Bois, *Les Voyages faits par le sieur D.B. aux Isles Dauphine ou Madagascar, et Bourbon ou Mascarenne, és années 1669-70-71 et 72*, Paris, Claude Barbin, 1674, p. 136.

[24] Il s'agit des *fanany* du folklore malgache, créatures fabuleuses prétendument observées par les informateurs malgaches et même par certains Français selon François Martin (*op. cit.*, p. 150).

[25] Flacourt, *op. cit.*, p. 151-152.

[26] Ruelle, *op. cit.*, p. 67.

[27] Voir la note en annexe à son édition, pp. 87-89.

contradictoires. Amplement corroboré par les chiffres effrayants de la mortalité dans la population européenne, le caractère délétère du climat est relevé pratiquement par tous les textes[28]. Malgré sa beauté et la fertilité de son sol, Sainte-Marie est, dit François Martin, «le lieu le plus malsain que je crois qu'il y ait au monde»[29]. Pour Fort-Dauphin, Ruelle signale qu'«il y tombe tous les jours des gens malades, et il ne s'y en passe point qu'il n'en meure. De 400 hommes qui y arrivèrent il y a deux ans, il n'en reste pas maintenant 60»[30]. Le même rapporte une dramatique expédition au fort d'Amboule d'où il revint presque agonisant sur une civière, les 70 hommes qui l'accompagnaient ayant péri pour la plupart et les rescapés étant tous malades, sauf un vieux sergent de 67 ans![31]

Pourtant, curieusement, ces constats négatifs coexistent fréquemment avec des tableaux d'harmonie pastorale. Melet relève à la fois «des chaleurs qui ne se peuvent presque supporter», le danger des crocodiles, celui des «maladies qui conduisent droit au tombeau», le «venin» dont les rivières sont «infestées par la putréfaction de l'air qui donne des petites pluies qui ne prennent leur origine que de l'infection de la terre»; mais il décrit aussi «les montagnes, toutes couvertes d'orangers et de citronniers qui donnent leurs fruits deux fois l'année et sur quelques-unes l'on y voit des rochers du plus beau cristal du monde»[32]. Rennefort associe, lui aussi, les registres antagonistes du mortifère et de l'idyllique: dans les bois règne «une pourriture qui corrompt l'air», mais les citronniers et les orangers forment «des berceaux qui surpassent toute l'adresse et la régularité de l'art»; et la conclusion du livre affirme contre l'évidence que «l'air est pur à Madagascar, on y voit des vieillards de six-vingt ans»[33]. Quant à Flacourt, particulièrement bien placé pour savoir à quoi s'en tenir, après avoir dressé dans son avant-propos le tableau pré-fénelonien d'une véritable utopie malgache conforme au mythe de «nos anciens patriarches», il appuie son discours de propagande coloniale sur des visions mensongères de pastorale exotique: on n'y est point sujet, et pour cause, «à beaucoup d'incommodités que l'on a dans les grandes villes», on n'y craint pas les bêtes farouches, «n'y en ayant point, et moins encore de bêtes venimeuses», les

---

[28] A cet égard une véritable topique fortement répétitive oppose dans les textes le climat de Madagascar à celui de l'île Bourbon voisine, où la «bonté de l'air» guérit immédiatement les malades.

[29] Martin, *op. cit.*, p. 28.

[30] Ruelle, *op. cit.*, p. 45.

[31] Ruelle, *op. cit.*, p. 53.

[32] Melet, *op. cit.*, p. 136-137.

[33] Rennefort, *op. cit.*, I, L. II, p. 118, et II, L. III, p. 401.

froidures, neiges et glaces y sont inconnues, «les grandes chaleurs n'y sont point si incommodes comme elles sont en été en France», et encore ne persistent-elles que trois ou quatre mois, «les huit autres n'étant qu'un perpétuel printemps»[34].

### III L'altérité humaine: le différent et le semblable

Marquée elle aussi d'ambivalences et accompagnée d'appréciations contradictoires, l'altérité humaine de la société madécasse constitue l'autre grand axe thématique des témoignages de voyageurs. L'ambivalence tient d'abord à la position intermédiaire des Malgaches dans l'échelle anthropologique, qui n'en fait ni des civilisés, ni des sauvages. Flacourt avertit ses lecteurs:

> Ils n'y verront pas observer la politesse et le bel ordre des Chinois, faire ostentation du luxe des Européens et des Asiatiques, pas plus que de leurs richesses, mais aussi ils n'y verront pas exercer la Barbarie et la cruauté des Américains et des Cafres de Soffala, qui sont anthropophages, ni la bestialité des Nègres de la Guinée, qui vendent père, mère et parents aux nations de l'Europe, et encore moins la folle superstition des Idolâtres de Pegu, Siam et autres pays circonvoisins, qui se sacrifient vivants aux pieds de leurs Idoles.[35].

François Martin récuse à leur propos le terme de *sauvages*, «si ce n'est que l'on croit que ce nom convient aux hommes qui vivent sans religion, qui ne suivent que leurs passions et les mouvements de la nature», ajoutant que «parmi eux il y en a de bon sens, qui raisonnent bien et qui seraient capables des sciences et des arts s'ils y étaient instruits»[36]. Les voyageurs relèvent presque tous en effet les aptitudes intellectuelles et les compétences techniques de leurs hôtes. Pour Du Bois, «tous ces gens-là sont assez civils et courtois, n'ayant la brutalité des autres Nations Noires; ils sont spirituels et fins»[37].

Faut-il référer ce statut intermédiaire aux spéculations anthropologiques sur la double origine de la population malgache? Cauche, Flacourt, Du

---

[34] Flacourt, *op. cit.*, p. 96. Sur les orientations utopiques du discours colonial chez Flacourt, voir Sophie Linon, «Etienne de Flacourt (1607-1661): coloniser Madagascar, des préceptes à l'utopie», *Les Carnets de l'exotisme*, «Routes Malgaches», n°2-3, avril-sept. 1990, pp. 41-47.

[35] Flacourt, *op. cit.*, p. 95.

[36] Martin, *op. cit.*, p. 155.

[37] Du Bois, *op. cit.*, p. 111.

Bois, Dellon, la répartissent tous en deux catégories, celle des «Noirs» et
celle des «Blancs». Cauche, rencontrant le roi Andrian Zamac, le dépeint
«le teint un peu enfumé, mais plus blanc que ne sont les Castillans»[38]. Il
s'agit en effet d'une typologie à la fois sociale et ethnique: Flacourt parle
indifféremment des «Blancs» ou des «Grands», les esclaves pour leur part
étant toujours noirs. Cette bipartition, avec la place privilégiée accordée
aux «Blancs» – Arabes ou islamisés –, donne une représentation évidemment très distordue de la société malgache, dont les origines malayo-
polynésiennes ne seront reconnues que beaucoup plus tard. Pour Flacourt,
les premiers habitants de l'île sont les Zafehibrahim ou descendants
d'Abraham, à présent regroupés dans la région de l'île Sainte-Marie ou
Nosy Ibrahim («Ile d'Abraham»). Cette thèse, martelée tout au long du
livre[39] et appuyée sur des observations anthropologico-religieuses –la
pratique de la circoncision, la connaissance de Moïse, d'Isaac, de Joseph,
de Jacob et de Noé, le respect du Sabbat, mais l'ignorance de Mahomet et
des Califes– revient à assigner aux Malgaches de lointaines origines juives.
Même si elle n'est peut-être pas complètement dépourvue de quelque
fondement[40], elle relève bien évidemment d'une anthropologie théologique
tributaire du généalogisme biblique et s'apparente aux fameuses théories
«judéogénétiques» sur le peuplement de l'Amérique par les tribus perdues
d'Israël, encore largement répandues au XVIIe siècle[41].

Descendants des Arabes ou bien des Juifs, en tout cas tributaires du rameau sémite et des civilisations du Livre, les Malgaches, du moins les plus
blancs d'entre eux, sont donc quelque peu nos cousins, et par conséquent
sensiblement moins «autres» que leur éloignement de l'Europe ne pourrait
le laisser croire:

> Il y a des Villes, des Bourgs, et des Villages à Madagascar, des grands
> Seigneurs, des Gentils-hommes et des Esclaves.

Le constat d'identité avec notre monde ainsi dressé par Souchu de
Rennefort[42] ne laisse pas plus de place à l'exotisme humain que le pessimisme universaliste de Flacourt relevant qu'on y passe son temps «à
s'entrefaire la guerre province contre province, soit pour d'anciennes

---

[38] Cauche, *op. cit.*, p. 41.

[39] Flacourt, *op. cit.*, pp. 96, 128, 335, etc.

[40] La présence de petites communautés juives à Aden et à Socotra a pu alimenter
des spéculations en ce sens.

[41] Voir par exemple Giuliano Gliozzi, *Adamo e il Nuovo Mondo. La nascità dell'
antropologia come ideologia coloniale, 1500-1700*, Firenze, La Nuova Italia, 1976.

[42] *Op. cit.*, I, L. II, p. 125.

querelles des seigneurs d'icelles, soit pour satisfaire à leurs ambitions, ainsi qu'il se pratique par tout le monde»[43].

D'où d'autres ambivalences et parfois chez les mêmes auteurs des représentations contradictoires. Certaines sont d'autant plus attendues qu'elles sont solidement ancrées dans la tradition gauloise. Le chapitre des femmes, station obligée de tout parcours viatique, donne lieu à des clichés partout répétés sur l'excessive «chaleur» de la gent féminine, laquelle «avance souvent la mort de leurs maris», prétend Du Bois, et sur l'impudicité des filles, qui «ne tiennent pas à deshonneur d'avoir affaire aux hommes avant leur mariage»[44], et même selon Melet «se font gloire d'octroyer jusqu'aux dernières faveurs et n'ont pas de plus grande satisfaction que lorsque les Français sont d'humeur d'adoucir leurs humeurs brutales avec elles»[45]. La pratique de la confession publique des infidélités des femmes avant leur accouchement et des compensations versées au mari trompé excite la verve de François Martin. Celui-ci rapporte aussi la réflexion amusée des Français devant les femmes de chefs s'employant à se faire offrir par leurs époux des colliers de verroteries: «Eh quoi! Faut-il qu'elles soient les maîtresses partout!». Mais il signale toutefois qu'«il y a pourtant de la vertu partout, car l'on trouve dans ces quartiers-là des femmes aussi retenues que parmi les peuples les plus civilisés»[46]. Et Rennefort, tout en reconnaissant la «complexion fort amoureuse» et l'extrême liberté des filles, qu'il s'abstient d'ailleurs de condamner, rend un hommage particulièrement vibrant à Dian Nong, épouse malgache du Français La Case devenu grâce à elle souverain d'Amboule, modèle de «femme de grand cœur» aussi remarquable par sa noblesse et sa bravoure que par sa beauté[47].

## IV Une culture de la cruauté

Mais un thème surtout fixe de façon privilégiée cette réflexion sur l'identité et la différence. Il concerne la cruauté et la perfidie imputées aux Malgaches, lieu commun répété jusqu'à la nausée par tous les voyageurs, même les plus favorablement disposés: Rennefort, le plus enclin à

---

[43] Flacourt, *op. cit.*, p. 430.

[44] Du Bois, *op. cit.*, pp. 153-154.

[45] Melet, *op. cit.*, p. 139.

[46] Martin, *op. cit.*, p. 165 et p. 163.

[47] Rennefort, *op. cit.*, I, L. II, pp. 129-130.

l'idéalisation primitiviste, recommande dans la conclusion de son ouvrage aux futurs colonisateurs de réduire les indigènes à l'impuissance et à la crainte afin d'éviter «leurs vengeances et leurs crautez», car «les Madagascarois sont remuans, jaloux de la liberté, défians, vindicatifs, et ne pardonnent point»[48]. Flacourt dit la même chose, en termes plus vigoureux:

> S'il y a une nation au monde adonnée à la trahison, dissimulation, flatterie, cruauté, mensonge et tromperie, c'est celle-ci [...]. C'est la nation la plus vindicative du monde; et de la vengeance et trahison, ils en font leurs deux principales vertus, estimant ceux-là niais et sans esprit qui pardonnent. Quant ils ont la force, ils ne laissent point échapper l'occasion d'exercer la cruauté sur ceux qu'ils ont vaincus en guerre. Ce sont leurs délices que de rencontrer des enfants qu'ils fendent en deux tout en vie, et déchirent en morceaux, et des femmes à qui ils fendent le ventre et les laissent ainsi languir à demi-mortes.[49]

Le discours usuel superpose deux visions antagonistes, celle de l'île-paradis et celle de l'île-enfer, à cause des mœurs de ses habitants. C'est à ce double stéréotype que fait écho Robert Challe, qui s'est borné au cours de son voyage aux Indes à passer au large de Madagascar et s'en tient donc aux représentations forgées par d'autres:

> On peut en dire ce que les Italiens disent du royaume de Naples, que c'est le paradis terrestre; mais qu'il est habité par des diables. Ce pays est sans contredit un des plus heureux que le soleil éclaire; mais les habitants sont les plus perfides, les plus cruels et les plus traîtres de tous les hommes; supposé que le nom d'homme puisse et doive se donner à qui n'a rien d'humain que sa figure.[50]

En décembre 1653, Flacourt, qui croit imminent son départ pour la France –mais en réalité il lui faudra attendre un bateau jusqu'en février 1658– fait dresser sur le rivage une stèle où figure cette inscription, en guise de mise en garde à ses successeurs:

> O advena, lege monita nostra, tibi tuis vitaeque tuae profitura: cave ab incolis. Vale

---

[48] Rennefort, *op. cit.*, p. 402.

[49] Flacourt, *op. cit.*, p. 170-171.

[50] Robert Challe, *Journal d'un voyage fait aux Indes Orientales*, édition F. Deloffre et M. Menemencioglu, Paris, Mercure de France, 1979, p. 224. Justifié seulement par une vue lointaine des côtes de l'île, le long développement du *Journal* de Challe sur Madagascar s'appuie essentiellement sur Flacourt et sur le *Journal du voyage de Siam* de l'abbé de Choisy, lequel lui non plus n'y avait pas débarqué.

[Ô toi, voyageur, lis nos avertissements destinés à être utiles pour toi, pour les tiens et pour ta vie: méfie-toi des habitants. Adieu][51].

Il la complète d'un long texte latin qui renouvelle les conseils de défiance («*Ne confidas incolis huius insulae; blanditiae ipsorum pericolosissimae sunt*») et rapporte les malheurs de la colonie, décimée par une longue série d'assassinats et de trahisons[52].

De fait certains de ces récits ne sont qu'une suite monotone de massacres et d'atrocités où les responsabilités paraissent équitablement réparties. Certaines pratiques heurtent particulièrement les Européens, comme l'extermination de toute la parenté des vaincus, l'exposition des enfants nés un jour néfaste, et surtout les codes de comportement propres à la société malgache, qui censure l'expression des émotions et valorise la dissimulation et la ruse. Tous les voyageurs ont été frappés par les circonstances de la mort du P. Etienne, supérieur de la mission des Lazaristes de Fort-Dauphin. Celui-ci attend beaucoup de l'exemple de la conversion espérée de Dian Manangue, que Rennefort présente comme «le Prince le plus vaillant et le plus spirituel de Madagascar»[53]; une lettre du missionnaire, recueillie dans l'ouvrage de François Charpentier, se fait l'écho de son zèle apostolique auprès des seigneurs du pays d'Anossi[54]. Harcelé, cajolé puis physiquement menacé, mais toujours réticent à se convertir, puisqu'il lui faudrait renoncer à ses coutumes et à ses femmes, Dian Manangue est relancé chez lui par le lazariste, se laisse arracher sans broncher par son hôte ses talismans aussitôt jetés au feu, l'invite courtoisement à sa table, l'empoisonne au cours du repas en discutant théologie et le fait massacrer avec sa suite sur le chemin du retour.

Mais, objecte François Martin, les Français «se plaignent de leur manque de bonne foi»; cependant «les Noirs pourraient user de retour sur eux»[55]. La traîtrise de Pronis, qui a attiré au Fort puis vendu comme esclaves à un navire hollandais les fils des chefs de villages de la région, est unanimement condamnée, de même que les atrocités commises par son successeur Des Perriers pour s'approprier l'or et les bijoux que ceux-ci

---

[51] Flacourt, *op. cit.*, p. 289.

[52] Reproduit par Cl. Allibert à partir du manuscrit de Vaux-le-Vicomte (Flacourt, *op. cit.*, pp. 609-611), ce document latin ne figure pas dans les versions imprimées de l'ouvrage de Flacourt. Une copie de ce texte aurait été placée à l'intérieur de la stèle de Fort-Dauphin.

[53] Rennefort, *op. cit.*, I, L. I, p. 51.

[54] Charpentier, *op. cit.*, p. 55.

[55] Martin, *op. cit.*, p. 156.

essaient de soustraire à sa convoitise[56]. Enfin, en imputant la fourberie des indigènes à «l'extrême peine qu'ils ont à être dominés par une nation étrangère»[57], donc à une situation de sujétion coloniale plus qu'à une disposition naturelle, Melet en renvoie la responsabilité aux Européens et amorce le renversement de perspective sur les Malgaches qu'on trouvera un siècle plus tard chez des voyageurs d'idéologie rousseauiste comme l'abbé Rochon.

Reste que l'alternative entre «bons sauvages» et «mauvais sauvages» n'est guère pertinente pour les textes qui nous occupent, ceci au moins pour trois raisons: les Malgaches n'y sont pas perçus comme des «sauvages» – bons ou mauvais –, le terme d'ailleurs n'est presque jamais employé; les pratiques évoquées ne font guère l'objet de jugements moraux, si l'on excepte les indignations rituelles imposées par le stéréotype; enfin ces pratiques diffèrent très peu de celles des Européens et parfois de celles de l'auteur même du récit. Flacourt, homme de haute culture et observateur perspicace des coutumes malgaches dont l'acuité a été saluée par l'ethnologie moderne, est aussi un double du héros conradien de *Cœur des Ténèbres* qui orne de têtes coupées les poteaux de l'enceinte du Fort[58]. Ayant fait exécuter séance tenante, une fois dûment baptisés, cinq de ses serviteurs pour une affaire vénielle de vol de bétail, il explique ainsi sa justice expéditive:

> Ce qui m'empêcha de leur pardonner, ce fut une raison que mes Nègres mêmes m'alléguèrent, que quand on pardonnait à un voleur, jamais il ne se corrigeait et qu'il faisait de pis en pis, et que, leur pardonnant, je serais cause du mal qu'ils perpétreraient après[59].

Le gouverneur européen et ses serviteurs indigènes, camarades et aussi exécuteurs des cinq suppliciés, évoluent dans le même univers de violence acceptée et partagent les mêmes valeurs. La remarque vaut encore plus nettement pour François Cauche, lui matelot probablement assez inculte qui fut un moment pirate en mer Rouge. De plain-pied avec les Malgaches dont il partage la vie, il relate de façon factuelle et neutre les épisodes sanglants dont il a été le témoin ou l'acteur, jamais surpris ni choqué par ce qu'il voit, dans un récit à peu près exempt de jugements de valeur ou de condescendance qui ne communique guère la sensation de l'altérité, puisque l'auteur au fond ne se sent pas être dans un monde *autre*. En somme la

---

[56] Flacourt, *op. cit.*, pp. 413-415.

[57] Melet, *op. cit.*, p. 138.

[58] Flacourt, *op. cit.*, pp. 327-328 et 347-348.

[59] Flacourt, *op. cit.*, p. 347.

violence partagée cesse d'être objet de scandale pour devenir un substrat culturel commun aux Européens et aux indigènes, une «règle du jeu» n'appelant aucune appréciation morale.

*

*   *

C'est donc sous le signe d'une double ambivalence que se situe la représentation de Madagascar chez les voyageurs: ambivalence naturelle du positif et du négatif, du merveilleux et du monstrueux, de l'île-paradis et de l'île-enfer; ambivalence culturelle d'une humanité perçue tantôt dans sa radicale et parfois terrifiante étrangeté, tantôt dans ce qui la rend intelligible à l'Européen et finalement proche de lui.

C'est l'étrange et souvent l'horrible qui l'emporte spontanément dans l'imagerie de la fin du XVIIᵉ siècle, comme le confirme, dans le dernier chapitre de *La Terre Australe connue* de Gabriel de Foigny (1676), la première utilisation proprement littéraire de Madagascar comme localisation romanesque: de cette vision très vague et parfaitement fantasmatique de l'île émerge la représentation d'un pays maudit en proie à la plus abominable barbarie[60].

Le projet colonial, auquel adhèrent à peu près tous nos voyageurs puisqu'ils en sont partie prenante, suggère pourtant, si l'on veut lui donner quelque chance de séduire l'opinion, des images moins rebutantes. Dans l'étonnante prosopopée qui ouvre l'épître dédicatoire à Nicolas Fouquet, c'est l'île elle-même qui par la bouche de Flacourt sollicite du Surintendant l'honneur d'être colonisée:

> Cette Isle, que je décris, se présente à votre Grandeur, pour implorer votre secours, et pour vous demander des ouvriers afin d'inciter ses habitants à se façonner, comme les autres nations de l'Europe, et pour leur enseigner la bonne manière de cultiver la Terre, les Arts, les Métiers et les Manufactures des choses qu'elle contient en son sein, aussi

---

60 Du moins si l'on s'en tient à une lecture littérale du bref épisode malgache de l'utopie de Foigny, lequel est également susceptible de diverses interprétations symboliques ou allégoriques (voir par exemple notre étude «Place et fonction des "sas" dans le voyage utopique: l'exemple de *La Terre Australe Connue* de Gabriel de Foigny», in R. Baccolini, V. Fortunati et N. Minerva, *Viaggi in Utopia*, Ravenna, Longo Editore, coll. «Forme dell' Utopia», 1996, pp. 21-31). Apparemment sans antécédent repérable chez les voyageurs du corpus, la scène horrible relatée par Foigny dans laquelle les «sauvages» de l'île mettent à mort en les entrechoquant l'un contre l'autre deux soldats français prisonniers, avant de dévorer le sang et la cervelle qui s'écoulent des corps meurtris, pourrait en réalité renvoyer au motif chrétien du «pressoir mystique» (je suis redevable de cette remarque à Pierre Ronzeaud, lors d'une conversation qui suivit cette communication) plutôt qu'à celui de la «cruauté malgache».

avantageusement que pays au Monde. Elle vous demande des Lois, des ordonnances politiques, des Villes et des Officiers pour les y faire observer. Et ce qui est de plus précieux que toutes les choses du Monde: elle vous demande des Ecclésiastiques, des Prêtres et des Prédicateurs pour convertir les peuples et leur enseigner les Mystères de la véritable Religion[61].

Examinant dans son avant-dernier chapitre les «Avantages que l'on peut tirer en l'établissement des colonies à Madagascar pour la religion et pour le commerce», Flacourt, apparemment oublieux de son fameux avertissement «Cave ab incolis», affirme sans crainte de se contredire que les habitants de l'île «sont des hommes qui sont humbles et soumis»; mieux, «les Nègres servent volontairement les Français, et si l'on en veut acheter, on en a très grand marché»[62]. Un peu plus d'un siècle plus tard (1787), Parny, créole de l'île Bourbon où ce conseil n'a que trop bien été entendu par les planteurs de café, retournera ironiquement la formule de Flacourt: «Méfiez-vous des Blancs, habitants du rivage»[63]: c'est sur cette mise en garde, sans doute judicieuse, que s'ouvre la cinquième des *Chansons Madécasses*, première grande œuvre littéraire en langue française inspirée par Madagascar.

---

[61] Flacourt, *op. cit.*, p. 91.

[62] Flacourt, *op. cit.*, p. 431.

[63] *Chansons madécasses traduites en français*, in *Œuvres de Parny*, Paris, A. Hiard, 1831, t. II, p. 126. La Cinquième des *Chansons* présente, sans le nommer, un réquisitoire contre l'entreprise de Flacourt dans l'esprit anticolonialiste du *Supplément au voyage de Bougainville* et de l'*Histoire des deux Indes*.

# L'Europe classique à l'épreuve de l'extrême altérité: le Cafre et le Hottentot dans le discours des voyageurs au XVIIᵉ siècle

par

DOMINIQUE LANNI

Dans les chroniques[1], les panégyriques[2], les poèmes épiques[3] et les récits de voyage imprimés en latin[4], en portugais[5], en hollandais[6], en allemand[7] ou en italien[8] au cours du seizième siècle, les populations des côtes

---

[1] Fernao Lopes de Castanheda, *Historia do descobrimiento e conquista da India pelos Portugueses [...]*, Lisboa, s. éd., 1551.

[2] Jerónimo Osório, *De Rebus Emmanuellis regis Lusitaniae inuictissimi uirtute et auspicio gestis libri duodecim [...]. Auctore Hieronymo Osorio Episcopo Syluensi, Olysipone, Antonium Gondisalu Typographum*, 1571.

[3] Luis de Camões, *Os Lusiadas*, Lisboa, A. Gonçalves, 1572, V, 46-48.

[4] Ludovico Varthema, *Lvdovici romani Patritii itinerarivm aethiopiae: Aegipti: utriusque Arabiae: Persidis: Siriae: ac Indiae: ex uernacula lingua in latinum sermonem traductum: Interprte Archangelo Madrigano Monacho Careualensi*, s.l., s. éd., s.d. [1511].

[5] Alvaro Fernandes, *Relaçaõ da muy notavel perda do galeaõ grande S. Joaõ. Em que se contaõ os grandes trabalhos, e lastimosas cousas que acontecèraõ ao capitaõ Manoel de Sousa Sepulveda, eolamentavel fim, que elle, e sua mulher, e filhos, e toda a mais gente houveraõ na Terra do Natal, onde se perdèraõ a 24. de Junho de 1552*, s.l., s. éd., s.d. [1554]. Edition citée par le *Diccionario bibliografico portugues* d'Innocencio Francisco da Silva, 1924, 2ᵉ éd., p. 377. Sur la fortune de ce récit: W. G.L. Randles, *L'image du Sud-Est africain dans la littérature européenne au XVIᵉ siècle*, Lisboa, Centro de Estudos Historicos Ultramarinos, 1959, pp. 106-108. Cette relation figure parmi les plus illustres et les plus édifiantes histoires tragico-maritimes imprimées et diffusées dans la seconde moitié du seizième siècle.

[6] Jan Huygen Van Linschoten, *Itinerario, voyage ofte Schipvaert van J.H. van L. naer Oost ofte Portugaels Indien [...]*, Amsterdam, Cornelius Claesz, 1595-1596, 3 vols. Trad. fr.: *Histoire de la navigation de Jean Hughes de Linscot Hollandois [...]*, Amsterdam, Théodore Pierre, 1610.

[7] Balthasar Springer, *B. Springer diese nachuolgenden figüren des wandels und gebrauchs der kunigreich [...]*, s.l., s. éd., s.d. [1508].

méridionales africaines incarnent littéralement une altérité inattendue, radicale et stupéfiante, dont une somme historique – Mafféi[9] –, une histoire memorable – Goulart[10] – et une tragédie – Chrétien des Croix[11] – en langue française se font l'écho à l'avènement du dix-septième siècle. Fascinés par leur prodigieuse physionomie, leur inintelligible vocalité, leur odeur fétide, leurs répugnantes mœurs phagiques, les voyageurs européens se rendant dans les Indes et faisant halte au Cap de Bonne-Espérance ne manquent pas de s'apitoyer sur leur misérable état. En s'appliquant à recenser et stigmatiser quasi scrupuleusement les marques de leur extrême étrangeté pour exciper de leur profonde misère et les reléguer aux confins de l'humanité, les voyageurs s'appliquent en réalité moins à décrire ces êtres du bout du monde qu'ils ne les *inventent* ou les *fantasment*. Le portrait de ces sauvages va donc osciller entre mythes et réalités et *via* l'analyse de ses lieux communs ce sont les procédures d'écriture et enjeux de la formation d'un ethnotype qu'il s'agira de mettre en évidence. On montrera tout d'abord que les représentations des populations des côtes méridionales africaines ressortissent dans la première moitié du dix-septième siècle d'une imagerie mythique foncièrement négative dont la pérennité et l'efficacité procèdent de l'étonnante vitalité d'un imaginaire hérité des autorités antiques et médiévales, des édifiantes représentations véhiculées par les sources historiques et viatiques contemporaines et de la rhétorique déployée qui est celle du portrait. On s'intéressera ensuite au renversement du regard qui s'amorce lentement sous la plume des historiens, des missionnaires, des philosophes et qui se caractérise par une réévaluation systématique des savoirs, une reconsidération de l'aptitude des sauvages à être ou à ne pas être convertis, une profonde réflexion sur la viabilité des sociétés athées. On montrera enfin que cet espace éminemment mythopoiétique qu'est l'*Africae extremitas* inspire à la fin du dix-septième siècle des voyageurs dont les récits ressortissent autant de l'énoncé viatique que de l'énoncé romanesque offrant au lecteur l'image d'une Afrique pour partie *visitée* pour partie *inventée*, à jamais insaisissable, entre

---

8 Fracanzano da Montalboddo, *Paesi Nouamente retrouati. Et Nouo Mondo da Alberico Vesputio Florentino intitulato [...]*. Stampato in Vicentia cu la impensa de Mgro Henrico Vicentino: & diligente cura & industria de Zãmaria suo fiol nel, 1507.

9 P. Giovanni Maffei, *Historiarum Indicarum Libri XVI [...]*, Coloniae, Agrippinae sumptibus A. Mylii, 1589, p. 316-320. Trad. fr.: *Livre seiziesme des Histoires des Indes*, Lyon, J. Pillchotte, 1603. Traduit par F.A.D.L.B.

10 Simon Goulart, *Thresor d'histoires admirables et memorables de nostre temps*, Cologne (Genève), Pierre Marteau, 1610, pp. 898-919.

11 Nicolas Chrétien des Croix, *Les Portugaiz Infortunez [in] Les tragédies de N. Chretien Sieur des Croix Argentenois*, Rouen, Theodore Reinsart, 1608.

mythe(s) et réalité(s), et peuplée d'êtres incarnant l'extrême altérité par excellence.

## Du fantasme au portrait: les populations des côtes méridionales africaines dans les récits des voyageurs européens avant la fondation de la colonie du Cap

Exception faite de la stupéfiante relation de Springer qui offre dès 1508 au public allemand une brève description et deux gravures des sauvages d'Allago, dans l'imaginaire collectif occidental du tournant des quinzième et seizième siècles, les populations des confins africains sont fantasmées en référence à un remarquable répertoire de monstres, prodiges et merveilles hérité de Pline et Solin et relayé par les chroniques universelles, les compilations et les encyclopédies. Blemyes, Sciopodes, Troglodytes et Monoculi excitent puissamment l'imaginaire des voyageurs portugais, anglais, bataves, allemands et italiens durant tout le seizième siècle mais le long des côtes méridionales africaines, ils n'aperçoivent ou ne rencontrent que des hommes à la peau noire ou cuivrée, vêtus de peaux de bête, parés de bracelets de cuivre, portant parfois de larges sandales, qu'ils présentent très tôt comme vils, abjects et belliqueux pour avoir sauvagement massacré des Européens. Les gravures représentant les pacifiques habitants d'Allago sont oubliées: les Sauvages du Cap sont désormais appelés à figurer au dix-septième siècle l'exact envers des nations civilisées.

*Les Portugaiz Infortunez* de Chrétien des Croix est une tragédie des plus instructives quant à la perception des Cafres à l'avènement du dix-septième siècle dans le sens où l'auteur esquisse en précisant ses sources un véritable état du savoir sur les populations de l'*Africae extremitas*. S'il renvoie le lecteur à «*ce qu'en escrit Jean Botero Benese, en ses relations universelles[12]; le docteur Camerarius au 2.volume de ses Meditations Historiques livre 3. chap. 17.[13] & Goulard en ses Histoires admirables*», de nombreux détails révèlent qu'il s'est principalement inspiré des ouvrages de voyageurs et chroniqueurs traduits en français. Parmi ceux-ci figurent les contributions de Lopez de Castañeda[14] et Osorio da Fonseca.[15] C'est

---

[12] Giovanni Botero, *Le Relationi Universali di Giovanni Botero [...]*, Vicenza, Greco e Dusignelli, 1595.

[13] Camerarius, *Operae [...] siue Meditationes historicae*, Francofurti, J. Saurii, 1602-1606.

[14] Fernand Lopez de Castañeda, *L'Histoire des Indes de Portvgal [...]*, traduite de Portugués en François par Nicolas de Grouchy, Anvers, Iehan Steelsius, 1554.

cependant essentiellement dans l'*Historiarum Indicarum* du Père Maffei, où l'*eloquentia* le dispute à l'*argumentatio*[16], «*en termes latins si choisiz et elegans, qu'on ne les peut lire sans épandre des larmes de pitié*» («Sviet de la Tragedie») et dans les écrits de Barros, Alvares[17] et Houtman[18] que Chrétien trouve matière à composer *Les Portugaiz Infortunez*[19]. Houtman

---

[15] Jeronymo Osorio da Fonseca, *Histoire de Portugal,contenant les entreprises, navigations, et gestes memorables des portugallois, tant en la conqueste des INDES ORIENTALES par eux descouvertes, qu'ès guerres d'Afrique et autres exploits, depuis l'an mil quatre cens nonante six, jusques à l'an mil cinq cens septante huit, sous Emmanuel premier, Jean troisiesme, et Sebastian premier du nom. Comprinse en vingt livres, dont les douze premiers sont traduits du latin de Ierosme Osorius, Evesque de Sylves en Algarve, les huit suivans prins de Lopez de Castagnede et d'autres historiens. Nouvellement mise en François par S[imon] G[oulard] [de] S[enlis].* Avec un discours du fruit qu'on peut recueillir de la lecture de ceste histoire, et ample Indice des matieres principales y contenues, [Genève], de l'imprimerie de François Estienne, pour Antoine Chuppin, 1581. In-fol.

[16] P. Giovanni Maffei, *Livre seiziesme des Histoires des Indes, op. cit.* On lit p. 926: «Cette calamité si grande de Sosa fut publiée en beaucoup de lieux, excita bien quelque miséricorde des hommes: mais ne diminua pas leur convoitise et audace.»

[17] Alvares écrit: «étans debout, leur couurent lés parties honteuses, mais quand ils sont assis, ou au vent, ils montrent ce que Nature méme s'efforce de couurir et cacher. Les femmes mariees lés portent plus cours: telement qu'elles montrent tout découuert [...] Lés aucunes portent quelques peaus de mouton sus le col, avec léqueles vienent à se couurir vn coté du cors seuelement: laissans l'autre à découuert.» Fernan Alvares, *Historiale description de l'Ethiopie, Anvers, chez Iehan Bellere,* 1558, p. 102.

[18] L'expédition de Cornelis de Houtman a donné lieu à plusieurs relations. Parmi celles-ci figurent *l'Eerste Boek [...]* et le *Verhael [...].* Willem *Lodewijckz [t'Eerste Boek] Historie van Indien waer inne verhaelt is de avonturen die de Hollantse schepen bejegent zijn [...],* Amsterdam, Michiel Colijn, 1597. Trad. all. [in] de Bry, Prima Pars *Descriptionis navalis in Indiam Orientalem [...],* Amsterdam, Cornelis Nicolai, 1598, t. III. Verhael vande reyse by de Hollandshe schepen gedaen naer Oost Indien [...], Middelburg, Barent Langenes, 1597. Trad. fr.: Cornelis de Houtman, *Iournal Du Voyage de l'Inde Orientale,* Middelbourg, Barent Langenes, 1598. Autre éd.: Paris, Adrian Périer, 1598.

[19] Alvaro Fernandes et Luis de Camoës évoquent aussi ce tragique épisode du règne manuélin. Alvaro Fernandes, *Relação da mui notàvel perda do galeão grande «S.João».* Voir sa transposition poétique par Luis de Camoës dans *Os Lusíadas* et son adaptation par Jeronimo Corte Real, *Naufragio e lastimoso successo da perdeçam de Manoel de Sousa de Sepulveda.* Sur le cinquième chant d'*Os Lusíadas*: Eric Axelson, *Portuguese in South-east Africa 1488-1600,* Johannesburg, Struik, 1973, p. 202-207. Sur la proximité du texte de Camoës et de celui de Des Croix, Michel Bideaux signale l'existence d'une édition castillane des Lusiades dès 1580. Michel Bideaux, «Les Portugaiz infortunez: Nicolas Chrétien des Croix et la mémoire de l'ère des découvertes», [in] *Travel Writing and Cultural Memory / Ecriture du voyage et mémoire culturelle,* edited by / sous la direction de Maria Alzira Seixo, Amsterdam / Atlanta, Rodopi, 2000, «Studies in Comparative Literature», 23, pp. 221-236. Voir p. 225.

décrit les Cafres comme étant «*richement difformes et laids de visaige*», «*glossant de la bouche comme cocqs de guinee*», «*puent contre vent loin vne brassee*», «*tout saulvaige*» et «*mangeurs de chair humaine crue: tripes et boyaux.*» Extrêmement répugnant, son portrait est parfaitement emblématique du regard porté par les voyageurs européens sur cette population au tout début du dix-septième siècle.

Qu'ils soient anglais, portugais, bataves, allemands ou encore français, les voyageurs de la première moitié du dix-septième siècle qui voguent rejoindre les confins asiatiques n'ignorent pas que les côtes méridionales africaines sont peuplées de sauvages hideux vêtus de peaux de bêtes et chaussés de larges sandales, qui aiment à s'enduire le corps de graisse et à dévorer les tripes dont ils se parent. Ils s'appliquent et se complaisent cependant à brosser dans leurs relations de voyage un portrait détaillé de ces êtres, glosant la singularité de leurs coutumes, mœurs et pratiques et stigmatisant leurs vices. Qu'il s'agisse d'Herbert[20], de Beaulieu[21], de Moquet[22], de Flacourt[23], ou de Tavernier[24], le portrait qu'ils livrent des Sauvages du Cap, dont la justesse procède principalement des artifices rhétoriques déployés, ressortit *in fine* moins d'une patiente observation que d'une éloquente fabrication. Le sauvage de Herbert est incestueux, celui de Moquet, barbare, celui de Beaulieu, misérable, celui de Flacourt, répugnant, celui de Tavernier grossier... On l'appelle indifféremment *Cafre* ou *Hottentot*.

[20] Thomas Herbert, *Some Years Travels into Africa and Asia the Great, especially [...]*, London, Jacob Blome, 1634. Trad. fr.: *Relation du Voyage de Perse et des Indes orientales,* Paris, du Puis, 1663.

[21] Augustin Beaulieu, *Mémoires du voyage aux Indes orientales du général Beaulieu dréssés par luy-mesme* [in] Melchisedec Thévenot, *Relations de divers voyages curieux qui n'ont point esté traduites [...],* Paris, Sébastien Cramoisy, 1664 et Paris, Thomas Moette, 1696.

[22] Jean Mocquet, *Voyages en Afrique, Asie, Indes orientales et occidentales faits par Jean Mocquet, Garde du Cabinet des Singularités du Roi, aux Tuileries*, Paris, Jean de Heuqueville, 1617.

[23] Etienne de Flacourt, *Histoire de la Grande Isle de Madagascar, Paris, Jean Henault, 1658; Petit recueil de plusieurs dictions ou noms propres qui sont d'une même espèce [...] à la fin duquel sont ajoutés quelques mots de la langue des Sauvages du Cap de Bonne-Espérance*, Paris, George Josse, 1658.

[24] Jean-Baptiste Tavernier, *Les Six voyages de Jean-Baptiste Tavernier, écuyer baron d'Aubonne, qu'il a fait en Turquie, en Perse et aux Indes [...]*, Paris, Gervais Clouzier, 1676.

### Nouveaux mythes, nouveaux regards, nouveaux savoirs:
### les Hottentots dans le discours des historiens,
### des missionnaires et des philosophes

Avec l'établissement des Hollandais au Cap de Bonne-Espérance en 1652, les Européens entreprennent d'explorer le corps de ces sauvages qui les fascinent depuis toujours. Toute une mythologie naît alors autour de leur sexualité dont les marins se font l'écho auprès des voyageurs de passage. Tandis que les hommes sont de naissance pourvus d'une couille unique pour aller plus vite à la course, les femmes sont affublées d'un tablier. Les voyageurs ne vont avoir de cesse de tenter de vérifier par eux-même ces extraordinaires expressions de la nature, payant parfois pour regarder... ou tâter. En cherchant on trouve et d'aucuns trouvent un diamant dans une couille de Hottentot. Les fascinantes métamorphoses que ce corps subit dans le discours contribue à enrichir le répertoire des fables relatives aux populations africaines.

En Europe toutefois s'opère un véritable renversement du regard. Dapper n'est pas un voyageur. Lorsqu'il fait paraître sa *Description de l'Afrique*[25], il renouvelle cependant littéralement le savoir relatif au continent africain en mêlant à des sources antiques et à des autorités médiévales des relations de première main que lui communiquent des membres influents de la *Veerenigde Oostindische Compagnie* comme Nicolas Witsen. Dapper livre une description circonstanciée des mœurs hottentotes desquelles sont exclus le fabuleux et le merveilleux caractéristiques des relations de voyage rédigées au cours de la première moitié du dix-septième siècle. Sa description du Pays des Hottentots relève de la cartographie ethnique. Les différentes nations hottentotes sont successivement présentées selon une logique qui procède d'une méthode que l'auteur a énoncée dans ses premiers volumes consacrés à l'autopsie hérodotéenne. C'est précisément parce qu'il reste fidèle à sa méthode que son ouvrage connaît une remarquable fortune dans toute l'Europe savante et qu'il fait l'objet en quelques années de multiples traductions et éditions.

---

[25] Olfert Dapper, *Naukeurige Beschrijvinge der Afrikaensche gewesten, van Egypten, Barbaryen, Libyen, Biledulgerid, Negroslant, Guinea, Ethiopiën, Abyssinie [...] Getrokken uit verscheyde hedendaegse Lantbeschrijvers en geschriften van bereitsde ondersoekers dier Landen*, Amsterdam, Jacob Van Meurs, 1668. Trad. anglaise: London, Ogilby, 1670; trad. allemande: Amsterdam, Van Meurs, 1670-1671 et Nuremberg, Hoffmann, 1681; trad. française: *Description de l'Afrique*, Amsterdam, Wolfgang, Waesberge, Boom & Van Someren, 1686.

Les relations des missionnaires jésuites de l'ambassade envoyée au Siam par Louis XIV comportent chacune une description du Cap de Bonne-Espérance et des Hottentots. Bouvet, Le Blanc, Choisy, Tachard, tirent principalement leurs informations des résidents de la colonie et du gouverneur. Les Hottentots se présentent sous leur plume comme les plus misérables sauvages qui soient au monde. Laids, anthropophages, sodomites, abjects… Leurs portraits renouent avec les topiques chères à l'imaginaire collectif européen: mœurs phagiques et mœurs sexuelles sont déclinées et stigmatisées. Jugés irrémédiablement inconvertibles, ces êtres du bout du monde sont exclus de l'entendement divin. C'est de ces descriptions que s'inspire Donneau de Visé pour brosser le portrait de Hottentot qu'il insère dans *sa Relation du voyage de Siam et de l'ambassade du Chevalier de Chaumont*[26], laquelle clôt le volume ordinaire de juillet 1686 du *Mercure Galant* et constitue le volume extraordinaire. Dans son *Second Voyage au Siam*, Tachard porte un jugement moins sévère sur les Hottentots. Parce qu'il porte sur eux un regard débarrassé de ses préjugés il ne les juge plus inconvertibles mais estime au contraire qu'ils méritent d'être initiés à la foi.

En dépit des multiples relations imprimées, au tournant des dix-septième et dix-huitième siècles, le continent africain demeure méconnu[27]. Idées reçues, préjugés et ouï-dire ont cours. Lecteur de d'Avity, Dapper, Dos Santos, Bosman, correspondant de Ludolf[28], Bayle exploite un *corpus* africain des plus réduits[29]. Mais contre Pascal, les Cafres et les Hottentots

[26] Jean Donneau de Visé, *Relation du voyage de Siam et de l'ambassade du chevalier de Chaumont [in] Le Mercure galant*, juillet 1686, pp. 185-325 et pp. 1-296.

[27] En attestent les rares relations de voyage qui lui sont consacrées et dont rendent compte les livraisons du *Journal des Sçavans*, de *l'Europe savante*, de la *Bibliothèque ancienne et moderne… Journal des Sçavans*, 1665-1792, 111 vol. in-4° et 10 vol. de tables ou 129 vol. selon Barbé-Marbois; *L'Europe savante*, par Saint-Hyacinthe, les trois frères de Pouilly, de Burigny et de Champeaux, et d'autres, 1718-1720, 12 vol. in-8°; *Bibliothèque ancienne et moderne*, par Leclerc, 1714-1727, 29 vol. in-12.

[28] Pierre Davity ou d'Avity, *Les Estats, empires [...] du monde*, Paris, Pierre Chevalier, 1619, 2ᵉ éd. Rééd., Paris, Jean-Baptiste de Rocoles, 1660; Joao Dos Santos, Histoire de l'Ethiopie orientale [...], Paris, André Cramoisy, 1684; Willem Bosman, Voyage de Guinée [...], Utrecht, A. Schouten, 1705; Job Ludolf, Nouvelle histoire d'Abissinie ou d'Ethiopie, Paris, veuve A. Cellier, 1684.

[29] Pierre Bayle, *Pensées Diverses, écrites à un Docteur de Sorbonne. A l'occasion de la Cométe qui parut au mois de Décembre 1680*, Rotterdam, Leers, 1683, 2 vols., 2ᵉ éd.; *Nouvelles de la République des Lettres*, Amsterdam, H. Desbordes, 1684-1687, 9 vols.; *Dictionnaire historique et critique*, Rotterdam, Michel Bohm, 1720, 4 vols., 3ᵉ éd. Sur Bayle: Joy Charnley, «L'Afrique chez Pierre Bayle: réflexions sur des préjugés» [in] Anny Winchank & Philippe-Joseph Salazar, dirs., *Afriques imaginaires. Regards*

tels qu'ils sont décrits par ces auteurs, lui permettent de confirmer l'existence de peuples athées[30] et d'exciper de la remarquable viabilité de sociétés sans Dieu.

### Le Cafre et le Hottentot entre mythe(s) et réalité(s): le récit de voyage aux lisières du roman.

Gabriel de Foigny n'est pas un voyageur des lointains.[31] Mais c'est dans les recueils de Mocquet, dans le *Regnum Congo hoc est vera descriptio regni africani* imprimé par les frères de Bry[32], le *Theatrum orbis terrarum* d'Ortelius[33], la *Cosmographie* de Thevet[34], Thévenot[35], Justel[36]

---

réciproques et discours littéraires, XVIIᵉ-XXᵉ siècles, Actes des XIIᵉ assises de l'A.F.S.S.A., Paris, L'Harmattan, 1995, pp. 41-52.

[30] «Dans les Pensées diverses sur la Comète, écrit Joy Charnley, Bayle avait émis des doutes sur l'existence de preuves de peuples athées: «il n'y a point d'Annales qui nous apprennent les mœurs et les coutumes d'une Nation plongée dans l'Athéisme» (Bayle, CXLV, p. 435). Cependant, il suggérait déjà que puisque la religion ne semblait pas beaucoup influencer les gens (par exemple les Chrétiens), le manque de religion risquait de ne pas avoir beaucoup d'importance non plus: «[...] la religion n'est pas un frein capable de retenir nos passions» (Bayle, 1683, CLXXIV, p. 531)» Joy Charnley, «L'Afrique chez Pierre Bayle: réflexions sur des préjugés», op. cit., p. 46.

[31] Gabriel de Foigny, *La Terre australe connue [...]. Par Mr Sadeur*, Vannes, Jacques Verneuil, 1676.

[32] Regnum Congo hoc est vera descriptio regni africani quod tam ab incolis quam lusitanis appelatur per Philippum Pigafettam, olim & Edvardi Lopez nunc Latino acroamatis lingua Italica excerpta nunc Latino sermone donata ab August. Cassiod. Reino Iconibus et imaginibus rerum memorabilium quasi vivis, opera et industria Joan Theodori et Joan Israelis de Bry fratrum, exornata Francfurti, 1598. 2e éd.: 1624. Pierre Ronzeaud a identifié cet ouvrage comme étant la principale source de Gabriel de Foigny sur le Congo. Gabriel de Foigny, *La Terre Australe connue (1676)*, Paris, S.T.F.M./ Aux Amateurs de Livres, 1990. Edition établie, présentée et annotée par Pierre Ronzeaud, note 1 p. 33.

[33] Abraham Ortelius, *Theatrum orbis terrarum*, Anvers, G. Coppens v. Diest, 1570. Trad. fr.: *Théâtre de l'Univers*, Anvers, G. Coppens v. Diest, 1572. Atlas in-fol. de 10 f. et 53 cartes.

[34] André Thevet, *La Cosmographie universelle d'André Thevet cosmographe du Roy. Illustree de diverses figures des choses plus remarquables veuës par l'Auteur, et incogneuës de noz Anciens et Modernes*, Paris, Pierre L'Huillier et Guillaume Chaudière, 1575. 4 tomes en 2 vols. In-fol. 228 bois gravés. 4 cartes des continents. t. I, p. 136b. Sur André Thevet: Frank Lestringant, *André Thevet, cosmographe des derniers Valois*, Genève, Droz, 1990.

[35] Melchisédec Thevenot, *Relations de voyages sur le Nil et dans l'Empire des Abyssins, autrement du Prestre Jean faite sur les lieux par les PP. Manoel d'Almeida,*

qu'il tire la quasi totalité de son information sur l'Afrique et notamment le Congo que traverse Jacques Sadeur.[37] Relatant son périple dans ces lointaines contrées dans le second chapitre de *La Terre australe connue*, c'est en ces termes qu'il décrit le pays des Cafres: *«La pluspart des Historiens, écrit-il, placent quantité de monstres en ces quartiers: mais c'est sans autre fondement que le récit de ceux qui les ont inventez. Toutes nos enquêtes ne servirent qu'à trouver l'origine d'une nation voisine, que les Europeens appellent «Caffres», & les naturels «Tordi»*[38] C'est dans *La Terre Australe connue* que figure la première mention romanesque des Cafres. A l'origine de *«ces sauvages qu'on ne peut humaniser»*[39], Foigny rapporte une légende des plus curieuses selon laquelle c'est du *«crime infame»* que commit un homme du pays avec une Tigresse que naquit un *«homme-monstre»*: *«Une preuve invincible de cette histoire,* assure Jacques Sadeur, *c'est que leurs faces & leurs pieds ont de grands rapports avec les Tigres: & leurs corps mêmes ne sont pas exems de plusieurs taches pareilles à celles des animaux.»* Dans l'édition de 1692, *«d'où suivit un homme monstre»* est remplacé par *«dont il vint un animal demi-homme et demy-bête, monstre.»*[40]

Cette brève évocation des Cafres n'a rien de commun avec la description circonstanciée de cette population livrée par Laujardière dans sa

---

*Alfonso Mendes, Pero Pays & Jeronimo Lobo qui y ont demeuré longtemps* [in] Melchisédec Thevenot, *Relation de divers voyages curieux, qui n'ont point été publiés, ou qui ont été traduits à Hacluyt, de Purchas et d'autres voyageurs anglois, hollandois, portugais, allemands, espagnols et de quelques Persans, Arabes et autres auteurs orientaux*, Paris, 1663-1672, vol. II, p. 22.

[36] Pierre Justel, *Recueil de divers voyages faits en Afrique et en Amérique qui n'ont point esté publiez de Pierre Justel*, Paris, 1674.

[37] «Le discours romanesque, écrit Henri Lafon, a intégré toutes sortes de discours que nous dirions docu-mentaires, et en premier lieu ceux des historiens, des géographes et des voyageurs.» Henri Lafon, *Espaces romanesques du XVIIIe siècle de Madame de Villedieu à Nodier. 1670-1820*, Paris, P. U.F., 1997, «Perspectives littéraires», p. 126.

[38] Gabriel de Foigny, *La Terre australe connue (1676), op. cit.,* p. 47. Sur les sources de Foigny relatives au pays des Cafres: Pierre Ronzeaud, L'Utopie Hermaphrodite: La Terre Australe connue de Gabriel de Foigny, Marseille, Publications du C.M.R.17, 1981, pp. 131-134.

[39] Paolo Carile, Chapitre 6: «Les avatars du mythe du cafre-hottentot dans la culture française de l'époque classique» [in] Huguenots sans frontières. Voyage et écriture à la Renaissance et à l'Age classique, Paris, Champion, 2001, «Les Géographies du Monde», pp. 169-189. «Le personnage du Cafre-Hottentot fait sa première apparition, à notre connaissance, dans le récit utopique de Gabriel de Foigny, *La Terre Australe connue (1676) [...]»* Cit. p. 185.

[40] Gabriel de Foigny, La Terre australe connue (1676), *op. cit.,* p. 47.

*Relation d'un voyage à la côte des Cafres*[41]. Longtemps demeuré à l'état de manuscrit, son témoignage a tout du roman d'aventures dans le sens où il ne fait l'économie d'aucun *topos*: naufrage, pirates, faim, soif, rencontre de sauvages, retour à la civilisation...[42] Romanesques à souhaits, les tribulations relatées non sans délectation par le jeune huguenot ou par l'âme charitable qui lui a prêté sa plume n'en demeurent cependant pas moins véridiques. Le regard que pose le jeune huguenot sur ses hôtes est relativement positif. Intercalée dans son récit, la description de leurs pratiques et coutumes n'est pour lui jamais prétexte à la stigmatisation de mœurs répugnantes. La Cafrerie de Laujardière est un espace certes sauvage mais peuplé d'indigènes moins féroces que soumis au code de la nature.C'est d'ailleurs précisément parce que la Cafrerie de Laujardière fait office de décor que son récit est des plus plaisants et qu'il procède autant de l'énoncé viatique que de l'énoncé romanesque[43].

Tout autres sont assurément les visées poursuivies par Leguat, probablement relayé par Misson, dans ses *Voyage et aventures de François Leguat et de ses compagnons en deux îles désertes des Indes orientales*[44].

---

[41] Guillaume Chenu de Laujardière, Relation d'un voyage à la côte des Cafres (1686-1689), Paris, Les Editions de Paris, 1996. édition établie, annotée et commentée par Emmanuelle Dugay. Préface de Frank Lestringant et Paolo Carile. Avant-Propos de François Moureau. Sur Laujardière: Randolph Vigne, *Guillaume Chenu de Chalezac, the «french boy»: the narrative of his experience as a huguenot refugee, as a castaway among the Xhosa [...], 1686-9*, Cape Town, Van Riebeeck Society, 1993.

[42] Dans son édition, Emmanuelle Dugay signale l'existence de trois manuscrits: il s'agit respectivement du manuscrit de Magdebourg, du manuscrit de Berlin et du manuscrit de Halle. Au cours de recherches sur les manuscrits français conservés dans les bibliothèques polonaises, nous avons eu la chance de découvrir un quatrième manuscrit de cette relation à Cracovie. Emmanuelle Dugay, «Les manuscrits», [in] Guillaume Chenu de Laujardière, Relation d'un voyage à la côte des Cafres (1686-1689), *op. cit.*, pp. 93-95. Dominique Lanni, «Note sur les manuscrits de la Relation d'un voyage à la côte des Cafres de Guillaume Chenu de Chalezac, sieur de Laujardière» [in] *La Revue Française*, 11, 2001, pp. 223-224.

[43] «Ce qui fait le prix du texte de Laujardière, écrit François Moureau, est une écriture d'une limpidité que l'on ne rencontre guère dans la «littérature» du temps. Sans contrainte normative, sans souci de moraliser, elle se contente de narrer pour le plaisir, en amateur [...]. Peu ou pas de psychologie, un minimum de tableaux fouillés, le mouvement du texte dessine l'ébauche de ce qui ne sera jamais un auteur, mais qui restera une voix dont la sonorité est pour nous, à quelques siècles de distance, la restitution très précieuse d'une modeste humanité offerte à qui veut bien la saisir.» François Moureau, «Avant-propos» [in] Guillaume Chenu de Laujardière, *Relation [...], op. cit.*, p. 19.

[44] François Leguat, *Voyage et aventures de François Leguat et de ses compagnons en deux îles désertes des Indes orientales. Avec la relation des choses les plus*

L'ambiguïté de la «Préface» participe pleinement du «*mentir-vrai du voyageur*» et le narrateur de cette relation semble s'être adonné à ce jeu avec une désinvolture et un talent certains.[45] Proche de la fiction, la relation de Leguat abonde en invraisemblances et c'est assez logiquement en termes peu amènes qu'il décrit les Hottentots: «*vilains falots qui vivent comme des cochons, ont des femmes aux amples tetasses qu'ordinairement, elles jettent par dessus l'épaule pour allaiter l'enfant qui est attaché derriere*» tandis que les gravures qui ornent les éditions de son *Voyage* entretiennent l'ambiguïté quant à l'étroite frontière qui sépare les sauvages hottentots des singes.[46]

Tout au long du dix-septième siècle donc, les représentations du Cafre et du Hottentot oscillent entre mythes et réalités, résultant moins de descriptions précises consécutives à une véritable observation que de l'efficace de techniques d'invention destinées à apporter la preuve que l'auteur a réellement effectué le voyage du Cap. Si certains éléments du portrait du sauvage du Cap de Bonne-Espérance sont avérés, d'autres font leur apparition au gré d'un récit comme pour frapper leur témoignage du sceau de l'authenticité. Reprendre des éléments d'un portrait contenus dans des récits de voyage, c'est confirmer ce qu'ont vu ceux qui font autorité. Apporter un élément neuf et le développer, c'est pour un voyageur apporter la preuve qu'il a véritablement effectué le voyage du Cap et rencontré ses Sauvages. Ainsi le portrait du Sauvage du Cap se départit-il d'un élément pour s'enrichir d'un élément inédit d'une relation à l'autre. Pour reléguer les Sauvages du cap aux confins de l'humanité, les voyageurs ne vont avoir

---

remarquables qu'ils ont observées dans l'île Maurice, à Batavia, au cap de Bonne-Espérance, dans l'île de Sainte-Hélène et en d'autres endroits de leur route, Amsterdam/Londres, Jean-Louis de Lorme/Daniel Mortier, 1708; éd. holl.: 1708; éd. all.: 1709 et 1723; rééd. fr: 1711, 1720, 1721, 1750. Rééd.: Jean-Michel Racault & Paolo Carile, éd., *Voyage et aventures de François Leguat et de ses compagnons en deux îles désertes des Indes orientales (1690-1698)*, Paris, Editions de Paris, 1995, «Voyages et récits», pp. 25-29.

45 Jean-Michel Racault, «Les jeux de la vérité et du mensonge dans les préfaces des récits de voyages imaginaires à la fin de l'Age classique» [in] François Moureau, éd., *Métamorphoses du récit de voyage*, Paris/Genève, Champion/Slatkine, 1986, pp. 82-109.

46 Sur Leguat et son Voyage: Henri Deherain, «Le voyage de François Leguat dans l'océan Indien est-il imaginaire?» [in] *Bulletin de la Section de géographie*, Min. de l'Instruction publique, t. XLI, 1926; Jean-Michel Racault, «De la relation de voyage au roman: l'exemple du Voyage de François Leguat» [in] *Cahiers de Littérature du XVII<sup>e</sup> siècle*, n° 8, 1986, pp. 57-65; Jean-Michel Racault, «Un livre en quête d'auteur: Leguat ou Misson?», «Introduction» [in] Jean-Michel Racault & Paolo Carile, éd., *Voyage et aventures de François Leguat et de ses compagnons [...], op. cit.*, pp. 25-29.

de cesse de pointer les signes de leur extrême étrangeté ou à défaut de les inventer alors même que s'élabore en Europe un discours nouveau sur l'homme. A l'avènement du dix-huitième siècle, êtres des plus *misérables*, des plus *répugnants*, des plus *abjects*, bref, êtres littéralement *immondes* car relégués aux confins du monde, ces populations continuent de fasciner les élites européennes. Tout au long du XVIIIᵉ siècle, dans les relations de voyage, récits-historiographiques, pièces romanesques, théâtrales, poétiques, les auteurs vont se complaire à entretenir cette représentation de l'infra-humain en puissance, de l'infra-humain suprême. Bien plus tard c'est non sans faconde que dans une lettre à Madame Necker, Diderot rapportera les joutes oratoires de deux savants occupés à se quereller au sujet de la couille unique des Hottentots avant de conclure: «*Ils avaient fait ensemble le voyage du Cap.*»[47]

---

[47] Diderot, «Lettre à Madame Necker», 6 septembre 1774.

# La Faune et la Flore africaines
## à travers les récits et les comptes rendus de
## voyageurs français du XVIIᵉ siècle

par

ZINELABIDINE BENAÏSSA

Le travail[1] que je vais vous présenter porte sur cinq ouvrages publiés de 1649, pour le plus ancien, celui de Vincent Le Blanc, à 1698, date de publication du journal de bord de Froger. J'ai donc choisi de travailler sur la seconde moitié du siècle, ce qui est une manière de délimiter mon corpus dans le temps; corpus qui, en définitive, reste ouvert, pour ne pas dire hétéroclite.

- Un explorateur, un aventurier, de Marseille, qui a passé sa vie à voyager, comme il le dit lui-même «depuis l'aage de douze ans iusques à soixante, aux quatre parties du Monde». Le titre dénote d'ailleurs la célébrité du personnage, puisque son ouvrage s'intitule *Les Voyages fameux du sieur Vincent le Blanc marseillois*. Le rédacteur de l'ouvrage étant un certain Pierre Bergeron. (1649)
- Un diplomate, Roland Fréjus, chargé de mission auprès de Muley Arxid, roy de Tasilete, qui a écrit une espèce de rapport de mission très détaillé en trois volumes in-12° de 72, 286 et 211 pages, intitulé *Relation d'un voyage fait dans la Mauritanie, en Affrique, par le sieur Roland Frejus, de la ville de Marseille, par ordre de sa Majesté, en l'année 1666*. (1670)
- Un géographe-cartographe de grande renommée, Nicolas Sanson, qui a écrit à la fois un atlas de l'Afrique et plusieurs monographies d'histoire et de géographie relatives à ce continent, réunis à titre posthume dans un même ouvrage: *L'Afrique en plusieurs cartes nouvelles et exactes, et en divers traittez de geographie & d'histoire*. (1683)
- Un compilateur plein d'érudition, Phérotée de La Croix, qui a écrit un ouvrage imposant en quatre parties, ayant entre 400 et 500 pages chacune, intitulé *Relation universelle de l'Afrique ancienne et moderne où l'on voit*

---

[1] Le présent travail n'aurait pas pu être fait à partir de Tunis sans l'existence de deux sites internet: *Gallica*, le site de la BNF et le site du Centre de Recherche sur la Littérature des Voyages de l'Université de Paris-Sorbonne /Paris IV.

*ce qu'il y a de remarquable, tant dans la Terre ferme que dans les isles.* Il
l'a écrit sans jamais quitter sa bonne vieille ville de Lyon. (1688)
-   Et enfin, un ingénieur, François Froger, qui se qualifie lui-même d'ailleurs
    d'ingénieur volontaire, et qui a écrit une *Relation du voyage de Mr de
    Gennes au détroit de Magellan*, sous la forme d'un journal de bord, tenu
    avec beaucoup de régularité et de minutie, et, qui plus est, illustrée par le
    dessinateur-graveur de l'expédition C.Inselin. (1698)

Nous avons donc affaire à des auteurs qui ont une formation différente,
qui se sont spécialisés dans des domaines différents, qui n'ont pas les
mêmes objectifs, ni les mêmes préoccupations. Mais par-delà ces diver-
gences, l'aventurier, le diplomate, le cartographe, l'érudit et l'ingénieur
semblent partager certaines idées fondamentales, une même sensibilité à
l'égard du continent africain, de sa nature et de ses peuples, bref ils
semblent partager une même culture.

J'ai choisi de parler de la faune et de la flore, d'abord pour des raisons
subjectives[2]. Ensuite pour le simple fait que tous ces ouvrages que je vous
ai présentés, et tous ceux que j'ai consultés mais que j'ai exclus de ma liste,
réservent, peu ou prou, une certaine place à la description de la nature, des
plantes et des animaux sauvages. Je me suis donc intéressé à la façon dont
les auteurs décrivaient le vivant, mais comme j'avais à manipuler un corpus
de plusieurs milliers de pages, j'ai dû me contenter de l'étude de certains
points communs qui rapprochent des auteurs différents dans leur manière
de décrire la nature africaine.

### Fascination pour l'Afrique

Commençons par un point commun majeur qui réunit tous les auteurs
de ces traités et de ces relations de voyage, et qui pourrait sans doute
expliquer les autres points de convergence dont nous parlerons: c'est cette
fascination pour l'Afrique, pour ses richesses naturelles fabuleuses, pour
l'exubérance de sa flore, pour l'abondance de sa faune. Les exemples sont
très nombreux, mais écoutons ce que dit à ce propos Vincent Le Blanc
évoquant la ville d'Amina en Abyssinie:

> Nous fimes enuiron neuf mil auant qu'arriver à *Amina*, par un chemin
> couuert des plus beaux ombrages du monde, à sçavoir de palmiers,
> citronniers & orangers qui y viennent à foison. Les campagnes y sont

---

[2] Je suis un passionné de la nature, et j'ai quelques notions élémentaires en orni-
thologie.

remplies de toute sorte de bestial & d'oyseaux sauuages, qui y font
leurs œufs, que les pastres & autres ne daignent pas seulement leuer
de terre.[3]

Ou encore Nicolas Sanson qui parle de paradis terrestre en décrivant la
ville de Bougie dans le royaume d'Alger:

chaque maison a son Jardin si bien embelly de Fleurs, de Vignes, de
Fruits, de Fontaines, qu'il semble un Paradis terrestre.[4]

Et Nicolas Sanson évoquera sur un même ton laudatif la richesse de
Béjà, dans le royaume de Tunis et qui était le grenier de la Rome antique:

Begge ou Beijeol. *Bulla Regia*, & Urbs ou Ourbe ol. *Orba;* celle-cy
dans le chemin de Tebesse à Tunis, celle la dans le chemin de
Constantine à Tunis: sont l'une & l'autre dans de belles plaines, si
fertiles en grains particulierement Begge, que ceux de Tunis disent
que s'il y avoit deux begges, elles rendroient autant de bleds qu'il y a
de Sables dans la Mer.[5]

Mais parfois, dans certaines descriptions, la fascination cache mal un
curieux sentiment d'envie. Parlant de l'Egypte, Phérotée de la Croix écrit:

On a dans ce Royaume beaucoup de Grenades, extremement grosses;
on en fait du vin, qui est fort agreable; comme aussi quantité de
Citrons, de Limons, de Figues; il est vray qu'en échange il n'y a point
de Noix, de Noisetes, de Lierre, & de plusieurs autres Fruits que nous
avons en Europe.[6]

Est-ce un hasard si cette réflexion un peu enfantine, on la trouve sous la
plume du seul auteur parmi les cinq qui n'ait pas fait le voyage africain?

La nature africaine fascine parce qu'elle est riche et parce qu'elle est
belle. Richesse et esthétique sont d'ailleurs souvent liées, imbriquées.
Mais dans de nombreux exemples que j'ai rencontrés l'intérêt esthétique prévaut, comme dans cette phrase de Froger:

---

[3] Pierre Bergeron, *Les Voyages fameux du sieur Vincent le Blanc marseillois.*
Gervais Clousier. Paris. 1649. II. p.103.

[4] Nicolas Sanson d'Abbeville, *L'Afrique en plusieurs cartes nouvelles et exactes et
en divers traittez de géographie et d'histoire.* Paris. 1683. III. p. 29.

[5] Nicolas Sanson d'Abbeville, *op. cit.,* III. p. 34.

[6] Phérotée de la Croix, *Relation universelle de l'Afrique, ancienne et moderne.*
Thomas Amaulry. Lyon. 1688. I. pp. 202-203.

nous y avons vû des oiseaux qui pourroient tenir leur rang dans la
Ménagerie de Versailles par la beauté de leurs plumes, ou par leurs
figures toute extraordinaire[7]

## Techniques de la description du vivant

Face à cette exubérance de la nature africaine, la démarche descriptive
de nos auteurs a oscillé entre deux tendances: une tendance sélective et une
tendance généralisante, englobante, si j'ose dire. L'une et l'autre d'ailleurs
ne s'excluent nullement et participent d'une même logique. Face au
nombre faramineux des espèces végétales et animales à décrire, un tri
s'imposait, mais d'un autre côté, il fallait répondre aux nombreux question-
nements des lecteurs auxquels sont destinés ces ouvrages, et proposer des
synthèses, des raccourcis.

L'idée de sélection du meilleur, de ce qu'il y a de plus remarquable, de
plus emblématique, apparaît dans les cinq ouvrages de notre corpus. Parfois
dès les sous-titres, très imposants comme c'était souvent le cas au 17e siècle

> où l'on voit ce qu'il y a de remarquable, tant dans la Terre ferme que
> dans les isles (De La Croix)

> Là où sont décrites succinctement, & avec une belle Methode, &
> facile ses Empires, ses Monarchies, ses Estats, &c. les Mœurs, Les
> Langues, les Religions, les Richesses de ses Peuples, &c. Et ce qu'il y
> a de plus beau, & de plus rare dans toutes ses Parties, & dans ses îles.
> Par le Sr. Sanson d'Abbeville, Geographe Ordin. Du Roy (Nicolas
> Sanson)

Cette recherche de la particularité, de ce qui est remarquable, est parfois
posée d'une manière explicite en tant que composante d'une méthodologie
orientée vers le didactisme. Parlant d'un poisson inconnu, Froger dira ces
mots très simples mais qui montrent bien l'intention didactique de l'auteur

> j'en ay dessiné la figure: parce qu'elle m'a paru assez particulière[8].

Nicolas Sanson, dans le souci d'épargner à ses lecteurs l'embarras d'un
apprentissage qu'il juge encombrant et inutile écrira ces étranges propos
qui préconisent bien sûr l'approche sélective:

---

[7] Froger, *Relation de voyage de Mr de Gennes au détroit de Magellan*. Paris. 1698.
p. 42.

[8] Froger, *op. cit.*, p. 12.

Tous ces Peuples & Royaumes; encor les autres, qui sont aux environs du Niger, sont si peu connus, que quelqu[es-]uns ne valent pas seulement la peine, que l'on se charge de leurs noms. Nous n'en dirons que ce qui nous semblera le plus remarquable.[9]

Mais face à la multitude et à la diversité des plantes et des animaux africains, nos auteurs procèdent souvent par accumulation. Chez Vincent Le Blanc, cette description par accumulation des faits crée un effet d'amplification, une hypotypose chère aux classiques:

> Outre les lacs, les marescages, les deserts & forests impenetrables, les riches mines d'or, les gros troupeaux, les doubles recoltes par année, les bestes venimeuses, les monstres effroyables.[10]

Le traitement générique et non pas spécifique de la faune et de la flore décrite participe de cette même logique du raccourci. Pour certains genres d'animaux la description est trop générale et ne tient pas compte des nombreux traits caractéristiques des espèces. C'est ainsi que, souvent, nos auteurs, quand ils parlent des singes, disent simplement singe, alors que Haltenorth et Diller, à titre d'exemple, dénombrent pas moins de 56 espèces de singes, en dehors de lémuriens, c'est-à-dire uniquement les *simiens anthopoidea*[11]. Par exemple, chez Froger:

> Les Singes y sont plus gros & plus mechans qu'en aucun endroit de l'Afrique.[12]

En fait, devant l'abondance de la matière à décrire, la diversité des espèces tant animale que végétale, les auteurs ont recours à des généralisations ou à de modestes aveux d'ignorance, ou alors à des énumérations qui se terminent invariablement par des &.c, écrits avec une belle esperluette, ou par des formules équivalentes:

> outre une quantité de gros Oiseaux que ne connoissons pas en Europe.[13]

---

[9] Nicolas Sanson d'Abbeville, *op. cit.,* III. p. 53.

[10] Pierre Bergeron, *op. cit.* II. pp. 6-7.

[11] Th. Haltenorth et H. Diller, *Mammifères d'Afrique et de Madagascar*, Delachaux & Niestlé. Neuchâtel-Paris. 1977.

[12] Froger, *op. cit.* pp. 42-43..

[13] Froger, *op. cit.* p. 14.

On y trouve des chevres, des Cerfs, des Bœufs sauvages, des Singes, des Elans, des Civettes, des Tigres, des Elephans, des lyons, des Serpens volans, & plusieurs autres animaux.[14]

Pourtant ce même auteur est parfaitement conscient du rapport entre le générique et le spécifique. Parlant de la tortue de l'Ile de St Vincent, il dira:

La Tortuë est aussi en grande abondance autour de cette Isle: il y en a de différentes especes, & qui pesent jusqu'à trois & quatre cens livres.[15]

Malgré tout, malgré quelques approximations, malgré quelques généralisations, il existe chez nos cinq auteurs une réelle volonté de décrire avec précision les animaux et les plantes qu'ils évoquent. Comme on l'a vu, Froger recourt au dessin quand la description n'est pas suffisamment explicite, notamment pour les animaux totalement inconnus des Européens. Et le texte descriptif illustré d'un dessin à la plume ou d'une gravure permet l'identification des espèces décrites à trois siècles et demi de distance y compris les espèces que les auteurs n'ont pas réussi à identifier. Lisons plutôt cette phrase de Froger:

Nous y avons trouvé deux Oiseaux assez particuliers, l'un gros comme un Poulet d'Inde; d'un plumage noir, & les jambes grosses & courtes; sa tête a une figure toute extraordinaire, que le dessein exprimera mieux qu'un long discours.[16]

Or, d'après le dessin sur lequel il y a écrit «Oyseau inconnu tué à la côte d'Affrique», auquel s'ajoute la description sur la forme, la taille et la couleur, il est très probable qu'il s'agisse d'un *Bucerotidae*, c'est-à-dire d'un calao, caractérisé par une espèce de protubérance sur le bec, appelée casque. Mais si le genre est facile à identifier, il n'en est pas de même de l'espèce. Ecoutons tout de même la description que font Serle et Morel du Grand calao d'Abyssinie (*Bucorvus abyssinicus*):

Taille d'un dindon. Plumage entièrement noir [...]. Enorme bec noir recourbé surmonté d'une sorte de casque creux.[17]

---

[14] *Ibidem.*

[15] Froger, *op. cit.*, pp. 51-52.

[16] Froger, *op. cit.*, p. 14.

[17] W. Serle et G.J. Morel, *Les Oiseaux de l'ouest africain*, Delachaux & Niestlé, Lausanne – Paris. 1993.

Force nous est de constater qu'il y a une certaine ressemblance entre la description du voyageur du 17ᵉ et celle des deux ornithologues du XXᵉ siècle. L'oiseau inconnu tué est très probablement un Grand Calao d'Abyssinie.

Voyons ce qu'il dit à propos du second oiseau mystérieux:

> L'autre est un peu moins gros, & d'un plumage blanc par tout le corps; il a le bec long & jaune, la queüe & le fouët de l'aile d'une couleur de feu très vive, & les jambes menuës & fort longues.»[18]

Là aussi l'identification de l'espèce est *a priori* facile. Il s'agit effectivement d'une cigogne africaine, comme le montre l'inscription sous le dessin, appelée Tantale ibis *(Ibis ibis)*. Notons que le dessinateur Inselin a proposé dans la légende un dénomination particulière pour cet oiseau: *Cigogne de la Coste d'Affrique*, alors qu'il n'y a pas cette appelation dans le corps même du texte. Reste à savoir si la légende a été rédigée par Inselin ou par Froger.[19]

Dans certains cas, la description est faite avec suffisamment de précision, notamment grâce au recours à des comparaisons très expressives, qu'il n'est point besoin d'illustration pour que l'identification de l'espèce soit immédiate. Voici à titre d'exemple, cette description de Froger d'une plante tropicale:

> il y a aussi certains petits Arbustes, qui y sont fort communs, leur fruit que les Negres appellent Mandanaza, & qui n'est pas plus gros qu'une petite Noix, a la forme & la couleur d'un véritable Abricot; il est d'un assez bon goût, mais tres mal sain; la feüille est comme celle du Lierre, d'un verd un peu plus clair[20]

Il s'agit, à mon avis, sans risque d'erreur possible, d'une *anacardiacea*, plus exactement d'une espèce d'arbuste dont le nom scientifique est *Aberia Caffra*, et que tous ceux qui ont l'habitude de se promener dans le parc du Belvédère à Tunis connaissent parfaitement, puisque c'est l'une des composantes du sous-bois, et qu'ils pourraient la reconnaître rien qu'à la lecture de la description qu'en fait François Froger.

Mais parfois la description proprement zoologique ou botanique est trop peu précise pour qu'on puisse identifier l'animal ou la plante. Exemple:

---

[18] Froger, *op. cit.*, p. 14.

[19] Cf. Gravures en fin d'article.

[20] Froger, *op. cit.*, p. 12.

Le Paon de Guinée, que d'autres nomment imperiale, & Damoiselle, est noir, & à peu prés de la grosseur d'un poulet d'Inde.[21]

Pour cet oiseau, on en est réduit à des suppositions, puisque la description est trop vague, trop générale. Il existe en effet bel et bien un oiseau qui s'appelle Demoiselle, c'est l'*Anthropoïdes virgo*, appelé aussi Demoiselle de Numidie. Il est effectivement de la grosseur d'un poulet d'Inde, ou dindon, mais il n'est pas entièrement noir comme décrit plus haut, c'est seulement la tête, le cou et la poitrine qui sont noirs, le reste étant gris. Alors est-ce qu'il s'agit de la même espèce, ou d'un tout autre oiseau ? Dans ce genre de cas on ne saurait trancher.

Une remarque qui est en rapport avec la description du vivant. C'est que, par-delà l'identification de l'espèce, et de son existence dans tel lieu à telle époque, la description d'un fait de zoologie et de botanique peut être une source d'informations extrêmement variées qui nous renseigne sur un fait historique bien précis:

Le 26. sur les 2 heures après minuit, il vint moüiller auprés de nous un Vaisseau Marchand de Nantes, qui venoit saler de la Tortüe pour la Martinique.[22]

En trois mots «saler de la Tortüe pour la Martinique», on a une allusion précise sur le commerce triangulaire entre l'Afrique et les Antilles.

Inversement une information sur une activité humaine peut apporter un renseignement zoologique ou botanique:

[Les habitants de Tunis][23] font négoce de chevaux, de plumes d'aygrettes, &c.[24]

Le fait révèle la présence, à l'époque, de très vastes héronnières dans le royaume de Tunis, y compris à Tunis même, autour du lac de Tunis et dans l'île de Chikli, mais surtout au lac Ichkeul, situé au sud de Bizerte.

---

[21] Froger, *op. cit.*, p. 42.

[22] Froger, *op. cit.*, pp. 53-54.

[23] Notons que Nicolas Sanson appelle cette ville Tunes, c'est-à-dire exactement comme ça se prononce en arabe.

[24] Nicolas Sanson d'Abbeville, *op. cit.*, III. p. 23.

## Dénomination et taxinomie

Dans le but d'une identification du genre ou de l'espèce, les auteurs se réfèrent souvent aux appellations proposées dans d'autres langues, les langues autochtones africaines bien sûr, mais aussi l'arabe, le grec et le latin:

> Le fleuue *Cabella*, qui sort du lac d'*Amara*, [est] rempli de cheuuaux marins qu'ils appellent *Gomaras*, & les Arabes *Garmaran*.[25]

Ou encore chez Delacroix, cette étonnante leçon sur le lexique botanique arabe

> [Palmier] Il n'est point d'arbre plus utile que celuy ci. [...] Son fruit, qu'on appelle Date, est agreable au goût, & bon contre plusieurs maladies: les Arabes apellent l'arbre Dachet, un rameau chargé de Dates Samarrich, la bourse ou l'étuy Dux, une Date tendre, qui n'est pas encore meure, Talla, une plus grosse Nin, une à demy meure Ramich, une tout à-fait meure Bellan, une Date meure & seche Tamar, une pourrie Rotob, les feuilles Zaaf, [...].[26]

Le recours au latin participe d'une tradition scientifique séculaire, mais annonce déjà le nom scientifique tel que proposé, un siècle plus tard, par le naturaliste suédois Linné, et composé de deux ou de trois éléments désignant le genre, l'espèce, et, éventuellement, la sous-espèce. Ainsi chez de La Croix, il y a même une explication précise de la dénomination binaire:

> L'Armoise Blanche, *Achaovan Abiat*, ou herbe de S. Jean, [...] les Herboristes l'appellent *Cineraria*, à cause de la couleur cendrée, ou *Jacobea marina*, parce qu'elle croit aux bords de la mer.[27]

Quant à la dénomination proprement française de la faune et de flore africaine, elle réunit tout aussi bien les appellations appartenant au fonds lexical français, que des périphrases binaires, ou encore des mots contemporains, parfois même des néologismes. Parlant de la savane de l'Afrique de l'ouest, De La Croix écrit:

> Toute cette contrée sabloneuse n'est guere habitée, à cause de la stérilité, du peu d'eau qu'on y trouve, de la quantité de bêtes feroces & de divers Monstres qui s'y rencontrent en tout temps, parmy lesquels on y remarque le Lion, le Leopard, la Panthere, l'Elephant, le Singe, le

---

[25] Pierre Bergeron, *op. cit.* II, p. 90.

[26] Phérotée de la Croix, *op. cit.,* p. 199.

[27] Phérotée de la Croix, *op. cit.,* pp. 11-12.

Cheval & l'Asne sauvage, le Cheval & le bœuf marins, le Chameau &
plusieurs autres qui nous sont inconnus.»[28]

J'aurais deux remarques à faire à propos de cette citation.

*Première remarque.* Dans la liste des animaux de la savane, on a côte à
côte *Léopard* et *Panthère*. En français moderne, il s'agit de deux appellations différentes pour une même espèce la *Panthera pardus*. Toutefois il est
d'usage de réserver l'appellation léopard à la panthère africaine. Or ici, De
la Croix les considère comme des espèces différentes. Je ne pense pas qu'il
faille voir une confusion entre les deux espèces dans le paragraphe cité,
mais simplement le mot panthère au XVIIe siècle avait le sens de guépard,
sens par ailleurs étymologique: *panthêr* en grec signifiait «guépard». Le
mot *guépard* d'ailleurs n'existait pas encore au XVIIe. J'ai même été
étonné de trouver l'évocation du léopard et de la panthère dans le *Nouveau
Larousse Universel* de 1949: dans l'article Afrique, sous la rubrique,
*Faune, flore, productions*, on peut lire ceci:

> On rencontre en Afrique, l'éléphant, le rhinocéros, l'hippopotame, la
> girafe, le buffle, le zébu, le lion, le léopard, la panthère, l'hyène, le
> zèbre […].

*Deuxième remarque.* Si l'adjectif *sauvage* est au singulier, l'adjectif
*marins* est au pluriel. Ce qui veut dire qu'il se rapporte à *cheval* et à *bœuf*.
Le Cheval marin désigne l'hippopotame, bien sûr, calque linguistique, nous
semble-t-il de l'arabe, plutôt que du grec *hippopotamos*, cheval du fleuve.
Et il est très probable que bœuf marin se rapporte au Buffle noir, au
*Syncerus caffer caffer*. Nicolas Sanson utilisera, quant à lui, un calque
linguistique sur le grec. Il dira:

> Hippopotames ou chevaux de Rivières[29]

Dans certains cas il y a une justification explicite de la dénomination
qui se trouve dans la définition zoologique même. Froger dira:

> nous vîmes deux Soufleux; ce sont des espèces de petites Balêines,
> qui jettent l'eau fort haut & avec grand bruit.[30]

La dénomination est motivée par le souffle que l'animal projette par son
évent bien sûr. Par ailleurs, la présence du suffixe *-eux*, dans *souffleux*, au
lieu de *souffleur*, mot dont la première attestation date du XIIIe siècle, et

---

[28] Phérotée de la Croix, *op. cit.,* p. 38.

[29] Nicolas Sanson d'Abbeville, *op. cit.,* III. p. 61.

[30] Froger, *op. cit.,* p. 59.

qui désigne le cétacé dont parle Froger, révèle une déformation morphologique contemporaine au texte, puisque le XVIIe siècle, comme vous le savez, est justement caractérisé par l'amuïssement du –r implosif terminal de mot.

La dénomination trahit parfois une confusion de genre et de nom:

> Il se rencontre en Egypte un certain Oyseau, qu'on apelle Epervier sacré, à cause que les Egyptiens lui rendoient des honneurs divins; il est de la grosseur d'un Corbeau; sa tête ressemble à celle d'un vautour, & la couleur à celle du Faucon.[31]

*Epervier, faucon, corbeau, vautour*, l'accumulation des comparants ne facilite pas l'identification, mais l'évocation des Egyptiens, et l'emploi de l'épithète *sacré* nous permet de penser qu'il s'agit peut-être du Faucon sacre, *Falco cherrug*, le mot *sacre* provenant de l'arabe, avec une confusion de mots entre *sacré* et *sacre*.

Je dirais pour finir cette partie un mot sur la taxinomie, sur la classification des espèces. Evidemment, le XVIIe n'est pas le XVIIIe. Il faudra attendre Linné, Lamarck et Buffon pour que la taxinomie acquièrent ses lettres de noblesse et deviennent une véritable discipline scientifique. Mais dès le XVIIe, on rencontre des auteurs extrêmement rigoureux dans leur classement, et je ne reprocherai d'ailleurs pas aux auteurs de mon corpus d'être parfois approximatifs dans ce domaine particulier. Aucun des auteurs choisis n'est naturaliste, et c'est, de ma part, un fait exprès. On ne peut comparer que le comparable. Et si parfois nos auteurs se sont préoccupés pour savoir si le crocodile est un poisson ou non, ce n'est pas pour des raisons de classification zoologique mais simplement pour savoir s'ils pouvaient en manger pendant le Carême ou non. Les avis sont d'ailleurs contradictoires:

> Cette Rivière nourrit un nombre infiny de poissons, & de fort grands, entre autres le Crocodil, qui d'un Œuf peu plus gros que celuy d'une Oye, croit jusqu'à 20, 25 et quelquefois 30 coudées.[32]

> C'est vne chose presque incroyable des grands cris, gemissemens & larmes que cet animal iette se voyant pris, comme s'il preuoyoit qu'il doit estre mangé des pescheurs, qui en font bonne chere, sa chair

---

[31] Phérotée de la Croix, *op. cit.*, pp. 214-215.

[32] Nicolas Sanson d'Abbeville, *op. cit.*, III. p. 8.

estant blanche & de goût de chappon, & sent tres bon; aussi n'en
mange-on point en Caresme.[33]

[Parlant du cours d'eau qui traverse la ville de Barua] [...] un beau
fleuue que les Arabes appellent *Arat,* & les Abissins *Morabo,* où se
prend force bon poisson, & sur tout quantité de crocodilles, dont ils
mangent la chair, principalement en Caresme, auquel temps il s'en
prend plus qu'en tout le reste de l'année.[34]

En dernière partie de ma communication, je voudrais mettre en avant un
sentiment, une attitude que partagent nos cinq auteurs, et bien d'autres
d'ailleurs, et qui consiste à penser au profit qu'on peut tirer de ces territoires immenses et sous-peuplés. Mais je n'aborderai cette question que du
seul point de vue de la faune et de la flore.

### Pragmatisme de la description du vivant

Dans les cinq ouvrages de notre corpus, d'une manière plus ou moins
explicite, plus ou moins directe, selon les auteurs, transparaît cette volonté
un peu gourmande, de tirer profit des richesses de l'Afrique, de cueillir, de
ramasser, d'arracher, de boire, de manger toutes ces bonnes choses qui
s'offrent à eux.

C'est ainsi que la description zoologique, se transforme souvent en
description cynégétique et voire même culinaire:

Le gibier y est fort commun; les tourtes, les Pintades, & des perdrix
grosses comme des Poules,& d'un goût exquis, [...].[35]

Les riuieres nourrissent des tortuës d'vne merueilleuse grandeur, tres
bonnes à manger, & fort grasses, mais laschent si fort le ventre,
qu'elles causent mesme des disenteries.[36]

Les Bestiaux y sont extremement gras & d'une grandeur extraordinaire, la chair y est bonne.[37]

---

[33] Nicolas Sanson d'Abbeville, *op. cit.,* II, p.12.

[34] Pierre Bergeron, *op. cit.* II, p. 98.

[35] Froger, *op. cit.,* p. 14.

[36] Pierre Bergeron, *op. cit.* II, p.11.

[37] Phérotée de la Croix, *op. cit.,* p. 38.

La description des plantes, quant à elle, est parfois suivie de remarques culinaires, mais le plus souvent la relation de voyage se transforme en véritable traité de phytothérapie. Les exemples sont extrêmement nombreux, mais la palme, si j'ose dire, revient, toute catégorie confondue à la gomme arabique, appelée Baume arabique, qui était sentie comme une véritable panacée. Je ne résiste pas au plaisir de vous lire tout le paragraphe que De La Croix consacre à cette gomme:

> Le Baume, qui est la gomme de cet Arbre, & qu'on apelle la vray Baume du Soleil, distile des fentes du Tronc. Les Egyptiens se servent du Baume pour toutes sortes de maladies, qui sont causées par des humeurs froides ou par quelque venin: cette precieuse liqueur guerit aussi les playes, pouveu qu'elles ne soient pas sur les os ou sur les nerfs: il ets souverain contre la peste en en prenant par jour le poids d'une dragme: il est tres-excellent pour guerir de la mordure des Serpens & de la piqüre des Scorpions. Il est fort aperitif, il cuit & digere les crufitez & augmente la chaleur naturelle: il retablit l'oüïe & la vuë, en le distilant bien chaud goute a goute dans les oreilles et dans les yeux. Il est merveilleux contre les fievres lentes, causées par des humeurs froides & des obstructrions d'entrailles, aussi bien que contre celle qui procedent de corruption; le Baume est encore un bon remede contre les vertiges, le mal caduc, l'engourdissement des membres, le tremblement des nerfs, la toux, l'opression de poitrine, l'astme, l'indigestion d'estomach, les vens renfermez, les maux de mere, les fleurs blanches, la retention d'urine, la colique venteuse & nepfretique & la pierre qu'il resout & dissipe. C'est à tous ces usages que les Egyptiens l'employent utilement. Les femmes d'Egypte s'en servent aussi contre la strerilité en le prenant par la bouche, ou l'appliquant au dehors, ou en en recevant la fumée dans la matrice.[38] [De La Croix 120-121]

Il est probable que ce fameux baume arabique soit ce qu'on appelle aujourd'hui la gomme arabique, obtenue par la saignée du gommier *Acacia senegal*

Si nos auteurs parlent très souvent des plantes qui guérissent, ils n'en oublient pas pour autant les plantes qui tuent. Je traiterai de deux exemples:

> [A propos de Dancala en Nubie] Ils ont un certain poison, qui vaut cent Ducas l'once, & ne le vendent qu'aux Etrangers, & avec promesse de ne s'en servir que hors du pays.[39]

---

[38] Phérotée de la Croix, *op. cit.*, pp. 120-121.

[39] Nicolas Sanson d'Abbeville, *op. cit.*, III. p. 59.

L'emploi de l'adjectif *certain* montre bien que Nicolas Sanson ne connaît pas ce poison si rare et si cher, dont le secret est jalousement gardé. D'ailleurs Sanson utilisera le même adjectif pour parler d'une plante anti-venin:

> [Parlant de Pescara Borgiu une ville à l'est du royaume d'Alger] Les habitans de Pescare demeurent à la campagne en Esté, étants contraints d'abandonner la Ville à cause des Scorpions qui y sont; & dont la morsure est mortelle: comme celle de certains Scorpions noirs qui sont vers Calaa dans le Royaume de Labes: mais icy les habitans prennent deux Drachmes de certaine plante; qui les guerit aussi-tôt, s'ils en sont mordus; & les en préserve encor une année entiere.[40]

Le deuxième exemple concerne les poisons:

> Il y a de tres-bons Fruits, des Plantes merveilleuses pour la nourriture & pour la Santé: il s'en trouve de venimeuses, entr'autres l'*Addad*, dont l'eau distillée du poinds d'une dragme fait mourir un homme en une heure de temps.[41]

Je pense que le *A* de *Addad* rend compte de l'article défini arabe, mais je n'ai pas trouvé la preuve qu'il s'agit d'un mot arabe. Cette racine présentée comme un poison violent est en vente libre dans tous les pays d'Afrique, y compris la Tunisie, bien que sa nocivité soit connue. On ne s'en sert pas pour tuer son prochain, en tout cas pas à ma connaissance, mais il se trouve simplement que *Addad* est l'une des composantes essentielles de l'encens.

Je voudrais pour finir insister sur le fait que ces auteurs, qui viennent d'horizons différents, et qui ont parlé de l'Afrique, et de la nature africaine, l'ont fait probablement avec, semble-t-il, des velléités de conquête coloniale. Il va de soi qu'on assiste là, d'une manière plus ou moins subtile, à la préparation de l'ère coloniale française. Une phrase comme celle de Fréjus, parlant de la région d'Alger:

> Dans les Montagnes désertes, il s'y trouve des Mines d'Or, d'Argent, de fer, quantité de Bêtes farouches.[42]

---

[40] Nicolas Sanson d'Abbeville, *op. cit.,* III. p. 41.

[41] Phérotée de la Croix, *op. cit.,* p. 38.

[42] Roland Fréjus, Relation d'un voyage fait dans la Mauritanie, en Affrique, Gervais Clousier, Paris, 1670.III, p. 28.

est significative dans la mesure où les richesses et les dangers sont en juxtaposition aux sens grammatical et physique du terme. Les bêtes farouches évoquées ici sont l'emblème de tous les dangers qui menacent ceux qui veulent cueillir les pommes de ce paradis terrestre, pour reprendre le mot employé par Nicolas Sanson.

Dans cet autre exemple, l'évocation des dimensions extraordinaires de l'Afrique, et de ses espaces quasi vierges semblent significative de cette volonté expansive et coloniale:

> à prendre depuis le destroit de Gibraltar, ou pluistost depuis Porto-Farina vers Tunes, iusqu'au cap de Bonne-Esperance, qui est sa plus grande estenduë du Septentrion au Midy, on y conte plus de soixante-dix degrez, qui sont plus de deux mille lieuës: & du cap verd au cap de Guardafu ou Guardafuy, qui va d'Orient en Occident, il y a près de quatre-vingt degrez, qui sont enuiron deux mille cinq cens lieuës de pays, qui comprennent vne espace prodigieux, & tel que nostre Europe est fort peu de chose en comparaison [...].[43] [Le Blanc II.2]

Le fait d'évoquer l'Europe et d'établir une comparaison ne me semble pas gratuit.

---

[43] Pierre Bergeron, *op. cit.* II. p. 2.

# V. L'Afrique mise en scène

# La représentation de l'Egypte dans le théâtre baroque en France sous Louis XIII

par

LYES ANNABI

L'Egypte, à la première moitié du XVII<sup>e</sup> siècle, est une contrée lointaine et néanmoins toute proche. Elle est géographiquement lointaine, puisque les récits de voyage, censés rapporter de façon significative les us et coutumes du pays et par là même raccourcir les distances, ne commencent à fleurir que sous l'ère Louis-quatorzienne. Elle l'est aussi symboliquement, puisqu'elle reflète, plus qu'aucun autre pays de la région, le mystérieux faste de l'Orient.

Proche, l'Egypte l'est avant tout sur le plan imaginaire, puisqu'elle constitue la terre biblique par excellence, la terre de genèse de la geste monothéiste à laquelle l'Occident est viscéralement rattaché. Proche également, dans la mesure où l'Egyptien était une composante à part entière du tissu social en France: il incarnait les gens du voyage, «ces errants que l'on nommait «Egyptiens» ou «Bohèmes» [et qui] «ont circulé librement à travers les provinces françaises [...] au temps de Henri IV et de Louis XIII»[1].

Or, il se trouve que la création théâtrale en France, particulièrement sous Louis XIII, a représenté cette image très contrastée de l'Egypte et de l'Egyptien. Elle est parvenue, surtout, à tirer profit de tous les préjugés colportés, à tort ou à raison, sur l'Egypte afin d'aider à l'édification de l'univers théâtral baroque, caractérisé par un sens inné de l'inconstance et du travestissement.

Notre travail consistera donc à restituer les contours de la représentation théâtrale de l'Egypte, et ce, en focalisant sur les deux imaginaires distincts auxquels réfère le vocable «Egypte» dans les croyances religieuse et sociale de la France de la première moitié du XVII<sup>e</sup> siècle. D'une part, l'Egypte comme terre de tous les préjugés et l'Egyptien comme appartenant à un peuple nomade hantant les provinces françaises. Cette image se colporte au XVII<sup>e</sup> siècle dans les pastorales d'Alexandre Hardy, *La Belle Egyptienne*, entre autres, et jusque dans certains ballets de cour Louis-quatorziens.

---

[1] François de Vaux de Foletier, «Les Tsiganes en France au XVII<sup>e</sup> siècle», in: *XVII<sup>e</sup> siècle*, n° 92, 1971, p. 147.

D'autre part, l'Egypte comme terre biblique et l'Egyptien comme appartenant à un peuple élu, souvent martyrisé pour avoir cultivé et défendu une foi
naissante et fragile. Cette image se reflète intensément dans les tragédies
bibliques mettant en scène la mythologie de la genèse sur fond d'histoire des
Hébreux à l'époque hellénistique. L'*Antioche* de Jean-Baptiste Le Francq,
parue en 1625, en est la parfaite illustration.

### L'Egypte, bohème orientale

Le Robert, dictionnaire historique de la langue française, définit l'Egyptien comme suit: «s'appliquait à une personne membre de tribus nomades,
en général des Tsiganes, qu'on croyait originaires d'Egypte.» Cette
croyance, voire cette méprise, trouve son origine dans une sorte d'association d'idées par laquelle on identifie les gens du voyage ayant circulé en
Europe, aux individus adoptant un mode de vie nomade. Les Egyptiens en
font partie, au même titre que les bohémiens. François de Vaux de Foletier
traite du problème, de façon fort documentée, dans ses ouvrages consacrés à
l'élaboration d'une histoire générale des Tsiganes[2].

Repoussés par les populations autochtones, maltraités en raison de toutes
sortes de rumeurs circulant sur leur compte (voleurs, ravisseurs, bagar-
reurs…), ces Egyptiens errent sans fin à la recherche d'un hypothétique
havre d'hospitalité. Leur réputation, loin d'être surfaite du reste, leur vaut
l'inimité des sédentaires et le constant intérêt de l'administration judiciaire,
tandis que les artistes et autres écrivains y décèlent un précieux filon à même
d'agrémenter leur sensibilité et de nourrir leur imaginaire, à une époque où
les goûts, heurtés et frustes, ne s'offusquent ni de finesse ni de mondanité.

*La Belle Egyptienne*, pièce d'Alexandre Hardy parue en 1628[3], intègre
à sa structure narrative la donne des croyances qui circulaient à l'époque sur
le compte des Egyptiens. Elle est même la principale courroie de transmission d'une intrigue jouant sur l'inconstance des protagonistes.

Certes, Hardy n'y a pas fait preuve d'originalité débordante puisqu'il en
a emprunté le sujet à une des *Nouvelles Exemplaires* de Cervantes, intitulée
*La Gitanilla*, mais le fait qu'il n'ait pas conservé le titre originel de la pièce
de Cervantes et qu'il ait délaissé la racine «gitan» au profit d'une référence
explicite à l'Egypte témoigne de l'existence, dans la société de l'époque,
d'une pratique sociale de l'exclusion à l'égard des gens du voyage et de sa

---

[2] *Les Tsiganes dans l'ancienne France*, Paris, Soc. d'éditions géographiques et
touristiques, 1961, et *Mille ans d'histoire des Tsiganes*, Paris, Fayard, 1971.

[3] A. Hardy, *La Belle Egyptienne*, texte établi et annoté par B. B. Caravaggi, éd. Fasano
di Puglia, Schena; Paris, Nizet, 1983, 221 p.

cristallisation dans l'image de l'Egyptien. Le lecteur de l'époque n'ignorait sans doute pas l'association d'idées que susciterait la présence du vocable «Egyptienne» dans le titre de la pièce. Jouant ainsi sur la force et l'omniprésence de ces préjugés, Hardy a composé sciemment un titre provocateur. En effet, Bernadette Benarez Caravaggi affirme que «les Egyptiennes avaient en France une réputation de laideur incontestée» et, citant Eugène Rigal, ajoute que

> c'est sans doute parce que telle était l'opinion du public que Rosset d'abord et Hardy ensuite ont caractérisé par l'appellation exceptionnelle de La Belle Egyptienne celle que Cervantes avait appelée plus simplement la Gitanilla[4].

Le titre de Hardy acquiert, dès lors, une inattendue valeur oxymorique qui en dit long sur le contenu de la pièce.

En effet, toute la structure de la pièce, par delà ses multiples péripéties et rebondissements, repose sur le contraste occasionné par le travestissement: entre l'être noble, aux caractères de distinction vestimentaire, de beauté physique et d'attitude chevaleresque, s'oppose le paraître égyptien, fait de laideur et de grossièreté. Cette ambivalence statutaire des personnages de la pièce éclate, en réalité, dès l'Argument. L'auteur y verse dans le manichéisme le plus béat, servant singulièrement son objectif de créer une pièce s'inscrivant dans la tradition de la péripétie et de la reconnaissance. Il nous apprend, ainsi, que Constance a été ravie dès son jeune âge par une vieille Bohémienne:

> Constance toutefois nee à la vertu ne laisse d'en faire éclatter les rayons conjoints à ceux de sa beauté, parmy ceste canaille vagabonde, où le vice tient son empire.

Vertu, rayons, beauté jurent manifestement avec canaille, vice et vagabondage. Dom Jean de Carcame, tombé éperdument amoureux de Constance, s'inflige par amour l'épreuve, terrible s'il en est, consistant à vivre deux ans comme Egyptien. Pour ce faire, il troque ses habitudes nobiliaires contre les coutumes frustes, le parler emprunté et l'habit typique de ce peuple. C'est ainsi que s'installe, tout au long de la pièce, un chevauchement statuaire, déjà suggéré par la formule antithétique de l'intitulé de la pièce. Le déguisement de Dom Jean en Egyptien le fait accéder au monde peu en-

---

[4] B. B. Caravaggi, in: «La Belle Egyptienne» au carrefour des différentes poétiques du début du XVII*e* siècle, note n° 40, idem, p. 31; citant E. Rigal, Alexandre Hardy et le théâtre français à la fin du XVI*e* et au commencement du XVII*e* siècle, Paris, 1889, Genève Slatkine, 1970, p. 240 et suiv.

viable de la canaille et à l'affect du personnage constamment brimé et pourchassé.

Sacrifiant aux lois du genre et aux contraintes du spectacle, Alexandre Hardy ne fait aucun cas de l'éventuelle épaisseur psychologique de ses personnages, de même qu'aucune approche sociologique du phénomène de l'exclusion sociale ne transparaît à l'examen critique de la pièce. En effet, alors qu'elle aurait dû s'insérer dans une logique déterministe qui lui aurait fait épouser la cause de son peuple d'adoption du fait qu'elle y a reçu toute son éducation et hériter de la psychologie du groupe, Constance fait fi de toute cette épaisseur fondamentale et réagit d'instinct, recouvrant inconsciemment et comme par miracle, ses dispositions innées. Elle se laisse aller, dès lors, à traiter de tous les noms sa société d'accueil et son mode rituel de fonctionnement:

> Nourrie entre un amas de personnes oisives
> A nulle autre vertu qu'à leurs ruses actives, [...]
> Une inclination toutesfois de nature
> Trompe d'autres et vous en cette conjecture
> Que parmy la licence un troupeau vicieus
> Empêche que l'honneur ne me soit precieus, (Acte I, scène 1)

La vieille égyptienne, qui lui tient lieu de mère, clame aussitôt sa réprobation devant autant de ressentiments gratuits:

> Hé, folâtre, où pren-tu ce que tu viens de dire?
> Le moyen t'écoutant de se tenir de rire ? (Acte I, scène 1)

La situation ne s'embarrasse pas de vraisemblance, Constance s'adressant à sa mère adoptive en des termes expressément affectifs. L'homogénéité du personnage s'en ressent, tandis que l'inconstance structurelle de l'intrigue s'en trouve affermie. L'altérité, chez Alexandre Hardy, est un espace d'exclusion qui magnifie, par effets de contraste, l'espace de prédilection, originel et pur. Ce manichéisme ambiant déteint jusqu'à sur la conception qu'on se fait de l'éthique sociale qui

> se révèle bien différente selon le rang de celui que l'on prétend juger. Vu comme le geste d'un égyptien, son comportement ultérieur sera considéré comme d'une brutalité et d'une arrogance ignominieuses, mais tout autre sera l'opinion des mêmes personnes lorsqu'on y reconnaîtra la réaction d'un noble offensé injustement par un soldat.[5]

Le statut de l'énonciateur fluctue selon que l'on privilégie, chez les personnages inconstants, leur rôle de composition ou celui d'origine. C'est

---

[5] Bernadette Benarez Caravaggi, *op. cit.*, p. 35.

ainsi que Dom Jean, devenu par la force des choses Andrès, découvre à ses dépends les avatars du discours de l'Egyptien: comment, en effet, convaincre de son innocence quand l'assistance, la justice même, sont convaincus du contraire? Etre persuasif n'est décidément pas du ressort de tous. Les arguments avancés importent si peu finalement du moment qu'on demeure prisonnier de sa logique d'énonciation.

Le cloisonnement statutaire et éthique des personnages ne profite qu'à une vision exotique de l'autre. Décrites avec parcimonie, les coutumes égyptiennes laissent transparaître leur caractère littéralement primitif. Seule l'énergie du désespoir amoureux pousse Dom Jean à intégrer le groupement des Egyptiens et même à se conformer à leurs règles sociales, notamment celle qui préconise qu'une Egyptienne n'épouse qu'un prétendant parmi les siens, ou qu'à chaque Egyptien est affublé un nom de guerre.

L'énumération de ces coutumes contribue, en réalité, à rendre les frontières de classe encore plus étanches. En aucun moment, en effet, ne doit se profiler à l'horizon éthique de la pièce l'éventualité d'une union conjugale contre-nature. Il est évident, dès lors, que ces coutumes, attribuées au vécu égyptien, sont inventées de toutes pièces pour servir l'idéologie dominante. Elles ne sont en définitive que le contrepoint d'une vision réductrice de l'autre et l'envers d'un décor social immuable. L'Egypte, en tant qu'altérité, apparaît dans cette pièce comme le reflet grossissant d'une société centrée sur elle-même. Toute la pièce repose sur le postulat selon lequel l'Egyptien est le faire-valoir d'une morale qui le transcende, dont il est littéralement exclu et à laquelle il aspire. D'ailleurs, le personnage égyptien n'hésite pas à faire siennes les valeurs de l'Occident. Ses schèmes de pensée et ses références mentales remontent indifféremment au modèle grec antique. Bernadette Benarez Caravaggi le fait remarquer, fort à propos, dans son étude introductive de la pièce:

> Il n'est jusqu'aux Egyptiens qui ne s'attachent à trouver un antécédent prestigieux à leur style de vie dans certains exploits de Mercure, Jupiter et ses amours, Hercule et ses prouesses, Jason à la recherche de la Toison d'or, Thésée vainqueur du Minotaure...Tels sont les héros divins ou mortels qui inspirent le plus souvent les analogies que Hardy tresse avec ses personnages.[6]

Cette tendance assimilationniste, par laquelle on dénigre à l'Egyptien tout système de référence lui étant spécifique et grâce à laquelle on lui attribue en toute impunité un système de rechange, se rencontre dans les tirades de tous les personnages égyptiens. Et d'abord chez les porte-flambeaux mêmes de l'identité égyptienne, à savoir la vieille égyptienne et le capitaine égyptien.

---

[6] *Ibid.*, p. 14.

La vieille égyptienne, défendant dans une longue tirade la cause des siens, se surprend à la fin de sa démonstration en train de référer à la Morphée de la tradition grecque, comme si pour elle, cette évocation coulait de source et ne jurait pas avec le contenu de ses précédents propos:

> Nature au demeurant n'a loy plus ancienne
> Que pratiquer chez nous premiers la charité,
> L'espreuve t'apprendra que je dis verité.
> Retirons-nous, Morphée à mon tour me demande. (Acte III, scène 2)

L'originalité de la tradition égyptienne, défendue becs et ongles par la vieille égyptienne semble, ainsi, se délecter de cette malencontreuse référence à l'identité grecque! Quant aux divinités égyptiennes qu'aurait pu convoquer le personnage dans un contexte de vraisemblance, elles sont totalement éludées. En attestent les propos du capitaine égyptien qui se laisse aller à défendre son identité et son style de vie comme suit:

> Nôtre vocation, Mercure l'enseigna,
> Qui les bœufs d'Apollon dérobant n'épargna.
> Telle coutume on tient autrefois usitee
> Chez le peuple guerrier de Sparte l'indomtee… (Acte II, scène 4)

L'amalgame est total entre le «nous» identitaire et fier qui renvoie aux hauts faits de la société égyptienne et l'enseignement de Mercure sous l'autorité duquel se place curieusement le personnage.

On le voit bien: la référence à l'Egypte, dans la pièce d'A.Hardy, est fortement teintée d'ethnocentrisme. Il y va de l'essence même d'une pièce qui repose entièrement sur le contraste baroque entre la dépravation supposée des personnages déguisés en égyptiens et leur rectitude morale d'origine. Et en cela, Hardy ne fait qu'exploiter un thème très répandu dans l'art de l'époque: celui de l'Autre, qui n'est saisi dans sa différence fondamentale que pour mieux l'exclure du champ de la morale. La représentation de l'Egyptien est strictement subordonnée à ce parti pris qui se prête bien, par ailleurs, aux lois de la mise en scène en général et à celles du théâtre baroque, en particulier, féru de violence complaisante. C'est ainsi qu'à partir du quatrième acte, les événements se précipitent: à l'instigation vengeresse de Carduche, l'Alcade ordonne l'extermination pure et simple des Egyptiens qui devront répondre, à leur corps défendant, de leurs actes. Les propos de l'Alcade ne laissent pas de doute quant à l'estime dans laquelle il tient ce peuple dépravé:

> La prudence nous doit en sorte gouverner,
> Que l'on puisse saisi le canon discerner.
> Grande difficulté parmy cette canaille,
> Qui jour et nuit active à la fraude travaille,

Sçait plus d'inventions, de ruses, de détours,
Que le reste du monde, et affine toujours. (Acte IV, scène 4)

La comparaison avec «le reste du monde» isole les gens du voyage et les installe dans un ghetto de l'exclusion. D'ailleurs, l'intention de l'Alcade consiste précisément à donner corps à cet espace de l'enfermement où les Egyptiens devront être parqués:

> [...] Faisons donc une enceinte
> Qui puisse envelopper toute leur bande atteinte,
> Demeuree au milieu de nôtre peuple êpars,
> L'issue tellement forclose à ces renards
> Qu'on recouvre la perte. Ou bien, si, temeraire,
> Une rebellion mutine elle ose faire,
> Main basse, tuez tout : mon aveu suffisant
> Ce meurtre general absout dés à present. (Acte IV, scène 4)

L'invitation au «meurtre general», ajoutée à l'usage du mot collecteur «tout» pour référer aux Egyptiens, plonge la scène dans une atmosphère de violence caractérisée et d'acharnement physique autorisé. Pour B.B. Caravaggi, «ce terme «tout» employé pour désigner en vrac tous les Egyptiens révèle le mépris dont ils sont l'objet, au point qu'ils sont ici assimilés à des choses»[7]. Comme si cela ne suffisait pas, la troupe de villageois renchérit en écho à l'Alcade et abonde dans le sens de l'extermination. Le mécanisme de l'escalade dans la violence est enclenché; les Egyptiens n'ont qu'à bien se tenir:

> Cette invitation avait reçu l'immédiate approbation de la «troupe», qui va jusqu'à considérer l'extermination des pauvres bohémiens comme «le plus dous sacrifice» à offrir au Ciel...; quant au soldat présent sur scène, il avait renchéri encore en affirmant: «perdre jusqu'aus enfans je ne tien cruauté». Carduche est parvenue à susciter autour d'elle une véritable furie destructrice qui ne de-mandait qu'à exploser.»[8]

Cette énergie de destruction a trouvé, en les personnes des Egyptiens, un exutoire naturel. L'image qu'ils colportent et que renforce le mécanisme de représentation fait d'eux des antihéros à même d'encaisser les coups d'une violence réparatrice, cathartique. Le personnage de la vieille égyptienne, tout particulièrement, semble, à lui seul, renforcer l'archétype de l'antihéros coupable des pires méfaits. Avec elle, le vol à la tire, la ruse et l'extorsion de l'argent accèdent, en effet, au statut de métier dont elle se charge de

---

[7] *Op. cit.*, p. 27, note n° 31.

[8] *Idem*, p. 27.

perpétuer l'héritage. Ses accoutrements et sa gestuelle, s'ils participent à l'exotisme ambiant, ne contribuent pas moins à la dramatisation du spectacle. Avec elle, le danger devient latent et la violence imminente. Elle porte, en elle, tous les stigmates de sa race dont le caractère exclusif est souligné, sur le plan du décor, par la présence «à un des costez [du théâtre, d'] une tente avec de la paille...»[9]. Pour mieux figurer les traits de ce personnage achétypal, reportons-nous à un célèbre tableau de l'époque, exécuté par Georges de La Tour et intitulé «*La Diseuse de bonne aventure*». Sur cette toile, en effet, le peintre représente une vieille gitane prédisant l'avenir à un passant au moment même où ses complices, profitant de l'inattention du jeune homme, le détroussent. Il s'agit d'une véritable «mise en scène de théâtre, dans un espace étroit où s'inscrit le ballet des regards et des mains»[10]. Le personnage de la diseuse de bonne aventure concentre en lui tous les attributs accolés aux Egyptiens dans l'imaginaire collectif et colportés par A. Hardy dans sa pièce: teint de peau basané, laideur repoussante, regard perçant et malicieux, habits exotiques. Le peintre et l'auteur dramatique, chacun à sa manière, se sont attribués le mythe et ont exploité ses ressorts dramatiques et ses vertus scéniques.

## L'Egypte, terre biblique

Dans l'*Antioche* du moine Jean-Baptiste Le Francq, datant de 1625, l'Egypte n'est plus seulement le référent mental des personnages, mais bien plutôt un lieu géographiquement ancré; et les Egyptiens sont moins des gens du voyage hantant les provinces occidentales qu'une peuplade autochtone évoluant sur la terre de ses ancêtres. En effet, cette tragédie biblique retrace le parcours des campagnes militaires du tyran Antioche, roi de Syrie, tentant de mater la résistance autochtone à la pénétration de l'hellénisme en Egypte et en Judée. Ce qui le conduit, successivement, en Egypte (acte I) et à Jérusalem (le reste de la pièce). Le peu de cas que font les auteurs baroques du principe unitaire de lieu facilite ces déplacements entre lieux lointains tout au long de l'intrigue.

La raison pour laquelle Antioche lève une première expédition en Egypte tient au soulèvement de Ptolomé, dit d'Egypte qui refuse, au nom de son peuple, de renier sa foi pour adopter celle de l'envahisseur. C'est, donc, sur fond de conflits religieux que se structure la pièce de J.B. Le Francq. Les autres personnages égyptiens présents sur scène dans cet acte I

---

[9] Mahelot, *Mémoire*, p.75; cité par B. B. Caravaggi, *ibid*, p. 28.

[10] Pierre Cabanne, «La Tour revisité», in: *Connaissance des arts*, n° 543, octobre 1997.

sont: «le chœur des Egyptiens», «le chœur des soldats morts Egyptiens» et «un prêtre Egyptien». Certains détails exotiques trahissent la volonté de représenter un espace de l'altérité. Outre le fait supposé que les Egyptiens portent des habits à la mode locale, leurs propos sont teintés de références explicites aux divinités égyptiennes. C'est ainsi qu'ayant vécu un songe fort prémonitoire, Ptolomé, qui s'apprête à croiser le fer avec l'armée d'Antioche, convoque le Druide et l'informe du contenu funeste du songe en ces termes:

> Ha! Ne m'en parlez plus, meshuy je desespere,
> Les presages, du Ciel annoncent la colere.
> J'ay veu le Serapin abismer dans un creux,
> Un creux profond, et noir plus qu'un enfer affreux :
> Je l'ay veu cestoit luy ce corne-pied Osyre,
> Qui dans le front sacré de Vulcan se retire (Acte I, scène 5)

Serapin, ou Serapis selon Le Robert, est une «divinité introduite en Egypte par Ptolémée I[er][...].Son nom lui venait sans doute d'un sanctuaire de Memphis réservé au culte des taureaux défunts»[11]. Quant à Osyre, il s'agit, bien entendu, du «dieu égyptien anthropomorphe représenté sous l'aspect d'une momie»[12]. L'évocation de ces deux divinités suffit à instaurer la couleur locale si indispensable à la vraisemblance interne. Elle est même renforcée par le Druide lorsqu'il entreprend d'expliciter le contenu du songe:

> Sire, c'est la couleur de nostre Dieu Memphite,
> Il en honore ceux qu'il marque de sa fuite.
> Et ces deux champions arrctez front à fron
> Qui se sont embrochez de cruelle façon :
> Ne doubtez ce sont chefs de la bande gregeoise
> Qui debandez desja s'entretaillent par noise. (Acte I, scène 5)

Le dieu «Memphite», évoqué par le Druide, réfère aux divinités de la ville égyptienne de Memphis qui «devint capitale de l'Egypte unifiée. Résidence des Pharaons pendant tout l'Ancien Empire [...] elle était depuis les origines, le centre du culte de Ptah»[13]. Lieu géographique (la ville de Memphis) ou référence imaginaire (les divinités locales), tout concourt à édifier un espace voulu de l'altérité qui jure avec le référent mental de l'hellénisme propre à Antioche. Deux conceptions du monde résolument différentes sont en confrontation, militairement et symboliquement. Et si la

---

[11] Le Robert 2, éd. 1983, entrée «Sérapis», p. 1652.

[12] *Idem*, p. 1341.

[13] *Ibid*, p. 1187.

foi d'Antioche finit par vaincre, c'est que la civilisation égyptienne était déjà
pénétrée de l'imaginaire grec et envahie par les référents hellénistiques.
En effet, cette couleur locale n'est que de façade et l'altérité de pacotille.
Même les références aux divinités égyptiennes que nous avons citées ont une
signification duelle puisqu'elles ont été récupérées par la mythologie grecque
et transformées en divinités occidentales. Serapin, nous apprend Le Robert,
«réunissait les attributs de différents dieux grecs [...]. On en fit bientôt un
dieu suprême, «l'unique Zeux Sérapis» selon la formule rituelle, et son culte
gagna la Grèce, Rome et l'Asie mineure»[14] . De même pour Osyre dont le
culte «franchit [...] les limites de l'Egypte et gagna la Grèce et l'Empire
romain»[15] . Quant à la ville égyptienne de Memphis, elle était «cosmopolite
[...] [et] possédait des temples dédiés à Baal [...] [et] aux cultes
d'Héphaîstos (le Ptah grec)»[16].

L'effort entrepris par J.B.Le Francq en vue d'attribuer à l'espace de
l'altérité égyptienne une vraisemblable touche d'exotisme ne saurait cacher
les nombreux emprunts qu'il a puisés dans les pièces de Garnier et même de
Sénèque et qui contribuent à couler la référence à l'Egypte dans un moule
préétabli, conditionné par une conception ethnocentriste de l'Autre. En effet,
Maria Miller, dans sa monumentale thèse sur *La tragédie biblique à l'âge
baroque en France entre 1610-1650*, a clairement démontré à quel point
J.B. Le Francq, dans sa pièce, a une dette envers l'illustre Robert Garnier,
notamment dans *Marc-Antoine*(1578) et *Les Juifves* (1583). Entre autres
troublantes similitudes relevées, notons celle qui concerne, précisément, la
scène 1 de l'acte I de l'*Antioche* où Le Francq ne fait que reconduire un
modèle de scène, longuement éprouvé, depuis Sénèque jusqu'à Garnier:

> Le roi, qu'il soit César, Nabuchodonosor ou Antioche, se trouve face
> à Marc-Antoine, Sedecie ou Ptolomé, les rois révoltés, et il discute du
> problème souievé à cette occasion, avec un confident [...].
> Considérant l'acte I, sc.1, César correspondrait à Antioche et le
> Conseiller à Agrippe. Il y a, dans les deux œuvres, une personne sur
> laquelle porte la discussion: Antoine dans *Marc-Antoine*, Ptolomée
> dans *Antioche*, et le lieu est le même: L'Egypte. César envisage la
> mort d'Antoine et Antioche celle de Ptolomée.[17]

Derrière les apparentes originalités dans la représentation d'un espace

---

[14] *Idem*, p. 1652.

[15] *Idem*, p. 1341.

[16] *Idem*, p. 1187.

[17] Maria Miller, *La Tragédie biblique à l'âge baroque en France entre 1610-1650*,
Doctorat Nouveau Régime, Thèse dactylographiée, Sorbonne-Nouvelle, Paris III, France,
1988, p. 374.

exotique comme pourrait l'être l'Egypte au regard de l'imaginaire occidental, se profile un lieu commun du théâtre humaniste qui trahit l'omniprésente influence du référent hellénistique et la volonté manifeste de lire la périphérie à travers le prisme du centre. La réalité égyptienne est soigneusement gommée des propos des Egyptiens mêmes. A sa place, fleurissent les références mythologiques grecques. Ce qui, convenons-en, n'est pas pour servir la cause de la vraisemblance interne. En atteste l'évolution scénique du «Chœur des soldats morts Egyptiens». En effet, les âmes des défunts égyptiens, morts au combat, hantent l'espace scénique et l'emplissent de leurs complaintes. Maria Miller résume la scène comme suit:

> Elles se lamentent car, faute de sépulture elles sont condamnées à errer sans paix sur les rives du Tartare. Comme leur ultime espoir est de se faire transporter au Styx par «batteau», une courte scène dialoguée est développée par la suite entre elles et le vieillard Charon, le transporteur [...] Malgré leurs supplications, Charon leur refuse le passage car, elles ne possèdent pas la pièce de plomb qu'il exige comme frais de transport.[18]

Pour des âmes supposées se conformer au rite mortuaire en vigueur dans les contrées de l'Egypte pharaonique, on saurait difficilement faire mieux en matière d'aliénation culturelle! Les pratiques funéraires égyptiennes, pourtant si abondantes et si représentatives d'une civilisation flamboyante, sont soigneusement évacuées au profit de «pratiques funéraires païennes, ou simplement de la mythologie grecque»[19]. Le recours à l'épisode de la traversée du fleuve Styx par le nocher Charon s'inscrit dans une longue tradition, d'origine grecque, de figuration du passage à l'au-delà. Manifestement, J.B. Le Francq ne s'en détourne pas, quand bien même il serait question de la représentation d'une altérité concurrente possédant ses propres mécanismes symboliques. Il n'hésite pas, dès lors, à se jouer de la vraisemblance interne et à détourner la figuration de l'altérité africaine de toute tentation de lecture sociologique. Pourvu qu'il satisfasse aux goûts prononcés de l'époque pour une représentation fantastique de l'imaginaire occidental, païen ou sacré!

## Conclusion

Qu'il soit question de l'Egypte, Bohème orientale, ou de l'Egypte, terre biblique, l'effort de coloration locale, attesté à la lecture des deux pièces

---

[18] *Idem*, p. 377.

[19] *Idem*, p. 377.

choisies, demeure trop timoré pour espérer constituer l'ébauche d'une lecture sociologique de l'Autre africain. La représentation de la réalité égyptienne et le témoignage des coutumes en provenance de cette lointaine contrée, souvent détournées de leur fonction première par la force des préjugés, sont assujettis à une entreprise d'assimilation aux schèmes de pensée occidentaux. Si l'univers de la représentation baroque ne recule pas devant le défi de la convocation d'espaces différents et lointains, africains notamment, il n'en subordonne pas moins le principe à une lecture occidentalisée de l'Autre, païenne ou chrétienne. L'Autre à travers soi; la formule n'a jamais été aussi bien éprouvée qu'à l'époque baroque, toute tournée vers l'érection de l'Image comme puissance à même de résister à l'iconoclastie de la Réforme et donc, vers l'attribution à l'art d'une tâche missionnaire. La perception de l'altérité africaine n'a pu résister au développement de ces nouvelles voies de l'imagination et du savoir.

# Carthage et Rome au théâtre:
# le conflit entre générosité et machiavélisme

par

## PERRY GETHNER

A partir du grand Corneille, les dramaturges classiques qui présentent le conflit entre les deux villes héroïques se plaisent à les faire rivaliser, soit en magnanimité, soit en Realpolitik. La tendance baroque, où les intérêts politiques cèdent la priorité chez les protagonistes à l'amour-passion (Mairet, *Sophonisbe*) ou à l'amour galant et désintéressé (Scudéry, *Eudoxe*), n'est plus de saison. Le machiavélisme est désormais la philosophie favorite chez les conseillers des rois, et souvent chez les rois eux-mêmes. On continue à parler d'amour et de générosité, mais avec moins de conviction. Dans la plupart des cas, cependant, les Carthaginois sont plus sympathiques et plus généreux que les Romains, d'autant plus que l'impérialisme romain s'associe trop souvent à la tyrannie et au mépris de tous les autres peuples.

Pour Thomas Corneille dans *La Mort d'Annibal* (1669) le grand général carthaginois est le modèle suprême de grandeur d'âme.[1] Dans cette tragédie, comme dans *Nicomède*, la pièce de Pierre Corneille qui a inspiré le choix de ce sujet par son frère, Carthage ne fonctionne plus comme endroit géographique. C'est désormais un état d'âme, incarné par Annibal, qui refuse le nouvel ordre mondial et veut conserver les valeurs traditionnelles comme la franchise, la dignité personnelle, l'amour de l'indépendance, la haine de la tyrannie et de la ruse, la foi des serments, l'amitié, et l'estime pour les gens de mérite. Mécontent du programme de pacifisme et de conciliation adopté par les Carthaginois, il s'est exilé volontairement et recherche des alliés dans la lutte contre Rome. Ce qu'il hait n'est pas seulement la ville elle-même, mais surtout ce qu'elle représente pour lui:

---

[1] Sur Thomas Corneille, voir Gustave Reynier, *Thomas Corneille, sa vie et son théâtre* (Paris, 1892); David A. Collins, *Thomas Corneille, Protean Dramatist* (La Haye: Mouton, 1966). Cette tragédie a récemment suscité un renouveau d'intérêt. Voir C. J. Gossip, «'Le Goût de l'antiquité': Thomas Corneille and the Death of Hannibal,» *Forum for Modern Language Studies* 26 (1990) 13-25; Emmanuel Minel, «Thomas Corneille sur les traces de son frère,» *PFSCL* 55 (2001) 413-31; Richard E. Goodkin, *Birth Marks: The Tragedy of Primogeniture in Pierre Corneille, Thomas Corneille, and Jean Racine* (Philadelphie: University of Pennsylvania Press, 2000), chapitre 7.

une force corruptrice qui détruit l'héroïsme et la dignité pour créer partout
ailleurs une race d'esclaves volontaires. En dévoilant ses projets à son
disciple Nicomède, il peint les Romains comme tout à fait odieux:

> Je n'ai pas cherché loin [pour trouver des alliés potentiels], leurs dures
> violences
> Se plaisant à choquer les plus vastes puissances;
> Assez de potentats ont voulu rejeter
> L'odieux joug des fers qu'on les force à porter.
> Mais, quoique de ce joug l'indignité les gêne,
> Leur courage trop mol secondant mal leur haine,
> J'ai vu ces fiers tyrans impuissamment haïs,
> Triompher jusqu'ici de mes desseins trahis (II,4,565-72).[2]

C'est donc une guerre éternelle entre deux idéologies, plutôt qu'un
conflit politique entre deux villes, et Annibal croit fermement qu'il combat
pour le salut du monde.

Puisque l'essence de Carthage transcende la ville africaine et s'incarne
dans une seule famille, Annibal doit combiner l'enjeu politique et l'enjeu
matrimonial. S'il marchande la main de sa fille, Elise, c'est qu'il espère
trouver un successeur en son gendre. Etant donné que la jeune femme
partage pleinement l'idéologie de son père et exige que son futur époux en
fasse autant, chacun des trois prétendants se croit obligé de proclamer
hautement son adhésion aux valeurs anti-romaines, quelles que soient ses
convictions véritables. Selon la logique de la pièce il est inévitable qu'Elise
tombe amoureuse de Nicomède, car le prince bithynien est un disciple fervent d'Annibal qui désire sincèrement continuer la lutte contre Rome.
Après tout, chez Thomas, comme dans la plupart des tragédies de son frère,
l'amour réciproque doit être basé sur l'estime mutuelle, basée à son tour sur
l'adhésion aux valeurs héroïques. Elise est prête, cependant, à sacrifier son
amour au devoir, comprenant que son père ne la donnera qu'à celui qui
pourra le plus pour avancer leurs projets. Or Annibal, sachant que le temps
presse, a besoin d'un roi régnant pour gendre, et le père de Nicomède est
toujours vivant. Donc il accorde sa fille à un autre prétendant qui vient
d'être couronné. Le sacrifice n'aura pas lieu après tout, car le rival perd sa
couronne. Il y a même une lueur d'espoir au dénouement, car même si Annibal meurt, il souscrit enfin au mariage d'Elise et de Nicomède, tous deux
ayant juré de venger la chute de Carthage.

Dans ce conflit idéologique Thomas divise les mauvaises qualités entre
deux personnages: Flaminius, l'ambassadeur romain qui rejette carrément

---

[2] J'utilise l'édition Slatkine Reprints des *Œuvres de Thomas Corneille* (Genève,
1970; facsimilé de Paris, 1758), mais en modernisant l'orthographe.

toutes les valeurs morales dans le but de garantir la suprématie politique de sa patrie, et Prusias, le roi faible et lâche qui se livre à des bassesses de plus en plus indignes. Si celui-ci a accueilli Annibal, ce n'est pas par conviction morale ou politique, mais par pur égoïsme: il voudrait à la fois se maintenir dans les bonnes grâces de Rome et se ménager un peu d'indépendance en conservant le grand héros auprès de lui. Avant même de se laisser corrompre par les idées machiavéliques de Flaminius, il se dégrade en tombant amoureux d'Elise – amour inconvenable, vues les différences d'âge et de tempérament et, bien entendu, non payé de retour. Pour écarter les deux autres prétendants, qui sont plus sortables à tous les égards, il prodigue ruses et mensonges, mais qui sont vite déjoués. Thomas le punira, contrairement aux données historiques, en le faisant tuer par une main inconnue au cours d'une bagarre entre les soldats romains qui tentent de capturer Annibal et les soldats pergamiens qui arrivent pour le défendre. Non seulement Prusias essuie constamment des échecs, mais aussi il perd l'estime de tout le monde et meurt de la façon la moins glorieuse possible.

Flaminius, le porte-parole de Rome, se signale comme rusé et adroit, mais aussi comme arrogant et sarcastique. En parlant aux rois, il utilise tour à tour la cajolerie, la menace et l'insulte. Il s'oppose totalement au code de la générosité, car il est insensible à la noblesse d'âme chez autrui et prône ouvertement la Realpolitik. Quand il annonce à Prusias que Rome réclame Annibal, il refuse d'accorder la moindre valeur à la promesse d'hospitalité accordée par le roi de Bithynie au vieux guerrier:

> Hé quoi! Prusias, vous êtes scrupuleux?
> Apprenez, apprenez, pour solide maxime,
> Que qui sert le sénat ne peut faire de crime;
> Et que de mille horreurs un forfait revêtu,
> Quand il est fait pour lui, doit passer pour vertu,
> Que partout cette gloire est la seule qu'on prise. (III,6,1160-65)

Mais au moment où ses projets échouent, on voit qu'il n'a pas la patience et le tact pour souffrir à son tour les sarcasmes d'Elise et il quitte la scène avec une dernière menace, peu convaincante cette fois-ci: «Rome de ces mépris saura vous tenir compte» (V,6,1841).

Pour compliquer davantage son intrigue et pour suggérer un moyen terme entre lâcheté et magnanimité, Thomas invente un nouveau personnage, Attale (nouvellement proclamé roi de Pergame; ce n'est pas l'Attale de *Nicomède*). Ce jeune roi, amoureux lui aussi d'Elise, tente de tenir tête à l'influence romaine sans en avoir la force nécessaire. Desservi surtout par sa naïveté, car il est incapable d'imaginer que ses interlocuteurs pourraient être hypocrites et rusés, il dit ouvertement tout ce qu'il pense et ne comprend guère l'incompatibilité fondamentale entre les exigences d'Annibal et celles de Rome. Dans la scène centrale où le héros carthaginois confronte directement l'ambassadeur romain (III,3), le pauvre Attale, qui essaie sincèrement de rester en bons termes avec les deux, reste interdit la plupart du temps. Annibal, qui le croit faible et maniable, l'accepte pour gendre pour la seule raison qu'il a besoin d'un roi indépendant qui puisse lui fournir une armée. Mais Attale se voit bientôt détrôné par le retour de son frère aîné qu'on avait cru mort. Ne servant plus à rien des deux côtés, il fait un dernier effort pour se réhabiliter en tentant de défendre Annibal, mais il arrive trop tard et se fait capturer par les gardes romains. Privé de son rang, de sa bien-aimée et même de sa bonne réputation, il symbolise la fragilité des espoirs ultimes d'Annibal dans un monde où les chefs se plient plus ou moins volontairement devant la domination romaine.

La tragédie de Thomas Corneille connut un échec total lors de sa création. On peut conjecturer que le public, prêt à déceler partout des allégories de la monarchie française, fut déçu par l'histoire de la défaite du héros, si glorieuse qu'elle soit. A une époque où Louis XIV était en train d'établir sa réputation comme guerrier indomptable et comme soutien des pays opprimés contre la tyrannie des ennemis héréditaires de la France, les gens s'attendaient peut-être à un dénouement plus optimiste, sinon triomphant.

Pierre Carlin de Marivaux, en reprenant ce sujet dans son unique tragédie, *Annibal* (1720), donne encore plus de place à l'amour galant dans son intrigue.[3] Cette fois-ci, le vieux guerrier et l'ambassadeur romain s'affrontent directement, rivaux en amour autant qu'en politique. Tous deux sont épris de Laodice, fille du roi Prusias, et chacun espère profiter d'un mariage avec cette princesse pour réaliser ses projets diplomatiques et militaires. Mais leur duel s'accompagne de conflits intérieurs, car tous les deux trouveront la satisfaction personnelle et les intérêts politiques difficiles à concilier.

Marivaux, obligé par la dramaturgie classique de ne pas trop déformer un personnage historique bien connu, ne donne à Annibal qu'une passion modérée, qui, quoique sincère, est surtout amour-estime. C'est avant tout sa haine contre Rome et son ambition de reprendre la lutte militaire qui le font agir. Pour lui, Rome est une source de corruption qui dégrade les pays alliés en détruisant la majesté des rois et la fierté patriotique chez les sujets (I,3). Pleinement lucide, Annibal sait bien que la jeune princesse ne saurait

---

[3] Cette tragédie ne reçoit qu'une mention relativement brève dans les études sur Marivaux. La meilleure étude reste, à mon avis, la notice de Frédéric Deloffre dans son édition du *Théâtre complet* (Paris: Garnier, 1968). E. J. H. Greene fait remarquer avec justesse dans son livre *Marivaux* que le jeune dramaturge a choisi exprès un sujet qui lui permette d'exprimer «an attitude of defiance to those who use force to limit the freedom of others» (University of Toronto Press, 1965, p. 53).

répondre à son amour, mais que celle-ci, ayant l'âme noble, l'admire énormément et voudrait seconder ses desseins. Même s'il lui déclare (I,2) que c'est le désir de mériter sa main par de nouvelles conquêtes qui le poussent à sortir de sa retraite tranquille, il avoue bientôt après à son confident (I,4) que la gloire est encore plus aimable que la princesse. S'il consent à rester à la cour de Prusias, plutôt qu'aller chercher un asile ailleurs, c'est qu'il a trouvé les autres rois lâches ou perfides, alors que Prusias, malgré sa faiblesse évidente, veut être estimé et pourrait se laisser manipuler par son futur gendre. Lorsqu'il apprend qu'il a perdu sa dernière chance, il se suicide avec calme et sérénité, gardant jusqu'au bout son sens de dignité personnelle. Pourtant, dans la mesure où Annibal cède à l'amour, le dramaturge crée une vague association entre le héros antique et le mythe du chevalier errant, affrontant le péril pour mériter l'estime de sa dame.

Ayant compris que la véritable tragédie n'est pas tant la mort du héros que la défaite de son idéologie, Marivaux va plus loin que Thomas Corneille en supprimant les derniers vestiges d'espoir pour l'avenir. C'est sans doute la grande raison pour laquelle il a éliminé le fils de Prusias, Nicomède, qui figurait dans les tragédies de Pierre et de Thomas Corneille comme enfant adoptif et successeur idéologique du général carthaginois et qui restait vivant et résolu au dénouement. Annibal, trop âgé pour durer beaucoup plus longtemps en tant que chef militaire, a surtout besoin d'un successeur. Mais Marivaux, qui lui refuse un enfant biologique et qui donne à Prusias non plus un fils mais une fille, condamne le héros et son idéal politique à l'extinction. Premièrement, Laodice n'est pas du tout guerrière et ne s'intéresse guère à manier le pouvoir politique; elle estime sincèrement le génie militaire d'Annibal et partage son mépris pour la politique romaine, mais elle est incapable d'agir. Tout ce qu'elle peut faire au cours de la pièce est de l'avertir quand elle apprend la trahison de son père; elle le sert, littéralement, avec ses larmes. Deuxièmement, même si Annibal l'aime, il tient à l'épouser surtout pour des raisons dynastiques: Prusias sera obligé d'appuyer les projets militaires de son gendre, et de plus, si ce mariage produit un fils, celui-ci sera l'héritier de la Bithynie et probablement bon disciple de son père. Ainsi les échecs que subit Annibal sur les plans politique et amoureux sont étroitement liés. C'est absolument sa dernière chance, car Annibal sait qu'il peut compter encore moins sur les autres rois de la région pour appuyer ses projets.

Laodice, qui annonce les jeunes premières des comédies futures de Marivaux, indique en même temps le déclin, mais non la disparition, de l'héroïsme cornélien. Elle éprouve de l'incompatibilité, non seulement entre l'amour et le devoir, mais aussi entre l'amour et l'estime. En racontant la naissance de son amour pour l'ambassadeur romain trois ans auparavant, elle commence par raconter à quel point elle était scandalisée par l'attitude méprisante de Flaminius envers son père et par la lâcheté obséquieuse montrée par celui-ci. Mais dès qu'elle a regardé Flaminius de front, l'attraction physique a opéré, et le coup de foudre l'a emporté sur ses convictions politiques et héroïques:

> Mon propre abaissement, Egine, me fut doux.
> J'oubliai ces respects qui m'avaient offensée; [...]
> Je m'oubliai moi-même, et ne m'occupai plus
> Qu'à voir et n'oser voir le seul Flaminius. (I,1,36-40)

Le conflit entre l'amour-passion et le code généreux, auquel elle croit profondément, la tourmentera pendant toute la pièce. Malgré ses efforts pour contraindre une passion qu'elle qualifie de lâche et d'indigne, Laodice se laisse aller à un «agréable espoir» (IV,1,1033) quand son père lui ordonne d'épouser Flaminius au lieu d'Annibal. Néanmoins, ce n'est pas l'amour qui l'emportera au dénouement, car, frustrée par le manque de générosité et de complaisance chez Flaminius, elle rejette l'offre de sa main après le suicide d'Annibal. Le dramaturge laisse prévoir que Laodice à l'avenir rejettera également tous les prétendants qui ne partagent pas l'héroïsme de son ancien fiancé et donc restera célibataire. Le triomphe de l'amour, sujet de tant de pièces ultérieures de Marivaux, n'est donc pas le sujet de celle-ci.

Le représentant de Rome, Flaminius, qui a des instincts généreux et n'est pas tout à fait méprisable, croit que son devoir l'oblige à pratiquer, un peu malgré lui, le type de Realpolitik exigé par les intérêts de sa patrie. Autrement dit, il faut accabler d'humiliations les rois alliés et continuer à persécuter les ennemis vaincus, même s'il n'y a aucune nécessité militaire ou politique pour le faire. Il espère concilier son rôle diplomatique avec son amour en faisant accorder à Laodice le statut de citoyenne romaine – honneur qu'elle trouve incompatible avec sa conception de la dignité des rois. Il admettra même dans un entretien final avec Annibal jusqu'à quel point il admire l'héroïsme de son adversaire (V,9). Mais Marivaux pousse la confrontation idéologique à son paroxysme quand Laodice lui demande de mériter sa main en lui accordant la vie et la liberté de son ex-fiancé. Flaminius, saisi d'horreur par ce qu'il considère une suprême tentation, invoque une théologie triomphaliste qui rend légitime tout ce que fait sa nation: il parle des «augustes desseins» de Rome et de ses «austères vertus» qui ont mérité la faveur des dieux (IV,3,1194, 1213). Mais Laodice l'interrompt en pleine période pour lui opposer sa propre théologie, basée sur la liberté, l'équité et le respect mutuel pour tous:

> Ah! les consultez-vous, Romains ambitieux?
> Ces Dieux, Flaminius, auraient cessé de l'être
> S'ils voulaient ce que veut le Sénat, votre maître.

Son orgueil, ses succès sur de malheureux rois,
Voilà les dieux dont Rome emprunte tous ses droits (IV,3,1214-18).

Flaminius lui résiste, avec une douleur qu'il ne cache pas, pour faire son devoir en tant que Romain et ensuite se condamne d'avoir montré tant de faiblesse (IV,4), mais le code auquel il sacrifie ses désirs personnels vient d'être démasqué comme une générosité inauthentique.

On pourrait comparer cette pièce écrite pendant la Régence aux transformations sociales de cette époque. Si Laodice admire pleinement Annibal sans l'aimer, alors qu'elle éprouve une passion involontaire pour son rival, elle ressemble aux Français qui continuaient à estimer la grandeur du siècle précédent (représentée par Annibal), tout en désirant s'y soustraire et vivre dans un monde plus frivole où l'essentiel est le plaisir, la grâce, le confort et la tranquillité.

La tragédie où la démolition des valeurs héroïques est la plus avancée est *Genséric* d'Antoinette Deshoulières (1680): le code généreux y a presque entièrement disparu. Paradoxalement, c'est aussi une des rares pièces où Carthage l'emporte sur Rome sur les plans politique et militaire.[4] Nous sommes au 5ᵉ siècle après J.-C., à une époque où Rome, qui vient d'être pillée deux fois par des armées de peuples considérés comme barbares, se trouve aussi incapable de se gouverner que de se défendre. Carthage, par contre, est le noyau d'un empire vandale qui s'est graduellement annexé toute l'Afrique du Nord. Genséric, roi des Vandales, est un guerrier redoutable et presque invincible qui incarne les désirs de conquête et d'expansion de sa race. Malheureusement, c'est aussi un monstre dépourvu de conscience et de générosité, et ses triomphes doivent autant à la ruse et à l'opportunisme qu'à la valeur. Selon lui, un roi n'a aucun besoin de garder ses serments ni de traiter humainement son peuple; il lui est légitime d'envahir d'autres pays pourvu qu'il trouve le moindre prétexte pour le faire. Excellent stratège et juge de caractère, il comprend jusqu'où il peut aller et quelles sortes d'obstacles il risque d'encourir, y compris le rôle de l'opinion publique. Ayant pris garde de placer des partisans et des espions partout, même à Rome, il est au courant des projets et de la puissance militaire de ses ennemis. Refusant également toute contrainte religieuse, car il invoque les dieux seulement pour faire accroire aux autres, il se sert constamment du verbe «oser». Par exemple, quand il explique ses projets à son fils préféré, Hunéric, qu'il veut couronner mais sans déposséder son fils aîné, Trasimond, il parle de «ravir un sceptre à nos voisins» (II,3,405). Pour lui donc la conquête n'est pas une activité héroïque, mais plutôt la

---

[4] Je renvoie, pour le texte et pour les références bibliographiques, à ma propre édition de cette pièce dans le recueil *Femmes dramaturges en France (1650-1750), Pièces choisies*, tome 2, dans la série Biblio 17 (Tubingen: Gunter Narr, 2002).

manipulation des adversaires faibles et démoralisés. L'héroïsme romain désormais disparu, les Vandales n'ont pas besoin de cultiver leur grandeur d'âme.

Quant à son adversaire principal, l'impératrice Eudoxe, qui avait convoqué Genséric à Rome pour venger la mort de son premier mari et qui se trouve actuellement prisonnière de son allié trop puissant, elle égale Genséric en fermeté et en lucidité. Mais elle rivalise avec lui aussi dans ses mauvaises qualités: mépris pour les autres, acceptation du machiavélisme et manque de générosité. Ne songeant qu'à la vengeance, elle accepte de trahir ses vrais amis et de recourir à des ruses qu'elle qualifie elle-même d'indignes. Elle envisage avec une joie féroce la destruction des Carthaginois, mais sans aucune vision positive pour l'avenir. Il est significatif qu'elle termine la scène où elle dévoile ses projets en proclamant: «Il est doux de périr avec ses ennemis.» (II,7,670)

Cependant la générosité n'est pas encore éteinte. Les jeunes premiers, le fils aîné de Genséric et la fille de l'impératrice romaine, sont des êtres purs qui croient aux valeurs traditionnelles et supposent ingénument que tous les autres y croient également. Trasimond incarne bien l'héroïsme conventionnel: c'est un jeune prince fidèle, vaillant, honorable, compatissant, et sincèrement amoureux. Ce qui est curieux, c'est qu'il met en pratique le code de la générosité sans y croire pleinement. Au moment de déclarer son amour à la jeune Eudoxe, il émet des doutes inquiétants:

> On m'estime, il est vrai; mais quand on me voit faire
> De votre liberté ma plus pressante affaire,
> Quand je hasarde tout, ce soin n'est-il compté
> Que pour un pur effet de générosité? (I,3,111-14)

Et sa bien-aimée s'empresse de le rassurer qu'on peut toujours distinguer entre ces deux mobiles. Mais ni l'un ni l'autre ne comprennent la brutalité de leurs parents, prêts à sacrifier le bonheur et même la vie de leurs enfants pour satisfaire leurs projets mesquins. Et puisque les jeunes gens n'ont pas les talents d'un chef et sont trop timides pour lancer une révolte totale, ils seront effectivement sacrifiés au dénouement.

La dramaturge, voulant indiquer un moyen terme entre générosité et machiavélisme, a créé un nouveau personnage: Sophronie, jeune princesse considérée comme l'héritière légitime du trône africain, quoique la fille d'un général romain. N'ayant jamais quitté Carthage, élevée par Genséric, et ne sachant guère à quel pays il lui faut s'identifier, elle se croit prédestinée aux malheurs par des divinités hostiles. Son comportement au début du dernier acte est révélateur: après avoir organisé avec succès une révolte populaire contre Genséric, elle refuse d'aller plus loin et de prendre le pouvoir, s'écriant: «Que le Ciel à son gré dispose de l'Afrique./ C'est l'amour qui m'occupe et non la politique» (V,2,1303-04). Pourtant, Sophronie possède non seulement quelques-uns des talents d'un bon chef, mais aussi des instincts généreux: elle méprise Genséric, dont elle démasque l'hypocrisie, et aime le jeune premier, seul digne de son amour. Malheureusement, c'est aussi une héroïne modelée sur les furies de Racine. Incapable de se maîtriser, elle poignarde son amant, dès qu'elle se rend compte qu'il aime ailleurs, puis se poignarde elle-même. En somme, elle représente la confusion des valeurs dans un monde condamné à la déchéance.

Le pessimisme absolu du dénouement de *Genséric* semble avoir rebuté les spectateurs dès la création de la pièce. Les innocents sont défaits, les méchants restent impunis, et l'idéal héroïque s'écroule. Carthage n'est plus que l'antre des barbares qui viennent de piller Rome et qui vont bientôt la renverser; pareillement, Rome, dépourvue de héros et de dignité morale, mérite pleinement de tomber. Ainsi que les deux villes étaient, au départ, des modèles rivaux de grandeur morale et militaire, elles se montrent, à l'époque de leur déclin, des modèles égaux de décadence. On ne sait pas au juste à quoi il faut attribuer la vision sombre de Mme Deshoulières. Mais on pourrait proposer toutes sortes d'hypothèses: par exemple, aporie de la tragédie française après la retraite de Corneille et de Racine, reconnus désormais comme modèles incontournables; déclin de la noblesse française sous le régime autoritaire de Louis XIV; perte de foi dans l'idéal de la *translatio imperii*, où la France moderne remplacerait la Rome antique comme capitale politique et culturelle de l'Europe; mépris des vanités mondaines selon une perspective chrétienne (si la pièce annonce la conversion future de l'auteur). La pièce glorifie la générosité, tout en en signalant la fragilité et la rareté dans le monde réel, et sans beaucoup d'espoir pour un renouveau de l'âge héroïque à l'avenir.

# De *La Mort d'Asdrubal* à *La Mort d'Annibal* ou Z.J. Montfleury et Th. Corneille, lecteurs de l'histoire de Carthage

par

HAMDI HEMAIDI

Dans le paysage de la production dramatique du XVII$^e$ siècle, Zacharie Jacob dit Montfleury et Thomas Corneille constituent deux cas intéressants .En effet, ces deux épigones des ténors de la tragédie classique ne présentent en apparence aucun lien commun.montfleury est surtout connu comme acteur faisant partie de l'Hôtel de Bourgogne et exploitant son énormité corporelle pour une interprétation ostentatoire des rôles qui lui sont confiés. Thomas Corneille,imitateur de son frère Pierre et des auteurs à succès, a tout mis en œuvre pour être dans l'air du temps. Ces deux figures distinctes de la marginalité ont cependant des similitudes et entretiennent entre eux des relations objectives qui méritent examen. Montfleury a notamment créé les rôles de Prusias dans *Nicomède* et de Syphax dans *Sophonisbe* de Pierre Corneille ainsi que celui de Seleuchus dans *Antiochus* de Thomas Corneille .Celui-ci a écrit *La Mort d'Annibal* (1669) par référence à *Nicomède* et Zacharie Jacob a composé *La Mort d'Asdrubal*(1647) par référence au *Sac de Carthage* de Jean Puget de la Serre,[1] auteur en vogue à l'époque .Entre les deux hommes existent donc un lien direct (d'auteur à auteur),un lien indirect (Pierre Corneille) et une identité de démarche (la quête de la reconnaissance à travers l'imitation d'auteurs à succès).

Les deux dramaturges se sont, comme l'indiquent les titres des deux tragédies en question, intéressés de près à l'histoire de Carthage. Leur lecture des événements n'est pas dénuée d'intérêt dans la mesure où elle soulève une interrogation de taille: la pratique scripturale des épigones est-elle

---

[1] Voir *Dictionnaire du Grand Siècle*, Fayard, 1990, p. 1059.

une simple reproduction du modèle dominant ou comporte-t-elle malgré tout quelques formes d'écart?

En tant que tragédies historiques, *La Mort d'Asdrubal* et *La Mort d'Annibal*[2] sont à situer par rapport à la tragédie politique cornélienne qui fait figure de référence et par rapport à la tendance générale et à la doctrine relative à ce domaine au XVIIe siècle.

Nous nous proposons donc de décrire dans un premier temps les faits relatés dans les deux pièces, d'expliquer dans un second temps les raisons qui ont présidé à l'écriture de l'histoire de Carthage dans ces deux œuvres et enfin de mettre en évidence les éléments fondamentaux d'une vision du monde qui se dégage à partir du traitement dramatique de données historico-politiques.

*La Mort d'Annibal* et *La Mort d'Asdrubal* sont les tragédies de deux chutes, celle d'un homme et celle d'une cité. En exil, chez Prusias, roi de Bithynie, et ne pouvant plus faire face aux pressions de Rome, le fils d'Amilcar a été contraint de se donner la mort par le poison, Carthage est détruite par les Romains (146 avant J.C.)

Thomas Corneille relate ici le dernier épisode de la vie errante d'Annibal. Son ultime tentative de lutte contre l'hégémonie de Rome s'est soldée par un échec. Celui-ci s'inscrit dans une série de défaites essuyées par le général carthaginois (capitulation à Zama en 202, fuite du suffète réformateur à l'étranger en 195, effondrement militaire de son hôte Antiochus en 190, volte-face de son allié Prusias en 183). Cette fatalité immanente de type historique a été utilisée par le dramaturge pour construire une intrigue politico-sentimentale axée sur des rivalités amoureuses inventées par l'auteur et rattachées à un contexte historique marqué à la fois par l'ingérence de Rome dans les affaires des royaumes d'Orient et par la haine viscérale que celle-ci voue à Annibal. En effet, Prusias, son fils Nicomède et son captif Attale frère et successeur d'Eumène, roi de Pergame cru mort à la suite de l'annexion de ce pays par la Bithynie, se disputent l'amour d'Elise, la fille d'Annibal. Celle-ci n'est disposée à écouter que celui qui représente le meilleur allié pour son père et qui soit prêt à venger Carthage. Flaminius, l'ambassadeur de Rome, multipliera les manœuvres pour amener l'un des trois soupirants à accepter de livrer Annibal. Ses manigances déboucheront sur l'assassinat de Prusias par Attale et le suicide du général carthaginois.

Les libertés prises par Thomas Corneille par rapport à la réalité historique servent à rendre compte de la manière dont il use pour écrire la chute

---

[2] Editions utilisées: Montfleury (Zacharie Jacob dit), *La Mort d'Asdrubal*, in *Théâtre de Messieurs de Montfleury père et fils*, Tome 1, réédition de la Compagnie des librairies, Paris, 1739, pp. 1-63; Thomas Corneille, *La Mort d'Annibal*, in *Oeuvres*, Tome 6, réédition Slatkine reprints, Genève, 1970, pp. 495-516.

d'une figure emblématique. Contrairement à ce qu'annonce le titre, Annibal n'est pas le personnage central de la pièce. Sa marginalité actualisée dans l'histoire par les échecs déjà essuyés est mise en évidence par un certain nombre de procédés qu'il convient de noter. Cet exilé désormais peu soutenu par son protecteur n'a plus d'attache. Il n'évoque Carthage qu'à deux reprises (vers 638 et 809). Ses apparitions sont rares et intermittentes. N'étant plus tout à fait l'objet du conflit, il n'entreprend pratiquement pas d'action, se contentant de différer l'aboutissement de l'offensive de son adversaire. Même ses qualités de maître et de stratège sont remises en question. Nicomède dont il a assuré la formation militaire se conduit comme un néophite et Flaminius fait montre de ruse et d'habilité en exploitant une intrigue sentimentale à des fins politiques. Annibal est donc exhibé pour être déprécié. Même l'acte final qu'il a accompli pour sauver son honneur est dépourvu de toute dimension héroïque puisqu'il est présenté comme étant la solution à laquelle a été acculé celui qui n'avait pas le choix.

La chute du héros de la seconde guerre punique est accentuée par celle de ses alliés. Prusias meurt assassiné. Attale, prisonnier des Romains, ne sera pas roi de Pergame puisque son frère Eumène n'est pas mort. Nicomède et Elise sont livrés à eux-mêmes. Rois, princes et héros de guerre sont donc réduits à l'état de marionnettes dans cette pièce épousant la forme de la chronique d'une mort annoncée.

Dans l'écriture de la chute de Carthage, Montfleury a mis l'accent sur l'assaut final mené par Scipion. Le massacre des Carthaginois au cours de trois ans de siège et le désir d'infliger une punition à une cité qui, malgré sa défaite dans les guerres puniques, continue d'être une menace sérieuse pour Rome sont certes évoqués, mais l'intrigue est focalisée sur la trahison du général Asdrubal qui, pour sauver sa femme et ses enfants, a accepté la reddition des derniers résistants qui se sont réfugiés au temple d'Eschmoun. Présentée comme un acte lâche et prémédité, cette capitulation est érigée ici en comportement représentatif du défaitisme et du machiavélisme carthaginois. Toute l'action est centrée sur la négociation de cette reddition par Asdrubal. Cette négociation est menée sur deux fronts. Est proposée à Scipion une tactique lui permettant d'accéder au «fort» et de mater les résistants tout en épargnant la vie de l'épouse et des deux filles du chef carthaginois.

Les tentatives de convaincre Sophronie, Sophronisbe et Hianisbe de ce choix se sont multipliées mais elles sont restées vaines. Pour racheter cette trahison, l'épouse et ses deux enfants se sont immolées par le feu. Doublement perdant, Asdrubal s'est suicidé.

La chute de Carthage est donc présentée ici comme étant essentiellement l'aboutissement d'une politique désastreuse où la primauté des intérêts personnels peut ouvrir la voie à toutes les compromissions et entraîner la cité vers la dérive. Cette interprétation de l'histoire passe sous silence le mouvement de résistance des Carthaginois et suggère que l'autodafé de Sophronie est un acte isolé.

Qu'il s'agisse de la relation des derniers jours de la vie d'Annibal ou de la trahison d'Asdrubal, ce qui est perceptible c'est que l'écriture de l'histoire de Carthage est en fait l'écriture de l'histoire de Rome, avec toutefois deux attitudes différentes vis-à-vis de celle-ci. Alors qu'en 1647 elle représente le modèle de référence dans le débat sur la construction de l'Etat, elle n'est plus en 1669 que l'illustration d'un pouvoir impérialiste qui veut exercer son hégémonie sur tout le bassin de la Méditerranée.

Dans la tragédie de Montfleury, alors que l'action se passe à Carthage les véritables protagonistes sont les chefs romains. La question de l'assaut final fait l'objet d'un débat entre Scipion et Caton, débat qui est à mettre en relation avec celui qui a eu lieu au sénat entre les partisans de la destruction de Carthage et ceux qui s'y opposaient. Dans l'action menée par Scipion, on décèle la fermeté du chef militaire mais également une dimension humaine. Avant d'achever la destruction de Carthage il sollicite pour cette cité la grâce du sénat, il pardonne à Amilcar qui complotait contre lui, il autorise Asdrubal à faire ses adieux à ses deux filles. Face au spectacle d'une ville en cendres et d'un général carthaginois agonisant, il est saisi par un sentiment de remords:

> C'en est fait, il est mort. O désespoir! O rage!
> Je n'ai pu conserver un homme de Carthage.
> Le sort, pour me contraindre à fausser mon serment,
> De l'empire Afriquain n'a fait qu'un monument. (v. 1594-1597)

Impassible, Caton le rappelle à l'ordre:

> Pleurer ses ennemis c'est marque de faiblesse (v. 1599)

Ce qui se trouve donc décrit et mis en évidence ici c'est une violence fondatrice dictée par les exigences d'un Etat fort. Carthage, ayant été et étant toujours un obstacle à la concrétisation de ces exigences, doit donc être anéantie.

Le contexte dans lequel Thomas Corneille a écrit sa *Mort d'Annibal* est différent de celui de *La Mort d'Asdrubal*. L'histoire de Rome n'est plus analysée du même point de vue. L'auteur de la tragédie de 1669 met en scène un Flaminius particulièrement intransigeant qui, à l'image de pays qu'il représente, dicte sa loi à ses alliés et use de tous les moyens pour fléchir récalcitrants et ennemis. L'impact des menaces de l'ambassadeur de Rome est souligné par la présence-absence du personnage. Il ne se manifeste pour la première fois qu'au milieu de l'acte III (scène 3) et n'intervient que dans huit scènes sur trente- sept. Mais tout ce qui est entrepris par les autres personnages dépend de l'appréciation qu'il en fait et de la manière dont il compte l'exploiter par la suite.

La violence fondatrice constitutive de la politique de Rome cède ici la place à l'intrigue et à l'action nuisible qui ruine les royaumes voisins de l'intérieur.

Alors que la pièce relate les dernières années de l'exil d'Annibal, seule Rome occupe une place prépondérante dans le discours des personnages. De simples allusions sont faites à Bithynie et à Pergame. *Carthage* n'est citée que six fois. Par contre *Rome* a droit à soixante-neuf occurrences et le terme *sénat* est employé vingt-deux fois. La présence de Rome accule l'autre à l'effacement.

L'écriture de l'histoire de Carthage est également à mettre en relation avec une conception de la tragédie politique à deux moments importants du XVIIe siècle, avec un contexte historique spécifique et avec un horizon d'attente qui agit sur l'acte d'écriture.

D'après Jean Rohou,[3] la tragédie historico-politique a, de 1637 à 1677, connu trois formes d'expression. Celle qui correspond à la période allant de 1637 à 1643 met en scène la lutte du héros contre une passion contradictoire avec les valeurs qu'il incarne. Celle de la période de 1643-1653 est centrée sur le machiavélisme et la quête du plaisir. Quant à celle de 1653-1677, elle est marquée par l'émergence d'un théâtre spectaculaire, par le recours excessif au romanesque et, chez Racine, par «*la sublimation poétique d'une déchéance tragique*».[4] Ces changements se sont produits en fonction du contexte: opposition des aristocrates et du clergé à l'Etat autoritaire de Louis XIII et de Richelieu, adoption par la Régente et par Mazarin d'une politique de l'intrigue et de la primauté de l'intérêt individuel, règne personnel de Louis XIV.

Nous retrouvons dans la tragédie de Montfleury (publiée en 1647) les éléments fondamentaux de l'esthétique de la seconde période. L'auteur met en scène un chef militaire chargé de diriger la résistance à l'assaillant romain, qui est prêt à sacrifier son pays et son peuple pour ses intérêts personnels. En effet, Asdrubal met tout en œuvre pour que sa femme et ses enfants soient épargnés par Scipion. Il agit en connaissance de cause puisque malgré les multiples mises en garde des Carthaginois, il ne se remet nullement en question. Bien plus, il sait pertinemment qu'il agit en traître, mais il ne se ravise pas: tout en reconnaissant «avoir trahi Carthage» (vers 695), il continue dans la même voie:

---

3 Jean Rohou, *La Tragédie classique*, SEDES, 1996.

4 *Ibid.*

> La Grandeur de Carthage incline vers la fin.
> Que puis-je accompagné de ces malheureux restes? (vers 538-539)

Montfleury montre le mode de fonctionnement de ce comportement anomique (parce que suicidaire) en se pliant aux exigences de la doctrine classique avec une triple unité scrupuleusement respectée, une utilisation systématique de l'alexandrin et surtout une application ingénieuse de la règle de la vraisemblance. L'attitude d'Asdrubal qui semble être un acte isolé et exceptionnel est implicitement mise en relation avec son contexte historique. En effet, nous savons qu'entre 200 et 146 avant J.C., Carthage a capitulé plus d'une fois face à Rome, qu'elle a été dirigée par une oligarchie dont les malversations financières ont été dénoncées par Annibal pendant son suffétat, que la prospérité économique qu'a connue la cité au cours de cette période a aiguisé le sens du lucre et que pour la défense de son territoire le pays ne pouvait compter que sur les services d'une armée de métier constituée de mercenaires.[5] La capitulation d'Asdrubal n'a donc, selon Montfleury, rien de scandaleux.

Mais, comme le précise Jean Rohou, dévoiler la dérive d'un système par le moyen de la norme esthétique prédominante suscite un malaise. C'est ce qui explique, selon lui, le dérapage de l'héroïque dans l'inflation romanesque. Montfleury n'a pas dérogé à cette règle. La reddition d'Asdrubal est assimilée à une compromission préméditée qui a donné lieu à des négociations avec l'ennemi et avec le renégat, à des dénonciations, à des malentendus, à des projets d'assassinat et à des imprécations.

*La Mort d'Annibal* (1669) de Thomas Corneille illustre la production dramaturgique de la troisième période.

Le recours au romanesque n'est qu'une manière de rendre compte de la crise engendrée par l'absolutisme. Les tragédies ne comportent plus de héros et, comme le dira Jean Rohou, «les assauts de galanteries remplacent ceux de la guerre».[6]

Cela est particulièrement perceptible chez Thomas Corneille. Annibal est un exilé désabusé qui ne se fait plus d'illusions sur l'autonomie et l'essor des royaumes d'Orient. Prusias est un roi pusillanime que l'ambassadeur de Rome manipule à sa guise. Attale est un pseudo-roi car non seulement il est le prisonnier de guerre d'Annibal mais également il est le successeur d'un frère qui n'est pas mort et le souverain d'un pays occupé par la Bithynie.

---

5 Voir Serge Lancel, *Carthage* (Fayard, 1992, rééd. Cérès, Tunis, 1999) et *Hannibal* (Fayard, 1995, rééd. Cérès, 1999).

6 Jean Rohou, *op. cit.*

Nicomède joue les insurgés mais ce n'est qu'un jeune prince sans expérience et un perdant potentiel, son maître et son père spirituel n'étant autre que l'exilé essouflé. Toute cette élite de monarques et de princes n'existe qu'à travers les batailles que se livrent les uns et les autres pour être aimés d'Elise, la fille du général carthaginois. Celui-ci participe au jeu en se proposant d'être l'adjuvant de l'un ou de l'autre ou le conseiller de sa fille, car c'est le seul moyen qui lui reste pour se mettre en valeur, pour se sentir exister. Les héros n'entreprennent rien sur le plan politique. Ils vivent une passion contradictoire avec les valeurs qu'ils sont censés représenter mais ils sont prêts à tout sacrifier au profit de cette passion. Seule Elise accorde une primauté aux valeurs qu'elle incarne et subordonne son amour à son intention de venger Carthage et son père.

La relation de *La Mort d'Asdrubal* et de *La Mort d'Annibal* avec leur contexte socio-politique est donc très étroite. Mais, comme l'écrit Raymond Lebègue à propos des tragédies de Robert Garnier

> Il ne faut pas en déduire [...] que chaque personnage représente une personnalité du temps [...] et que (ces) pièces contiennent des allusions nombreuses et précises aux faits politiques contemporains [...]. Les pièces de théâtre ne sont pas des cryptogrammes.[7]

Telle que nous en avons analysé le fonctionnement, cette relation relève d'une situation où, écrit Paul Bénichou, «l'actualité n'agit pas sur les œuvres littéraires par le détail précis des événements mais par les conditions générales et l'atmosphère».[8]

A ce rapport d'influence correspond une écriture de l'histoire qui, au lieu d'une reconstitution des faits, vise, comme l'indique Georges Couton à propos de la démarche de Pierre Corneille, à «aboutir à une vérité de synthèse»[9] qui permette d'instituer un débat d'idées. En suivant les traces de Pierre Corneille, Montfleury et Thomas Corneille se sont retrouvés au cœur du débat sur l'esthétique et la signification de la tragédie. L'historicité de leurs œuvres se situe aussi bien par rapport au contexte socio-politique que par rapport à cette problématique. L'imitation du modèle cornélien par ces deux épigones ne s'est pas faite sans embûches. En voulant écrire à la manière de l'auteur de *Cinna* et de *Nicomède*, ils se sont trouvés dans l'obli-

---

[7] Raymond Lebègue, Présentation de *Porcie* et *Cornélie* de Robert Garnier, Société des Belles Lettres, 1972, pp. 13-14.

[8] Paul Benichou, cité par André Clanet, in Corneille, *Nicomède*, Classiques Larousse, 1989, p. 20.

[9] Georges Couton, *Corneille et la tragédie politique*, PUF, Que sais-je?, 1984, p. 63.

gation de tenir compte des recommandations des doctes (Chapelain, Scudéry, La Mesnardière, l'Abbé d'Aubignac) c'est-à-dire de ses adversaires.

On constate en effet dans *La Mort d'Asdrubal* et *La Mort d'Annibal* une oscillation entre deux types d'utilisation de l'histoire. Comme le rappelle Georges Forestier,[10] s'appuyant sur l'affirmation d'Aristote selon laquelle «la différence entre l'historien et le poète [...] est que l'un dit ce qui a eu lieu et l'autre ce qui pourrait avoir lieu»,[11] les doctes ont invité les auteurs dramatiques à ne pas s'attacher à la vérité et à modifier à leur guise les données historiques, la chronologie et les circonstances à condition qu'ils respectent les principes de la vraisemblance et de la purgation des passions. Ils ont donc été les théoriciens d'une «tragédie historique anhistorique» (Georges Forestier) qui a pour fonction de «ramener le calme dans les esprits, les cœurs et la cité» mais qui «n'est pas sans orienter le théâtre du côté du conformisme politique».[12]

Pierre Corneille a choisi la voie opposée en prenant le parti de l'histoire et de la vérité même quand celle-ci paraît invraisemblable. Georges Forestier, qui s'est intéressé à cette démarche, montre que celle-ci consiste en «un jeu dialectique entre le vrai et le faux pour reconstruire une histoire à la fois plus forte que la véritable histoire et compatible avec elle»,[13] qu'elle allie une fidélité d'ensemble à une liberté de détail et que si elle a été condamnée par ses détracteurs c'est pour sa fidélité à la vérité historique et non pour les entorses qu'elle y a données.

Montfleury veille certes à ce que la description de la chute de Carthage soit conforme à la vérité, mais les modifications qu'il introduit ne portent pas que sur des détails. Elles épousent des formes multiples. L'auteur n'a pas peur des anachronismes: il fait intervenir en 146 avant J.C. à Carthage le général Amilcar qui s'est établi en Espagne en 237 et y est resté jusqu'à sa mort en 229, mais il ne lui attribue aucun rôle militaire se contentant de lui confier la mission d'aller implorer Scipion à genoux pour qu'il ne détruise pas la cité. Le procédé a permis au dramaturge d'utiliser un symbole fort pour rendre compte d'une présupposée couardise des Carthaginois. Montfleury fait également participer Caton, aux côtés de Scipion, à l'assaut final contre Carthage, alors qu'il est mort en 149 sans voir son rêve se réaliser. Scipion est ainsi montré comme le bras qui permet à Caton de frapper. Il constitue une continuité harmonieuse entre la politique (les partisans de la destruction de Carthage au sénat) et la force militaire. Mais le

[10] Georges Forestier, *Corneille Le Sens d'une dramaturgie*, SEDES, 1998.

[11] Cité par Georges Forestier, *op. cit*, p. 17.

[12] Georges Couton, *op. cit.*, p. 36.

[13] Georges Forestier, *op. cit.*, p. 18.

changement le plus important dans la pièce est celui qui porte sur l'élément déterminant dans l'évolution de l'action. Alors que des historiens évoquent, à propos de la résistance des Carthaginois, une énergie du désespoir qui a fait des miracles et la construction par Asdrubal de plusieurs défenses, la pièce met tout particulièrement l'accent sur la trahison de celui-ci et l'érige en tare intrinsèque de l'individu en question et de tout dirigeant de la cité. Alors que l'armée romaine se livre à une décimation systématique de la population, celui qui fait figure de monstre ce n'est pas Scipion à qui sont prêtées des qualités humaines mais plutôt Asdrubal qui est vomi par tout le monde. La terreur et la pitié visées par l'œuvre ne sont pas engendrées par le bain de sang provoqué par l'assaut mais par la monstruosité du renégat qui a précipité la fin d'un peuple et conduit à l'autodafé de l'épouse et des enfants.

Bénéficiant de la protection et des conseils de son frère aîné, Thomas Corneille a écrit à la manière de l'auteur du *Cid* et de *Sophonisbe* chez qui on assiste à un passage de la victoire de la *virtu* sur la passion à la disparition totale de cette qualité. L'imitation du maître va jusqu'à la reprise dans *La Mort d'Annibal* du sujet de *Nicomède* et de l'idée de *Sophonisbe* selon laquelle des rois marionnettes qui aiment offrent l'image d'un pouvoir caricatural.

Mais l'analogie s'arrête là. Ayant succombé à la tentation du succès et du romanesque, Thomas Corneille n'a pu s'empêcher d'observer à outrance les préceptes des doctes. Pour souligner l'apathie des rois d'Orient et du général carthaginois face à l'intransigeance romaine, il a créé le personnage d'Elise, la fille d'Annibal, et a construit une intrigue amoureuse inventée de toutes pièces et vraisemblabilisée par un arrière-fond de vérité historique. Les pseudo-héros sont tenus en laisse par Flaminius. Annibal et Attale sont fragilisés par un exil extérieur, Prusias et Nicomède sont victimes d'un exil intérieur. Toute leur énergie est canalisée vers la tenue en échec de la quête de l'adversaire. La modification des faits historiques englobera même l'accès de Nicomède, l'Annibal en puissance, à la maturité, puisqu'il ne sera pas capable de surmonter son Oedipe et ne tuera pas son père. Ce que la pièce ne dit pas mais suggère, c'est que ce qui se passe en Bithynie est transposable à Carthage. L'horreur et la pitié qu'elle veut susciter ne sont cependant pas suggérées par le biais de la violence. Certes Prusias sera abattu par Attale et Annibal mettra fin à ses jours, mais les combats que se livrent les amoureux d'Elise, même quand il s'agit du père et du fils, se présentent sous le mode litotique. Ce qui est à la fois révoltant et touchant, c'est la dépendance de tous ces matamores tragiques vis-à-vis de l'ambassadeur de Rome.

Le suicide d'Annibal et d'Asdrubal est le symptôme d'une crise des valeurs. Associé à la destruction de Carthage, il offre l'image d'un déclin.

Montfleury et Thomas Corneille ont, à travers l'histoire de Rome examinée par le biais de l'histoire de Carthage, utilisé la tragédie politique pour aborder, selon leur vision du monde, la question de la décadence.

Même si les deux périodes en question (187-183 et 149-146 avant J.C.) sont antérieures à la chute de l'empire romain, l'homme du XVII$^e$ siècle observe les faits avec le recul dont dispose celui qui se penche sur le passé. Il est également nourri d'une culture classique qui, à travers le mythe généalogique des races chez les Grecs et la «hantise d'un avilissement des mœurs» chez les intellectuels latins tels que Cicéron et Salluste,[14] véhicule l'idée de la décadence.

Il se situe enfin à la barrière des deux époques, avec d'un côté une Renaissance qui considère la modernité comme une dégradation et de l'autre une philosophie des Lumières qui définit la décadence comme étant «l'étape terminale d'une civilisation largement épanouie.»[15]

Dans *La Mort d'Asdrubal* et *La Mort d'Annibal*, on décèle l'existence de deux types de décadence. La première, qu'on peut qualifier de réelle, revêt deux aspects. Elle coïncide à la fois avec la réalité historique décrite et avec le legs de l'idéologie du XVI$^e$ siècle. La seconde est plutôt potentielle, elle est inscrite dans les faits annonciateurs du déclin au sein de la fiction et dans les éléments précurseurs de la philosophie du XVIII$^e$ siècle que comporte l'imaginaire des deux auteurs.

La vision pessimiste de l'histoire décrite par Montfleury et Thomas Corneille à travers la chute de la capitale punique et de deux de ses héros offre à notre vue ce que le XVI$^e$ siècle considère comme les indices majeurs du déclin.[16] Celui-ci se manifeste d'emblée par la perte de la liberté. Annibal et sa fille Elise sont «handicapés» par l'exil, Carthage est assiégée par les Romains depuis trois ans.«L'extinction de la virtu» constitue la seconde étape de la dégradation. Prusias, Attale et Nicomède sacrifient tout à leur passion. Amilcar et Asdrubal se prosternent devant Scipion. Par conséquent, tout le monde agit par individualisme. Aussi bien chez les Orientaux que chez les Carthaginois, les intérêts de l'Etat sont sacrifiés au profit des intérêts personnels. Cette attitude engendre une dégradation de la moralité. Annibal est trahi par son protecteur qui, agissant par peur et par opportunisme, a décidé de le livrer à ses ennemis. Les mêmes mobiles sont derrière la trahison d'Asdrubal. Que l'on soit à Bithynie ou à Carthage, la justice fait défaut. L'épouse d'Asdrubal recourra à l'ennemi pour la faire régner.

---

[14] *Encyclopaedia Universalis*, article «*Décadence*».

[15] Louis Marquèze- Pouey, *Le Mouvement décadent en France*, PUF, 1986, p. 15

[16] Voir article «*Décadence*», *op. cit.*

Le suicide de ceux qui succombent à la décadence (Asdrubal) et de ceux qui la subissent (Annibal, Sophronie et ses deux filles) ainsi que la mort (Prusias, Amilcar) paraissent donc être les conséquences logiques de cette situation anomique.

Au sien de cette même vision du monde est établie une coïncidence entre le destin des individus et celui des Etats.

La fin d'Asdrubal est concomitante de la destruction de Carthage comme la défaite de la Bithynie est simultanée à la mort de Prusias. Les peuples appartenant à ces Etats et désignés par le terme «barbares» sont considérés comme la cause fondamentale de la décadence et dotés d'une image négative. Des expressions telles que *«Ce peuple qui toujours fut de crimes noirci»*(vers 50), *«ce peuple barbare»*(vers 55) et *«ces monstres d'Afrique»*(vers 239) sont souvent employés par les assaillants romains dans *La Mort d'Asdrubal*.

A travers la décadence telle qu'elle est actualisée par le déclin des «barbares» se lit dans les deux tragédies l'écriture d'une décadence en puissance: celle de Rome. Thomas Corneille a fait de Flaminius l'instrument d'un impérialisme dont le développement serait fatal pour la République. Les historiens signalent, en effet, l'émergence au milieu du IIe siècle avant J.C. d'un courant de pensée qui estime qu'il est «nécessaire à une grande nation d'accepter la coexistence avec un ennemi extérieur assez puissant et exerçant par son existence même une pression suffisante pour maintenir sa cohésion propre et la sauver du risque de désagrégation interne et d'une possible révolution.»[17]

L'émotion éprouvée par Scipion devant le spectacle de l'anéantissement de Carthage correspond dans la tragédie de Montfleury à un moment de lucidité anticipant sur la fin de Rome. L'auteur suit en cela ce qui avait été noté par Appien:

> En voyant la ville de Carthage ainsi détruite de fond en comble, on dit que Scipion versa des larmes et l'on vit qu'il pleurait sur le sort de l'ennemi. Après être resté longtemps perdu dans sa méditation, songeant que les cités, les nations et les empires sont tous, comme les hommes, voués au déclin par la divinité [...] il cita, intentionnellement ou comme sans le vouloir les vers que voici:
>
> Un jour viendra où elle périra, la sainte Ilion,
> Et avec elle, Priam et le peuple de Priam à la bonne lance.[18]

---

[17] Serge Lancel, *Carthage*, réédition Cérès, Tunis, 1999, pp. 549-550.

[18] Cité par François Decret, *Carthage ou l'empire de la mer*, Seuil, Points, 4e édition, 1977, p. 224.

Qu'elle soit actualisée ou en puissance, la décadence décrite par Montfleury et Thomas Corneille est conforme à l'idée que s'en était fait le XVIᵉ siècle. D'autres éléments montrent toutefois qu'elle n'est pas sans relation avec l'idée que s'en fera le XVIIIᵉ siècle. Dans *La Mort d'Annibal*, avant de mettre fin à ses jours le général carthaginois recommande à sa fille d'épouser Nicomède. Alors qu'il agonise, le fils de Prusias se promet de le venger. On perçoit ici l'esquisse d'une image positive du «barbare» qui semble ne pas l'associer exclusivement au déclin. Dans *La Mort d'Asdrubal*, l'attaque dirigée contre Carthage prend l'aspect d'un acte gratuit. Montfleury n'évoque nullement la riposte militaire de cette ville aux incursions de Massinissa dans son territoire qui a été considéré par Rome comme un *casus belli*. Certes Scipion parle de légitime vengeance (vers 189-201), mais comme le rappelle Amilcar, Carthage a déjà, suite au traité de paix de 202, «payé le tribut aux Romains» (vers 106) sur les plans politique, militaire et financier. L'agression romaine serait donc le résultat de l'évolution de la situation intérieure à Carthage. Elle aurait valeur de facteur endogène, si l'on prenait la décadence dans son acception d'étape ultime dans l'évolution d'une civilisation qui a connu un grand essor. En effet, les historiens indiquent qu'après la seconde guerre punique, Carthage a connu une prospérité économique sans précédent, une urbanisation effrénée et une «révolution» démocratique. Le déclin était inévitable. Rome en a été le catalyseur.

Pour conclure, voici ce que nous dirons. Il y a bien dans *La Mort d'Asdrubal* et *La Mort d'Annibal* une dramatisation de l'histoire de Carthage. Elle est cependant utilisée pour une lecture de l'histoire de Rome. Néanmoins, cette lecture ne constitue pas une fin en soi. Elle permet indirectement d'établir un lien avec le présent.

Elle sert également de support à l'expression d'une esthétique. Tous ces éléments laissent percevoir une vision du monde qui oscille entre une conception pessimiste du changement et une appréhension dialectique de la décadence.

# L'Afrique de Pierre Corneille ou le lointain obscur

par

## MOHAMED RAJA RAHMOUNI

L'article consacré à l'Afrique dans le *Dictionnaire du Grand Siècle* de François Bluche donne à la méconnaissance française de ce continent plusieurs explications dont la plus importante est sans doute «l'absence de motivation profonde». En effet malgré sa proximité, l'Afrique demeure une terre presque inconnue dont la communication avec le monde extérieur se réduit à peu de chose. Dans le domaine artistique et littéraire, elle fournit une réserve exotique, génératrice d'agréables dépaysements et de fantasmes, et constitue le vieux théâtre de quelques pics historiques, tels l'Egypte pharaonique et romaine et la République de Carthage, rivale de Rome et patrie de Térence et de Sophonisbe. Je voudrais, dans le cadre de notre colloque, examiner la place faite à l'Afrique dans l'univers imaginaire de Corneille, ou pour mieux dire, m'interroger sur la manière dont l'Afrique s'inscrit dans les drames politiques du plus romain des écrivains classiques. Mon propos s'organisera autour de *La Mort de Pompée* et de *Sophonisbe* dont l'action se déroule respectivement en Alexandrie et à Cyrthe, ancien nom de Constantine, capitale de la Numidie. Ces deux pièces, créées pendant les saisons théâtrales de 1643 et 1663, mettent en scène, à vingt ans d'intervalle, des épisodes de l'hégémonie de Rome en Afrique méditerranéenne. Précisons tout de suite que l'Afrique de Corneille est un ailleurs de seconde main, procuré 17 et 18 siècles auparavant par Lucain, Tite-Live et Plutarque, pour ne citer que ceux-là. Pétri de littératures anciennes, l'auteur du *Cid* reproduit de ces bords écartés images livresques et stéréotypes. Rappelons également que l'histoire romaine revue et réorganisée par l'imaginaire cornélien acquiert jusque dans ses misères l'éclat et la magie des légendes. En poète de l'histoire, Corneille la convoque non pour la redire, mais pour la réinventer. La Bruyère l'a bien vu qui souligne dans *Les Caractères* les dons métamorphosants du dramaturge: «il entreprend, écrit-il, de faire parler des héros, de les faire agir, il peint les Romains; ils sont plus grands et plus Romains dans ses vers que dans leur histoire.»

Dans *La Mort de Pompée*, l'Egypte est, d'entrée de jeu, posée comme un lieu mythique où jadis les Olympiens se réfugièrent pendant la guerre qui les opposait aux Titans. Ptolomée détaille avec pompe et fierté les espaces de son pays susceptibles d'accueillir le glorieux fuyard. Parce que

Pompée porte avec lui le sort du monde, il est naturel qu'il cherche asile dans cette Egypte réputée terre de merveilles et de miracles. Cependant le roi appréhende un tel événement. Le maître du monde ne peut avoir restitué Memphis à la couronne pour l'exposer, aujourd'hui, aux dangers de la guerre et du désordre. C'est désormais un vaincu et tout élan généreux à son égard équivaut à un défi lancé au vainqueur. Car l'Egypte est également la destination de César, et contrairement à son rival malheureux, il y est conduit par l'ivresse de la gloire et l'attrait de l'amour. Le personnel dramatique local est ainsi largement éclipsé par les acteurs de l'Histoire commis par Rome pour imposer sa loi. Fondé sur l'énergie et le sublime, le théâtre de Corneille sacrifie à la romanité érigée en mesure du monde. Dans *La Mort de Pompée,* Alexandrie est d'abord et surtout une aire où s'exhibent et se racontent des cœurs romains. La cour égyptienne fournit les figurants d'une partie qui les dépasse. Plus encore, leur statut n'excède guère celui de faire-valoir.

Les personnages-événements investissent la pièce dès les premiers vers. A leur tête se détache le héros éponyme, l'absent plus présent que jamais dont le sort noue l'intrigue et provoque la collision des intérêts et des passions. Achorée, l'écuyer de Cléopâtre, raconte sa mort en de longs récits qui ne font grâce d'aucun détail. Il s'agit d'une mort- spectacle qui requiert le cœur et l'esprit: une attitude à la hauteur de la circonstance est instamment réclamée:

> Et puisque vous voulez qu'ici je vous raconte
> La gloire d'une mort qui nous couvre de honte,
> Ecoutez, admirez et plaignez son trépas. (II, 2)

La narration est sans cesse entrecoupée d'une oraison funèbre qui n'a pas assez de tous les mots et de toutes les figures pour se dire:

> Du plus grand des mortels, j'ai vu trancher le sort,
> J'ai vu dans son malheur la gloire de sa mort [...]
> Sa vertu dans leur crime augmente ainsi son lustre,
> Et son dernier soupir est un soupir illustre... (II, 2)

Plus encore, l'assassinat de Pompée émeut la nature entière dont la réprobation se traduit par séisme et tonnerre. Quant à Cornélie, elle remplit l'espace de ses pleurs et de sa fureur menaçante. César vénère en elle «un cœur vraiment romain». Avec prolixité, il fait l'éloge de son illustre ascendance:

> Le sang des Scipions protecteur de nos dieux,
> Parlent par votre bouche et brillent dans vos yeux;
> Et Rome dans ses murs ne voit point de famille
> Qui soit plus honorée ou de femme ou de fille. (III, 4)

Dans la tragédie, c'est elle qui incarne les valeurs héroïques en donnant à voir un «courage» bien au-dessus de son destin. Elle érige en «devoir» la haine dont elle doit poursuivre César, et recherche la gloire de mourir au nom de son amour et de l'idée qu'elle se fait de la patrie.

Sa générosité et sa noblesse de Romaine éclatent au moment où contre toute attente elle sauve la tête de son ennemi: sa rancune appelle sur lui non le crime mais un juste châtiment. La grandeur de César est reconnue par tous et même par Cornélie qui, malgré la cruelle conjoncture, ne peut insulter à sa qualité de Romaine en se faisant complice d'un assassinat. Devant une générosité si éloquente et si exceptionnelle, elle soupire: «O ciel, que de vertus vous me faites haïr» (III, 4). Le vainqueur de Pompée fait grande figure pour réaliser autour de sa personne l'unité de tous les Romains. Il administre à Ptolomée une leçon de morale et de haute politique.

Il faut ajouter que les revendications de ces différents personnages s'expriment à l'échelle de leur peuple. Il s'agit pour eux d'affirmer à la face du monde la suprématie romaine sur les autres nations. Ainsi lors de sa première apparition, César donne libre cours à la colère méprisante que lui inspire l'assassin de Pompée:

> Que vous devait son sang pour y tremper vos mains,
> Vous qui devez respect au moindre des Romains?
> Ai-je vaincu pour vous dans les champs de Pharsale? (III, 2)

Lui-même hôte du roi d'Egypte, César n'hésite pas à donner des ordres concernant l'accueil qui doit être réservé à Cornélie:

> Choisissez-lui, Lépide, un digne appartement,
> Et qu'on l'honore ici, mais en dame romaine,
> C'est -à- dire un peu plus qu'on honore la reine. (III,4)

De son côté, Cornélie met en garde César contre son désir d'épouser une reine étrangère. A l'instar de tous les Romains, elle n'éprouve que mépris pour le régime monarchique, jugé contraire à un idéal de liberté, et considère le mariage de César avec Cléopâtre comme une scandaleuse mésalliance:

> Mais sache aussi qu'alors la jeunesse romaine
> Se croira tout permis sur l'époux d'une reine,
> Et que de cet hymen tes amis indignés
> Vengeront sur ton sang leurs avis dédaignés.
> J'empêche ta ruine, empêchant tes caresses. (V, 4)

La clausule de la tragédie annonce que Pompée sera, pour la suite des temps, porté au rang des dieux et que les autels qu'on s'apprête à lui ériger en Alexandrie lui diront un respect immortel. Face aux représentants de la romanité, le camp égyptien compte essentiellement Ptolomée, sa sœur Cléopâtre et les pestes de cour. Dès les scènes d'exposition, Ptolomée est donné à voir comme un personnage peu cornélien. Son manque d'envergure le promet non aux grandes actions publiées par l'univers mais au lâche complot et à l'odieuse intrigue. C'est un roi sans pouvoir et sans honneur. Incarnation du prince selon Machiavel, pour lui la fin seule importe et aucune considération morale n'est de mise. Ses conseillers le manipulent à leur guise et tout comme Prusias aux yeux de Nicomède, il sait n'être roi qu'en peinture.

Corneille prête à Ptolomée la même propension à la violence dont on a l'habitude de peindre le roi oriental. Le pouvoir n'est conçu par lui qu'en termes d'agressivité et de meurtre. Doit-il conformément au vœu paternel, partager la couronne avec sa sœur Cléopâtre, il décide, pour régner seul, de l'éliminer physiquement. La dynastie des Ptolomée est l'obligée de Pompée; la fortune de celui – ci change; il fuit et se réfugie en Egypte. On vote sa mort simplement pour gagner les bonnes grâces du vainqueur:

> Allez donc, Achillas, Allez avec Septime
> Nous immortaliser par cet illustre crime,
> Qu'il plaise au ciel ou non, laissez – m'en le souci,
> Je crois qu'il veut sa mort, puisqu'il l'amène ici.(I, 1)

César condamne le meurtre de Pompée, prend à parti l'instigateur du crime et surtout compte rétablir Cléopâtre dans ses droits au pouvoir. Afin de prévenir une telle menace, Ptolomée choisit la solution radicale de l'assassinat:

> César, que tes exploits n'enflent plus ton courage …
> Pompée était mortel, et tu ne l'es pas moins…
> Tu n'as, non plus que lui, qu'une âme et qu'une vie …
> C'est à moi d'apaiser Rome par ton supplice,
> C'est à moi de punir ta cruelle douceur… (IV, 1)

Le personnage historique de Cléopâtre est complètement transformé par Corneille. La reine-courtisane, célèbre pour ses ruses et son libertinage, est presque convertie à l'idéal de l'honnêteté. Généreuse, elle prend fait et cause pour Pompée, rappelle avec véhémence leur devoir à l'égard du grand homme, dénonce l'infamie de son frère et de ses conseillers – «ces âmes que le ciel ne forma que de boue» (I,3) – plaide auprès de César par fidélité à sa race, la cause de ce mauvais frère, manifeste un patriotisme ardent et invoque les dieux pour qu'ils reconnaissent les vrais coupables et épargnent les innocents:

> Vous qui livrez la terre aux discordes civiles,
> Si vous vengez sa mort, dieux, épargnez nos villes!
> N'imputez rien aux lieux, reconnaissez les mains:
> Le crime de l'Egypte est fait par des Romains. (II,2)

Elle fonde son amour pour César sur l'estime et, comme tous les princes, «dessous sa vertu, range sa passion». Si grâce à ce mariage, elle devient, comme elle le souhaite, «la maîtresse du monde», cela n'avilit nullement son amour. Au contraire, c'est un surcroît de bonheur qui la conforte dans son choix. Dans cet univers qui met en présence les représentants de deux peuples et de deux cultures bien différents, et où le rapport de force est évident, Corneille a pris le soin d'inquiéter par quelques faiblesses et incohérences la superbe des uns, et compensé par certaines qualités et des sursauts d'orgueil la soumission des autres. En effet tout en reconnaissant que «la force est la reine du monde», Corneille est loin de faire une apologie systématique du plus fort. D'un autre côté, sans exprimer clairement sa sympathie pour les vaincus, il leur prête quelques mérites susceptibles de les racheter. Ainsi la grandeur d'âme de César s'exerce d'autant mieux qu'elle rencontre ses intérêts, et la«maligne joie» qui l'a saisi au moment où on lui présentait la tête de Pompée dénonce comme insincère le panégyrique redondant et ému qu'il fera plus tard du héros assassiné. En outre, en bon Romain, César méprise la royauté, mais couronne une reine, et, après lui avoir dit son amour, s'apprête à l'épouser en promettant de l'imposer à son peuple . Avec de telles inconséquences, il n'incarne pas tout à fait cette idée de Rome à laquelle il se réfère à tout bout de champ. Enfin, le personnage de Septime, le tribun romain à la solde du roi d'Egypte, compromet par sa trahison l'honneur de sa race. Corneille fait de lui l'assassin de Pompée, et Cléopâtre ne manque pas d'exploiter cela pour plaider la cause de son pays menacé.

Dans le camp égyptien, Ptolomée est sans conteste d'une grande veulerie, mais il est capable de colères retentissantes, d'irrespect à l'égard de Rome dont il ne mesure que trop l'arrogance et l'injustice. Il meurt après s'être battu comme un grand roi. Corneille insiste dans le finale de la tragédie sur cette résurrection au seuil de la mort:

> Mais il est mort, Madame, avec toutes les marques
> Que puissent laisser d'eux les plus dignes monarques.
> Sa vertu rappelée a soutenu son rang,
> Et sa perte aux Romains a coûté bien du sang. (V, 3)

Quant à Cléopâtre qui est presque naturalisée romaine, elle demeure douloureusement attachée à la mémoire d'un frère, certes peu aimant, mais dont elle croit qu'il a payé de sa vie le trône où elle monte aujourd'hui.

En définitive, *La Mort de Pompée* qui repend un épisode de l'épopée romaine sur le sol africain, ne sacrifie nullement à un manichéisme simplificateur. La splendeur romaine n'est pas célébrée sans quelques réserves, parfois sur des questions fondamentales, et la pusillanimité de la dynastie ptoloméenne n'ignore pas totalement, aux moments cruciaux, la vaillance et la colère.

Pour ce qui est de *Sophonisbe*, mon point de départ sera une remarque de Saint-Évremond au sujet de cette tragédie qui n'a pas eu auprès du public le succès qu'elle mérite. En fervent cornélien, le moraliste écrit en effet:«Corneille qui fait mieux parler les Grecs que les Grecs, les Romains que les Romains, les Carthaginois que les citoyens de Carthage ne parlaient eux-mêmes, Corneille qui presque seul a le bon goût de l'Antiquité, a eu le malheur de ne plaire pas à notre siècle, pour être entré dans le génie de ces nations et avoir conservé à la fille d'Asdrubal son véritable caractère». A cet éloge, le dramaturge répond avec émotion:«Me voulez-vous bien permettre d'ajouter ici que vous m'avez pris par mon faible, et que ma *Sophonisbe*, pour qui vous montrez tant de tendresse, a la meilleure part de la mienne». Le sentiment de Corneille est sans doute motivé, entre autre, par l'exception que constitue le personnage de Sophonisbe dans son univers imaginaire. En effet, parmi les pièces mettant en scène les rapports de Rome avec les rois qui lui sont peu ou prou alliés ou soumis, *Sophonisbe* met en scène, avec le personnage-titre, l'orgueil patriotique le plus exacerbé, inscrivant dans sa logique un irrésistible goût pour l'autodestruction. Le toponyme«Carthage» scande les tirades de l'héroïne dès les premières scènes et visiblement Corneille se délecte au discours de cette version féminine du patriote inconditionnel. En effet, dans la voix de ce personnage persiste l'écho d'une voix lointaine, celle d'Horace disant son amour pour Rome. Figure hautement dramatique, la fille d'Asdrubal se définit par une double passion: celle de Carthage, érigée en valeur suprême, et celle de la gloire:

> J'immolai ma tendresse au bien de ma patrie:
> Pour lui gagner Syphax, j'eusse immolé ma vie...
> Ainsi contre Carthage, et contre ma grandeur
> Tu me vis n'écouter ni ma foi ni mon cœur. (I, 2)

Devant Massinisse dont elle a regagné le cœur par sa beauté, Sophonisbe préfère la transparence dictée par l'exigence morale et l'intérêt de Carthage. Pour elle, il s'agit d'éclairer son partenaire sur sa véritable personnalité et ses désirs. Dans l'univers cornélien où le *macho* est légion, Sophonisbe est ce personnage de rupture capable de faire fi de toutes les contraintes qui maintiennent son sexe dans la dépendance. Ecoutons-là qui rappelle le passé où la fiancée de Massinise par calcul choisit d'épouser Syphax:

> Je vous quittai sans peine, et tous mes vœux trahis
> Cédèrent avec joie au bien de mon pays.
> En un mot, j'ai reçu du ciel pour mon partage
> L'aversion de Rome et l'amour de Carthage ... (II, 4)

Dans ce fragment, Sophonisbe ramène son personnage à sa plus simple expression, à savoir celle d'un double sentiment: la haine et l'amour qui au fil du temps s'amplifient l'un l'autre: l'amour de Carthage aigrit la haine de Rome et celle-ci décuple celui-là. Le reste, aux yeux de la reine, participe de l'accessoire et du frivole. Finalement ce que Sophonisbe exige que Massinisse sache mettre hors d'atteinte, c'est la dimension divine de son statut de Reine. Il acceptera qu'elle soit sa propre référence. Sophonisbe a besoin d'un mariage qui, en la sauvant de l'opprobre, ne dérange pas les fondements affectifs de sa vie, centrée depuis toujours et définitivement sur Carthage et Rome, topiques métaphoriques du plaisir et de la violence. «Voilà quelle je suis, et quelle je veux être»: la structure de ce vers exprime simplement et avec force l'orgueil démesuré, monolithique et sans fissure de la fille d'Hasdrubal. A sa dame d'honneur, Sophonisbe répète, après le départ de Massinisse, ce qui soutient les choix et les décisions de son existence. Ce ne sont que des moyens pour servir au mieux les intérêts de Carthage et d'ajouter à sa grandeur. L'amour de Massinisse est une manne pour l'avenir de la partie:

> Il est à mon pays puisqu'il est tout à moi.
> A ce nouvel hymen c'est ce qui me convie,
> Non l'amour, non la peur de me voir asservie:
> L'esclavage aux grands cœurs n'est point à redouter. (II, 5)

Aux yeux de Sophonisbe, ce qui donne un sens à la vie ne peut donner un sens à la mort, celle-ci étant envisagée comme un désistement devant l'essentiel, une abdication de son devoir, une capitulation pour tout dire. Personnifiée, la Patrie se voit attribuer l'autorité du maître adoré et servi par son esclave. Dans la grande scène de l'acte III qui la met en présence de Syphax après sa défaite, l'héroïne disserte sur son mépris de l'esclavage. A ce rescapé du désastre national, elle donne une leçon de dignité:

> Pour mettre en sûreté quelques restes de vie,
> Vous avez du triomphe accepté l'infamie ...
> Mais si je vis encore, ce n'est pas pour vous suivre:
> Je vis pour vous punir de trop aimer à vivre. (III, 6)

Ainsi ce qui affleure à la fin de ce fragment, c'est l'obsession de Sophonisbe, l'unique objet de son amour et de ses calculs, Carthage encore et
toujours...

Absente durant le 4ᵉ acte, Sophonisbe apparaît seulement pour le clore
et de la manière la plus magistrale. Elle discourt pendant 40 vers pour
définir clairement ce qu'elle attend de Massinisse et par la même occasion,
elle rappelle qui elle est, quels égards sont dus à sa naissance et à son rang:

> Quoi! j'irais mendier jusqu'au camp des Romains
> La pitié de leur chef qui m'aurait en ses mains?
> J'irais déshonorer par un affreux hommage,
> Le trône où j'ai pris place, et le sang de Carthage ... (IV, 5)

L'héroïne ne supplie pas; elle exige, car son humiliation participerait de
l'irrationnel. L'acte V est marqué par deux grands moments de théâtre: le
dialogue de Sophonisbe avec Eryxe, sa rivale, et son suicide rapporté par
Lépide. Mais cet acte s'ouvre d'abord sur une importante confession: ce
bloc d'airain qu'est la reine dissimule une fissure. Son cœur, connaissant
les affres de la jalousie, l'a perdu en ce sens qu'il a précipité le mariage
avec Massinisse de peur que celui-ci n'épouse sa rivale. Elle le reconnaît et
le regrette. Sans Eryxe, Massinisse aurait fait l'objet d'une manipulation
beaucoup plus maîtrisée:

> Quelle bassesse d'âme! O ma gloire! O Carthage!
> Faut-il qu'avec vous deux un homme la partage?
> Et l'amour de la vie en faveur d'un époux
> Doit-il être en ce cœur aussi puissant que vous?
> La présence d'Eryxe aujourd'hui m'a perdue,
> Je me serai sans elle un peu mieux défendue ... (V, 1)

Le mouvement pendulaire entre la victoire et la défaite devant Eryxe,
Sophonisbe l'arrête enfin en signifiant son renoncement à Massinisse. Mais
elle ne s'avoue pas vaincue. Son attitude ressortit à un sursaut d'orgueil.
Elle se débarrasse plutôt d'une loque, d'un débris humain où se révèle
l'influence corruptrice de Rome:

> Il est vrai que l'état où j'ai su vous le prendre
> N'est pas du tout le même où je vais vous le rendre:
> Je vous l'ai pris vaillant, généreux, plein d'honneur,
> Et je vous le rends lâche, ingrat, empoisonneur...
> Je l'ai pris le plus grand des princes africains,
> Et le rends, pour tout dire, esclave des Romains ... (V, 4)

Cette accumulation d'antithèses vise à confirmer Sophonisbe dans ses
refus. Quoi que sa rivale puisse en penser, pour elle il s'agit d'une libération. Elle peut désormais disposer d'elle-même. Comme le dénouement

de *Phèdre*, celui de *Sophonisbe* est une scène de la mort parlée. Les
derniers propos de l'héroïne sont rapportés au discours direct et commentés
par Lépide. Ses pensées vont d'abord à ses indignes maris, ensuite à son
père, dont elle a su préserver l'honneur à Carthage, enfin et à sa gloire:

> Pour voir de deux grands rois la lâcheté punie,
> J'ai dû livrer leur femme à cette ignominie ...
> Leur bassesse aujourd'hui de tous deux me dégage,
> Et n'étant plus qu'à moi, je meurs toute à Carthage... (V, 7)

En définitive, *La Mort de Pompée* et *Sophonisbe*, constituent la petite
poche africaine du monde cornélien. Chacune donne une image particulière
de ce lointain dont Corneille n'a qu'une connaissance livresque et inévitablement lacunaire. Attaché aux textes tuteurs pour la vérité historique, le
dramaturge ne peut pas s'improviser prospecteur de la terre et des hommes.
De ce fait, l'Afrique où accoste Pompée comme celle qui monopolise tout
l'être de Sophonisbe est d'abord une abstraction, un impassible théâtre, un
ailleurs chargé de mystère et partant difficile à appréhender. Mais Corneille
qui, dans *La Mort de Pompée* relativise la prééminence des uns et l'obédience des autres brise sans doute une idée reçue, s'inscrit en faux contre
une occultation. Même si la mort de Pompée éclipse celle de Ptolomée et
relègue au second plan le couronnement de Cléopâtre, le spectateur aura vu
évoluer et réagir des personnages capables de transgresser leur statut de
figurants. Avec *Sophonisbe*, dans laquelle l'Afrique occupe une place
centrale, Corneille pare l'héroïne de tout le prestige de la résistante. Cette
Africaine intraitable sur les chapitres de la gloire et du patriotisme apporte
une pierre à l'édifice cornélien de la grandeur et de la maîtrise. Plébiscitée
par tous et même par ses ennemis qui tentent de la récupérer, elle peut à
l'instar du vieux Sertorius et en le paraphrasant, s'écrier: «Carthage n'est
plus à Carthage, elle est toute où je suis.» Grâce au niveau d'incandescence
où elle est portée, la fille d'Asdrubal peut être comptée parmi les figures
qui ont conféré à l'Afrique la dignité d'objet littéraire. Corneille qui, selon
ses propres termes,«a quelque art d'arracher les grands noms au tombeau»,
y est parvenu au sujet de Sophonisbe en mettant à profit une imagination
accueillante et généreuse.

# Comédie et altérité: l'Afrique et les Africains
# dans le théâtre comique du XVIIe siècle

par

## RUSSELL GOULBOURNE

Si l'on veut réfléchir aux mythes de l'Afrique en France au XVIIe siè-cle, quel pourrait être l'intérêt spécifique du théâtre à cet égard? Le théâtre s'impose comme sujet de réflexion car c'est là que s'établit, au XVIIe siè-cle, un véritable lieu de sociabilité où se forgent les liens d'une culture com-mune[1]. Il représente un espace où peut s'exprimer l'opinion publique. Les pièces de théâtre, en tant que produits de leur société et de leur époque, sauront désormais traduire l'imagination collective déjà grevée par des pré-jugés hérités des siècles précédents, et véhiculer des messages idéologiques en offrant en quelque sorte un reflet complexe, mais rassurant, de la manière de penser propre à la culture ethnocentrique dont elles sont issues. Elles offrent, donc, une perspective sur l'Afrique et l'Africain telle qu'elle s'est construite dans la sensibilité collective de la France.

Mais pourquoi s'occuper spécialement du théâtre comique? N'est-ce pas une véritable gageure que de vouloir examiner la représentation de l'Afrique et de l'Africain dans un genre qui se veut avant tout la représenta-tion fidèle des mœurs françaises de l'époque? Il est vrai que c'est plutôt dans les tragédies et les tragi-comédies que le spectateur se voit transporté ailleurs[2]. Dès les années 1660, la plupart des comédies ont pour décor la ville de Paris. Raison de plus, donc, pour faire l'analyse de la présence de l'étranger dans ce monde comique typiquement français.

Il existe une forte relation entre altérité et comédie. Comme le fait re-marquer Jean Emelina, «l'étranger fait volontiers naître le rire. Son appari-tion est perturbation, rupture soudaine de tension qui s'apparente à l'effet

---

[1] Voir J. Duvignaud, *Sociologie du théâtre: essai sur les ombres collectives*, Paris, Presses universitaires de France, 1965, pp. 296-320, et M. Longino, *Orientalism in French classical drama*, Cambridge, Cambridge University Press, 2002, pp. 1-13.

[2] Voir J. Emelina, «La Géographie tragique: espace et monde extérieur», in *Comé-die et tragédie*, Nice, Publications de la Faculté des lettres, arts et sciences humaines de Nice, 1998, pp. 161-185.

de chute»[3]. Et qui est l'étranger? «Celui qui ne fait pas partie du groupe», selon Julia Kristeva[4]. Le rire dépend de l'anomalie, de toute divergence de la norme. Pour citer les propos de Jean Duvignaud: «Moquerie et raillerie servent à maintenir l'homogénéité du petit groupe, et l'on se moque de celui qui, par son comportement, se démarque de la norme. On fait ressortir son comportement en l'imitant»[5]. Altérité, imitation, moquerie, raillerie: ce seront les mots clé de cette étude.

C'est une approche tant sociologique que dramaturgique que j'adopte ici en me concentrant sur l'image de l'Afrique et de l'Africain telle qu'elle se présente dans une douzaine de comédies écrites entre les années 1630 et 1680[6]. Mon étude prend comme point de départ une époque à laquelle la présence française commençait à se faire sentir en Afrique, notamment au Sénégal, grâce à la politique de Richelieu et de Colbert[7]. Il s'agit d'une époque où les contacts avec les Africains devenaient de plus en plus fréquents, phénomène dont témoigne aussi la publication de nombreuses relations de voyages, dont la *Relation du voyage du Cap Vert* d'Alexis de Saint-Lô (1637) et la *Description générale de l'Afrique* de Pierre d'Avity (1637)[8].

Je commencerai par faire une analyse des allusions à l'Afrique et aux Africains, avant de passer à la mise en scène de l'Afrique et des Africains,

---

[3] J. Emelina, «Comique et géographie au XVIIe siècle», in *Comédie et tragédie*, pp. 145-160 (p. 145).

[4] J. Kristeva, *Etrangers à nous-mêmes*, Paris, Gallimard, 1988, p. 139.

[5] J. Duvignaud, *Le Propre de l'homme: histoire du comique et de la dérision*, Paris, Hachette, 1985, p. 22. Voir aussi M. Béthery, «A la recherche de l'étranger ridicule dans la comédie du XVIIe siècle», in *Le Même et l'autre: regards européens*, éd. par A. Montandon, Clermont-Ferrand, Faculté des Lettres et Sciences Humaines, 1997, p. 103-118.

[6] Cette étude doit nécessairement beaucoup à l'ouvrage toujours indispensable de H.C. Lancaster, *A History of French dramatic literature in the seventeenth century*, 9 t., Baltimore, Johns Hopkins University Press, 1929-1942. Voir aussi R. Mercier, *L'Afrique noire dans la littérature française: les premières images (XVIIe-XVIII[e] siècles)*, Dakar, Faculté des Lettres et Sciences Humaines, 1962; G. Turbet-Delof, *L'Afrique barbaresque dans la littérature française aux XVIe et XVIIe siècles*, Genève, Droz, 1973; G. Turbet-Delof, *Bibliographie critique du Maghreb dans la littérature française, 1532-1715*, Alger, SNED, 1976; et S. Chalaye, *Du Noir au nègre: l'image du noir au théâtre (1550-1960)*, Paris, L'Harmattan, 1998, pp. 39-66.

[7] Voir W.B. Cohen, *Français et Africains: les Noirs dans le regard des Blancs, 1530-1880*, traduit de l'anglais par C. Garnier, Paris, Gallimard, 1981, p. 28.

[8] Voir G. Atkinson, *Les Relations de voyages du XVIIe siècle et l'évolution des idées: contribution à l'étude de la formation de l'esprit du XVIIIe siècle*, Paris, Champion, 1927.

ou souvent des soi-disant Africains, ce qui nous obligera à considérer le rôle du déguisement blanc-noir.

## L'Afrique dangereuse

Les allusions à l'Afrique reposent d'abord sur une image du continent comme zone dangereuse où l'on risque d'être pris par des pirates et vendu en esclavage. Ce cliché, basé sur la réalité historique[9], apparaît sous la plume de Scudéry dans *Le Fils supposé* (1634).[10] Au premier acte, on assiste aux retrouvailles de deux gentilshommes parisiens, Almédor et Rosandre. Almédor, capitaine, explique à Rosandre qu'ils ne se sont pas vus depuis vingt ans parce qu'il avait été enlevé par des corsaires turcs lors d'un combat maritime au large de la Provence et vendu comme esclave à Alger, où il a vécu jusqu'à ce que la peste lui donnât l'occasion de s'enfuir de «ce climat sauvage». Il parle du «sein barbare de la troupe infidèle»[11] et de leurs «croissants», emblème de la religion musulmane aussi bien que de l'empire turc, dont le pouvoir s'étendait le long de la côte de l'Afrique du Nord au XVIIᵉ siècle[12]. Les Turcs sont, d'après Almédor, féroces et lâches, parce que l'un d'entre eux lui a donné un coup de cimeterre «par derrière». Les Maures, ou les Africains noirs[13], par contre, sont plus sensibles. C'est grâce à un Maure qu'Almédor se retrouve à Alger, et non pas dans une prison turque: il dit même qu'«Un rayon de pitié toucha le cœur d'un More» (I, 3). La représentation de l'Afrique est donc ambiguë: les Turcs sont féroces, tandis que les Maures peuvent être sensibles, même s'ils tiennent toujours des Français en esclavage. Sensibilité et sauvagerie se mêlent de manière suggestive dans l'Afrique de Scudéry.

Les histoires de captifs de corsaires qui retrouvent les leurs après des années de séparation deviennent vite un lieu commun, surtout dans la tragi-

---

[9] Voir P. Earle, *Corsairs of Malta and Barbary*, Londres, Sigwick and Jackson, 1970, pp. 23-94, et D. Brahimi, *Opinions et regards des Européens sur le Maghreb aux XVIIe et XVIIIe siècles*, Alger, SNED, 1978, pp. 18-28, 36-43, 74-76, 93-96.

[10] G. de Scudéry, *Le Fils supposé*, Paris, A. Courbé, 1636.

[11] Voir la définition de «barbare» de Furetière:« Etranger qui est d'un pays fort éloigné, sauvage, mal poli, cruel, et qui a des mœurs fort différentes des nôtres. [...] Barbare signifie aussi seulement cruel, impitoyable, qui n'écoute point la pitié, ni la raison» (*Dictionnaire universel*, La Haye, Leers, 1690, n.p.).

[12] Voir C.-A. Julien, *Histoire de l'Afrique blanche des origines à 1945*, Paris, Presses universitaires de France, 1966, pp. 102-103.

[13] Selon le *Dictionnaire universel* de Furetière, un Maure est un «homme noir [...] né en une région d'Afrique appelée la *Mauritanie*».

comédie[14], mais aussi dans la comédie. Tristan l'Hermite reprend ce thème usé sur un mode parodique dans *Le Parasite* (1654). Au début de la pièce, Phénice, servante de Manille, explique à Fripesauces que le mari et le fils de sa maîtresse ont été pris par des corsaires turcs et vendus en esclavage à Alger (I, 4, v. 169-170). L'élément parodique est souligné lorsque Lisandre, amoureux de Lucinde, fille de Manille, feint d'être le fils perdu de celle-ci, pour s'approcher de sa fille, et Manille l'accueille bras ouverts, le croyant revenu de ce «pays barbare» (III, 3, v. 796). Il lui fournit un récit coloré de ses aventures, rempli d'allusions aux «barbares marchands» qui l'ont tenu en esclavage à Tunis, à Alger, en Egypte, et même en Israël (III, 3, v. 797-808): son imagination se promène entre l'Afrique et le Moyen-Orient. Mais si Manille voit en Lisandre son fils perdu, elle ne reconnaît pas Alcidor, son mari, lorsqu'il rentre chez lui «Avec ses caleçons, avec son bout de chaîne» (IV, 6, v. 1283). Les retrouvailles sont bel et bien parodiques.

### L'Afrique imaginaire

*Le Parasite* révèle ainsi la deuxième façon dont on se sert d'allusions à l'Afrique au théâtre: on fait parler un personnage de l'Afrique pour le rendre ridicule. Tristan l'Hermite embellit ainsi l'un de ses personnages comiques les plus traditionnels: le Capitan, dont les allusions outrées au monde africain font partie de sa vantardise ridicule. Au premier acte, Cascaret, son valet, lui explique que ses serviteurs l'ont abandonnéfaute de souliers, car il n'a pas payé le cordonnier depuis trois mois. Au Capitan de répondre:

> Je veux auparavant
> Afin que vous ayez de bon cuir de Levant,
> Aller prendre Maroc, Alger, Tunis, Bizerte,
> Et quelqu'autre pays dont j'ai juré la perte,
> Et nous aurons alors d'assez bon maroquins. (I, 3, v. 251-255)

Ses allusions à sa prouesse militaire imaginaire et au monde lointain, dont Bizerte, ville en Tunisie, sont ridicules. Il reprend le même thème pour expliquer pourquoi c'est lui qui devrait épouser Lucinde:

> LE CAPITAN
> Ecoute des merveilles.

---

[14] Voir A. Bornaz Baccar, *La Mer, source de création littéraire en France au XVIIe siècle (1640-1671)*, Paris-Seattle-Tübingen, Biblio 17, 1991, pp. 19-37.

FRIPESAUCES
Pour obliger mon ventre afflige mes oreilles.
LE CAPITAN
Contre le Prête-Jan venant de batailler,
FRIPESAUCES
O que ces longs discours me vont faire bailler!
LE CAPITAN
J'allai faire trembler plus de quatre couronnes.
CASCARET
O qu'il est en humeur de t'en donner de bonnes!
LE CAPITAN
Ce bras fut affronter cinq ou six Roitelets,
Et leur tordit le col ainsi qu'à des poulets.
Monbaza, Sofala, de même que Mélinde,
Se virent désolés pour l'amour de Lucinde.
Sur le bruit que son père en ces lieux fut traîné,
D'aller rompre ses fers je fus déterminé. (I, 3, v. 313-324)

Ses fanfaronnades commencent ici par une allusion au royaume mythique du Prête Jean, souverain légendaire identifié par certains (dont Furetière dans son *Dictionnaire universel*) avec le Négus d'Abyssinie. Il parle aussi de diverses villes et/ou régions africaines: de Monbaza et de Mélinde, au Kenya, et de Sofala, au Mozambique. Mais le tout fait seulement rire ceux qui l'écoutent.

A la fin de la pièce, après sa défaite comique, le Capitan rêve à sa vengeance, et ici encore il parle de l'Afrique, devenue maintenant une véritable obsession ridicule. Il va mettre feu à la maison de Manille et d'Alicidor: les cendres de Manille «iront en Barbarie», celles de Phénice «à la côte d'Afrique», tandis que celles du chien iront vers le détroit Bab el Mandel, entre la Mer Rouge et le Golfe d'Aden (V, 4, v. 1550, 1554-1555). Sa folie ne connaît pas de bornes.

Il est évident que le Capitan de Tristan l'Hermite est le digne successeur du Matamore de *L'Illusion comique* de Pierre Corneille (1635-1636).[15] Dès sa première entrée en scène, Matamore se vante d'être bon amant et brave guerrier: il a gagné le cœur de la reine d'Ethiopie (II, 2, v. 266-268) et son influence s'étend, selon lui, jusqu'en Afrique, où les rois sont moins civils qu'en Europe:

Mais chez les Africains,
Partout où j'ai trouvé des Rois un peu trop vains,
J'ai détruit les pays avec les Monarques,
Et leurs vastes déserts en sont de bonnes marques:

---

[15] Voir P. Corneille, *Œuvres complètes*, tome 1, éd. par G. Couton, Paris, Gallimard, 1980, pp. 611-688.

Ces grands sables qu'à peine on passe sans horreur
Sont d'assez beaux effets de ma juste fureur. (II, 2, v. 327-332)

Et ses exploits ne s'arrêtent pas là, comme l'observe Clindor, sur un ton ironique. Le suivant révèle que son maître provoquait une telle peur en Egypte qu'il

Fit nager le grand Caire en un fleuve de larmes:
Vous veniez d'assommer dix Géants en un jour,
Vous aviez désolé les pays d'alentour,
Rasé quinze châteaux, aplani deux montagnes,
Fit passer par le feu villes, bourgs et campagnes,
Et défait vers Damas cent mille combattants. (II, 4, v. 450-455)

A travers cette énumération comique, l'Afrique semble une région monstrueuse, peuplée de géants[16]. Et devant Matamore, paraît-il, les Africains s'enfuient en Syrie: n'oublions pas que l'étymologie espagnole de Matamore est «tueur de Maures» (*matar Moros*). Il est clair donc que l'imagination du fanfaron s'occupe du monde lointain et exotique précisément là où ses exploits ont l'avantage d'être invérifiables.

Molière se sert aussi de ce mécanisme comique dans *La Comtesse d'Escarbagnas* (1672), mais sans faire apparaître le personnage ridicule sur scène.[17] Le Vicomte fait allusion à l'Afrique en se plaignant d'un fâcheux nouvelliste qu'il vient de rencontrer:

Il nous apprend les ressorts cachés de tout ce qui se fait, nous découvre les vues de la prudence de nos voisins, et remue, à sa fantaisie, toutes les affaires de l'Europe. Ses intelligences même s'étendent jusques en Afrique, et en Asie, et il est informé de tout ce qui s'agite dans le Conseil d'en haut du Prête-Jean et du Grand Mogol. (I, 1)

Le Vicomte évoque sur un mode ironique les régions du globe les plus éloignées, dont le royaume mythique du Prête-Jean, pour se moquer des obsessions inutiles et peu instructives du nouvelliste qui, comme le Capitan de Tristan l'Hermite, se mêle de ce qui ne le regarde pas[18]. Pour Molière,

---

[16] Comparez l'observation de D. de Juigné Broissinière sur l'Afrique: «Elle fait naître des animaux et bêtes sauvages de toutes espèces et de toutes formes. [...] Elle produit encore aussi quelques monstres d'hommes» (*Dictionnaire théologique, historique, poétique, cosmographique et chronologique*, 6ème éd., Lyon, P. André, 1658, n.p.)

[17] Toutes les citations de Molière proviennent des *Œuvres complètes*, éd. par G. Couton, 2 vol., Paris, Gallimard, 1971.

[18] Remarquons aussi que le Capitan (V, 4, v. 1551) et le nouvelliste, ainsi que le Matamore de P. Corneille (II, 2, v. 227), parlent tous les trois de Mogor, ou Mogol, prince mahométan des Indes.

Tristan l'Hermite et P. Corneille, seulement un insensé s'occuperait de l'Afrique, monde vaguement exotique et lointain.

## L'Afrique musicale

Venons-en maintenant à la mise en scène de l'Afrique et des Africains. Une première remarque s'impose: c'est qu'une bonne partie des personnages africains mis en scène doivent beaucoup à la tradition des ballets de cour et des mascarades, peuplés très souvent de musiciens et de danseurs maures[19]. Il s'agit, autrement dit, d'un lieu commun. *Le Sicilien* de Molière (1667), par exemple, se termine, pour fêter le bonheur des jeunes amants, par une mascarade exécutée par «une troupe de Maures» (scène 20) qui portent des «habits merveilleux, et qui sont faits exprès» (scène 19)[20]. Et le second intermède du *Malade imaginaire* (1673) met en scène, pour «divertir» Argan, plusieurs Egyptiens et Egyptiennes, vêtus en Maures, qui amènent avec eux des singes dansants. Ces femmes maures chantent l'amour, faisant écho ainsi à la galanterie traditionnelle des ballets de cour. Comme l'explique l'allusion de Béralde à la fin de la pièce (III, 14), c'est le temps du carnaval. Il s'agit, donc, d'un déguisement conscient et carnavalesque, car nous savons que ces soi-disant Egyptiens et Egyptiennes – qui figurent également dans *Le Mariage forcé* (scène 6) et dans *Monsieur de Pourceaugnac* (III, 8), et chez bien d'autres auteurs dramatiques encore – n'ont en effet rien de commun avec l'Egypte, étant plutôt des bohémiens, connus comme diseurs de bonne aventure[21]. Leur présence dans les ballets de cour était fréquente et traditionnelle[22], mais Molière y ajoute le motif du déguisement et du spectacle mauresque: il s'agit d'un divertissement destiné à Argan, qui reste sur scène en tant que spectateur métathéâtral. L'Africain devient ainsi un objet ludique pour le divertissement d'un fou.

---

[19] Voir S. Chalaye, *Du Noir au nègre*, pp. 45-50.

[20] Remarquons que l'esclave d'Adraste s'appelle Hali, nom d'origine nord-africaine, mais Molière lui donne plutôt l'allure d'un Turc: voir G. Turbet-Delof, «Mélanges barbaresques», *Revue d'histoire et de civilisation du Maghreb*, 10, 1973, pp. 81-86.

[21] Voir F. Vaux de Foletier, «Les Tsiganes en France au XVIIᵉ siècle», *Dix-septième siècle,* 92, 1971, pp. 147-153.

[22] Voir M. Paquot, *Les Etrangers dans les divertissements de la cour, de Beaujoyeulx à Molière (1581-1673)*, Bruxelles, Palais des Académies, 1932, pp. 93-95, 155-157, et R. Fajon, «La comédie-ballet, fille et héritière du ballet de cour», *Littératures classiques*, 21, 1994, pp. 207-219.

Dans *L'Inconnu* (1675), Thomas Corneille cherche à mettre à profit le succès moliéresque.[23] Les Maures qui y figurent font partie des divertissements dont le Marquis régale la comtesse pour gagner son cœur. Au premier acte, un Maure conduit deux personnages allégoriques, Amour et Jeunesse, qui déclament un compliment; ensuite le Maure, inspiré par la beauté de la Comtesse, chante une chanson d'amour en italien (I, 6). Au dénouement de la comédie, pour faire plaisir à la Comtesse, le Marquis ordonne un divertissement dans lequel les chansons d'amour des Maures galants jouent aussi un rôle (V, 4). Le divertissement a lieu sur un petit théâtre que l'on fait rouler sur la scène, ce qui souligne la métathéâtralité du spectacle: comme chez Molière, les Maures servent à créer l'effet du théâtre dans le théâtre[24]. L'Africain se présente donc comme masque, jeu théâtral, élément traditionnel du spectacle.

## L'Afrique imitée

D'autres personnages africains, par contre, sont plus que des baladins, jouant plutôt un rôle important dans le déroulement de l'intrigue. Mais ici encore il s'agit, pour la plupart, de faux Africains: nous retrouvons la métathéâtralité des comédies-ballets moliéresques.

L'action du *Mort vivant* de Boursault (1662) se déroule à Séville.[25] Le faux Africain est Gusman, valet de Fabrice, qui se déguise en ambassadeur pour aider son maître, lequel rivalise avec Lazarille et Ferdinand pour la main de Stéphanie. Pour éloigner Lazarille, il vient à Fabrice l'idée de profiter de la présence à Séville d'une ambassade africaine. Il annonce à Lazarille que l'ambassadeur s'est épris de Stéphanie:

> Il en est amoureux;
> Comme il est courageux, comme il est magnanime,
> Que chacun le respecte, et chacun l'estime,
> Que son crédit est rare, et que dans cet Etat,
> Il tient, et sait garder le rang d'un potentat,
> En vain à ce qu'il veut tu ferais résistance. (II, 1)

L'Africain est digne de respect et de crainte. C'est ensuite à Gusman d'entrer en scène «en habit d'Ambassadeur», créant un effet comique par sa brusquerie absurde. Il est dédaigneux envers Lazarille:

---

[23] Th. Corneille, *L'Inconnu*, Paris, J. Ribou, 1676.

[24] Voir G. Forestier, *Le Théâtre dans le théâtre sur la scène française du XVII<sup>e</sup> siècle*, 2<sup>e</sup> éd., Genève, Droz, 1996, pp. 161-162, 321-323, 326-327.

[25] Boursault, *Le Mort vivant*, Paris, Nicols Pépingue, 1662.

Un Ambassadeur
En parlant avec vous abaisse sa grandeur;
Tirez vos chausses, vite, ou bientôt par la tête. (II, 2)

Il y a un décalage comique entre le rôle et la réalité du franc-parler d'un
valet, certes, mais il se peut aussi que Gusman fasse vivre l'image stéréotypée d'Africains féroces et cruels, d'où l'aparté de Lazarille: «Quel bru-
tal!» (II, 3). Il se donne un air impérieux devant Ferdinand, qu'il condamne
au nom de Belzébuth: «Je suis grand personnage, et malheur à qui m'outre»
(II, 3).

A cette brutalité comique s'ajoute aussi la galanterie absurde. Il
s'adresse ainsi à Stéphanie:

Hola, quasi ma femme, et presqu'Ambassadrice,
Venez; car je vous aime, et je suis cependant
Ambassadeur d'Afrique, et bien ambassadant;
Mais contre vos attraits n'ayant point de parade,
Pour vous faire l'amour je me dés-ambassade:
Car des Ambassadeurs étant fort au-dessous,
L'ambassade est à cul quand on parle avec vous. [...]
Pour vous faire m'aimer je me fais une tache;
Mais beauté printanière apprenez qu'il m'est doux,
D'être noir comme un Diable, et d'être aimé de vous. (II, 3)

Ses propos sont remplis de néologismes comiques, anticipant ainsi sur la
comédie linguistique de Sosie (voir Molière, *Amphitryon*, III, 7, v. 1860-
1861). Et il fait allusion pour la première fois à la couleur de sa peau, tout
en se servant, ironiquement, d'une tournure familière et peu flatteuse. Mais
nous ne savons presque rien d'autre sur son déguisement, à part son
allusion à sa «roupille», sorte de manteau court et serré (II, 5). Si Boursault
laisse beaucoup à l'imagination du lecteur, le plaisir de celui-ci n'est néanmoins pas diminué: la comédie du déguisement, fondée en partie sur des
archétypes ethniques, saute aux yeux.

*L'Ambassadeur d'Afrique* de Du Perche (1666) est en quelque sorte une
ré-écriture du *Mort vivant* de Boursault.[26] La situation est pareille: pour se
débarrasser d'un rival, un maître fait déguiser son valet en ambassadeur
africain. Le valet n'est autre que Crispin, personnage célèbre dans les
années 1660[27]. Son maître, Lélie, est amoureux de Lucresse, mais il apprend que le tuteur de celle-ci va accorder sa main à Ariste, docteur

---

[26] Du Perch, *L'Ambassadeur d'Afrique*, Moulins, veuve Pierre Vernoy et Claude
Vernoy son fils, 1666.

[27] Voir J. Emelina, *Les Valets et les servantes dans le théâtre comique en France
de 1610 à 1700*, Cannes-Grenoble, C.E.L.-P.U.G., 1975, p. 171.

ridicule. Lélie sollicite l'aide de Crispin, qui finit par endosser le costume
africain, dont le texte ne fournit, malheureusement, aucun détail.

Devant Ariste, Lélie se dit être l'intendant de l'ambassadeur, ayant appris «la langue du pays» en France, remarque qui annonce la comédie
linguistique qui caractérisera le reste de la pièce. Comme le Gusman de
Boursault, Crispin se donne un air impérieux, respectant les stéréotypes
bien établis, dont l'anthropophagie, lorsqu'il menace d'avaler les Français
«tous vifs» (scène 5). Irrité par Ariste, il se met à parler en soi-disant
africain, et Lélie devient son entremetteur:

> CRISPIN
> Détalez, ou, *Kandem Skoreille*
> *Horleam scanem tourtouri.*
> ARISTE
> Que dit-il?
> LELIE
>                     Il est fort marri
> De vous avoir vu tant d'audace,
> Et veut qu'à l'instant on vous chasse. (scène 5)

Il suit alors un dialogue entre Crispin et Tirbautes, son valet en habit
africain:

> TIRBAUTES
> *Ben d'harleK.*
> CRISPIN
> *Gooth danKem cum vir,*
> *Salcardi bucdemeK satir*
> *Et voldrecam.*
> ARISTE
>                     Qu'est-ce qu'il chante
> Par ces mots?
> LELIE
>                     Il s'impatiente
> De ce qu'il ne voit point venir
> Lucresse, et l'envoie quérir. (scène 5)

Du Perche renchérit sur Boursault en matière de comédie linguistique en
faisant parler à Crispin une langue si fantaisiste. C'est une langue qui fait
rire à cause de son étrangeté: nous rions et du barbon dupé et du faux Africain, ce qui annonce, en partie du moins, les turqueries du *Bourgeois
gentilhomme*[28].

---

[28] Voir M.-F. Hilgar, «Fonctions des langues étrangères dans les comédies», in
*Contacts culturels et échanges linguistiques au XVII<sup>e</sup> siècle en France*, éd. par Y.
Giraud, Paris-Seattle-Tübingen, Biblio 17, 1997, pp. 79-90.

Si Du Perche anticipe sur Molière, Bel-isle lui fait écho dans sa farce, *Le Mariage de la reine de Monomotapa* (1682).[29] Il fait écho aussi à Boursault et à Du Perche, parce qu'il s'agit encore une fois d'un faux ambassadeur africain. Au début de la pièce, Acante, père d'Isabelle, décide, comme M. Jourdain, de renvoyer à plus tard le mariage entre sa fille et son amant, Lizandre, car il tient à recevoir une meilleure dot pour sa fille. Et comme dans la pièce de Molière, on a recours à un stratagème exotique pour duper le barbon et assurer le bonheur des jeunes amants. Mascarille, valet de Lizandre, arrive à découvrir les motifs peu honorables d'Acante, et il décide de profiter de cette information pour aider son maître. Mais les rôles changent, par rapport aux pièces de Boursault et de Du Perche: chez Bel-isle, c'est le maître, Lizandre, qui se déguise en ambassadeur africain, et le valet, Mascarille, qui joue le rôle de l'entremetteur. Mais c'est toujours le valet qui mène le jeu: il veille à ce que tous soient au courant, à part Acante. Mascarille, déguisé, tire parti de la vanité d'Acante en lui donnant d'abord un billet censé provenir du «Grand Sultan Aly Bassa Tabulispa, suprême souverain de Monomotapa», billet qui annonce que celui-ci veut épouser Isabelle et qu'il a dépêché son ambassadeur auprès d'Acante pour arranger l'affaire (scène 13). Ensuite l'Ambassadeur arrive, il embrasse Isabelle (à la grande surprise d'Acante), on finit par signer le contrat de mariage, et c'est à ce moment-là que Lizandre trahit son identité en parlant en français, langue qu'il est censé ne pas connaître.

Alors, là où le recours au déguisement en ambassadeur africain ne suffit pas à surmonter l'obstacle comique dans les pièces de Boursault et de Du Perche – il faut dans ces deux pièces un autre développement pour que la fin heureuse s'accomplisse – chez Bel-isle, par contre, tout s'articule autour de ce faux exotisme, qui sert à assurer le mariage des jeunes amants. Cela dit, il n'y a toujours pas d'indication explicite sur la façon dont on se déguise en Africain: on laisse tout cela à l'imagination du lecteur ou du comédien. Et si Boursault et Du Perche savent profiter, du point de vue comique, des images stéréotypées de l'Afrique, Bel-isle, lui, ne fait rien pour créer, verbalement ou visuellement, un cadre exotique, à part, bien sûr, l'allusion à Monomotapa, royaume d'Afrique australe sur les rives du Zambèze, qui restait au XVIIᵉ siècle un pays lointain et chimérique, comme le suggère La Fontaine dans sa fable «Les Deux amis» (*Fables*, VIII, 11)[30].

---

[29] Bel-isle, *Le mariage de la reine de Monomotapa*, Leyde, Felix Lopés, 1682.

[30] Cela malgré les descriptions de Jean Mocquet dans ses *Voyages en Afrique* (1617) et de Vincent Le Blanc dans ses *Voyages fameux* (1648), ouvrage qui connaissait un grand succès, comme le montrent les trois éditions publiées entre 1648 et 1658. Voir W.G.L. Randles, *L'Empire du Monomotapa du XVᵉ au XIXᵉ siècle*, Paris, Mouton, 1975.

On remarquera, donc, dans ces trois derniers exemples que le théâtre comique présente de faux Africains: il s'agit de l'invention d'un fourbe, personnage de théâtre dans le théâtre, paradigme d'exotisme et/ou de barbarie.

## L'Afrique réelle

Mais si la plupart de nos Africains sont des faux, il y en a néanmoins de «vrais», pour ainsi dire. *La Belle Alphrède* de Rotrou (1639) est une comédie cosmopolite qui a pour décor les parages d'Oran (I, 1 – III, 4), et ensuite Londres.[31] Les personnages comprennent des Espagnols de Barcelone, des Anglais, et des pirates arabes. Rotrou reprend donc le vieux motif des corsaires africains, mais il y donne un tour nouveau en mettant en scène les corsaires eux-mêmes. Mais comment les représente-t-il?

Dès le début de la pièce, les Africains semblent féroces. Alphrède se retrouve au bord de la mer, suite à un naufrage au cours de son voyage de Barcelone à Londres à la poursuite de son amant infidèle, Rodolphe (I, 1). Celui-ci paraît tout à coup, accompagné par son confident, Ferrande, les deux poursuivis par quatre pirates arabes, l'épée à la main. Alphrède tue l'un des pirates (I, 2), mais ils reviennent plus tard et saisissent les Espagnols (I, 5). Il n'est pas surprenant donc que l'on se serve des étiquettes traditionnelles pour décrire les pirates: Ferrande, personnage quelque peu ridicule qui rappelle le Matamore de P. Corneille, les appelle «ces mutins» et «cette infâme canaille» (I, 3, v. 130, 134), et Rodolphe parle des «voleurs», de «ces barbares lieux» et du «peuple assassin» (I, 4, v. 142, 219). Et, heureux de se retrouver en Angleterre, pays civilisé, Acaste, frère d'Alphrède, se plaint de son séjour en Afrique, qu'il appelle «un lieu sauvage», parce que là «on ne sait d'Amour ni l'être ni l'usage» et, qui pire est, «sans élection chacun suit sa nature» (IV, 1, v. 1137-1138, 1141). Vivre en Afrique, c'est vivre loin de la civilisation, paraît-il.

Peut-on conclure de ce qui précède que Rotrou rend en quelque sorte la couleur locale de l'Afrique? Non. Il faut reconnaître que l'Afrique n'est, chez Rotrou, qu'une toile de fond, un décor. En effet, on a affaire ici à une soigneuse diminution de l'exotique et des connotations africaines. La victime d'Alphrède, par exemple, s'appelle Timandre; un autre pirate s'appelle Géraste. Ce sont, bien évidemment, des noms qui rappellent l'onomastique de la galanterie française traditionnelle. Et il devient rapidement évident que le chef des pirates n'est autre qu'Amintas, père d'Alphrède, qui

---

[31] Toutes les citations de *La Belle Alphèse* sont irées de l'édition de J. Scherer, *Théâtre au XVIIe siécle*, t. 1, Paris, Gallimard, 1975, pp. 793-864.

explique qu'il a été naufragé à Oran, où il a épousé une femme qui n'était pas africaine (il parle de «la conformité de son sang et du mien», II, 6, v. 576), et où il est devenu «chef dans les troupes du prince» (II, 6, v. 582). Il est frappant que les Arabes travaillent sous un Espagnol qui a «dans Oran un empire absolu» (II, 2, v. 283), et que l'Afrique de Rotrou est une Afrique à l'image de l'Europe.

Il faut se tourner vers *Le Mari sans femme* de Montfleury (1663) pour une image plus nuancée de l'Afrique.[32] Montfleury renchérit de loin sur Rotrou en écrivant une comédie qui déplace le spectateur en Afrique et lui en donne une image beaucoup moins stéréotypée. Comme Rotrou, il reprend le vieux motif des esclaves de corsaires – et il s'agit encore une fois d'Espagnols en Afrique (Montfleury prend Alger comme décor) – tout en y intégrant une histoire d'amour. Mais Montfleury donne à la même matière un tour nettement différent. Il modifie de manière nouvelle les archétypes de l'époque en renversant la vieille opposition entre l'Europe raisonnable et l'Afrique barbare, à l'avantage de celle-ci.

Montfleury donne un rôle important aux habitants d'Alger, notamment aux colons turcs, dont Fatiman, gouverneur d'Alger, et Célime, dame turque qui s'éprend de Carlos, malgré l'amour de Fatiman; les autres personnages sont des Espagnols. Avant le début de l'action dramatique, Julie est obligée d'épouser Dom Brusquin d'Alvarade, gentilhomme ridicule, mais elle s'enfuit le jour même des noces avec son amant, Carlos. Ils partent en mer, mais ils sont pris par des pirates africains: la rime «corsaire / Alger», qui revient deux fois (I, 2, v. 54-55; II, 1, v. 347-348), en dit long sur l'image traditionnelle de la Barbarie.

Autre conception traditionnelle: celle de l'amour. C'est Célime qui l'exprime lorsqu'elle essaie en vain de séduire Carlos, qui est sur le point de la gratifier d'une chanson, en parlant de «la valeur héroïque» des Européens, «peuples heureux révérés dans l'Afrique», et de leurs «diverses façons d'aimer et d'être aimés» (I, 7, v. 201-202, 204). La couleur locale est donc invertie: pour Célime l'Europe est aussi exotique que l'Algérie pour les spectateurs français, et son allusion à l'amour à l'européenne rappelle celle d'Acaste dans *La Belle Alphrède*. Mais c'est Célime qui parle, personnage quelque peu ridicule qui essaie en vain de tromper le noble Fatiman: ses idées «occidentales», peu dignes de respect, font partie de sa caractérisation.

Encore plus frappante est la façon dont Montfleury caractérise les habitants d'Alger. Les corsaires, par exemple, se distinguent par leur sensibilité: Marine, suivante de Julie, parle du «corsaire adouci» (II, 3, v. 489) qui les a

---

32 Montfleury, *Le Mari sans femme*, éd. par E. Forman, Exeter, University of Exerer, 1985.

amenées à Alger. Cette allusion souligne le contraste suggestif que Montfleury établit dans sa pièce entre l'Afrique et l'Europe, surtout à travers deux personnages: Fatiman et Dom Brusquin.

Dès le début, Fatiman est présenté sous une lumière favorable: il aime la danse et la musique, retenant Carlos et Julie, non pas comme des esclaves traditionnels, mais comme des chanteurs (I, 2, v. 70-76); il est raisonnable, un véritable homme d'honneur, comme le souligne Zaïre, esclave de Célime (I, 4, v. 155-157); selon Marine, Fatiman est «fort honnête, / Fort civil, obligeant, même respectueux» (II, 3, v. 528-529), un «bon Musulman» (V, 1, v. 1307)[33]; et c'est surtout Fatiman qui sauvegarde l'amour des jeunes amants en s'opposant à la tyrannie de Dom Brusquin, qu'il appelle «Dom Bourru» (III, 1, v. 700) et «ce magot» (III, 6, v. 878).

Par contraste avec Fatiman, Dom Brusquin est présenté sous un jour comique. Il se montre brusque envers Fatiman, en se servant d'une métaphore traditionnelle mais, dans le contexte, déplacée: «Je prétends avec vous traiter de Turc à Maure» (II, 4, v. 544)[34]. Il se moque de la physionomie de ses hôtes, en faisant remarquer qu'il n'a aucune intention de «chamarrer» le dessus de sa lèvre «Comme l'on fait ici d'une barbe de chèvre» (II, 4, v. 556). Mais le contraste est au plus fort lorsque Julie appelle son mari «ce barbare» (II, 8, v. 667) et «mon persécuteur» (II, 10, v. 686), se servant ainsi d'étiquettes appliquées en général aux Africains: l'inversion des normes est subtile, mais suggestive.

Nous apprécions le spectacle du vieux fou berné par des étrangers. Voici l'effet du récit de Tomire, valet de Carlos, où il décrit la manière dont «huit ou dix Turcs» d'Alger au service de Fatiman traitent Dom Brusquin: l'un d'eux feint d'être un Ambassadeur africain – ce qui rappelle *Le Mort vivant* de Boursault – mais ensuite les Turcs le frappent de coups de bâton (IV, 6, v. 1170-1211). Dom Brusquin se voit obligé de faire des révérences devant Fatiman (IV, 7, v. 1220-1221): c'est l'Européen qui doit se plier aux usages étrangers. Il ressort de cette pièce «algérienne» une image plutôt négative de la noblesse espagnole et même européenne. C'est Tomire qui le dit:

> En Europe, souvent, quoi qu'ils soient en estimes,
> Madame, noble et gueux sont termes synonymes. (III, 3, v. 759-760)

Nous avons affaire à une image nuancée de l'Afrique, ou même un éloge quelque peu restreint. La pièce se termine par une chanson en langue

---

[33] Il y a d'autres allusions religieuses: Zaïre parle du «Prophète» (IV, 5, v. 1145), et la chanson qui clôt la pièce rend grâces à Mahomet (V, 11, v. 1622).

[34] «Traiter de Turc à *Maure*, c'est à dire, Agir avec quelqu'un dans la dernière rigueur, ne lui relâcher rien» (Furetière, *Dictionnaire universel*, «Maure»).

franque, chantée par les Algériens et les Turcs, dernier appel de la pièce à l'exotisme. La langue franque, ou la *lingua franca*, s'employait depuis plusieurs siècles dans les ports méditerranéens; c'était une sorte de jargon, mélange de français, d'italien, d'espagnol et d'autres langues, qui permettait surtout la communication entre matelots et marchands espagnols et algériens[35]. Son utilisation à la fin de cette pièce mi-algérienne, mi-espagnole est donc importante, parce qu'elle évoque la possibilité d'échanges culturels et linguistiques entre divers pays. Là où Du Perche se sert d'une langue fantaisiste, dénuée de toute signification autre que celle octroyée par le mystificateur, afin de se moquer de l'étrangeté linguistique de l'Afrique, Montfleury a recours à un langage exotique qui peut être compris par les spectateurs français.

Or, la singularité du *Mari sans femme* est encore plus remarquable lorsqu'on le compare avec les autres comédies étudiées ici, peuplées pour la plupart par de faux Africains, qui sont soit des musiciens maures, soit des gens consciemment déguisés. Cet accent sur le déguisement métathéâtral rappelle, bien sûr, la représentation d'autres faux étrangers dans le théâtre comique à partir des années 1660, comme *Les Faux Moscovites* de Poisson (1668) et *Le Feint Polonais* de Hauteroche (1686)[36]. Et ceci pour des raisons esthétiques, bien sûr. Comme le constate Jean Emelina à propos de ces faux étrangers: «Intégrés au microcosme parisien, ces étrangers – invraisemblance dans la vraisemblance – [...] sont devenus de purs jeux de scène»[37]. Il s'agit donc, dans la plupart des cas analysés ici, d'un exotisme théâtralisé, simulé, ironisé, «carnavalisé».

Mais cette image «carnavalisée» est fondée sur les archétypes les plus anciens: il existe une forte relation entre les conceptions ethniques et les théories esthétiques du XVII<sup>e</sup> siècle. Le comique repose en partie sur la représentation d'une image figée et volontairement erronée de l'Autre. Témoin La Mesnardière, qui conseille au dramaturge de respecter fidèlement les types généraux et fixes de chaque nation: si les Français sont «hardis, courtois, [...] généreux, adroits», les Maures, par contre, sont «fous, désespérés, peu soucieux de la vie, opiniâtres, et infidèles», et il faut, bien sûr, que le poète dramatique «ne fasse jamais [...] un fidèle d'un Afri-

---

[35] Voir K. Whinnom, «The context and origins of *lingua franca*», in *Langues en contact – pidgins – creoles – languages in contact*, Tübingen, TBL-Verlag Gunter Narr, 1977, pp. 3-18.

[36] Voir G. Forestier, *Esthétique de l'identité dans le théâtre français (1550-1680): le déguisement et ses avatars*, Genève, Droz, 1988.

[37] J. Emelina, «Comique et géographie au XVII<sup>e</sup> siècle», p. 148. Voir aussi son article «Les terres lointaines et l'exotisme dans la comédie du XVII<sup>e</sup> siècle», in *Comédie et tragédie*, pp. 187-197.

cain»[38]. C'est pour ne pas pécher contre la vraisemblance que les auteurs dramatiques ont tendance à se moquer des Africains. Nous sommes loin du «racisme» moderne, certes, mais nous touchons à l'ethnocentrisme de l'esthétique classique[39].

---

[38] J. de La Mesnardière, *La Poétique*, Paris, Antoine de Sommaville, 1640, pp. 122, 123, 125.

[39] Je tiens à remercier la British Academy et l'Université de Leeds du généreux concours qu'ils m'ont prêté, et Michael Hawcroft, David Maskell, Michèle Todd et Edward Welch de leurs conseils précieux lors de la rédaction de cet article.

# L'Afrique mise en scène, de l'absence au phantasme

par

GUY SPIELMANN

La question de la mise en scène de l'Afrique à l'époque classique déborde immédiatement le champ esthétique vers celui de l'idéologie, et surtout de l'épistémologie. Le terme même d'«Afrique» renvoie en effet à deux référents et deux signifiés bien distincts: un Proche Orient essentiellement côtier et circonscrit au pourtour méditérranéen, en contact avec l'Occident (auquel il servaitt volontiers de métaphore gazéc), et un hinterland qui resta largement inconnu des Européens jusqu'à la fin du XIXᵉ siècle. Cette mystérieuse Afrique intérieure et sub-saharienne aurait fort bien pu alimenter les phantasmes et le besoin d'exotisme du vieux continent, au théâtre comme dans le roman ou le récit de voyage; or, non seulement il n'en fut rien, mais on doit s'interroger sur la remarquable discrétion (pour ne pas dire l'absence) de l'Afrique noire et de ses peuples face à la vogue de l'Amérique et de l'Asie sur la scène – en particulier dans les genres lyriques – en examinant certaines exceptions pour tenter de comprendre les raisons de ce parti pris.

## I Afrique connue et inconnue

La première explication qui s'impose relève de la géographie physique et humaine, autant que de l'histoire: depuis l'antiquité, le Maghreb et le Proche Orient, constituaient pour les Européens des points de repère permettant d'alimenter et de structurer la création artistique, souvent par le jeu de l'antithèse. L'Afrique noire, en revanche, ne *signifiait* rien de particulier, au premier chef parce qu'elle était majoritairement ignorée de l'Occident, à l'exclusion d'une mince bande côtière parsemée de comptoirs de négoce. Aucun conflit majeur n'avait encore opposé les blancs à un empire noir, et même les relations d'échange qui s'intensifièrent considérablement avec le développement du commerce triangulaire restèrent superficielles et contribuèrent fort peu à faire connaître l'intérieur du pays et ses habitants.

Or, le cas de l'Amérique du sud suggère qu'une connaissance partielle pouvait être propre à enflammer les imaginations, autant celles des explorateurs et autres conquérants que celles des écrivains – et, c'est ce qui nous intéresse ici, celle des hommes de théâtre: on ne compte plus les ballets et autres pièces lyriques (ou, plus rarement, parlées) qui prirent pour thème l'Amérique et les Américains au XVII<sup>e</sup> siècle, puis la Chine et les Chinois au XVIII<sup>e</sup> siècle. Comment alors expliquer que l'Afrique, potentiellement encore plus intriguante que le Pérou, n'ait suscité quasiment aucune fiction dramatique?

La question se pose avec d'autant plus d'acuité que l'Afrique inexplorée avait inspiré quelques superbes réalisations iconographiques sur les cartes et atlas, où rois imaginaires et humanoïdes monstrueux voisinent avec des animaux exotiques ou totalement fabuleux, comme les imagine par exemple Pierre Desceliers sur sa carte du monde de 1550 (British Museum; Whitfield, page de couverture). Or, nous n'avons aucune trace de projet de décor qui s'inspire d'une telle vision, même si certains éléments isolés purent être repris ici et là pour indiquer un «exotisme» qui n'avait rien de spécifiquement africain. Ainsi voit-on par exemple sur le frontispice d'*Arlequin misanthrope*, pièce attribuée à Louis Biancolelli et jouée à la Comédie-Italienne en 1696 (*Le Théâtre Italien*, T. 6), évoluer un éléphant, un lion et un chameau avec d'autres animaux septentrionaux dans un décor de forêt purement européen pour représenter le désert où s'est retiré le héros éponyme.

Le manque d'attrait pécuniaire a sans doute eu son rôle à jouer, car le mirage de l'or n'acquit jamais en Afrique de l'ouest la dimension fantastique des rêves d'Eldorado. Mais je propose plutôt de chercher une explication dans l'incapacité des Européens à percevoir l'Afrique noire en termes de *civilisation* au sens étymologique, c'est-à-dire de villes et de monuments où ils pouvaient se reconnaître (sinon s'identifier), quitte d'ailleurs à les détruire par la suite. On pouvait par exemple très bien concevoir que les Incas du Pérou (qui furent pourtant soumis et exterminés) pensaient et agissaient de façon assez similaire aux Français et aux Italiens pour légitimer la notion d'«Indes galantes», comme dans l'opéra-ballet de Rameau et Fuzelier (1735).

On ne sembla au contraire jamais envisager qu'il pût exister un «Congo galant», ou que des potentats africains, réels ou inventés, fussent propres à servir d'analogues aux princes ou aux héros de nos contrées, même au prix des transpositions les plus fantaisistes qui furent utilisées pour les Incas ou les Chinois. La présence sur scène de «Maures galants» ne fait que souligner le statut amigu du Maure, véritable «nègre blanc» dont la couleur changeait selon les besoins: fort basané dans les descriptions, il pâlissait considérablement lorsqu'on l'incarnait au théâtre.

Dans la fiction dramatique, la «proche Afrique», des Colonnes d'Hercule au delta du Nil, apparaissait comme une Europe en miroir, civilisation jugée finalement très proche de la nôtre, mais impliquant juste assez de distance pour servir de double, et générer des situations intéressantes, d'ailleurs souvent synthétisées à travers quelques thèmes et motifs récurrents (le despotisme, le sérail, l'intolérance religieuse). Peu importe au fond que ces éléments correspondissent à une quelconque réalité, puisque la vraisemblance n'exigeait que la conformité à un modèle culturellement sanctionné.

## II Dire et montrer

Surtout, cette Afrique-là ne posait guère de problèmes ni du point de vue scénographique, ni du point de vue de la représentation des personnages. Le décor renvoyait au public les quelques poncifs avec lesquels la gravure et la peinture, l'avaient déjà familiarisé, espèce de «désert à volonté» avec dunes, palmiers et dromadaires, voire les inévitables pyramides dès qu'il s'agissait d'Egypte. Comme il n'existait en revanche aucune représentation stéréotypée de l'Afrique intérieure qui pût guider le décorateur, il aurait été intéressant de voir comment l'un d'entre eux se serait tiré de la difficulté – si un dramaturge s'était risqué à situer franchement une œuvre en zone sub-saharienne. En réalité, on s'en tint prudemment à des régions périphériques déjà balisées (comme la Colchide de *Médée* (1696) de Thomas Corneille et Charpentier ou l'Ethiopie de *Persée* (1682) de Quinault et Lully) qui n'exigeaient pas une création visuelle *ex nihilo* dont les «feinteurs» de l'époque n'étaient pas coutumiers, sinon incapables. Aussi restent-elles des vues de l'esprit sans incidence véritable sur le décor ou les costumes.

Pourtant, sur le plan qui m'intéresse ici – le passage à la scène par opposition à l'élaboration d'une fiction – l'obstacle principal résidait sans doute dans la figuration des personnages de noirs. L'«Arabe» ou le «Turc» joué par un Européen ne sortait apparemment pas des bornes du vraisemblable, pourvu que le costume fût jugé approprié, autrement dit, ici encore, conforme aux poncifs déjà établis. Nous en trouvons un excellent exemple, magnifié par la déformation satirique, dans le célèbre accoutrement du Mufti conçu par Henri Gissey pour le final du *Bourgeois gentilhomme* (1670; Stockholm, Nationalmuseum, Collection Tessin), et porté par Lully: barbichette, énorme turban et caftan suffisaient à camper le personnage.

Pour jouer un noir, en revanche, il aurait fallu en passer soit par le masque, soit par le barbouillage – n'oublions pas qu'il a fallu attendre le dernier tiers du XX$^e$ siècle pour voir des comédiens de couleur évoluer régulièrement sur les scènes européennes. En fait, la question ne se posait guère

par manque de rôle à jouer, tout particulièrement dans le domaine français:
on sait que le seul vrai grand rôle noir – incontournablement désigné
comme tel dans le texte même – du répertoire occidental est l'Othello de
Shakespeare, resté sans postérité immédiate. C'est bien plus tard que les
premiers rôles de noir joués en grime firent leur apparition, mais toujours
dans le théâtre anglo-saxon, et surtout aux Etats-Unis où se développa une
importante tradition de *blackface comedy* dans le théâtre populaire dit
«vaudeville» (ou «burlesque»), puis au cinéma: directement issu de cette
veine dramatique, le premier film parlant, *The Jazz Singer*, avait pour
interprète principal un acteur blanc grimé, Al Jolson.

Mais c'est moins la couleur d'Othello que son statut de héros tragique
(en sa qualité de général des armées vénitiennes) qui fait de lui un véritable
hapax dans l'univers dramatique de la première modernité. Lorsqu'en effet
des personnages noirs apparurent au XVIII$^e$ siècle, ils furent cantonnés au
domaine comique, et généralement dans des rôles ancillaires; l'un des
exemples les plus connus illustre bien cette conception restreinte du «nègre
de théâtre» qui allait longtemps dominer: le personnage du serviteur
Mungo, joué en grime par Charles Didbin, compositeur britannique, dans
son opéra comique créé à Drury Lane en 1768, *The Padlock* (gravure de B.
Clowes, Victoria and Albert Museum).

Résistons pourtant à la tentation de voir dans cette évolution le simple
effet d'un préjugé raciste, car elle se justifie aussi sur le plan strictement
scénographique: l'absence d'acteurs d'origine africaine rendait difficile une
représentation sérieuse du noir, étant donné les connotations grotesques (et
même carnavalesques) chez le comédien européen du «barbouillage»
permettant d'obtenir la carnation voulue (voir ma synthèse récente sur
l'élément visuel carnavalesque chez Molière). Une figure emblématique en
particulier venait compliquer la situation: celle d'Arlequin. Le masque noir
et velu que porte Arlequin a certainement des origines démoniaques (une
des généalogies du serviteur bergamasque le fait remonter à l'*Enfer* de
Dante), et probablement aussi bachiques; il n'en reste pas moins qu'il
évoque assez nettement un faciès négroïde, particulièrement accusé sur
certaines images comme les dessins aquarellés anonymes illustrant «Le
Ballet du jardinier», divertissement d'*Arlecchino, il finto giardiniero* de
Francesco Clerico donné à Vienne en 1799 (Paris, BNF, fonds Rondel,
album Ziesenis). L'immense notoriété d'Arlequin dans le théâtre européen
des XVII$^e$ et XVIII$^e$ siècles pouvait donc provoquer un effet de parasitage
très dissuasif pour qui eut voulu faire jouer un personnage de noir dans le
genre sérieux.

L'iconographie complique le problème plus qu'elle n'aide à le résoudre,
puisque hormis les cas où l'interprète est identifié, il nous est im-possible
de démêler l'ambiguïté de la représentation, dramatique ou picturale.

L'image d'un personnage qui nous paraît «ethniquement correct» sur le papier renvoie le plus souvent à une fiction, c'est-à-dire à ce que le spectateur était *censé* voir avec un nécessaire effort d'imagination, et non ce qu'il avait effectivement devant les yeux; on constate d'ailleurs le même phénomène avec les animaux exotiques (éléphants, crocodiles) ou fantasmagoriques (dragons, monstres marins), dont la représentation picturale est autrement plus «réaliste» que ce que permettaient au théâtre les techniques de l'époque. Que penser par exemple du négrillon apparemment authentique qui porte la traîne de l'héroïne de l'*Hipermestra* (opéra de Francesco Cavalli et Giovanni Moniglia joué à Florence en 1658) sur le projet de costume de Stefano della Bella conservé aux *Uffizi*? Vu la faible probabilité qu'une troupe florentine du milieu du XVII$^e$ siècle ait pu compter des Africains dans ses rangs, on ne peut guère y voir qu'une convention picturale sans rapport avec la pratique théâtrale – alors que sur la gravure de Clowes représentant Didbin dans le rôle de Mungo un siècle plus tard, c'est sans ambiguïté d'un blanc grimé en *blackface* qu'il s'agit.

De plus, la gravure et la peinture possèdent leurs propres codes qui déterminent la représentation iconographique beaucoup plus sûrement que le rapport mimétique à un quelconque référent. D'un point de vue épistémologique, il faut donc distinguer trois types de figuration bien distincts, même s'il peut exister entre eux des rapports d'influence: par le language seul, par l'image, et par l'incarnation scénique (à quoi s'ajoute l'expression musicale, dont je ne traiterai pas ici). Comme souvent, c'est la représentation par le corps vivant de l'acteur qui posait les plus sérieux problèmes.

### III Le «bon» sauvage et l'autre: Le masque de noirceur

Du point de vue de la chronologie historique des contacts entre les Européens et les autres peuples qu'ils «découvrirent» à partir du XV$^e$ siècle, l'Afrique noire occupe décidément une place à part. Lorsqu'en effet furent explorées les lointaines îles du Pacifique au milieu du XVIII$^e$ siècle, leurs habitants captivèrent immédiatement l'imaginaire du vieux monde, quand bien même ils ne satisfaisaient pas aux critères de civilisation au nom desquels on avait exclu l'Afrique et les Africains du champ fictionnel.

Le «bon sauvage» fut surtout océanien, alimentant le besoin insatiable de nouveauté et d'exotisme dans les genres dramatiques (l'opéra et ses variantes légères, l'opéra-ballet, la comédie lyrique et les divertissements en tous genres) où il était devenu indispensable à la suite du déclin de la tragédie en musique lullyste, exclusivement axée sur la mythologie.

En réalité, aborder la question à partir de l'iconographie nous permet de constater que la catégorie de l'exotisme resta longtemps très souple, et que les distinctions entre les pays et les peuples qui nous sembleraient évidentes aujourd'hui se brouillaient dans des représentations génériques d'un «autre» et d'un «ailleurs» fort peu influencées par la connaissance géographique, anthropologique ou ethnologique. Si les Indes purent être galantes, c'est qu'elles demeuraient bien floues – désignant l'Amérique, mais aussi l'Asie et l'Océanie à l'occasion – et l'on exagérera à peine en concluant que l'«Indien» servit en fait d'archipersonnage propre à signifier tout ce qui sortait à la fois de la civilisation européenne et des autres reconnues comme comparables, sinon égales, «turque» et «chinoise».

Certes, le décor et le costume étaient alors soumis à des codes esthétiques qui empêchaient de toutes manières d'approcher une quelconque «authenticité» telle que nous la définirions de nos jours. Mais l'exemple précis du costume d'opéra démontre combien peu évidentes – et pertinentes – restaient les distinctions entre tel peuple et tel autre. D'un dessin de Jean II Berain pour un costume vraisemblablement destiné à L'*Issé* d'Antoine Houdar de la Motte et André Destouches (pastorale héroïque jouée à l'Académie Royale de Musique en 1697), et souscrit de la mention «afriquain» (Arsenal, Estampes), Jérôme de la Gorce fait remarquer qu'«en dépit de l'indication [...], il représente plutôt un Américain qu'un Africain» (p. 140).

Et en effet, autant le teint du personnage que la dépouille de lion qui lui sert de casaque nous suggéreraient la conclusion inverse, autant les seules données objectives dont nous disposons nous imposent de voir ici un Américain, puisque dans le final d'*Issé* intervient un tel personnage (d'ailleurs assorti d'un Chinois) qui chante un couplet «galant» – détail révélateur, car contrairement au Maure, je l'ai dit, l'Africain ne semble pas avoir jamais été jugé compatible avec la galanterie. Remarquons encore sur ce dessin deux éléments qui, eux, relèvent d'une tradition esthétique propre au costume d'opéra de l'époque (peu importe le personnage), et qui n'ont en revanche rien d'africain: la couronne de plumes, alternative obligée au casque, au chapeau ou autre couvre-chef idoine – les danseurs n'évoluaient presque jamais tête nue – et les sandales montantes, héritées du «costume à l'antique», mais que l'on retrouve aussi sur toutes sortes de personnages exotiques, comme par exemple l'Inca Huascar des *Indes galantes* costumé par Jean-Baptiste Martin (1751; Musée d'art et d'histoire de La Rochelle).

Postérieur de quelques années, un projet de costume dû au même Martin, et également désigné par la mention «Africain» (Arsenal, Estampes), pousse au contraire de la Gorce à souligner la parenté d'un tel costume avec celui présumé d'un «Indien» que Gissey avait imaginé pour le final du *Ballet de Flore* de Benserade et Lully (1669; Louvre, collection Rothschild). Or, si l'arc et les plumes qui ornent le vêtement imaginé par Gissey renvoient effectivement à l'indianité, les traits du visage, «le masque de Maure et les grosses boucles d'oreilles laissent supposer qu'il est originaire d'Afrique»: cet Indien décidément bien insolite ne serait-il donc pas plutôt un Africain, puisque ce peuple figure également dans la distribution du *Ballet de Flore*?

Une gravure de Le Pautre exécutée à partir d'un dessin de costume d'Indien de Berain pour le ballet du *Triomphe de l'Amour* (BNF), illustre l'étendue de la confusion qui régnait dans ce domaine: sans arc ni habit à plumes colorées *sui generis*, mais avec un visage résolument négroïde, ce personnage n'est guère qu'une synthèse, une pure chimère d'exotisme où l'Afrique, sans être absente, ne se voit pas reconnue en tant que telle, surtout que par ailleurs un autre projet de costume pour le même ballet, nommément destiné à un «Africain», nous montre un acteur aux traits parfaitement caucasiens. Il faut donc relativiser l'occultation du noir par rapport aux autres peuples des contrées lointaines, et particulièrement les Indiens, en théorie considérablement plus nombreux sur la scène. Dans l'imaginaire visuel des décorateurs de théâtre – et, l'on peut le supposer, de leur public –, l'Africain et l'Indien semblent interchangeables, voire se confondent, même si c'est le second qui semble dominer.

Rappelons que toutes ces considérations se limitent à l'iconographie, et ne sauraient valoir pour la représentation scénique: il nous est difficile, sinon impossible, de savoir si le danseur ou le chanteur portaient un maquillage – le masque étant généralement exclu sauf dans des cas très particuliers   leur permettant de ressembler à un noir ou à un Indien. On sait au moins que, le cas échéant, ce maquillage serait resté très léger, pour éviter à tout prix de s'apparenter à un grimage, et se charger ainsi d'une connotation comique, ou même grotesque.

Pour conclure, je voudrais me pencher sur l'un des spectacles du XVII<sup>e</sup> siècle qui offre une référence très précise à l'Afrique noire et illustre les difficultés de représentation qu'un tel choix impliquait. Il s'agit du tout pre-mier des fameux *masques* que Ben Jonson composa pour la cour du roi d'Angleterre et dont Inigo Jones conçut la scénographie: le *Masque of Blackness* joué à Whitehall le 6 janvier 1605 – relevons au passage le contexte explicitement carnavalesque, de cette création, comme souvent dans ce cas, puisque le 6 janvier n'est autre que la *Twelfth Night*, la «nuit des Rois». Outre le texte de Jonson, qui comporte de nombreuses indi-cations scéniques, nous disposons d'un projet de costume pour les «Filles du Niger» (l'un des très rares dessins aquarellés en couleur laissés par Inigo Jones, conservé dans la *Duke of Devonshire Collection*), et surtout de documents épistolaires sur les réactions du public.

L'auteur, en guise d'introduction, signale que c'est la reine elle-même qui a choisi le sujet et, singulièrement, a exigé qu'il y ait des noirs: «It was her Majesty's will to have them blackamoores at first.» Il invoque même

Pline, Solinus et Léon l'Africain pour apporter une caution scientifique à sa représentation de l'Afrique, «...a river in Aethiopia famous by the name of Niger, of which the people were called Nigritae, now Negroes, and are the blackest nation of the world.» On ne sait s'il faut mettre ce rapprochement hasardeux du Niger et de l'Ethiopie au compte de l'ignorance géographique de Jonson, se fiant aux autorités antiques plutôt qu'aux cartographes de son époque, ou l'imputer à la tradition poétique d'une Afrique de synthèse précédemment évoquée.

La scène s'ouvre sur un paysage faiblement caractérisé, à la fois terrestre et aquatique, où évoluent des tritons, des sirènes et six immenses monstres marins, comme dans n'importe quelle féerie musico-mythologique du temps. Les *masquers*, en revanche, sont plus intéressants, et d'abord le fleuve Niger «in form and colour of an Ethiop, his hair and rare beard curled, shadowed with a blue and bright mantle; his front, neck and wrists adorned with pearls; and crowned with an artificial wreath of cane and paper rush.» Les autres personnages sont également des «Negroes»; les membres du choeur des «daughters of Niger», interprétées par la reine elle-même et les dames de sa suite, sont décrites ainsi:

> The attire of the masquers was alike in all, without difference: the colours, azure and silver; their hair thick and curled upright in tresses, like pyramids, but returned on the top with a scroll and antique dressing of feathers and jewels interlaced with ropes of pearl. And for the front, ear, neck and wrist, the ornament was of the most choice and orient pearl, best setting off from the black. (Orgel et Strong, T.1, p. 90, l. 62-67)

Cette dernière indication porte à croire que le choix du noir relevait aussi de considérations esthétiques, et surtout de la recherche du contraste qui caractérise le *concetto* si prisé dans la poésie de l'époque. Et en effet, le choeur des tritons qui ouvre la pièce célèbre la beauté paradoxale de ces «créatures»:

> Fair Niger, son to great Oceanus
> Now honoured thus,
> With all his beauteous race,
> Who, though but black in face,
> Yet are they bright,
> And full of life and light,
> To prove that beauty best
> Which not the colour but the feature
> Assures unto the creature. (*Ibid.*, p. 91, l. 87-94)

Niger lui-même expose longuement les raisons de la supériorité de ses filles, dont la noire beauté n'est sujette ni aux atteintes de l'âge, ni même à celles de la mort: «in their black the perfect'st beauty grows» (*ibid.*, 1. 126). C'est calomnie, assure-t-il, de prétendre comme les poètes à l'esprit dérangé qui laissent courir les histoires les plus fantaisistes («Poor brain-sicked men, styled poets [...] Letting their loose and wingèd fictions fly», *ibid.*, 1. 138 & 141), que ces peuples étaient blancs avant que Phaëton ne brûle accidentellement leur contrée lors de sa folle course.

Pourtant, l'Ethiopie explique au Niger que la fréquentation du climat de la blanche Britannia, dont le soleil tempéré est capable de «blanchir un Ethiopien et corriger les grossiers défauts de chaque créature» («a sun [...] Whose beams [...] are of force / To blanch and Ethiop [...] and / Can salve the rude defects of every creature», *ibid.*, p. 92, 1. 231-3 & 235), peut transfigurer ses filles, qui devront observer pendant toute une année un rituel magique leur permettant de devenir blanches. En contrepartie du *Masque of Blackness*, Jonson avait donc imaginé un *Masque of Beauty*, où les éthiopiennes, blanchies, ont perdu tout signe d'africanité.

Ce traitement paradoxal de la noirceur s'explique sur le plan dramatique par la structure particulière de ce genre, qui finira par se composer de deux parties tonalement opposées: le *masque*, féerique mais sérieux, ou en tout cas noble, et l'*anti-masque* qui en est le complément bouffon, voire grotesque. Quoiqu'il n'y eût encore rien de grotesque ici, la dichotomie existait déjà, même si, pour des raisons de logistique, le *Masque of Beauty* ne fut effectivement joué que trois ans plus tard. Beaucoup plus intéressant est le problème de la représentation des Ethiopiennes, qui provoqua d'ailleurs des réactions assez vives parmi l'assistance, car les dames de la cour, plutôt que de porter le masque, s'étaient peintes non seulement le visage, mais le décolleté et les avant-bras jusqu'au coude. Un témoin écrivit «[it] was Disguise suffisant, for they were hard to be known,; but it became them nothing so well as their red and white, and you cannot imagine a more ugly Sight, than a Troop of lean-Cheek'd Moors» (Dudley Carleton, cité dans Orgel and Strong, p. 89).

On voit donc que même dans une féerie de cour, la représentation du noir – et, singulièrement, la recherche d'une certaine authenticité ou vraisemblance – devenait facilement source de controverse. Les raisons ne manquaient donc pas aux dramaturges et aux scénographes de la première modernité pour éviter prudemment de se mettre en difficulté en cherchant à représenter l'Afrique et ses peuples sur la scène, surtout lorsque les autres continents fournissaient à moindre risque un réservoir de thèmes et d'images suffisant à combler le besoin d'exotisme du public. Doit-on finalement s'étonner que l'Afrique noire, ignorée et dédaignée par ailleurs, le fût également au théâtre?

**Note:** Une version de cet article illustrée de treize planches est disponible en ligne au http://www.georgetown.edu/spielmann/articles

## Références

de la Gorce, Jérome. *Féeries d'opéra. Décors, costumes et machines en France, 1645-1765.* Paris, Editions du Patrimoine, 1997.

*Inigo Jones: the theatre of the Stuart Court, including the complete designs for productions at court for the most part in the collection of the Duke of Devonshire together with their texts and historical documentation.* Ed. Stephen Orgel and Roy Strong. 2 vols. London Sotheby Parke Bernet; Berkeley and Los Angeles, University of California Press, 1973.

Gherardi, Evaristo. *Le Théâtre Italien de Gherardi, ou Recueil général de toutes les Comédies et Scènes Françoises jouées par les Comédiens Italiens du Roy, pendant tout le temps qu'ils ont été au Service.* Paris, J.-B. Cusson et P. Witte, 1700. 6 vol.

Spielmann, Guy. «Molière, ou l'esprit du carnaval.» *Molière et la fête. Actes des premières biennales Molière de Pézenas.* Sous la direction de Jean Emelina. À paraître.

Whitfield, Peter. *New Found Lands: Maps in the History of Exploration.* New York, Routledge, 1998.

# L'Afrique dans les ballets de cour de Benserade

par

MARIETTE CUENIN-LIEBER

«Benserade est un homme qui avoit assez bien étudié en jeunesse; et on dit même qu'il a gagné quelques prix au Collège; mais au lieu d'avoir appris quelque chose depuis, il a tout oublié, en sorte qu'il ne pourroit pas disputer contre le plus foible des humanistes.» Ce portrait peu flatteur du poète fut tracé par Furetière dans le *Factum* que lui inspira son exclusion de l'Académie française en janvier 1685. Et Furetière d'envelopper dans le même mépris de l'érudit pour le mondain, l'ignorance de Benserade et ses écrits: «Il s'étoit érigé en galand dans la vieille cour par des chansonnettes et des vers de balet, qui luy avoient acquis quelque réputation pendant le règne du mauvais goust...»[1]. Des chansonnettes, des vers de ballet, œuvres à la mesure du «plus grand ennemi de tout ce qui sent l'érudition»[2].

Faits pour le plaisir des yeux et des oreilles d'une société mondaine, les ballets de cour devaient sembler bien frivoles au savant Furetière. Toutefois, sous leur apparence légère, ils reflètent un savoir ou plus exactement des idées communes à ceux qui les élaborèrent et au public auquel ils étaient destinés. En témoigne bien la représentation des étrangers dans les ballets auxquels Benserade collabora pendant dix-huit ans, de 1651 à 1669[3].

L'image qui y fut donnée de l'Afrique, c'est dans ce que Loret appelle «Livre»[4] que nous la chercherons. Pour chaque ballet était imprimé un opuscule que le public pouvait acquérir pour un prix modique et lire dans

---

[1] Furetière, Second *Factum* dans le recueil *Factum pour Messire Antoine Furetière*, Amsterdam, 1685, pp. 18-19.

[2] *Ibid*, p. 19.

[3] Après 1669 la grande époque du ballet de cour est passée. Benserade travailla encore en 1681 au *Ballet du Triomphe de l'Amour*, créé pour célébrer le mariage du Dauphin.

[4] Loret, *La Muze historique*, Lettre septième, du seize Février 1658, tome II, éd. Ch. L. Livet, Paris, 1877, p. 446.

l'attente du spectacle[5]. Il lui fournissait des éclaircissements sur l'invention: il lui donnait le sujet du ballet, l'aidait à comprendre qui étaient les personnages et quelle action ils illustraient par leur danse. Dans l'opuscule, le public trouvait aussi les vers pour les personnages. Destinés uniquement à la lecture, ils prenaient pour objet le danseur mais tissaient entre lui et le personnage qu'il représentait un lien subtil. Si les contemporains regardaient Benserade comme l'auteur des ballets – Madame de Sévigné n'écrit-elle pas les «*Ballets* de Benserade?»[6] – il est difficile de dire quelle part exacte lui revient dans l'invention, à laquelle tous les acteurs qui participaient à la création d'un ballet, dont le Roi et Lully, devaient contribuer[7]. Les vers sont, eux, l'œuvre personnelle du poète.

Dans la lecture des opuscules, les explications données nous apprendront quels étrangers venus d'Afrique les ballets mettaient en scène. Les vers nous diront non seulement quels danseurs les incarnaient, mais aussi quel regard Benserade portait sur eux, dans l'alliance qu'il nouait entre rôles et interprètes. Pour donner une image complète de nos étrangers, il faudrait ajouter à ce qui se dégage de l'invention et des vers tout ce qu'apportait le spectacle: costumes, décors, musique et danse. Mais les livrets ne nous éclairent guère sur les costumes et les décors [8]. Ils sont parfois plus explicites quant aux danses. Et comme nombre de partitions ont été conservées, nous pourrons évoquer l'idée que se faisaient auteurs de ballets et public de la musique africaine.

Quand Benserade fit ses débuts dans les fêtes de cour, le genre du ballet reposait déjà sur de solides traditions, dont la représentation, parmi les étrangers, d'Africains et surtout de Maures. Cette tradition s'est perpétuée: dans deux des ballets auxquels Benserade travailla, paraissent des Africains, dans quatre autres des Maures[9]. Un septième, le *Ballet d'Alcidiane,*

---

[5] Selon Loret le prix du «Livre» du *Ballet d'Alcidiane* est d'une «demy-livre» (*op. cit.*, p. 446).

[6] Madame de Sévigné, *Correspondance*, éd. R. Duchêne, tome III, Paris, 1978, p. 254.

[7] Voir à ce sujet l'ouvrage de M-F. Christout, *Le Ballet de cour de Louis XIV (1643-1672)*, Paris, 1967, p. 158.

[8] Sur les costumes, les décors et l'iconographie des ballets, voir M-F. Christout, *op. cit.*, pp. 165-178 et 259-267.

[9] Nous n'avons pas retenu les personnages appelés tantôt Bohémiens, tantôt Egyptiens et qui sont cantonnés dans les rôles traditionnels de voleurs et de diseurs de bonne aventure.

tient une place quelque peu particulière, parce qu'il s'inspire du *Po-lexandre*, roman dont une grande partie de l'intrigue se déroule en Afrique.

L'appellation «Affriquains», employée dans le ballet de l'*Hercule amoureux* et le *Ballet de Flore*, est réservée à des groupes qui représentent l'Afrique parmi d'autres Nations, dans le prolongement des défilés d'étrangers qui figuraient dans les ballets du règne de Louis XIII. Le ballet de l'*Hercule amoureux* s'insère dans l'opéra commandé par Mazarin au compositeur Cavalli pour célébrer le mariage de Louis XIV et de l'Infante Marie-Thérèse [10]. Jupiter y apparaît, «accompagné de quatre Monarques et quatre Nations» [11]. Auguste, Annibal, Philippes, Cyrus sont suivis chacun par quatre danseurs qui représentent les Romains, les Affriquains, les Grecs et les Persans [12]. La Nation africaine et son passé se réduisent donc aux Carthaginois, dont tout spectateur qui avait une teinture d'histoire romaine connaissait l'existence. Annibal vient avec son peuple, comme les autres grands monarques de l'Antiquité, célébrer le mariage d'Hercule, que Jupiter dans l'opéra unit à la Beauté, mais surtout celui du Roi: la danse «n'est pas moins à la gloire du Mariage de leurs Majestez, que de celuy d'Hercule, qui n'est que la figure de l'autre...»[13].

Sept ans plus tard, en 1669, dans le *Ballet de Flore*, la signification politique de la présence des Nations dont l'Afrique était encore plus évidente. C'est le dernier ballet que dansa le Roi[14]. Il fut composé dans l'esprit du Grand Divertissement donné à Versailles le 18 juillet 1668 pour célébrer la Paix d'Aix-la-Chapelle en glorifiant le règne du dieu solaire Apollon sur la Nature. Flore y était une des représentations de cette Nature mythologique. Dans le ballet qui porte son nom, la déesse symbolise le royaume auquel le Roi, victorieux et pacificateur, donne un printemps éternel. Dans la dernière Entrée du ballet s'opérait un changement scénique, dont le livret suggère la magnificence: «Les Jardins de Flore disparoissent, et en mesme lieu s'éleve un Temple magnifique dedié à l'honneur de Flore, les Lys y regnent de toutes parts, et en font le principal

---

[10] L'*Hercule amoureux* ne fut représenté que le 7 février 1662, la nouvelle salle de spectacles des Tuileries étant enfin achevée.

[11] Benserade, *Ballets pour Louis XIV*, éd. M-C. Canova-Green, Toulouse, 1997, tome II, p. 586. Toutes les citations sont tirées de cette édition, qui reproduit l'orthographe d'origine, y compris pour les noms des personnages.

[12] En 1655, dans le *Ballet des Bienvenus*, Hannibal dansait une Entrée avec d'autres héros de l'Histoire.

[13] Ed. cit., tome II, p. 580.

[14] Louis XIV dansa encore dans *Les Amants magnifiques*, mais uniquement lors de la première représentation (4 février 1670).

ornement»[15]. Et le monde entier vient reconnaître «l'Empire des Lys pour le premier de l'Univers»[16]: «Les quatre Parties du Monde representées par quatre Dames arrivent au bruit de cette merveille, et par un recit appellent à la Feste de la Déesse toutes les Nations qui leurs sont sujettes» [17]. A l'hommage rendu par les dames, succède le défilé des Nations dans l'ordre suivant: Européens, Affriquains, Aziatiques ou Persiens et Ameriquains [18]. Cette reconnaissance universelle de la suprématie française, que la récente Paix venait de confirmer, est comme l'aboutissement des sentiments d'admiration pour la France que des représentants de peuples divers exprimaient déjà dans le *Ballet de la Marine*, qu'avait inspiré en 1635 le cardinal de Richelieu[19].

La présence africaine, comme celle des autres Nations, dans les deux ballets dont il vient d'être question tient de l'allégorie. Les dames qui représentent les continents dans le *Ballet de Flore* semblent sorties de l'*Iconologie* de Jean Baudoin, illustrée par Jacques de Bie[20]. Quand les personnages s'individualisent quelque peu, ce ne sont pas des Africains mais des Maures que les ballets mettent en scène[21]. Que les autres habitants de l'Afrique ne suscitent qu'un intérêt médiocre, le *Ballet d'Alcidiane*, donné en 1658, en témoigne. Benserade et ses collaborateurs n'ont presque rien gardé des princes des royaumes africains dont il était question dans le *Polexandre*. Dans la deuxième Partie du ballet, celle consacrée aux aventures du héros, le livret mentionne pour la Ve Entrée les noms de Zabaïm et de Zélopa. Mais le roi de Sénéga et son épouse n'apparaissent pas en scène. Ce qui a retenu l'attention, ce sont les pouvoirs magiques que Gomberville

---

[15] Ed. cit., tome II, p. 852.

[16] *Ibid.,* p. 853.

[17] *Ibid.,* p. 852.

[18] Jouent aussi «Les quatre Parties du monde concertantes» (p. 859): pour l'Afrique, «Six hommes Affriquains» et «Six femmes Affriquaines» (p. 860). Dans le *Ballet des Bienvenus*, dansé le 30 mai 1655, pour célébrer le mariage du fils du duc de Modène avec Laure Martinozzi, figuraient déjà les quatre parties du monde, mais sans plus de précisions: «Les quatre parties du Monde accourent à la magnificence de Nopces, pour y rendre leurs hommages» (éd. cit., tome I, p. 278). Quatre danseurs les représentaient. Benserade n'a pas composé de vers pour ce ballet.

[19] Paraissaient des Moscovites, des Laponois, des Persans, des Chinois et des Maures.

[20] «Les quatre Parties du Monde», Paris, 1644, Partie II, pp. 6-10. On sait que cette *Iconologie* est une adaptation française enrichie de gravures de l'ouvrage de Ripa paru à Rome en 1593.

[21] L'orthographe varie: Maures ou Mores.

a attribués à la reine: «tous les démons qui rendaient ses yeux et ses discours si puissants»[22]. Dans le ballet dansent ces démons. Le choix s'est probablement porté sur eux parce que les puissances infernales font partie depuis les intermèdes dansés florentins du répertoire des spectacles musicaux [23]. Les démons de Zélopa n'ont donc rien de spécifiquement africain. Dans la VIe Entrée, il est question du fils de Zabaïm et de son épouse délaissée Almanzaïre, mais sous son nom de Bajazet, nom qu'il a pris quand il est devenu le général d'une bande de corsaires. Ce n'est toutefois pas lui qui paraît en scène, mais quatre de ses «principaux Corsaires», qui «vaincus sur Mer par Polexandre, et faits prisonniers, se réjoüissent de la liberté qu'il vient de leur rendre» [24]. Si la présence de princes africains du roman de Gomberville se réduit à une simple mention dans le *Ballet d'Alcidiane*, une place d'honneur y est faite à une Princesse de Mauritanie.

Outre ce ballet, auquel nous reviendrons à propos de cette Princesse et de sa suite, des Maures dansent à quatre reprises. La confusion, assez fréquente au XVIIe siècle entre Turcs et Maures n'est pas faite à leur sujet[25]. Le *Ballet des Proverbes*, dansé en 1654 – le premier où figurent des Maures –, le prouve: la danse, où s'opposent trois Maures à trois Turcs, illustre l'adage «On traitte de Turc à Maure»[26].

Les Maures mis en scène représentent quelques types sociaux qui devaient caractériser, tant pour Benserade et ses collaborateurs que pour le public, la civilisation mauresque. Le *Ballet de Psyché*, créé en 1656, évoque comme l'indique son sous-titre «la puissance de l'Amour». «Six Esclaves Mores»[27], cadeau de Marc-Antoine à Cléopâtre, y dansent une Entrée. Pour appartenir à l'Antiquité, ces esclaves n'en incarnaient probablement pas moins pour les spectateurs la permanence de l'esclavage en

---

[22] *Polexandre*, Partie III, page 40. Nous remercions Michel Serville de nous avoir communiqué l'édition du roman qu'il a donnée dans sa thèse soutenue en novembre 2000 à l'Université de Nancy II, sous la direction de Madeleine Bertaud. Les citations sont tirées de cette édition, qui n'est pas encore publiée.

[23] Dans le *Ballet des Amours déguisés* (1664), dont l'invention est due au Président de Périgny, dansent aussi des démons (éd. cit., tome II, p. 668).

[24] Ed. cit., tome I, p. 405.

Les corsaires ne sont pas nommés mais les spectateurs qui avaient lu le *Polexandre*, devaient songer à Cide Hamet, à propos duquel Gomberville écrit: «un corsaire nommé Cide Hamet, à qui Polexandre avait autrefois donné la vie» (Partie IV, p. 3).

[25] Voir à ce propos l'ouvrage de G. Turbet-Delof, *L'Afrique barbaresque dans la littérature française aux XVIe et XVIIe siècles*, Université de Lille III, 1973, p. 42.

[26] Ed. cit., tome I, p. 168.

[27] *Ibid.*, tome I, p. 317.

terre mauresque. Huit autres «Esclaves Maures», qui jouent de la guitare, accompagnent la Princesse de Mauritanie du *Ballet d'Alcidiane*[28]. Autre type social: les marchands. Le *Ballet de l'Impatience* fait défiler différentes sortes d'impatients, dont «Quatre Marchands Mores impatiens de l'arrivée de leurs vaisseaux»[29]. Mais les ballets donnent surtout de l'éclat à la représentation d'une aristocratie mauresque. Cette aristocratie danse dans deux ballets et, fait notable, dans le finale, l'Entrée la plus brillante du spectacle.

Dans le *Ballet d'Alcidiane*, la troisième Partie entraîne le public sur l'Ile inaccessible, où est célébré le mariage de Polexandre et de la jeune reine. Gomberville mentionne simplement à la fin de son roman les «pompes» et les «jeux qui seraient célébrés un mois durant pour la solennité d'une si belle fête»[30]. Ces réjouissances, qui se prêtaient bien à un ballet, font la matière de plusieurs Entrées de la troisième Partie. A la fin des fêtes, aborde sur l'Ile la «Princesse de Mauritanie»[31] à laquelle nous avons déjà fait allusion. Elle n'a pas de nom, mais les spectateurs qui ont lu le *Polexandre* – «beaucoup de personnes» ont «eu la curiosité de le lire» précise l'*Avant-Propos* du livret[32] – devaient penser en la voyant à un autre épisode du roman: le débarquement sur les Iles Canaries de Persélide Amatonte, fille de Muley Hassen, Roi de Tunis. La similitude est grande entre l'arrivée de cette «dame de condition», «habillée et suivie en personne de grande qualité» [33] et la venue de la Princesse du ballet «que le hazard a fait aborder en l'Isle inaccessible avec sa suite»[34]. Benserade a donc déplacé et modifié un épisode du roman pour introduire une Princesse mauresque dans l'Entrée finale.

Dans le *Ballet des Muses*, ce sont «plusieurs sortes de Maures»[35] qui dansent. Une première version de ce ballet complexe par sa structure – il y a enchâssement de pièces de théâtre – fut donnée le 2 décembre 1666. Ensuite des modifications furent apportées. Ainsi, le 25 janvier 1667, on intégra une mascarade espagnole dans la *Comédie des poètes*. Le 12 février, s'ajouta une mascarade de Maures. Le 14 février enfin, la comédie *Le Sicilien ou l'amour peintre* fut introduite dans le ballet, où elle engloba

---

[28] *Ibid.*, tome I, p. 419.

[29] *Ibid.,* tome II, p. 514.

[30] *Polexandre*, Partie V, p. 136.

[31] Ed. cit., tome I, p 417.

[32] *Ibid.,* p. 388.

[33] *Polexandre*, Partie II, p. 7.

[34] Ed. cit., tome I, p. 417.

[35] *Ibid.,* tome II, p. 778.

la mascarade mauresque, sur laquelle s'achevait tout le spectacle. Dans cette mascarade, dansent des «Maures, et Mauresques de qualité» et, formant une sorte de suite des gens de condition, des «Maures nuds» et des «Maures à capot»[36]. Ce «capot» est le seul vêtement mentionné dans un livret[37]. Dans la pièce de Molière, le sénateur qui a ordonné la mascarade vante à Don Pèdre la beauté du spectacle, où les danseurs portent des «habits merveilleux et qui sont faits exprès»[38]. On peut imaginer que la Princesse de Mauritanie et sa suite étaient aussi superbement vêtues.

«Personne de grande qualité», «Maures, et Mauresques de qualité»: la même expression est employée dans le roman de Gomberville et le *Ballet des Muses*. L'aristocratie mauresque que mettent en scène les ballets sort tout droit de la littérature romanesque. Nous en aurons confirmation dans les vers pour les personnages.

Qu'ils soient esclaves ou gens de qualité, les Maures semblent, d'après certaines remarques faites dans les explications des livrets, nés pour devenir des personnages de ballets. Dans le *Ballet de Psyché*, il est précisé au sujet des «Esclaves Mores»: «dançans avec beaucoup de disposition et d'adresse»[39]. Dans le *Ballet d'Alcidiane*, les talents des Maures sont à nouveau soulignés. Il est noté que la Princesse de Mauritanie danse une «Chacone», avec ce commentaire: «dont les Maures ont esté les premiers inventeurs»[40]. Le mot *chaconne* désigne à la fois une musique et une danse. Aux Maures revient donc, selon les créateurs du *Ballet d'Alcidiane*, la paternité d'une forme musicale et chorégraphique, sur laquelle est porté un jugement très favorable: «cette dance si agréable»[41]. Faire de la chaconne une danse d'origine maure peut surprendre aujourd'hui, mais la définition que Furetière donne du mot dans son *Dictionnaire* confirme l'attribution et prouve qu'il s'agissait d'une conviction répandue: «Air de Musique, ou danse qui est venuë des Mores, dont la base est de quatre nottes, qui procedent par degrés conjoints, sur laquelle on fait plusieurs accords et plusieurs couplets qui ont un même refrain»[42]. La chaconne de la Princesse est

---

[36] *Ibid.,* tome II, pp. 778-779.

[37] C'est, selon Furetière, «une espece de cape ancienne, et qui aboutit par devant en forme d'un scapulaire arrondi».

[38] *Le Sicilien ou l'amour peintre,* scène XIX.

[39] Ed. cit., tome I, p. 317.

[40] *Ibid.,* tome I, p. 417.

[41] *Ibid.*

[42] Voir sur la chaconne l'article *Chaconne* de R. Legrand dans *Dictionnaire de la musique en France aux XVII<sup>e</sup> et XVIII<sup>e</sup> siècles*, dir., M. Benoit, Paris, 1992, p. 122. Dans

suivie dans la partition d'une autre chaconne dansée par sa suite. C'est la première grande chaconne composée par Lully, qui allait bientôt traiter magnifiquement cette forme musicale dans ses opéras[43]. Voir dans les Maures les pères d'une si belle danse, c'est mettre à leur crédit une contribution d'importance à la vie musicale européenne du XVIIe siècle. Dans le livret du *Ballet de Flore*, il est fait allusion au sens musical et chorégraphique des Africains, considérés comme les «inventeurs des danses de Castagnettes»[44]. Cette remarque présente un double intérêt. Elle confirme celle qui a été faite à propos du *Ballet d'Alcidiane,* puisque la chaconne est une des danses de castagnettes comme la sarabande, dont le Père Mersenne écrit qu'elle «a esté inventée par les Sarrazins, ou Mores, dont elle a pris son nom...»[45]. Elle donne aussi à penser que dans l'esprit de ceux qui composèrent les ballets les Africains se confondaient avec les Maures.

Tant par l'éclat des Entrées finales, où ils paraissent en gens de qualité, que par le charme des chaconnes, dont ils passent pour les créateurs, les Maures bénéficient dans les ballets d'un indéniable prestige, ce qui n'est pas le cas de tous les étrangers. Les Espagnols ont perdu pour des raisons politiques évidentes la superbe et la vanité ridicule qui leur étaient attachées dans les ballets du règne précédent, mais Suisses, Moscovites, Indiens aussi font sourire à leurs dépens dans des Entrées grotesques [46].

Si l'invention des ballets donne des Maures une image plutôt flatteuse, qu'en est-il des vers pour les personnages ? Ces vers sont étroitement liés à la distribution des rôles. C'est aux personnages incarnés par des danseurs de condition que Benserade réservait presque exclusivement ses compositions[47]. Les étudier, c'est avant d'en examiner le contenu, voir quels rôles

---

cet article il est écrit que la chaconne fut «importée d'Amérique latine en Espagne au XVIe siècle».

[43] Voir à ce sujet l'ouvrage de P. Beaussant, *Lully ou le musicien du Soleil*, Paris, 1992, p. 163. La grande chaconne était jouée par des violes, des théorbes, des guitares, accompagnés par deux clavecins. Par le choix des instruments, surtout des guitares, Lully donnait à sa musique une couleur andalouse.

[44] Ed. cit., tome II, p. 852.

[45] Père Mersenne, *Harmonie Universelle contenant la théorie et la pratique de la Musique* (1636), réédition CNRS, Paris, 1963, Livre Second, Proposition XXIII, p. 165. Le Père Mersenne précise que la sarabande «se dance au son de la Guiterre, ou des Castaignettes...» Il ne mentionne pas la chaconne dans son étude.

[46] Pour les Suisses, voir le *Ballet des Plaisirs* (éd. cit., tome I, p. 267) et le *Ballet de l'Impatience* (tome II., p. 515).

[47] Benserade a fait des vers pour Lully en Orphée (*Ballet des Muses*, éd. cit., tome II, p. 788).

revenaient à la société de cour et aux danseurs professionnels, qui prenaient une place de plus en plus importante dans les spectacles.

Une partie des étrangers qui nous intéressent furent dansés uniquement par des danseurs de métier. Il en fut ainsi des Africains et des marchands mores. Benserade n'a rien écrit pour les premiers, mais les marchands ont eu droit à quatre vers. Dans le *Ballet des Proverbes*, le jeune Louis XIV dansa un Maure, entouré par cinq danseurs professionnels. Mais Benserade n'a pas laissé de vers pour ce ballet, qui tenait plus du simple divertissement que du spectacle brillant. Dans le *Ballet de Psyché*, deux des six esclaves furent interprétés par des nobles [48], pour qui Benserade a composé des vers qui n'ont pas d'intérêt pour notre propos. Restent donc dans le *Ballet d'Alcidiane* et le *Ballet des Muses*, les Entrées qui mettent en scène des Maures de qualité. Le Roi y figurait. Dans le *Ballet d'Alcidiane*, il dansa son second rôle de Maure. Il formait avec le comte de Saint-Aignan, cinq danseurs professionnels et Lully, la suite de la Princesse de Mauritanie, incarnée par Mademoiselle de Verpré. L'importance des professionnels dans cette représentation de l'aristocratie mauresque tient probablement à la difficulté de la chaconne: le Roi et le comte étaient à même de se mesurer dans cette danse à des spécialistes[49]. Dans le *Ballet des Muses*, la distribution des rôles suivait très exactement les distinctions sociales. Le Roi était un Maure de qualité, qu'accompagnait Madame, sa belle-sœur. Les autres Maures et Mauresques de condition étaient dansés par de grands seigneurs et des dames de la Cour[50]. Aux professionnels revenaient les «Maures nuds» et les «Maures à capot».

A lire les vers pour les personnages, il se confirme qu'écrire *Affriquain*, c'était penser *Maure*. Benserade note en effet pour le Roi en Maure dans le *Ballet des Muses*:

Sous l'habit Afriquain luy mesme il se surmonte...[51]

Sur les Maures le poète exprime des lieux communs qui traînaient déjà dans les ballets du règne précédent. Ainsi, la couleur de la peau. Elle est mentionnée pour les hommes[52]. Dans les vers du *Ballet d'Alcidiane*, il est

---

[48] Il s'agit des ducs de Guise et de Damville.

[49] Sur la place grandissante des professionnels dans les ballets, voir P. Beaussant, *op. cit.*, p. 177.

[50] Louis de Lorraine, les marquis de Villeroy et de Rassan, mademoiselle de La Vallière, madame de Rochefort et mademoiselle de Brancas.

[51] Ed. cit., tome II, p. 803.

[52] Les danseurs portaient un masque (voir à ce sujet M-F. Christout, *op. cit.*, pp. 168-169, et Ph. Beaussant, *op. cit.* p. 81 et pp. 83-84). On connaît la fatale méprise que

question du teint «bruslé» du Maure que danse le Roi[53]. Dans le *Ballet des Muses,* quand Benserade s'adresse à Louis de Lorraine, il raille la manière peu claire dont le prince s'exprimait, en jouant sur l'adverbe *obscurément*:

> S'il faut qu'aux Nations les Langues soient conformes
> Un Maure doit il pas parler obscurément?[54]

Lorsqu'il s'agit de dames, Benserade s'émerveille de leur blancheur inattendue en Afrique. Ainsi, dans le *Ballet des Muses*, il écrit à Mademoiselle de La Vallière:

> Avec un Teint si blanc
> Venez-vous de Mauritanie?[55]

et à Mademoiselle de Brancas:

> Quel éclat ! quelle fraischeur !
> Non personne de blancheur
> Aupres de vous ne se pique,
> Et c'est une rareté
> Que vous ayez aporté
> Tant de nége de l'Afrique.[56]

Madame de Rochefort n'a de sombre que les yeux:

> Toute la noirceur du Climat
> Non sans un tendre et vif éclat
> Dans vos beaux yeux s'est retirée…[57]

Depuis la malencontreuse chute de Phaéton en Afrique, c'est le soleil qui est accusé de brûler la peau, ce qui a suggéré à Benserade la métaphore galante employée pour les yeux de Madame:

---

l'emploi des masques dans une Entrée mauresque a inspirée à madame de La Fayette dans l'*Histoire de la Princesse de Montpensier* (*Nouvelles du XVIIᵉ siècle*, éd. R. Picard et J. Lafond, Paris, 1997, p. 375).

[53] Ed. cit., tome I, p. 418.

[54] *Ibid.,* tome II p. 805.

[55] *Ibid.,* p. 804. Voir l'importance du teint des dames dans le *Polexandre*. Persélinde a «un teint si éclatant et si uni, quoiqu'il ne fût pas blanc…» ( Partie II, p. 7). Il est aussi question de la «noirceur du teint» de Benzaïde, princesse de Grenade (Partie II, p. 68). On pourrait donner d'autres exemples.

[56] *Ibid.*, p. 804.

[57] *Ibid.*

Malheureux est celuy qui se trouve bruslé
Par les ardans rayons de ces Soleils d'Afrique...[58]

Autre lieu commun: le tempérament amoureux des Maures, évoqué toutefois sans la gaillardise qu'on se permettait sous Louis XIII[59]. Benserade y fait allusion à deux reprises. C'est le thème des quatre vers écrits pour les marchands mores, alors que ce rôle n'appelait pas, à première vue, de telles considérations:

A lieu de nous aimer faut-il que l'on nous craigne,
Ne sçaurions nous jamais parvenir à nos fins?
Et n'aurons-nous point nostre regne,
Comme ces Messieurs les Blondins?[60]

Quand le jeune Roi danse, accompagné par le comte de Saint-Aignan, les Maures n'ont pas à s'interroger sur leur pouvoir de séduction:

Ces Maures si bien-faits s'en vont d'un pas hardy
Dans l'empire d'Amour faire de grands vacarmes;
Il n'est point de Galand qui n'en soit estourdy,
De ces beaux Tenebreux on redoute les armes.
Et tout cede à leurs charmes,
Blondins, adieu vous dy[61].

Si, en 1658, Benserade s'amuse d'un lieu commun sur les Maures pour louer la séduction du jeune Roi, début 1667, dans le *Ballet des Muses*, c'est d'un prince guerrier qu'il vante le mérite, alors que se prépare la guerre de Dévolution. Pour donner la mesure de ce «mérite éclatant»[62], Benserade, dans les vers pour le Roi en Maure, fait référence aux Zégris et aux Abencérages. Ils sont donnés comme l'exemple d'une rare valeur, que bien sûr Louis XIV, «le plus parfait des Roys»[63], surpasse:

---

[58] *Ibid.,* p. 803.

[59] Voir , par exemple, le *Ballet de Monsieur le Prince*, dans *Ballets et mascarades de cour de Henri III à Louis XIV (1581-1652)*, éd. P. Lacroix, Genève, 1868-1870, Slatkine Reprints, Genève, 1968, tome III, p. 338:

Mais hors des flambeaux du jour
Espreuvez nos noires vaillances...

[60] Ed. cit., tome II, p. 514.

[61] *Ibid ,* tome I, pp. 417-418.

[62] *Ibid.,* tome II, p. 802.

[63] *Ibid.*, p. 736.

> Il ne sçait ce que c'est d'estre sans la victoire,
> Et tous les pas qu'il fait le ménent à la gloire,
> Sur un chemin si noble il efface en allant
> Tout ce que les ZEGRIS, et les ABENCERRAGES
> Ces illustres Courages
> Firent de plus galant.[64]

Les lecteurs de Benserade n'avaient pas besoin d'explication pour comprendre l'allusion au roman historique de Perez de Hita, que prisait tant Voiture, les *Guerres civiles de Grenade*[65], qui depuis sa traduction en 1608 avait fait rêver le public à ce que Furetière appelle railleusement «la galente et romanesque ville de Grenade»[66], et nourri toute une littérature hispano-mauresque peuplée de Maures courageux et galants, de belles Mauresques, auxquels les spectateurs devaient identifier les personnages des ballets. Le roman de Hita et les œuvres qu'il inspira entretenaient aussi le souvenir d'une présence des Maures en Europe, présence que Benserade évoque dans le *Ballet d'Alcidiane* à propos du comte de Saint-Aignan, qui avait fait preuve de vaillance sur le champ de bataille:

> Mon cœur a signalé sa noble ambition,
> Et s'est rendu fameux en plus d'une Campagne;
> Si les Maures avoient la mesme intention
> Les Maures pouroient bien retourner en Espagne.[67]

Séduction et courage, l'image que Benserade donne des Maures incarnés par le Roi, image qui doit beaucoup à la littérature romanesque, s'accorde bien avec la personne royale. Les vers soulignent le lien entre le Prince et des rôles qui, à la différence d'autres qu'interpréta Louis XIV, ne devaient pas sembler entièrement de composition [68].

---

[64] *Ibid.,* p. 803.

Benserade se disait descendant des Abencérages. Voir à ce sujet Tallemant des Réaux, *Historiettes*, éd. A. Adam, tome I, Paris, 1960, p. 494.

[65] La première partie du roman avait pour titre: *Histoire des factions des Zégris et des Abencérages, chevaliers maures de Grenade.*

[66] *Le Roman bourgeois*, dans *Romanciers du XVII<sup>e</sup> siècle*, éd. A. Adam, Paris, 1958, p. 904.

[67] Ed. cit., tome I, p. 418.

[68]Dans le *Ballet de la Nuit*, par exemple, Louis XIV interpréta une Heure, un Jeu, un Feu follet, un Curieux, un Furieux. Quant aux étrangers, le Roi, dansa deux Egyptiens (*Ballet des Plaisirs, Le Mariage forcé*), deux Espagnols (*Ballet des Proverbes, Ballet des Muses*), un Européen (*Ballet de Flore*), et trois Maures.

Prenant la défense de Benserade, Madame de Sévigné dénie à Furetière le droit de porter des jugements sur les ballets de cour: «Je trouve que l'auteur fait voir clairement qu'il n'est ni du monde, ni de la cour, et que son goût est d'une pédanterie qu'on ne peut pas même espérer de corriger. Il y a de certaines choses qu'on n'entend jamais quand on ne les entend pas d'abord. On ne fait point entrer certains esprits durs et farouches dans le charme et dans la facilité des *Ballets* de Benserade...» [69].

Le charme et la facilité...Ces deux mots s'appliquent bien à la représentation de l'Afrique dans les ballets. L'Afrique y est un continent quelque peu abstrait, présent allégoriquement dans un contexte politique précis: l'hommage que les quatre Nations qui composent le monde rendent à la monarchie des Lys, dont la Paix d'Aix-la-Chapelle a conforté la suprématie en Europe. De ce continent africain, le passé s'incarne dans le personnage d'Hannibal. Quand il s'agit de représenter plus concrètement des habitants de l'Afrique, ce sont des Maures que les ballets mettent en scène. Encore est-ce d'une manière simpliste. La société mauresque se réduit à des esclaves, des marchands et des aristocrates. Les lieux communs qui alimentaient déjà les ballets dansés sous Louis XIII, stimulent encore l'imagination de Benserade quand il compose les vers pour les personnages: les Maures ont le teint brûlé et la complexion amoureuse.

De cette vision sommaire des Maures se dégage cependant une image qui leur est favorable. Elle tient aux talents de musiciens et de danseurs qui leur sont attribués: ne fait-on pas d'eux les inventeurs de la chaconne? Talents fort prisés dans une cour où l'art de la danse était si passionnément aimé et cultivé, et où le ridicule s'attachait aux malhabiles, tels les Moscovites du *Ballet de l'Impatience*, à qui deux maîtres à danser tentent de montrer la courante:

> Que de corps maladroits et comme estropiez !
> Qu'outre leur peu d'adresse ils ont peu de lumiere,
> Quand il faut que la Teste entende la premiere
> Ce qu'on veut faire en suite executer aux Pieds.[70]

---

[69] *Correspondance*, éd. cit., tome III, p. 254.

[70] *Ibid.,* tome II, p. 503.

On sait que la danse était au XVIIe siècle plus qu'un art d'agrément. Le Père Mersenne l'a souligné: «Quant à la plus grande perfection des dances, elle consiste à perfectionner l'esprit et le corps, et à les mettre dans la meilleure disposition qu'ils puissent avoir...» (*op. cit.,* Livre Second, Proposition XXII, p. 159). Il fait de Dieu «le grand maistre du Balet que dansent toutes les Creatures par des pas et des mouvements qui sont si bien reglez, qu'ils ravissent les sages et les sçavans, et qu'ils servent de contentement aux Anges, et à tous les Bien-heureux» (*ibid.*, p. 159). Danser permet de

L'image favorable tient aussi à la familiarité que, par la lecture des romans d'inspiration hispano-mauresque, la société de cour entretenait avec des Maures et des Mauresques de qualité. De cette lecture, créateurs de ballets et spectateurs avaient vraisemblablement tiré des préjugés en faveur des Maures. Quand se déployait le faste des finales du *Ballet d'Alcidiane* et du *Ballet des Muses*, c'était à des héros généreux, courageux et galants de la littérature romanesque que tous pensaient. Et qui mieux que le Roi et Madame pouvait les incarner?

---

comprendre ce ballet divin et de s'élever jusqu'à «l'Autheur de l'Univers» (*ibid.*). Plus prosaïquement la danse était considérée comme une préparation à l'art de la guerre pour le Roi et les Grands.

# VI. L'Afrique revisitée

# Léon L'Africain, un intercesseur probable entre le récit de voyage et la fiction

par

KHEDIJA AJROUD-BLAÏECH

Est-ce un hasard si le XVIᵉ français, période des grandes découvertes géographiques et de la vogue des récits de voyage, fut aussi celui du développement du genre narratif? Celui-ci, héritier de plusieurs genres tel le fabliau du Moyen-Age ou la nouvelle italienne à la Boccace, s'était épanoui ultérieurement sous d'autres formes. Mais c'est la forme qu'il a prise dans la seconde moitié du XVIᵉ siècle qui nous intéressera ici, et tout spécialement son rapport avec le genre viatique en général et la *Description de l'Afrique* de Léon l'Africain en particulier.

C'est qu'en effet, un point rapproche ces deux genres de récits: tous deux se donnent comme la transcription d'un déplacement dans l'axe temporel, spatial et événementiel. Qui plus est, les plus grands écrivains de cette époque étaient des adeptes du voyage, sinon en Afrique, du moins en Europe.

La *Description de l'Afrique* de Hassan Al Wazzan, (plus connu sous le nom de Léon l'Africain), occupe une place à part dans cette littérature du voyage. Celui-ci, né à Grenade en 1495 et élevé au Maroc ( en Berbérie disait-on à l'époque), fut enlevé par des corsaires siciliens en 1518 et vendu au Pape Léon X qui le convertit au catholicisme. Son récit de voyage fut mis en forme et rédigé en 1526, à partir de notes prises en langue arabe bien avant sa capture. On en doit la première édition à l'érudit italien Ramusio qui le publia (après en avoir corrigé l'Italien approximatif) dans sa collection *Navigationi et Viaggi,* à Venise, en 1550. Les traductions latine et française ne parurent qu'en 1556, à Anvers et à Lyon.

Etant donné que la littérature comparée est «l'histoire des relations littéraires internationales»[1], il nous a semblé que sa méthode pouvait s'adapter à la nature de notre étude. Mais il s'agirait plus ici de «littérature générale» que de littérature comparée *stricto sensu*, cette dernière désignant l'emprunt reconnu d'une œuvre à une autre. La première par contre, celle que

---

[1] Cité dans *Précis de littérature comparée* sous la direction de P. Brunel et Y. Chevrel, Paris, PUF, 1989, p. 13.

nous adoptons, se rapporte à l'étude de la récurrence générale d'un thème en recherchant, non sa mention explicite par l'auteur, mais «la trace d'un élément étranger existant par ailleurs. Le traitement de ces éléments autorise sans doute l'élargissement des études proprement comparatistes à ce qu'on a parfois appelé la «thématologie».[2]

En adoptant cette méthode, on pourrait considérer que l'élément nouveau ou «étranger» qui est apparu dans la littérature narrative du XVIe siècle fut le souci «de dire vrai». Or, l'auteur du genre viatique, qui rapporte par définition une réalité à laquelle il est seul à avoir accès, pourrait être soupçonné de s'éloigner de la vérité. Ceci amène les auteurs à multiplier les professions de foi de vérité. Il serait de ce fait intéressant d'étudier la manière dont a été traité ce souci dans la *D.A* et dans le court récit du XVIe siècle, en privilégiant les œuvres qui insistent sur ce rapport à la vérité, en mettant en scène un déplacement spatial par le discours ou par le récit. *L'Heptaméron* de Marguerite de Navarre, *L'Esté* de Bénigne Poissenot, et la *Nouvelle Fabrique des excellents traicts de vérité* de P. D'Alcripe appartiennent à cette catégorie.

Ce passage, du texte à valeur documentaire, (le récit de voyage), au texte à valeur littéraire, pourrait être révélateur de l'évolution de la conception de l'altérité dans le genre narratif et dans la pensée de la fin du XVIe siècle et du début du XVIIe siècle. La *D.A* nous a semblé être un texte clé sur ce plan-là, à cause de l'originalité de la situation de son auteur qui se trouve situé selon une expression consacrée, au «carrefour des civilisations».

Mais l'histoire même de ce récit de voyage et les circonstances de son énonciation posent déjà le problème de la vérité du genre. Chargé de nombreuses missions diplomatiques dans différents pays quand il était au service du roi du Maroc, Léon l'Africain prit des notes qui lui servirent de base à un ouvrage de géographie physique et humaine destiné à l'origine à un public arabe. Après sa capture par des corsaires siciliens près de Djerba et son adoption par le Pape Léon X, il dut rédiger son récit en italien en tenant compte de son nouveau destinataire, le public européen auquel il entendait faire connaître l'Afrique. Cette faculté d'adaptation au lieu et au contexte où il se trouve fait l'originalité de Hassan Al Wazzan. L'épisode djerbien n'est pas sans rappeler, dans un sens littéral, celui des compagnons d'Ulysse, le ravissement de l'un ayant été opéré par des corsaires siciliens, des autres par les fruits du lotos. Contrairement aux autres récits de voyage, ce n'était pas le contenu de l'œuvre qui était proche du mythe, mais son auteur lui-même. Le statut de voyageur de Léon l'Africain, aussi proche du

---

[2] *Ibid,* pp. 54 et 55.

réel que du fabuleux mythique, fait de son œuvre une source fascinante, mais autorisée, de la littérature de voyage.

Cependant, malgré le rapprochement avec la légende, le pacte de lecture qu'il énonce insiste d'abord sur le «dit de vérité», et le paratexte le confirme sous différentes formes, comme cela était courant à l'époque. «Voilà, en somme, ce que moi, Jean Léon, ai vu de beau et de mémorable dans toute l'Afrique que j'ai parcourue de part en part. J'ai noté avec soin, au jour le jour, toutes les choses qui m'ont paru dignes de mémoire telles que je les ai vues. Celles que je n'ai pas vues, je m'en suis fait donner une véridique et complète information par des personnes dignes de foi. Puis j'ai mis de l'ordre dans ces notes au mieux de ma commodité. J'en ai fait alors le corps d'un ouvrage alors que j'étais à Rome, l'an du christ 1526, le 10 mars.»[3]

L'affirmation réitérée du caractère direct du témoignage, de même que du rôle personnel dans l'acte de «voir», faisaient partie des motifs dont usaient les récits de voyage, réels ou supposés, pour se démarquer des récits de pure fiction. Or, à cette époque, une confusion existait, à l'intérieur même du genre viatique, entre éléments puisés à la réalité et topos traditionnels de l'aventure marine, comme par exemple le motif de la «tempête en mer», retrouvé chez Rabelais. Sources livresques, vagues réminiscences de lectures et documentation véridique se confondaient. Les lecteurs ne s'étonnaient même pas de voir apparaître, dans des récits de voyage réels, monstres mythiques et animaux fantastiques. C'est ainsi que Samuel Champlain, auteur d'un récit de voyage authentique au Canada, décrivait parmi les animaux rencontrés une «chose étrange», un «monstre espouventable», appelé le Gougou, dont les mâts du vaisseau ne lui arrivaient que «jusques a la ceinture», et qui avait en l'occurrence la «forme d'une femme».

Une telle insistance sur la monstruosité de la scène montre à quel point le genre était lié à l'esthétique de l'étrange à cette époque, faisant de la relation de la vérité le principal problème du lecteur moderne un peu trop critique. Tel n'était pas le cas de Léon l'africain dont la D.A ne donnait lieu à aucune ambiguïté. On était en face d'un pur récit de voyage dont les faits, attestés par ses biographes et par les connaissances géographiques ultérieures, le démarquent nettement de la fiction.

Dans le même ordre d'idées, la D.A était destinée d'emblée à jouer le rôle d'ouvrage savant, de source de référence autorisée pour les historiens et les cosmographes de l'époque. Déjà, en 1556, Jean Bodin considérait son

---

3 Jean Léon L'Africain, la D.A, 9e partie, Paris, Maisonneuve, 1956, p. 579.

auteur comme le «seul historien à avoir découvert l'Afrique ensevelie depuis mille ans dans une triste barbarie et dans l'oubli des autres hommes, à l'avoir révélée à la conscience universelle.»[4]

Lors de la première édition italienne de l'ouvrage en 1550, Ramusio affirmait dès l'introduction qu'une des raisons qui l'avaient poussé à prendre tant de peine à ce travail était que «les tables de géographie de Ptolémée, celles qui décrivent l'Afrique …sont très imparfaites, au regard de la connaissance que l'on a aujourd'hui de ces régions.»[5] Or, la cosmographie de Ptolémée était une des principales sources de la connaissance à la Renaissance.

Hassan Al Wazzan, conscient de l'importance du contexte de réception où il se trouvait, choisit de s'adapter à son lecteur européen. D'abord, en lui facilitant l'accès à la civilisation arabo-africaine des pays qu'il allait décrire, on écrivit ainsi, en 1524, un glossaire arabe-hébreu-latin. En même temps, il signalait l'existence d'un traité de grammaire et d'une biographie des Arabes illustres dont il était l'auteur. Le texte de la *D.A* lui-même est un document présentant un savoir complet, raisonné, ordonné. Il comporte neuf parties traitant de l'Afrique en général, puis de sa «région occidentale», du Maroc ou «royauma de Fez», «du royaume de Telesin» ou Algérie, du royaume de Numidie, du «pays des noirs» ou Bilad Azzanj, de l'Egypte, «des fleurs, animaux et végétaux les plus notables qu'il y ait en Afrique». [6]

Le texte évoque, à certains égards, le plus pur recensement. Dans la 9e partie, par exemple, 34 espèces d'animaux, des plus courantes aux plus rares, sont nommées et décrites dans leur forme, leur couleur, leur habitat, leurs mœurs, leur utilité pour l'homme. Ainsi, sont décrites la manière de recueillir la civette sur le corps du chat qui le produit, la physiologie particulière des moutons de Tunis et d'Egypte, caractérisés par une queue pouvant peser jusqu'à dix livres chacune.

Une nomenclature précise accompagne souvent les descriptions, répondant par là aux exigences du savoir à la Renaissance où «la littérature est réquisitionnée pour un recensement raisonné des richesses de l'univers»[7] L'inventaire qu'il en fait en tous cas, même s'il arrive à satisfaire quelque part la curiosité et le goût pour l'anecdote du lecteur, écarte souvent par sa concision toute évocation d'animaux mythiques. C'est ainsi que se traduit

---

[4] Jean Bodin, *La Méthode de l'histoire,* 1556, cité par oumelbanine Zhiri dans *Les sillages de Jean Léon l'Africain du XVIe au XXe siècles,* Casablanca,Wallada, p. 36.

[5] La *D.A* , Introduction, p. XV.

[6] La *D.A.*, pp. 582 et 589.

[7] C.G. Dubois, *L'imaginaire de la Renaissance*, p. 63.

son souci de «dire vrai», faisant de son œuvre un récit qui tranche nettement sur une tradition d'écriture où «le montage entre le savoir nouveau et la science antique était l'une des données fondamentales du récit de voyage à la Renaissance».[8] De par son origine africaine et morisque, Hassan Al Wazzan put échapper à cette tradition, car son horizon mental relevait plus des récits des grands voyageurs arabes tels Ibn Batouta.[9] Ce qui ne signifie pas qu'il ignorait les sources antiques dont il aurait pu avoir connaissance lors de son séjour à la cour du Pape, et qui influençaient ses contemporains.

Parallèlement à cette représentation du récl dans la D.A, s'est développée dans la littérature narrative française un genre qui cultivait le «dit de vérité», ou, du moins, déclarait le faire. C'est la nouvelle, à l'origine «relation de choses nouvelles». Son sous-genre en particulier, l'histoire-cadre, accentue l'effet de vérité en insistant sur les circonstances spatio-temporelles de l'énonciation.

Une de ses premières illustrations fut *L'Heptaméron* de Marguerite de Navarre. Bien qu'écrite en 1549, soit sept années avant la traduction française de La *D.A,* elle révèle déjà fortement ce souci de vérité. L'œuvre débute par l'évocation d'un voyage que fit une société noble aux eaux de Cauterets. Surprise par les crues du Pau, elle se réfugie à l'abbaye de Notre Dame de Serrances. Pour se distraire, elle décide de narrer des histoires. Dès le Prologue, un des personnages propose «de n'escrire nulle nouvelle qui ne soit véritable histoire...qu'il aura veue ou bien ouy dire à quelque homme digne de foy.»[10]

Fuyant le récit romanesque, la principale narratrice propose de «raconter une chose différente de Boccace.» On constate la récurrence des termes signifiant la «veue», de même qu'un large champs lexical de la vérité. Il n'empêche que le recueil comprenne des récits qui se rapprochent du genre de l'histoire tragique narrant des scènes insistant sur la cruauté du châtiment ou l'horreur des crimes: Sont-elles pour cela éloignées de la vérité?

Philippe d'Alcripe, dans la *Nouvelle Fabrique,* rapporte le récit d'un voyageur revenu de Turquie où il fut, selon ses dires, «vendu, revendu, achepté, butiné, joué, troché, engagé, quatre vingt dix neuf fois et demy,

---

[8] Frank Lestringant, *L'atelier du cosmographe,* dans Marie-Christine Gomez-Géraud, *Ecrire le Voyage au XVIᵉ siècle en France,* Paris, PUF, 2000, p. 27.

[9] Voir à ce sujet Salah M'Ghirbi, *Les Voyageurs de l'occident musulman du XIIe au XIVᵉ siècles,* Tunis,Publications de la Faculté des Lettres de la Manouba, 1996.

[10] M. de Navarre, *L'Heptaméron,* Paris, Garnier, 1967, pp. 9 et 10.

des Mores, Arabes, Indiens, Turcs, Assiriens, Tartares, Grecs, Carthaginois, Perses...»[11]

L'énumération des aventures et des tractations dont fut l'objet le héros relève d'une esthétique de la parodie par ses exagérations comiques et ses affirmations absurdes qui lui attirent la raillerie de l'auditoire. C'est ainsi que ce dernier, voulant faire subir au vantard une épreuve de vérité, fut surpris de le voir en triompher sans peine, le narrateur renvoyant dos à dos le fabuleur et son auditoire peu perspicace.

Si ce souci de dire la vérité peut paraître donc comme un topos de l'époque concernant le genre narratif, (probablement aussi pour que ce dernier prenne ses distances par rapport aux romans de chevalerie ou à la littérature courtoise), on ne peut s'empêcher de constater que celui-ci s'était développé à mesure que l'on avançait dans le siècle, en même temps que la D.A était mieux connue. Bien plus, il a développé une esthétique du vrai, car déterminer le cadre de l'histoire ne suffisait plus. Il fallait que les personnages soient saisis dans un rapport étroit avec leur milieu. Ceci favorise la description de milieux particuliers, géographiques ou professionnels. Et là encore, l'exemple figurait déjà dans l'œuvre de Hassan Al Wazzan.

Dans la D.A, la présentation ethnographique de l'élément humain complète la description géographique du milieu. En décrivant la ville de Tesset, l'auteur fait de sorte à relever de façon concomitante les traits de caractère des hommes dans leurs liens avec le paysage. On imagine aisément la curiosité des lecteurs de la Renaissance, devant cette description de la terre africaine qu'un natif du lieu leur présentait.

> [La ville] fait dans les 400 feux. Autour d'elle, il n'existe qu'une campagne sablonneuse. A vrai dire, on trouve près de la ville une petite étendue cultivable...où l'on sème de l'orge et du mil avec lesquels les habitants soutiennent leur pauvre et misérable existence...ils sont très laids et presque noirs. Ils n'ont aucune instruction. Ce sont les femmes qui étudient et qui font les maîtresses d'école pour les petites filles et les petits garçons. ..Les femmes sont plus grasses et plus blanches que les hommes. En dehors de celles qui se livrent à l'étude et de celles qui filent la laine, toutes le autres restent oisives, avec les mains à la ceinture.[12]

L'auteur adopte l'écriture détachée du texte ethnographique. Ainsi, la laideur et la couleur noire des hommes sont mentionnées sur le même ton que la rondeur et la blancheur des femmes, voire la pauvreté et la misère de

[11] P. D'Alcripe, *La Nouvelle Fabrique,* Paris, Droz, 1983, p. 34.

[12] La *D.A* , p. 16.

tous. Certaines femmes étudient, d'autres sont oisives: le commentaire didactique ou moral attendu ne vient pas, et l'auteur clôt la phrase. Il ne
s'étend pas non plus sur l'éducation des femmes, problème pourtant d'actualité dans l'europe du XVIᵉ siècle. Pour éviter la généralisation hâtive,
Hassan al Wazzan a recours à des rectificatifs, comme l'expression «à vrai
dire».Homme et milieu ne font qu'un.

> Ceux qui habitent sous la tente, c'est-à-dire les Arabes et les bergers
> sont des hommes généreux, pleins de miséricorde, patients, sociables,
> familiers…aimables et de caractère gai.

> Les habitants des montagnes aussi sont généreux, courageux, conve-
> nables en paroles, honnêtes dans la vie commune.[13]

Le lien entre cadre géographique et caractère, même s'il n'est pas explicitement dit, semble évident grâce à la mise en apposition du lieu d'appartenance à la place du complément du nom. Par ailleurs, les défauts des
hommes, simplement énumérés, n'impliquent pas les jugements de valeur.

Cependant, l'œuvre n'exclue pas la présence d'éléments subjectifs dans
l'optique du narrateur, et elle en tient compte dans toute la mesure possible.

«Les gens de la terre des noirs sont des brutes sans raison, sans intelligence et sans expérience…Il ne m'échappe pas qu'il y ait quelque honte
pour moi à confesser et à découvrir les tares des Africains. L'Afrique a été
en effet ma nourrice, j'y ai grandi et passé la plus belle et la plus longue
partie de mon existence. Mais j'aurai auprès de tous l'excuse de mon rôle
d'historien, lequel est tenu de dire sans égards la vérité des faits et non de
complaire au désir de qui que ce soit. C'est la raison pour laquelle je suis
absolument obligé d'écrire ce que j'écris, si je ne veux m'éloigner en aucun
point de la vérité, et si je laisse de côté les ornements du style et les artifices du langage.»[14] On sent le discours nostalgique de l'homme soumis à
l'impartialité de l'historien, se faisant violence dans l'évocation de sa «terre
nourricière», allant jusqu'à mentionner les pièges de la situation particulière du sujet de l'énonciation. Curieusement, de cette précision du
style, jaillit parfois le pathétique du récit de voyage, ce qui est peut-être le
meilleur garant de vérité.

C'est ce qui fait aussi que Hassan Al Wazzan consacre plusieurs passages de son récit à la vie quotidienne: nourriture, vêtements, coutumes
matrimoniales, pratiques religieuses. Des recettes précises du terroir sont
recensées, comme la «bessis» de la ville de Tunis, version africaine des
céréales anglo-saxonnes actuelles. Ainsi, par cette attention portée à

---

[13] *Ibid.*, p. 63.

[14] *Ibid,* 3ᵉ partie, p. 65.

l'homme et aux pratiques culturelles de son milieu, se rejoignent le cosmographe et l'ethnographe face aux particularismes régionaux.

A la fin du XVI$^e$ siècle, la richesse de cet aspect du récit de voyage, tel qu'il paraît chez Hassan Al Wazzan n'est pas sans rapport, comme nous l'avons supposé, avec l'art de la nouvelle. En 1583, Bénigne Poissenot, auteur de *L'Esté*, (histoire-cadre racontant le périple de trois étudiants voyageant dans la région de Narbonne), représente l'incidence du milieu sur le caractère. Se déplaçant sur la plage, ces étudiants, «jettans leur veue, ne virent aucune terre emblavée ou ensemencée d'aucun grain, ains beaux sablons et vagues solitudes...»[15] Cette austérité du cadre physique expliquerait le caractère primitif des marins qui habitent la région. Ils sont donc traités de «maroufles avec lesquels il n'y a aucun acquest» par les étudiants. Cependant, le regard du narrateur est là qui raille le jugement trop lapidaire de ces jeunes gens inexpérimentés, ignorant la toute puissance de la loi du milieu sur les hommes. Par là-même, ils sont insensibles à la richesse des particularismes régionaux.

Cette idée commençait à paraître aussi dans les œuvres morales du XVI$^e$ siècle, à l'instar de la littérature narrative. Grand lecteur de Jean Bodin,[16] lui-même lecteur de Léon l'Africain, Montaigne a compris l'intérêt de l'étude de l'homme dans sa diversité pour la philosophie humaniste. Et le voyage a été la meilleure voie dans la découverte de cette vérité.

> Le voyage me semble un exercice profitable...et je ne sache point meilleure école, comme j'ai dit souvent à former la vie que de lui proposer incessamment la diversité de tant d'autres vies, fantaisies et usances, et lui faire goûter une si perpétuelle varieté des formes de notre nature.[17]

Pour Montaigne, l'autre se révèle être une possibilité de ressourcement de soi. Ainsi, le mouvement qui va de soi vers l'autre peut aussi s'inverser. Cette attitude est à l'origine d'une nouvelle écriture de l'altérité, où, par la multiplicité des particularités, on arrive à l'universel, chaque homme portant en lui «la forme entière de l'humaine condition». A l'instar des

---

[15] Bénigne Poissenot, *L'Esté,* p. 67.

[16] «L'histoire de Léon l'Africain [...] rapporte les faits notoires, médiocres ou minimes, et qui peuvent charmer par le luxe de leurs détails les oreilles les plus curieuses. Cela n'était pas aussi chez les Grecs ou chez les Latins qui traitaient seulement de la politique, de la guerre et de ce qui était arrivé dans quelque grande circonstance». Jean Bodin, *La Méthode de l'histoire,* cité par O. Zhiri, *Les Sillages de Jean Léon l'Africain,* p. 49.

[17] Montaigne, *Essais III,9, «De la varieté».*

grands voyageurs, Montaigne rejoint la démarche des ethnographes, se contentant de «réciter l'homme» au lieu de le former. Car, si l'ethnologie est une science qui «se nourrit des différences», «une discipline dont le but premier, sinon le seul est de les interpréter»[18], comme l'affirme Claude Lévi-Strauss, l'ethnographie a uniquement pour but de les décrire. Et c'était simplement ce qu'ambitionnait de faire la *Description de l'Afrique*.

Le croisement du genre narratif français et du récit de voyage, en particulier la *D.A* prise dans une perspective de littérature comparée, nous a paru être à l'origine du topos de la vérité dans la nouvelle de l'époque. Il a permis de dépasser le regard historique issu des sources livresques, dans la description des lieux et des hommes qui les habitent et de s'éloigner du point de vue moralisateur et européo-centriste, privilégiant sans examen l'une ou l'autre des civilisations.

Les descendants de Léon l'Africain pourraient bien être déjà, avant Usbeck et Rica et le Candide de Voltaire, des récits où, à partir de la description du particulier, on touche à l'universel. Ce sont tout au moins ces obscurs récits situés à l'aube du XVIIe siècle et qui recensent, dans leurs modestes compilations, les us et coutumes des régions et des peuples, comme *La Forest nuptiale* de Châlières, publiée en 1600[19].

En définitive, que les emprunts à la *DA* soient explicites ou implicites, comme l'affirme Alia Baccar dans son étude sur l'influence littéraire d'un fils de Grenade[20], l'œuvre avait marqué la conscience littéraire à cette époque et même bien plus tard. Et c'est là qu'entre en jeu le second concept – clé de la littérature comparée: la relation médiate entre les textes se fait grâce aux intermédiaires. Ceux-ci peuvent être «des traductions, des adaptations, des vulgarisations des professeurs, des amis. Mais ce peut être tout simplement le bruit qui court, la mode, la fortune au sens large du terme»[21].

Ainsi, il se révèle que l'altérité n'est pas chose extérieure, mais qu'elle est à l'origine même de la création chez tout sujet. Et j'en donnerai pour preuve l'histoire d'un fantasme. Quatorze siècles après la mort du grand voyageur, l'esprit de Léon l'Africain rencontre celui du poète irlandais

---

[18] *Anthropologie structurale II*, p. 19, cité par Todorov, *Nous et les autres,* Paris, Seuil, p. 82.

[19] Voir Cholières, la *Forest nuptiale,* Mertens, Bruxelles, 1864 et 1865.

[20] Voir *Actes du Ve symposium international d'études morisques* sur: «Le Ve centenaire de la chute de Grenade», publications du Ceromdi, Zaghouan, Tunisie, février 1993.

[21] *Précis de littérature comparée,* sous la direction de P. Brunel et Y. Chevrel, Paris, PUF, 1989, p. 14.

Willliam Butler Yeats, lors d'une séance de spiritisme. Le poète relate le discours qu'il lui a tenu: «Pendant ma vie, j'ai voyagé dans une bonne partie du monde connu, j'ai pris beaucoup de décisions soudaines et j'ai été souvent en danger et toujours seul; je suis ainsi devenu aussi féroce et ardent qu'un animal en chasse. Et maintenant, pour votre bien et le mien, j'ai choisi de m'arrêter auprès de votre esprit contraire»[22]. Ils resteront en communication durant neuf années, affirme le poète irlandais.

On comprend que le continent africain, dans sa proximité géographique avec l'Europe et son mystère culturel, ait pu être à l'origine d'un tel fantasme, d'un tel «rêve étrange et familier». Il fut servi et présenté, par cet être des transitions et des transgressions, qui n'était, comme le dit Verlaine, «ni tout à fait le même, ni tout à fait un autre», qui l'«aime et le comprend».

Nous ajouterons avec Todorov, que la meilleure manière de vivre l'altérité est peut-être la capacité à se mouvoir facilement entre les civilisations, en utilisant ces regards croisés pour en avoir la perspective la plus proche du «vrai». Et c'était bien la qualité première de Léon l'Africain.

---

22 «The manuscript of Leo Africanus», edited by Steve L. Adams and George Mill Harper, Yeats Annual, n.1, London, Gill and Mac Millan, 1982. Cité par O. Zhiri, Les sillages de Jean Léon l'Africain, p. 28.

# L'image de l'Islam dans les *Pensées* de Pascal

par

MOHAMED BOUATTOUR

L'Islam est encore peu connu au XVIIe siècle. Rappelons que la première traduction française du Coran: *L'Alcoran de Mahomet* n'a été effectuée qu'en 1647 par Pierre de Ryer, et que les connaissances, qu'on en
avait, étaient soit des réminiscences des tumultueux événements du Moyen
Age, soit des lectures d'ouvrages abordant d'un point de vue chrétien cette
religion.

Pour replacer l'objet de notre approche dans la problématique qui nous
réunit aujourd'hui, il serait nécessaire de cerner rapidement la perception
française de l'Afrique musulmane au XVIIe siècle, puis de dégager la présence de Mahomet et des Mahométans dans les *Pensées* pour en arriver enfin à nous interroger sur les fonctions de cette présence. Le recours à l'histoire nous permet de mieux expliciter l'image de l'Islam dans les *Pensées*
de Pascal.

Nous ne nous attarderons pas sur la perception de l'Afrique musulmane
par la France du XVIIe siècle, car elle a été largement étudiée par des spécialistes de la question[1]. Cependant, nous nous contenterons de rappeler
quelques uns des contacts qui se sont instaurés entre les deux rives de la
Méditerranée.

L'image des musulmans d'Afrique dans l'imaginaire chrétien du XVIIe
siècle est certes un héritage des années de guerre et de conflit qui ont
opposé les uns aux autres, tout au long du Moyen Age. Dans les Chansons
de geste, les sarrasins sont des gens cruels, qui constituent une puissance
expansionniste redoutable. La lutte de la Croix et du Croissant est largement représentée dans cette littérature.

Les événements politiques et militaires, qui ont eu lieu entre la fin du
XVe et le début du XVIIe, vont creuser le fossé et renforcer cette atmosphère de méfiance et de suspicion qui régnait déjà sur les esprits. La chute

---

[1] F. Gabrieli (dirigé par): *Histoire et Civilisation de l'Islam en Europe*, Bordas,
Paris 1983-84. Vincent Monteil *Les Arabes*, P.U.F, Paris 1959. Guy Turbet-Delof:
*L'Afrique barbaresque dans la littérature française aux XVIe et XVIIe siècles*, Droz,
Genève 1973.

de Grenade en 1492, l'expulsion des Morisques en 1609-1610 et les manifestations d'intolérance des chrétiens provoquent tout au long du XVI<sup>e</sup>
siècle plusieurs exodes importants des musulmans d'Espagne vers les rivages africains.

Les conquêtes ottomanes en Europe, en Méditerranée, au XVI<sup>e</sup> siècle, et
la création d'empires barbaresques en Egypte, Libye, Tunisie et Algérie
renforcent cette lutte séculaire entre la Croix et le Croissant. Les Ottomans
s'érigent en unificateurs et entendent se présenter comme les défenseurs de
l'Islam. La Méditerranée et ses rivages deviennent ainsi le théâtre de leurs
exploits. Dans les textes français de l'époque, les appréciations sont loin
d'être laudatives: «les écumeurs des mers sont le plus souvent, pour ne pas
dire toujours, des barbaresques, dénommés Maures, Arabes ou Turcs[2]».

Bref, en ce milieu du XVII<sup>e</sup> siècle, l'Africain musulman était l'ennemi,
l'infidèle qu'il fallait combattre à tout prix. Il était donc impossible de lui
reconnaître une autre image, car elle aurait contribué à reconnaître son
autorité politique et militaire[3].

Dans les *Pensées*[4] de Pascal, l'image de l'Islam est ambiguë; elle
affiche une méconnaissance totale des principes et des dogmes fondamentaux de la religion musulmane. Cependant, elle fournit au lecteur des
pistes de recherche, qui lui permettent de s'interroger sur les enjeux et les
raisons d'une telle carence. C'est pourquoi notre lecture prendra le risque
de formuler des hypothèses et des suppositions, sans toutefois résoudre la
question.

Pascal a découvert l'Islam essentiellement à travers les ouvrages de
Hugo de Groot[5] et de Pierre Charron[6] qui en ont tous les deux une
approche loin d'être impartiale. Mais nous sommes là face à l'éternelle
recherche de la lumière, et comme l'affirme Edgar Morin[7], la raison de
toutes les erreurs provient du fait que chacun se croit l'unique détenteur de
la vérité. Celle-ci devient à ce niveau la plus grande source de l'erreur.

A cette connaissance livresque, il faudra ajouter les traits spécifiques
propre à la personnalité de Pascal, et dont il faut tenir compte pour

---

[2] Alia Baccar, «Le Lys, le Croissant, la Méditerranée à l'Epoque Moderne», Tunis,
1996, p. 113.

[3] Giovanni Dotoli, «Les Méditerranées du XVII<sup>e</sup> siècle», *Actes du VI<sup>e</sup> colloque du
CIR 17*, Bari, avril, 2000, Biblio 17, n° 137, Tübingen 2002.

[4] Nous adoptons l'édition de Michel Le Guern, Gallimard, 1977.

[5] Hugo de Groot, *De veritate religionis christianae*, liv. VI.

[6] Pierre Charron, *Les Trois Vérités*, liv. II.

[7] Edgar Morin, «Le jeu de la vérité et de l'erreur», in *L'Erreur*, P.U.L., 1982,
pp. 113-127.

comprendre ses appréciations sur Mahomet et les Mahométans. En effet, les travaux de Jean Mesnard[8], Michel Le Guern[9] et Philippe Sellier[10] soulignent son ardente piété, son extase mystique, sa foi exaltée et sa volonté apologétique, qui le préparent à une adhésion du cœur plutôt que de l'esprit ou de la raison. Ses prises de position au cours de la polémique entre Jésuites et Jansénistes au sujet de l'augustinisme feront de lui un autre chevalier de la grâce.

Les fragments qui nous servent de corpus désignent l'Islam, tantôt directement, tantôt indirectement. Il est évident que le rapport entre Mahomet et l'Islam est plus qu'étroit, et que l'image de l'Islam dans les *Pensées* est l'une des conséquences de l'image de Mahomet dans l'imaginaire occidental chrétien. Mais cette relation métonymique, justifie-t-elle pour autant les assertions et les jugements que Pascal cherche à présenter comme étant des inférences valides?

Dans les *Pensées*, le nombre de fragments parlant de Mahomet est relativement grand en comparaison d'autres préoccupations de Pascal; nous pouvons avancer à titre d'exemple que 9 fragments sont réservés à Mahomet contre 5 à Jean l'évangéliste, 7 aux Jansénistes et un seul au logicien. Mais ce nombre est infime face à l'évocation de Jésus-Christ (93 fragments sur un total de 777). Si Mahomet préoccupe tant Pascal, c'est que son statut l'intéresse: Mahomet occupe pour les musulmans la même place que Jésus-Christ pour les chrétiens ; tous deux se présentent comme étant des envoyés de Dieu, des messies ou des prophètes. Mais ce qui est frappant, c'est l'ordre d'apparition de leurs noms propres dans les *Pensées*.

Si les liasses ont été classées suivant l'ordre des préoccupations de Pascal, c'est-à-dire selon leur intérêt par rapport à ses *Pensées*, il n'est pas gratuit de remarquer que dans deux éditions[11] Mahomet occupe le premier fragment de la première liasse, «Ordre».

> Les psaumes chantés par toute la *terre*.
> Qui rend témoignage de *Mahomet*? Lui-même. *Jésus-Christ* veut que son témoignage ne soit *rien*.
> La qualité de témoins fait qu'il faut qu'ils soient toujours et partout, et, misérable, il est seul.

---

[8] Jean Mesnard, *Pascal l'homme et l'œuvre*, Hatier, Paris 1950.

[9] M. Le Guern, *Pascal et Descartes*, Paris, Nizet, 1971.

[10] P. Sellier, *Pascal et saint Augustin*, Paris, Armand Colin, 1970, nouvelle édition, Albin Michel, 1995.

[11] M. Le Guern, *op. cit.* et L. Lafuma, *Œuvres complètes*, L'Intégrale, Paris, Seuil, 1963.

Il est ainsi le premier nom propre à faire son apparition dans les *Pensées*, avant même Jésus-Christ et les apôtres. Les autres noms propres jalonnant l'espace des *Pensées* ne sont pas autant représentés que Mahomet. Mais il s'agit certes d'une évocation négative. Il est tout à fait probable que dans son argumentation apologétique, Pascal procède d'abord par réfutation avant d'entamer ensuite la phase de la construction.

Ce premier fragment nous intéresse pour trois raisons essentielles: l'évocation de la notion de témoignage, le rapport entre Mahomet et le dire de Mahomet, qui est l'Islam, et la comparaison entre Mahomet et Jésus-Christ. Ce fragment condense ainsi trois axes de réflexion, auxquels nous accorderons tour à tour les explications et les commentaires qui permettront de corroborer nos propos.

Ce n'est pas une simple coïncidence si la religion chrétienne est évoquée dans ce premier fragment à travers les psaumes et surtout à partir d'une citation de saint Augustin[12], écrivant dans ses *Confessions* qu'ils «sont chantés par toute la terre». En revanche, la religion musulmane n'est évoquée qu'à partir de Mahomet, un homme seul, ne rendant compte que de sa personne, alors que la terre entière chante les mérites de Jésus, accrédite son message et témoigne de son authenticité. Selon cette assertion, le dire de Mahomet ne peut pas être aussi probant que celui de Jésus.

Le témoignage fonctionne dans les propos de Pascal comme un argument d'autorité, qui repose sur le statut du témoin, son éthique et son intégrité. Plus il est fiable, plus son témoignage est authentique, et mérite d'être considéré comme argument vers la conclusion escomptée.

De l'argument d'autorité à l'argumentation proprement dite, il n'y a qu'un pas. Pascal le franchit sans ambages et sans détours, dans un langage clair et catégorique. Le fragment 189[13], (p. 163), en rend suffisamment compte:

> Fausseté des autres religions.
> Mahomet sans autorité.
> Il faudrait donc que ses raisons fussent bien puissantes, n'ayant que leur propre force.
> Que dit-il donc? Qu'il faut le croire.

Ce fragment explicite les positions de Pascal et justifie son argumentation, car en fait, si le prophète ne dispose pas de témoins, il est tenu d'avancer des raisons fortes et convaincantes qui lui assurent succès et autorité. Toutefois, ce qui n'est pas dit dans ce même fragment, c'est que la raison n'est que secondaire dans le domaine de la foi et des vérités

---

[12] Saint Augustin, *Confessions*, IX, 4, 8: *toto orbi terrarum cantatur*.

[13] Lafuma, fra. 203.

historiques, et que c'est précisément le témoignage qui est le plus important. Ce présupposé épistémique explique à lui seul l'assertion du début: «fausseté des autres religions» qui sert de préambule au fragment 189. Dans le domaine des vérités historiques, Pascal accorde au témoignage une place de choix. La question de la foi, le statut des miracles et des mystères, reposent en grande partie sur le statut des témoins et sur l'authenticité de leur témoignage.

L'erreur de Mahomet serait-elle comparable à celle des Jésuites, qui provient de leur confusion? Ces derniers ont voulu approcher le domaine de la foi et du cœur avec les arguments[14] de l'esprit et de la raison. En postulant que le messager de l'Islam ne dispose pas de témoins, Pascal, qui procède à une stratégie de réfutation construite en fonction de son système de l'autorité, veut que les mêmes torts incombent à Mahomet et aux Mahométans. Il cherche à réduire l'Islam à une religion de raison et non de foi, mais surtout à une religion sans aucune authenticité historique, puisqu'elle n'est pas attestée par des témoins fiables.

Les témoins de Jésus-Christ étant les douze apôtres, leurs écrits fonctionnent donc comme des témoignages historiques, des arguments qui attestent la vérité du christianisme. En revanche, selon Pascal, Mahomet, n'ayant pas eu d'apôtres[15], est donc le seul et l'unique témoin de ses révélations. Mais c'est là une position peu confortable et surtout peu soutenable. Pascal raisonne ainsi conformément à ses propres convictions et à son propre système.

> D'où apprendrons-nous donc la vérité des faits? Ce sera des *yeux*, mon Père, qui en sont légitimes juges, comme la *raison* l'est des choses naturelles et intelligibles, et la *foi* des choses surnaturelles et révélées.
> Les *Provinciales*, Lettre XVIII.

Une telle prise de position dévoile les enjeux de la présence de Mahomet et des Mahométans dans les *Pensées*. En effet, Pascal réfute le Coran en réfutant Mahomet, et les propos de ce dernier servent d'antithèse en vue de mieux faire valoir les thèses de Jésus-Christ. Il est évident que les jugements négatifs, parsemant les fragments en question, permettent à Pascal de mieux étayer sa propre apologie du christianisme.

Mais là n'est pas son unique objectif. En effet, cette présence lui offre aussi la possibilité de répondre aux érudits libertins qui ont réfuté les trois

---

[14] Il s'agit surtout du syllogisme, de l'enthymème et de l'analogie.

[15] Mahomet, lui aussi, a ses apôtres, qui sont les Sahabas, des gens recueillis parmi les plus pieux, les plus fiables et les plus érudits. Les Sahabas attestent la vérité du Coran par leurs divers ouvrages, rassemblés dans le genre «Hadith».

prophètes[16]. Sa réponse s'inscrit dans une stratégie argumentative sciemment orchestrée.

Selon Marc Fumaroli «les historiens du libertinage, de Busson à Pintard, de Pintard aux récents travaux animés par Tullio Grégory, se sont efforcés avec non moins de succès de mettre en évidence la résistance des «libertins» en tous genres à la reconquête catholique, à son emprise sur les mœurs comme à l'adhésion intellectuelle et spirituelle qu'elle réussit à susciter»[17]. Dans la première moitié du XVIIe siècle, au sein des cercles d'érudits libertins, les trois principales religions faisaient souvent l'objet d'une redoutable diatribe, connue sous «La Thèse des trois imposteurs». Selon celle-ci le Christ, Moïse et Mahomet n'étaient que des imposteurs dont le but était de mystifier le peuple pour permettre aux autorités de mieux asseoir leur pouvoir. Les traditions judéo-chrétienne et musulmane se trouvent ainsi mises au banc des accusés. Blaise Pascal, qui a consacré les *Pensées* à l'analyse et à la réfutation du scepticisme des «libertins», a pris position pour la religion chrétienne, mais tout en confirmant l'imposture de la religion musulmane. Ce qu'il attaque dans cette dernière, c'est d'abord qu'elle soit une religion de raison, ensuite une religion de plaisir et enfin et surtout une religion dont le prophète n'a aucune autorité historique, puisqu'il n'est ni prédit, ni annoncé, et qu'il ne dispose ni de mystères, ni de miracles.

Ce que Pascal attaque dans la religion musulmane, c'est aussi les grandes idées promues par les humanistes libertins du début du XVIIe siècle: un humanisme et un naturalisme rationnels. Christian Meurillon remarque à ce propos que «l'argumentation de Pascal en faveur de l'autorité de l'Ecriture refuse les preuves naturelles ou rationnelles»[18]. Son objectif consiste donc à promouvoir la pensée chrétienne et à réhabiliter la réforme catholique, qui prend tout son essor au début du XVIIe siècle, contre toute forme d'agression extérieure.

Pascal aura agit à la manière de Saint-Cyran, sans pour autant passer par la même expérience. Marc Fumaroli[19], nous apprend que «lorsque Saint-Cyran cherchera à se dégager de la synthèse humaniste dont les Jésuites détiennent la cléf, il se tournera vers Louvain et sa tradition d'augustinisme intransigeant que lui transmet son ami Jansénius». L'œuvre

---

[16] René Pintard, «Le Libertinage érudit dans la première moitié du XVIIe siècle», Boivin 1943, reprint Slatkine 1983.

[17] Marc Fumaroli, 1990, p. 73.

[18] Christian Meurillon, «Ecriture et autorité dans les Pensées de Pascal», *in Revue des sciences humaines*, n° 238, 1995, p. 73.

[19] *Ibid*, p. 73.

de Pascal s'inscrit certainement dans une vague de purification augustinienne de style français, qui cherchera, selon l'expression de Marc Fumaroli, à séparer l'esprit du christianisme de tout alliage avec les philosophies pïennes.

Comme nous le constatons, c'est l'esprit du siècle, nous semble-t-il, qui était à l'origine de la véhémence de Pascal contre la religion musulmane, mais ce sont aussi des exigences épistémologiques. Car, en fait, il est difficile pour un chrétien augustinien et janséniste d'accepter l'idée d'une religion sans miracles, et d'un paradis céleste fait à l'image de l'opulence mondaine. Il ne s'agit pas pour nous de justifier une telle attitude, mais de préciser le cadre historique et théorique qui oriente nos hypothèses.

L'étude des *Pensées* peut nous mettre au fait de la problématique. Pour Pascal, les religions chrétienne et musulmane n'ont pas le même statut, car elles ne participent pas du même *logos*. Pour répondre aux attaques des «libertins», il va déployer son zèle de philosophe et d'apologiste à souligner les différences, qui font qu'il est inadmissible de les mettre sur le même pied d'égalité. C'est dans cette perspective que nous aborderons les deux points suivants: le mystère (ou l'obscurité) et le plaisir (ou la volupté).

Les mystères d'une religion doivent garantir sa divinité, et les plaisirs qu'elle offre doivent renforcer sa spiritualité. Ce sont deux exigences sur lesquelles Pascal ne transige pas. Cependant, l'Islam ne vante pas assez ses mystères ou miracles et promet à ses adeptes des plaisirs charnels et mondains. Pour Pascal, il est donc impossible de le concevoir comme une religion divine.

Qu'en est-il exactement du premier reproche: le statut des obscurités ?

Dans le fragment (204)[20], Pascal associe les deux exigences et s'attaque directement à l'Islam et à sa conception du paradis. Et du même coup, il repousse les attaques des libertins, qui assimilent les obscurités de la religion chrétienne à celles de l'Islam. La forme argumentative de cette réfutation est un syllogisme conjonctif combiné avec un argument d'analogie, dont les termes sont les couples antithétiques: clarté / obscurité, mystérieux / ridicule. C'est de leurs rapports que Pascal juge les deux religions en question, et conclut enfin à leur inégalité:

> Ce n'est pas par ce qu'il y a d'obscur dans Mahomet et qu'on ne peut faire passer pour un sens mystérieux que je veux qu'on en juge, mais par ce qu'il y a de clair, par son paradis et par le reste. C'est en cela qu'il est ridicule. Et c'est pourquoi il n'est pas juste de prendre ses obscurités pour des mystères, vu que ses clartés sont ridicules.

---

[20] Lafuma, fra. 218.

Il n'en est pas de même de l'Ecriture. Je veux qu'il y ait des obscurités qui soient aussi bizarres que celles de Mahomet, mais il y a des clartés admirables et des prophéties manifestes et accomplies. La partie n'est donc pas égale. Il ne faut pas confondre et égaler les choses qui ne se ressemblent que par l'obscurité et non par la clarté qui mérite qu'on révère les obscurités. Fr. 204, p. 205.

L'argument reposant sur l'antithèse fait ressortir le contraste entre les deux religions et conduit Pascal à conclure son argumentation en faveur de la religion chrétienne, et contre la religion musulmane.

Pascal reconnaît que plusieurs points restent obscurs dans la religion chrétienne, mais il a déployé tout son zèle d'apologiste à en souligner les mystères, car c'est à ce niveau que s'arrête la prétention de la raison humaine. Pour lui, le mystérieux dans la religion chrétienne n'est pas synonyme d'obscurité, mais de divinité. C'est une vision dialectique qui conçoit les mystères d'une religion comme le gage à payer pour profiter des clartés et des félicités de la foi.

Le deuxième reproche fait à la religion musulmane concerne son recours au principe de plaisir charnel comme argument majeur pour persuader les fidèles, alors que Pascal attend la grâce divine comme remède à la concupiscence, source du péché originel et cause de la chute de l'homme.

Sera-ce les philosophes qui nous proposent pour tout bien les biens qui sont en nous? Est-ce là le vrai bien? Ont-ils trouvé le remède à nos maux? Est-ce avoir guéri la présomption de l'homme que de l'avoir mis à l'égal de Dieu? Ceux qui nous ont égalés aux bêtes et les mahométans qui nous ont donné les plaisirs de la terre pour tout bien, même dans l'éternité, ont-ils apporté le remède à nos concupiscences? Fr. 139[21], p. 134.

Partant de ses *a priori* chrétiens, Pascal en arrive même à refuser à Mahomet le statut de prophète et à l'Islam le statut de religion céleste. En fait, il situe l'Islam au même niveau que le bouddhisme, qui n'est pas une religion divine, mais une forme de sagesse historique:

Je vois de faiseurs de religions en plusieurs endroits du monde et dans tous les temps, mais ils n'ont ni la morale qui peut me plaire, ni les preuves qui peuvent m'arrêter; et qu'ainsi j'aurais refusé également et la religion de Mahomet, et celle de la Chine, et celle des anciens Romains, et celle des Egyptiens, par cette seule raison que l'une n'ayant pas plus de marques de vérité que l'autre, ni rien qui me

---

[21] Lafuma, fra. 149.

déterminât nécessairement ; la raison ne peut pencher plutôt vers l'une que vers l'autre.

En conséquence, selon Pascal, les lois et les dogmes de la religion musulmane ne sont pas l'œuvre de Dieu, mais des hommes, qui les ont façonnés pour leurs plaisirs et même pour leur perversion:

> C'est une plaisante chose à considérer de ce qu'il y a des gens dans le monde qui, ayant renoncé à toutes les lois de Dieu et de la nature s'en sont fait eux-mêmes auxquelles ils obéissent exactement comme par exemple les soldats de Mahomet, les voleurs, les hérétiques, etc., et ainsi des logiciens; il semble que leur licence doive être sans aucune borne ni barrière, voyant qu'ils en ont franchi de si justes et de si saintes. Fr. 656, p. 165. (Laf. 794)

Pascal énumère ici ses ennemis, qui ont transgressé l'ordre instauré par la religion chrétienne en établissant un autre, qui l'ignore ou le remet en cause. Les logiciens ont crée des règles auxquelles ils obéissent comme à des dogmes; les Mahométans n'auront pas agi autrement, car selon Pascal, la vérité est dans la religion chrétienne, et l'erreur est dans tout ce qui s'en écarte. La répugnance de Pascal pour les syllogismes des logiciens n'a d'égal que sa répugnance pour une religion qui les vénère et qui prône des plaisirs charnels, alors que même au paradis les voluptés doivent être spirituelles.

Ces données contribuent à compromettre l'authenticité de Mahomet, à ébranler son autorité et à ternir son image. Pascal le fait certes à partir d'une conception très élaborée de la notion d'autorité, dont les racines plongent dans la pensée et la tradition augustiniennes, qui observent un regain d'intérêt au début du XVIIe siècle.

Pour Pascal, il y a deux types d'autorité: une autorité scientifique et une autre historique. Dans le premier type, le statut de la personne est secondaire, mais celui du texte est essentiel, puisqu'il doit prouver ses vérités par les raisonnements et les démonstrations. Les critères de ce dernier sont les définitions, les principes et les résultats, cautionnés par la raison et l'expérience, toutes les deux soutenues par la nature. En revanche, dans le deuxième type, le statut de la personne est essentiel et celui du texte est secondaire. Ainsi, il ne faut pas approcher le texte divin par les preuves et les démonstrations rationnelles, car celles-ci restent impuissantes face aux contradictions qui le jalonnent.

Pour Pascal, les incohérences du texte divin ne sont qu'apparentes, et elles fonctionnent souvent comme des mystères, que la raison est incapable de sonder, ou comme des lumières, que seul le cœur est invité à embrasser. Dans le domaine des vérités historiques, l'autorité de la personne, qui se définit par sa sainteté, son éthique et son ancienneté, garantit l'authenticité du texte et prouve l'incapacité de la raison. Or l'Islam vante les vertus de la raison. Averroès l'enseigna à Saint Thomas d'Aquin et aux tenants de la philosophie scolastique. Par ailleurs, les épistémologues musulmans n'ont pas établi un seuil entre la preuve rationnelle et la preuve historique ; pour eux, la plus grande raison du Coran est le texte coranique lui-même. En revanche, pour Pascal, ce seuil est infranchissable. Ce qui explique d'ailleurs ses positions critiques à l'égard de la démarche cartésienne. Le terrain de l'apologie pascalienne de la religion chrétienne est délimité et circonscrit par l'épistémologue Pascal. Si pour Pascal, l'Ange de l'Eglise, le maître à penser de la religion chrétienne, est saint Augustin, c'est tout simplement parce que ce dernier s'est fait le chevalier de la grâce divine, qui ne requiert pour se manifester ni raison, ni explication, ni argument, ni justification, mais seulement la foi. Le Dieu du christianisme n'est pas le Dieu de la raison, pense Pascal, à la suite de Saint Augustin.

C'est donc en fonction des données de son système de l'autorité, qui recèle en lui-même des exigences épistémologiques très accrues, que Pascal se met à réfuter Mahomet. L'essentiel de cette réfutation consiste à consolider les liens (fr. 193, p. 164) (Laf. 207) entre l'autorité de Mahomet et celle du Coran. La remise en question de l'autorité du premier conduit automatiquement à la remise en question de l'authenticité du second:

> Contre Mahomet.
>
> L'Alcoran n'est pas plus de Mahomet que l'Evangile de saint Matthieu. Car il est cité de plusieurs auteurs de siècle en siècle. Les ennemis mêmes, Celse et Porphyre, ne l'ont jamais désavoué.
>
> L'Alcoran dit que saint Matthieu était homme de bien, donc il était faux prophète, ou en appelant gens de bien des méchants, ou en ne demeurant pas d'accord de ce qu'ils ont dit de Jésus-Christ.

Pour Pascal, si Celse et Porphyre n'ont pas remis en question l'Evangile de saint Matthieu, c'est la preuve de son authenticité. Mais force nous est de remarquer que cette argumentation est une pétition de principe secondée d'une comparaison abusive, une fausse analogie entre Mahomet et saint Matthieu. Pour Pascal, chacun des deux hommes est l'auteur de son propre livre. L'Histoire n'a jamais établi que Mahomet était l'auteur du Coran.

Ce qui nous amène en dernier point à nous interroger sur les raisons de la réfutation de Mahomet et la confirmation de Jésus-Christ Le partage sous toutes ses formes, surtout du savoir et du pouvoir, affaiblit n'importe quelle institution et n'importe quelle autorité. La religion chrétienne en est une, et elle trouve dans l'Islam sa meilleure cible. Pascal s'inscrit dans cette perspective. Tout au long des *Pensées*, il cherche à consolider les liens entre l'Ancien et le Nouveau Testament pour sauvegarder le principe de l'unité de la voix de Dieu. Il y a une sorte de dialectique entre les deux

Testaments que Pascal exploite dans le but de confirmer l'un et l'autre. De ce point de vue, il se met à réfuter la religion de Mahomet, qui, selon lui, ne participe pas du même logos, commun aux deux autres.

Pascal réfute Mahomet pour que Jésus-Christ reste le dernier prophète envoyé par Dieu. Ce fait est en rapport direct avec le statut de la religion et de son autorité. En d'autres termes, si l'Islam est la dernière religion en date, le christianisme serait incomplet. Son imperfection viendrait du fait que Dieu a vu qu'il était nécessaire d'envoyer un autre prophète et une autre religion. C'est en ce sens d'ailleurs que, pour saper l'Islam, Pascal creuse les différences entre les deux prophètes (fr. 195 et 302) et affirme, sans signaler ses sources, que Mahomet n'est pas prédit. Quant aux moyens déployés par les deux envoyés de Dieu, Pascal affirme (fr. 195) (Laf. 209):

> Mahomet en tuant, Jésus-Christ en faisant tuer les siens.
> Mahomet en défendant de lire, les apôtres en ordonnant de lire.

De notre part, nous aurons suffisamment répondu au second point en affirmant que le premier verset du Coran est un appel à la lecture et au savoir. En revanche, le premier point, l'argument de la force face à l'argument du sacrifice, attire notre attention. Si nous partons du fait que Jésus-Christ et Mahomet sont deux envoyés de Dieu, nous nous trouverons obligé de relever le défi et de répondre à la réfutation de Pascal. Le rapport entre *devoir* et *pouvoir*, ou entre lois divines et force ou autorité, est peut-être un argument contre Pascal et le christianisme. En effet, Dieu, ayant remarqué que les moyens pacifiques de Jésus n'ont pas atteint leurs objectifs, après sept siècles de religion, a dû finalement opter pour un complément en autorité, à savoir l'usage de la force contre les impies et les mécréants, afin d'éradiquer le mal. Mais pour Pascal, Dieu, qui est amour, n'encouragerait jamais la vengeance sur terre, même au nom de la justice, car c'est à lui seul que reviennent le dernier jugement et la destinée des hommes.

Enfin, pour clôturer ce point, nous remarquons que tout ce préambule permet à Pascal de conclure dans le même fragment (195) que la différence au niveau des moyens confirme la position de Jésus et infirme celle de Mahomet:

> Enfin cela est si contraire que, si Mahomet a pris la voie de réussir humainement, Jésus-Christ a pris celle de périr humainement; et qu'au lieu de conclure que puisque Mahomet a réussi, Jésus-Christ a bien pu réussir, il faut dire que puisque Mahomet a réussi, Jésus-Christ devait périr.

Pour Pascal, le sacrifice de Jésus-Christ sur le crucifix dépasse en grandeur la réussite sociale et politique de Mahomet. Il en conclut que la réussite humaine va à l'encontre des félicités spirituelles, que nourrissent les miracles et les mystères. C'est une position qu'il développera tout au long des *Pensées* (voir frag. 227; Laf. 242).

De cette brève enquête, il ressort que la présence de Mahomet et des Mahométans dans les *Pensées* reflète le point de vue de Pascal ainsi que celui d'une époque repliée sur elle même, préoccupée par des problèmes de rédemption et de grâce divine, déchirée entre savoir et ignorance, méfiante envers une image belliqueuse et importune d'un autre venu d'ailleurs, d'où la réfutation des aspects théologiques de la doctrine du prophète Mahomet et le rejet de sa religion.

Mais cette image d'Afrique, qui est parvenue déformée par des traductions hâtives et intéressées, sert le cheminement didactique de la pensée apologétique de Pascal. Pour convertir les sceptiques, les épicuriens et les honnêtes hommes exigeants, Pascal a fait preuve d'un esprit et d'une méthode dialectiques, qu'il hérite de Saint Augustin et de Platon. Il est vrai que la religion musulmane a servi d'antithèse dans cette dialectique, une antithèse dont la fonction argumentative consiste à confirmer l'authenticité de la thèse proposée, à savoir la vérité de la religion chrétienne. Mais cela reste pour nous la preuve d'un dialogue sérieux, dont l'objectif est la recherche de la vérité. Ce qu'il faut en retenir, c'est que malgré tout Pascal a cherché à instaurer des ponts avec la religion musulmane, alors que d'autres ont refusé toute forme de communication. Malheureusement les *Pensées* n'étaient pas publiées du vivant de leur auteur, car cela aurait pu donner lieu à des réponses fort intéressantes. Mais il est encore temps d'en parler.

# Savants, philosophes et astrologues africains dans l'œuvre de Jules-César Vanini

par

MARCELLA LEOPIZZI

Philosophe italien né à Taurisano[1] en 1585, Giulio Cesare Vanini, a accompli de nombreux voyages en Europe, proposant une doctrine naturaliste. A cause de ses idées hétérodoxes, il a été brûlé vif à Toulouse sur la place du Salin le 9 février 1619.

Grâce à son extraordinaire capacité d'analyse, il a étudié la tradition philosophique et la doctrine religieuse et y a apporté une série de nouvelles solutions et de possibles perspectives.

Homme baroque en ce qui concerne son tempérament actif, ardent et combatif et sa personnalité inconstante et transgressive, Vanini a accentué le doute apparu avec Montaigne à propos de l'homme et de son existence. Conscient du manque d'une connaissance certaine à l'égard de la création, de la divine providence et de Dieu même il se situe au-delà du doute puisque, pour lui c'est la seule certitude possible.

Par son incessant besoin d'analyse et de vérité, il a anticipé la méthode de la philosophie des Lumières, de Diderot et D'Alembert[2].

Vanini est considéré comme le symbole du libertinisme, car, il a été le premier, à déclarer par écrit une pensée presque complètement délivrée de toute tradition scientifique et morale. A son avis, en effet, la mission du philosophe était celle d'éliminer la tromperie, la fraude et le mensonge.

Au savoir de la Scolastique, fondé sur la lecture des textes, il a opposé un savoir dérivant de l'expérience. Au lieu de s'en remettre passivement à une autorité livresque, son esprit curieux et passionné l'obligeait toujours à vérifier les faits qu'on lui exposait, à raisonner sur une donnée directe et à discuter toutes les idées. Dans ses deux œuvres l'*Amphitheatrum aeternae providentiae* et le *De Admirandis naturae reginae deaeque mortalium arcanis*, il a soutenu que les scolastiques ne méritaient rien, car leurs

---

[1] Taurisano: petit village de la province de Lecce (Italie).

[2] Dotoli G., *Temps de préfaces. Le débat théâtral en France de Hardy à la querelle du Cid*, Paris, Klincksieck, 1996, p. 131.

doctrines résultaient désormais arriérées et que l'aristotélisme était un système qui, au moins sur certains thèmes, pouvait et devait être dépassé.

A cause de la circonspection qu'il fallait avoir à cette époque de restrictions, Vanini a combattu, par le dialogue et l'ironie, toutes les formes exclusives et abusives de la pensée. Il a repris certaines idées de différents auteurs en fonction de ses buts, c'est pourquoi son œuvre, en apparence fidèle à l'orthodoxie, peut être considérée un document de diffusion souterraine d'idées fondamentalement hétérodoxes. Elaborée pendant ses études de droit, sa méthode argumentative se développe sur deux plans: l'exotérique, qui exprime l'apologétique de l'orthodoxie catholique et l'ésotérique qui, allant au-delà de la lettre, est riche en signes cachés. Son œuvre présente un message latent obtenu par l'assemblage de phrases, qui, au-delà d'une conséquence superficielle, tendent à se désorganiser et à créer d'autres niveaux de signifié. Sa technique argumentative visait, donc, à confirmer, mais seulement en apparence, les thèses des auteurs plagiés, puisque sous leurs idées, se cachaient les siennes.

Dans ses deux œuvres, Vanini fait de nombreuses références à l'Afrique, étant donné qu'il a cité les idées de plusieurs écrivains et philosophes africains afin de remettre en cause les solutions dépassées, les a priori rationnels et les préjugés. S'adressant en latin à un public cultivé, pour exprimer ses opinions, il a utilisé bien des croyances populaires relatives à la culture de ce continent et maintes idées tirées des œuvres d'intellectuels africains, en particulier celles des astrologues. En effet, il a toujours préféré se référer aux devins africains, car, depuis longtemps, ils étaient considérés comme les plus doués pour cette matière[3].

Vanini a partagé l'opinion du savant africain Amon[4] d'Alexandrie, qui pensait que Dieu était simplement la «cause formelle et finale» et non pas celle «efficiente» des choses éternelles[5] ([...] *Deu no esse causam efficientem, sed formalem ac finalem tantum aeternorum* [...])[6].

---

[3] C'est à Bagdad, ville qu'au XVIIe siècle faisait partie de l'empire ottoman, que, grâce aux encouragements du calife Al Ma' Mun, un travail colossal vit le jour: en 813 avant J. Christ l'on bâtit *La maison de la Sagesse* pourvue de plusieurs laboratoires, d'une bibliothèque et d'un observatoire. C'est ici que les hommes savants commencèrent à mesurer la terre et à décrire les parties habitées. Cf. Alia Baccar, *Le lys et le croissant. La méditerranée,* Tunis, L'or du temps, 1994, p. 45.

[4] Ammonii Hermei: savant africain qui a vécu pendant la seconde moitié du VIe siècle après J. Christ et qui a commenté le *De interpretatione* d'Aristote.

[5] Crudo L., Raimondi F.P., *Anfiteatro dell'eterna provvidenza*, Galatina, Congedo, 1981, p. 239.

[6] Vanini G.C., *Amphitheatrum aeternae providentiae,* Lyon, Vve de Harsy, 1615, p. 240.

De même il a fait l'éloge de la pensée que le philosophe et théologien persan Algazel[7] avait repris lui-même du théologien alexandrin Philopone[8]: selon ces derniers le ciel, élément fini et non pas infini, avait nécessité pour sa création d'un principe au-dessus de lui[9] ([...] *Coelum est finitum, ergo no a se, igitur habet principium* [...])[10].

En outre, dans l'*Exercitatione* XIV de l'*Amphitheatrum*, Vanini déclare être du même avis que l'écrivain alexandrin Origène[11] qui, en commentant l'*Epistola ad Romanos*, écrivit que ce qui arrive n'a pas lieu, parce que Dieu l'a prévu, mais parce que l'homme l'a choisi. Par conséquent, l'homme pèche de sa propre volonté et non pas, parce que Dieu sait qu'il pèchera[12] ([...] *Non quia Deus praevidet, sic erit, sed quoniam sic erit, ideo praevidet. Unde non quia Deus praevidet me peccaturu ego peccabo* [...])[13]. Selon le philosophe de Taurisano, le libre arbitre, faculté de se déterminer sans autre cause que la volonté, ne s'oppose qu'en apparence à la prescience, connaissance infaillible que Dieu a de l'avenir de l'humanité dans son ensemble et dans ses moindres détails. Le fait que Dieu connaisse déjà le futur ne signifie pas qu'il influence les choix de l'homme, au contraire il lui laisse la liberté de se déterminer, et de ce fait il n'est pas la «cause» de ses péchés, mais il en est seulement la «cause efficiente»[14].

De plus, pour démontrer l'existence de la divine providence, Vanini rapporte l'exemple fait par l'écrivain Lactance[15] dans l'œuvre *Divinarum*

---

7 Algazelis: philosophe et théologien persan qui a vécu de 1058 à 1111 après J. Christ.

8 Iannis Grammatici Alexandrei: théologien alexandrin, surnommé le grammairien, il a vécu au VIe siècle après J. Christ. Disciple d'Amon d'Alexandrie, ses écrits philosophiques les plus importants sont les commentaires du *De Anima*, du *De generatione et corruptione*, des livres I/IV de la *Physica*, de l'*Analytica priora* et de l'*Analytica posteriora* d'Aristote. Ses écrits théologiques les plus importants sont le *De aeternitate mundi contra Proclum*, le *De opificio mundi* et le *Dictato*.

9 Crudo L., Raimondi F.P., *Anfiteatro [...], op. cit.*, p. 53.

10 Vanini G.C., *Amphitheatrum [...], op. cit.*, p. 17.

11 Origenis Adamantii: écrivain chrétien, auteur d'homélies et de commentaires d'un grand nombre de livres bibliques (Alexandrie d'Egypte environ 185 – Tyr 253-254 après J. Christ).

12 Crudo L., Raimondi F.P., *Anfiteatro [...], op. cit.*, p. 126.

13 Vanini G.C., *Amphitheatrum [...], op. cit.*, p. 100.

14 *Ibidem*, *Ex.* IX-XI.

15 Lactantii Firmiani Lucii Caelii: écrivain chrétien d'origine africaine, il a vécu entre le IIIe et le IVe siècle après J. Christ.

*institutionum libri*[16], où celui-ci narre que Pyrrhus[17] avait été victime d'un naufrage pour avoir volé de l'argent à Proserpine[18,19] ([...] *Inflabit forte aliquis exemplo Pyrrhi Epyrotaru regis, qui cum ex eiusdem Proserpinae Locrensis thesauro ingentes pecunias sustulisset, naufragii postmodum multctatus est calamitate* [...])[20].

Notre philosophe exprime aussi au travers de ses œuvres son désaccord avec l'astrologue Claude Ptolémée[21] qui croyait aveuglement aux influences astrales; en effet d'après Vanini, à la base de chaque contingence il y a toujours plusieurs causes de différente nature. Par exemple, s'appuyant sur l'opinion d'Hippocrate[22], d'après laquelle les créatures monstrueuses sont la conséquence de malformations de l'utérus, il ajoute, à ce que Ptolémée[23] soutient dans son *De astrorum iudiciis*, que la naissance de ces monstres n'est pas seulement causée par l'influence des astres mais surtout par des défauts physiologiques de la femme enceinte[24] ([...] *ex uteri vitio* [...])[25].

Pour Vanini, les différentes interprétations des éléments astronomiques, étoiles, lune, comètes, éclairs, devaient être accueillies sous réserve et avec discernement, car selon lui l'observation des astres ne permettait pas de connaître le futur. Notre auteur nie aussi l'idée de Ptolémée selon laquelle ceux qui naissent sous l'influence de la lune ont des pouvoirs divinatoires se manifestant pendant les rêves puisqu'il soutient que ceux-ci sont le fruit de transformations et de combinaisons fortuites d'événements vus,

---

16 Lactantii Firmiani Lucii Caelii, *Divinarum institutionum libri*, VII, livre II, 8, Basileae, Andream Cratandrum et Io. Bebelinum, 1532. Cf. Crudo L., Raimondi F.P., *Anfiteatro [...], op. cit.*, p. 113.

17 Pyrrhus: roi de l'Epire (318-272 avant J. Christ).

18 Proserpine: déesse mythologique.

19 Crudo L., Raimondi F.P., *Anfiteatro [...], op. cit.*, p. 113-114.

20 Vanini G.C., *Amphitheatrum [...], op. cit.*, p. 87.

21 Ptolomaei Claudii: astronome mathématicien, né à Ptolémaïs il a vécu à Alexandrie d'Egypte (environ 100-170 après J. Christ). Ses théories basées sur l'idée que la Terre fixe se trouvait au centre de l'Univers ont fait autorité jusqu'à la fin de la Renaissance.

22 Hippocratis, *De genitura*, Francuforti, 1595. Cf. Crudo L., Raimondi F.P., *Anfiteatro [...], op. cit.*, p. 272.

23 Ptolomaei C., *De astrorum iudiciis*, livre III, chapitre VIII, texte 20, Lugduni, 1663. Cf. Crudo L., Raimondi F.P., *Anfiteatro [...], op. cit.*, p. 272.

24 Crudo L., Raimondi F.P., *Anfiteatro [...], op. cit.*, p. 272.

25 Vanini G.C., *Amphitheatrum [...], op. cit.*, p. 277.

imaginés, craints et vécus pendant la journée[26] *Idcirco ex praecognitione saltem imperfecta ac traspositione et visarum rerum intermistione tanquam e materiali causa, et ex vario, pro ciborum et affectuum ratione, spirituum motu, tanquam ab efficienti, constare omnia insomnia arbitror)*[27].

En outre, il a repris ironiquement la thèse de Ptolémée d'après laquelle les enfants qui naissent lorsque Saturne et Mercure sont en conjonction avec le soleil souffriraient de bégaiement et ceux qui naissent quand la lune se trouve dans les constellations nuisibles telles celles du bélier, du taureau et du capricorne seraient boiteux[28] (*Respondi ego in hunc modum, in claudicatione Dei opus deprehendunt in schola spiritus educati*)[29].

Cependant, même s'il est assez sceptique envers les théories de Ptolémée (*Sed valeant iterum abeantque Astronomorum fabulae et deliria, quae detestari me prorsus execrarique profiteor, in medium tamen adduxi, ut inertia praeceptorum ineptiaque patefieret*)[30], sa pensée a tout de même était influencée par l'héritage ptolémaïque dont il s'est servi plusieurs fois pour contester les opinions de Cardan. A la page 59 de l'*Amphitheatrum*, par exemple, il avance, de la même façon que Ptolémée, que toutes les religions dérivant de l'influence de Mercure naissent dans la partie centrale du monde habité, s'opposant ainsi à la théorie de Cardan pour qui la religion judaïque dérive de l'influence de Saturne[31] (*Cur omisisti Mercurium? Leges omnes in medio habitabilis promulgantur, et ex illo in extrema perveniunt, quia Mercurius Dominus est eius partis, stilicet mediae, ut declaratum est*)[32].

Les réflexions de Vanini en matière d'astrologie ne sont pas seulement tributaires de la pensée de Ptolémée mais, aussi de celle de l'astrologue musulman Albumasar[33]. Même si notre philosophe a critiqué l'importance

---

[26] Ptolomaei C., *De astrorum iudiciis*, livre IV, chapitre IV, texte 18, Lugduni, 1555. Cf. Crudo L., Raimondi F.P., *I meravigliosi segreti della natura*, Galatina, Congedo, 1990, p. 526.

[27] Vanini G.C., *De Admirandis naturae reginae deaeque mortalium arcanis*, Paris, A. Perier, 1616, p. 492.

[28] Ptolomaei C., *De astrorum iudiciis*, livre III, chapitre XVI, texte 57, Lugduni, 1663. Cf. Crudo L., Raimondi F.P., *Anfiteatro [...], op. cit.*, p. 103.

[29] Vanini G.C., *Amphitheatrum [...], op. cit.*, p. 76.

[30] *Ibidem*, p. 77.

[31] Ptolomaei C., *De astrorum iudiciis*, livre II, chapitre III, texte 17, Lugduni, 1663. Cf. Crudo L., Raimondi F.P., *Anfiteatro [...], op. cit.*, p. 93.

[32] Vanini G.C., *Amphitheatrum [...], op. cit.*, pp. 58-59.

[33] Abu Ma' Shâr: astrologue musulman, (né en Afghânistân en 272 et mort en 886 après J. Christ en Mésopotamie). Il a écrit deux traités, chacun constitué de huit livres,

que ce dernier accordait aux sibylles, femmes inspirées, capables de prédire le futur, il a apprécié ses théories sur les phénomènes marins.

Dans l'*Exercitatione* VII de l'*Amphitheatrum*[34], Vanini admet le pouvoir divinatoire des sibylles mais uniquement afin de démontrer l'existence de la divine providence; c'est pourquoi, s'opposant aux idées d'Albumasar, il affirme que ces dernières ne prévoyaient les événements futurs ni d'après la connaissance des Ephémères, ni d'après l'astrologie judiciaire professée par l'astrologue musulman[35], mais grâce à une inspiration divine et surnaturelle (*Futurus eventus sybyllae pronunciabant, idque non ex Ephemeridu contemplatione, multominus ex interrogationu scientia, quam prosessus est Albumazar. Divino igitur ac supernaturali afflatu permotae id praestabant*)[36]. De plus, dans l'*Exercitatione* suivante, notamment à la page 61 de l'*Amphitheatrum* et tout au long du dialogue LII du *De Admirandis*, notre philosophe ironise sur les idées d'Albumasar, et déclare que les prévisions des sibylles sont des fables auxquelles seulement les ignorants peuvent croire (*Fabellae hae sunt, quibus ne delyrantes quidem aniculae adstipulentur*)[37]. D'ailleurs, d'après Vanini, les prophéties n'étaient qu'une imposture d'ordre politique et religieux et une manière pour asservir le peuple et le rendre esclave de la peur ou de l'espoir[38] ([...*Vates*] *multa canunt aliquando, quae nec ipsi intelligunt, veluti psittaci*)[39].

Dans le deuxième livre du *De Admirandis*, intitulé *De aqua et terra*, au dialogue XXI, Vanini traite un argument, déjà abordé par Albumasar et précisément celui du phénomène des marées. Même si, notre auteur ne mentionne pas l'astrologue musulman, l'influence de ce dernier est assez évidente. En effet, à propos de cet argument, ils se sont posés les mêmes questions en donnant presque les mêmes réponses. Contestant l'idée de ceux qui pensaient que le mouvement de la masse marine était dû à la providence de Dieu[40], Vanini, ainsi qu'Albumasar, ont soutenu que le mouvement oscillatoire du niveau de la mer, qui a lieu deux fois par jour,

---

*Introductorium in astronomian Albumasaris Abalachi* et *Dalalat al ashkhas al-ulwiyyah* (*Indications des astres*).

[34] Crudo L., Raimondi F.P., *Anfiteatro* [...], *op. cit.*, p. 79.

[35] Abu Ma' Shâr, *Introductorium in astronomian Albumasaris Abalachi*, livre VIII, chapitre IV, 9, Hermanni secundi translatio, Augustae, 1489. Cf. Crudo L., Raimondi F.P., *Anfiteatro* [...], *op. cit.*, p. 95.

[36] Vanini G.C., *Amphitheatrum* [...], *op. cit.*, p. 42.

[37] Vanini G.C., *De Admirandis* [...], *op. cit.*, p. 404.

[38] Crudo L., Raimondi F.P., *I meravigliosi* [...], *op. cit.*, pp. 429-441.

[39] Vanini G.C., *De Admirandis* [...], *op. cit.*, p. 395.

[40] Crudo L., Raimondi F.P., *I meravigliosi* [...], *op. cit.*, p. 148.

deux fois par mois et deux fois par an, est provoqué par l'influence de l'attraction de la lune et du soleil[41] (*Suspenduntur, tanquam ferrum a magnete, illo tempore quo lunaris syderis vires in maximo lumine continentur, cum vel Soli ex adverso opposita impletur, vel ubi primum illi coniungitur*)[42]. En outre, c'est certainement en se basant sur ce qu'il avait lu dans les livres d'Albumasar, qu'au dialogue XXI du *De Admirandis* notre auteur a écrit qu'il y a presque une heure de différence entre la haute et la basse marée (*Ut ad ordinarium crementi tempus addatur hora illa quae septima numeratur in accessione, quae prima debebatur discessioni*)[43] et que cela est dû au relief des côtes, à l'action favorable des vents, à la durée du jour et à celle de la nuit et à la distance entre la lune et le soleil[44].

Albumasar et le philosophe de Taurisano ont consacré de nombreuses pages à l'analyse des mouvements de la mer, ainsi qu'à l'étude de ses différentes températures et tous deux ont soutenu que l'eau de la haute marée est plus chaude que celle de la basse, car elle sort bouillante des profondeurs de la mer [45, 46].

Vanini connaissait très bien l'histoire et le *modus vivendi* de l'Afrique. A la base de ses méditations, à côté des grands thèmes concernant la création, l'origine des espèces, la destinée humaine et l'existence de Dieu, l'on trouve des problématiques concernant les mœurs et les coutumes des différents pays. Non seulement notre auteur a rapporté les habitudes qu'il avait observées, dans les nombreux lieux où il était allé, mais aussi celles présentes dans les pays dont il avait lu l'histoire. Avec ses deux œuvres il a contribué à la transmission de tout un héritage oriental grâce à la couleur locale présente. Il a décrit les usages des populations de l'empire ottoman, notamment celles de l'Afrique du Nord, les conditions sociales, politiques et économiques, les événements historiques, les caractéristiques géographiques et climatiques, les croyances religieuses, les habitudes nutritives et les aspects de la flore et de la faune en donnant, ainsi, une physionomie complète et exhaustive de ce lieu. Vanini a retracé quelques épisodes liés à l'histoire des populations qui ont vécu le long du fleuve africain, comme celui concernant le décret royal qui avait obligé les Juifs à quitter l'Egypte

[41] Cf. Baccar A., *Le lys [...], op. cit.*, p. 45.

[42] Vanini G.C., *De Admirandis [...], op. cit.*, p. 114.

[43] *Ibidem*, p. 118.

[44] Crudo L., Raimondi F.P., *I meravigliosi [...], op. cit.*, pp. 145-155.

[45] *Ibidem*, pp. 132-135.

[46] Cf. Baccar A., *Le lys [...], op. cit.*, p. 45.

car ils étaient atteints de maladies contagieuses comme la gale et la lèpre[47] (*Cum ab Aegypto Hebraei exulare Regio madato cogerentur, quia scabiae, et lepra Aegyptios infestabant*)[48], et celui relatif au prêtre égyptien Zatchlas[49] qui avait ressuscité un cadavre[50] (*Zacla aegyptius sacrificulus mortuum cadaver resurrexit*)[51]. De plus, il a pris l'exemple des puits africains qui ont une eau douce, même s'ils sont à proximité de la mer, alors que l'eau des puits de Milan est salée, pour valider sa théorie sur la salure, produite, selon lui, par la dissolution des substances présentes dans un terrain aride et brûlé au contact de l'eau de pluie[52] (*Nam in Africae litoribus prope mare dulces sunt, Mediolani vero falsi, cum tamen a Liguistico mari longissime distent, sed ab arida exustaque parte aliqua, quae aquis fit obuia, quare et prope sulphureos fontes putei salsi omnes effodiuntur*)[53]. De même, toujours désireux de réfuter toute théorie qui lui semblait sans fondement, face à la problématique du «miracle du Nil», il a essayé d'expliquer pourquoi le niveau des eaux de ce fleuve augmente lorsque les autres sont à sec[54] (*Nilo scilicet incrementum cotingere eo praesertim tempore quo caeteris flumiis imminutio evenire consuevit*)[55] et il a conclu que les crues estives du Nil sont certainement dues à la fonte des neiges des montagnes de la Libye, provoquées, en plein hiver, par les fortes pluies.

Vanini connaissait bien les superstitions populaires du Pays africain, comme, par exemple, celle qui consistait à répandre de l'encens et différents parfums dans une pièce, pour la rendre plus favorable aux rapports commerciaux[56] (*Quanto egisset satius Cardanus si adversus Platonicos suam hanc covertisset disputationem, qui Aegyptiorum, Chaldaeorumque insecti persuasionibus, vel potius superstitionibus, affirmabant, suffimentis, et odoribus aptum effici aërem ad excipiedos Deos, quibus cum nobis habenda commercia, facile puto explosurus erat hasce Platonicas*

---

[47] Crudo L., Raimondi F.P., *Anfiteatro [...], op. cit.*, p. 396.

[48] Vanini G.C., *Amphitheatrum [...], op. cit.*, p. 360-361.

[49] Zatchlas: prophète mythique célèbre car il faisait ressusciter les morts.

[50] Crudo L., Raimondi F.P., *I meravigliosi [...], op. cit.*, p. 489.

[51] Vanini G.C., *De Admirandis [...], op. cit.*, p. 452.

[52] Crudo L., Raimondi F.P., *I meravigliosi [...], op. cit.*, p. 141.

[53] Vanini G.C., *De Admirandis [...], op. cit.*, p. 108.

[54] Crudo L., Raimondi F.P., *I meravigliosi [...], op. cit.*, p. 128.

[55] Vanini G.C., *De Admirandis [...], op. cit.*, p. 96.

[56] Crudo L., Raimondi F.P., *Anfiteatro [...], op. cit.*, p. 198.

*fabellas*)[57], ainsi que la croyance en Egypte, de l'existence d'un taureau sacré dont les organes grossissaient selon les phases lunaires[58] (*Recitat Commentator in Aegypto fuisse Taurum sacru, cuius genitalia pro ratione Lunae augerentur, vel minuerentur*)[59] et la légende rapportée par l'astrologue Alì Abenragel[60] selon laquelle un enfant était né en prédisant des malheurs en famille[61] (*Haly Abenzagel ex syderu sibi cognita positione praedixit infantem natum statim vaticinaturum, et ita evenit*)[62]. Il a aussi déduit des témoignages de Plutarque, que la population africaine s'abstenait de la consommation de sel et d'aliments salés parce qu'elle croyait que ces derniers excitaient l'appétit sexuel et prédisposaient les femmes à concevoir[63] (*Aegyptii (Plutarcho teste) a sale omnibusque salitis abstinuerunt, quod a sale Venerem icritari crederent*)[64].

Se référant toujours à l'Afrique Vanini a abordé les questions relatives aux caractéristiques de la faune et de la flore. Il a constaté qu'en général, les animaux étaient plus monstrueux en Afrique, plus forts en Europe et plus féroces en Asie, tandis que les plantes étaient plus variées en Afrique, plus résistantes en Asie, et plus douces en Europe[65] (*In universum, belvae in Africa monstrosiores, in Europa fortiores, in Asia ferociores. Plantae in Africa variae, in Asia efficaces, in Europa mitiores, ac minus noxie*)[66]. Il a décrit les caractéristiques de l'épine égyptienne, une plante, appartenant aux genres des dicotylédones, de laquelle l'on obtient la gomme arabique. Largement diffusée dans le Nord de l'Afrique, elle pousse dans un terrain sableux, ensoleillé et salé.

Même si les philosophes africains ne sont pas les seuls auteurs cités par Vanini, leur apport, comme nous venons de le voir, est assez considérable dans son œuvre. Leurs idées, critiquées ou partagées, lui ont permis de traiter de nombreux arguments que l'on retrouve dans presque toute la

---

[57] Vanini G.C., *Amphitheatrum [...], op. cit.*, p. 188.

[58] Crudo L., Raimondi F.P., *Anfiteatro [...], op. cit.*, p. 205.

[59] Vanini G.C., *Amphitheatrum [...], op. cit.*, p. 199.

[60] Abenragellis Ali: astrologue musulman, il a vécu au XIᵉ siècle après J. Christ en Tunisie. Il a écrit un célèbre traité d'astrologie en huit livres.

[61] Crudo L., Raimondi F.P., *Anfiteatro [...], op. cit.*, p. 74.

[62] Vanini G.C., *Amphitheatrum [...], op. cit.*, p. 38.

[63] Crudo L., Raimondi F.P., *I meravigliosi [...], op. cit.*, p. 358.

[64] Vanini G.C., *De Admirandis [...], op. cit.*, p. 323.

[65] Crudo L., Raimondi F.P., *Anfiteatro [...], op. cit.*, p. 206.

[66] Vanini G.C., *Amphitheatrum [...], op. cit.*, p. 200.

littérature du XVII<sup>e</sup> siècle. Il suffit de penser aux théories contenues dans les *Discours*, dans les *Dialogues*, dans les *Pensées diverses sur la comète* et dans l'*Histoire des oracles*, dans les *Discours de morale sur Epicure*, dans les *Essais de morale* respectivement de Guez de Balzac, de La Mothe Le Vayer, de Bayle, de Fontenelle, de Sarasin et de Saint-Evremond.

Toutefois, à cause de son supplice, qui ne fit qu'augmenter le sentiment d'insécurité causé par la nouvelle de l'exécution de Bruno et des condamnations de Galilée et de Campanella, si beaucoup d'écrivains se sont limités à faire allusion à sa pensée sans le nommer explicitement, nombreux sont ceux qui ont préféré éviter complètement toute allusion. C'est pourquoi, aujourd'hui, notre auteur semble avoir été peu connu, alors qu'il a certainement été un personnage important.

Par sa pensée originale et hardie, il a dénoncé les abus, il a bousculé les préjugés et il a ouvert des horizons à la réflexion humaine. Son rôle n'a pas seulement été celui d'un vulgarisateur, mais surtout celui d'un éducateur avisé et ouvert, capable de séduire les esprits et de les libérer des superstitions qui les encombraient et les paralysaient.

Tiraillé par l'inquiétude de réforme qui tourmentait tous les penseurs de son siècle, Vanini a été le précurseur de la science moderne. A travers ses attaques à la doctrine d'Aristote et aux idées de Ptolémée, d'Hippocrate et de Cardan, il a éveillé la mentalité scientifique et, il a été un des premiers, à se détacher de l'«autorité des Anciens» et à critiquer le respect exagéré que l'on avait de la tradition. Tout en les précisant et en les élargissant, ses intuitions ont permis aux véritables hommes de science de la seconde moitié du XVII<sup>e</sup> siècle de fonder la science moderne. En effet, de son œuvre dérive une revendication contre toutes les erreurs et les falsifications de l'antiquité en faveur de l'exigence de liberté de jugement.

Ce sont la rigueur de son raisonnement et l'actualité pérenne des problématiques relatives à l'homme et à son existence, qui ont fait le succès de notre auteur.

Philosophe et homme de lettre important, en France et en Europe, Vanini a été le point de démarcation entre l'ancien et le moderne parce qu'il a établi une comparaison directe entre les arguments du Moyen Âge, de la Renaissance, du Rationalisme et du Libertinisme érudit et puisqu'il a été le point de départ de la conquête de l'autonomie à l'égard des idées religieuses, politiques et sociales.

# Bibliographie

## ŒUVRES DE GIULIO CESARE VANINI

*Amphitheatrum aeternae providentiae, divino-magicum, christiano-physicum, nec non astrologo-catholicum, aduenfusueteres philosophos, atheos, epicuros, peripateticos, stoicos,* Lyon, Vve de Harsy, 1615.

*De Admirandis naturae reginae deaeque mortalium arcanis,* Paris, A. Perier, 1616.

## TRADUCTIONS UTILISEES DES ŒUVRES DE VANINI EN ITALIEN ET EN FRANÇAIS

Crudo L., Raimondi F.P., *Anfiteatro dell'eterna provvidenza,* Galatina, Congedo, 1981.

Id., *I meravigliosi segreti della natura,* Galatina, Congedo, 1990.

Rousselot M.X., *Œuvres philosophiques de Vanini traduites pour la première fois par M. X.R.,* Paris, Gosselin, 1842.

## ETUDES

Adam A., *Les libertins au XVIIᵉ siècle,* Paris, Buchet-Chastel, 1964.

Armogathe J.R., Nowicki A., Papuli G., Raimondi F.P., *Giulio Cesare Vanini dal testo all'interpretazione,* Galatina, Editrice Salentina, 1996.

Bayet A., *Histoire de la libre pensée,* Paris, P.U.F., 1967.

Baccar A., *Le lys et le croissant. La méditerranée,* Tunis, L'or du temps, 1994.

Baudouin A., *Histoire critique de Jules César Vanini dit Lucilio,* Toulouse, Privat, 1922.

Bertelli S., *Il libertinismo in Europa,* Milano-Napoli, Riccardo Riccardi, 1980.

Bouriquet G., *L'abbé de Chaulieu et le libertinage au grand siècle,* Paris, Nizet, 1972.

Corsano A., «Per la storia del pensiero del tardo rinascimento», *Giornale critico della filosofia italiana,* vol.38, 1959, pp. 76-97.

Dalla Valle D., *Barocco e classicismo nella letteratura francese del seicento,* Ravenna, Longo, 1976.

De Paola F., *Giulio Cesare Vanini da Taurisano filosofo europeo,* Fasano, Schena, 1998.

Id., «Vanini in Francia: i confini di una presenza», in *Il seicento francese oggi. Situazione e prospettive della ricerca*, Bari-Paris, Adriatica-Nizet, 1994, pp. 317-329.

Id., «Nuovi documenti per una rilettura di Giulio Cesare Vanini», *Bruniana & Campanelliana*, vol., 5, 1999, pp. 189-202.

Denis J., *Sceptiques ou libertins de la première moitié du XVII<sup>e</sup> siècle*, Genève, Slatkine, 1970.

Donville L., *Le libertin des origines à 1665: un produit des apologistes*, Paris-Seattle-Tübingen, PFSCL, 1989.

Dotoli G., *Perspectives de la recherche sur le XVII<sup>e</sup> siècle français aujourd'hui*, Fasano-Paris, Schena-Nizet, 1994.

Id., *Littérature et société en France au XVII<sup>e</sup> siècle*, Bari-Paris, Schena-Nizet, 1991.

Id., *Temps de préfaces. Le débat théâtral en France de Hardy à la querelle du Cid*, Paris, Klincksieck, 1996.

Foucault D., «Giulio Cesare Vanini, un libertin martyr à l'âge baroque. Mise au point bio-bibliographique», *Bulletin de la société d'histoire moderne et contemporaine*, n.1-2, 1996, p.81-91.

Hazard P., *La crise de la conscience européenne*, Paris, Fayard, 1961.

Lebrun F., *Le XVII<sup>e</sup> siècle*, Paris, Armand Colin, 1967.

Mandrou R., *Possession et sorcellerie, au XVII<sup>e</sup> siècle*, Paris, Fayard, 1979.

Merlant J., *De Montaigne à Vauvenargues*, Paris, Société française d'imprimerie, 1914.

Morgante J., *Il libertinismo dissimulato*, Fasano, Schena, 1996.

Morselli E., «Un precursore italiano di Darwin», *Rivista di filosofia scientifica*, vol.8, 1889, pp. 422-424.

Namer E., *La vie et l'œuvre de Vanini, prince des libertins*, Paris, Vrin, 1980.

Nowicki A., «Vanini nel seicento e gli strumenti concettuali per studiare la sua presenza nella cultura», *Atti dell'Accademia di scienze morali e politiche*, vol. LXXXII, 1971, pp. 377-440.

Papuli G., *Le interpretazioni Giulio Cesare Vanini*, Galatina, Congedo, 1975.

Papuli G., Raimondi F.P., *Giulio Cesare Vanini. Opere*, Galatina, Congedo, 1996.

Perrens F.T., *Les libertins en France au XVII<sup>e</sup> siècle*, Paris, Calmam Lévy, 1899.

Pintard R., *L'influence de la pensée philosophique de la renaissance italienne sur la pensée française*, Genève, Slatkine, 1936.

Rizza C., «Libertins, libertinage, libertinisme: problema di prospettive», in *Il secento francese oggi. Situazione e prospettive della ricerca*, Bari-Paris, Adriatica-Nizet, 1994, pp. 71-80.

Id., *Libertinage et littérature*, Fasano, Schena, 1996.

Rousset J., *La littérature de l'âge baroque en France; Circé et le Paon*, Paris, Corti, 1995.

Spink J.S., *La libre pensée: de Gassendi à Voltaire*, Paris, Editions sociales, 1966.

Tapié V.L., *Baroque et classicisme*, Paris, Plon, 1957.

Zoli S., *Europa libertina tra controriforma e illuminismo*, Bologna, Cappelli, 1989.

Id., *Dall'Europa libertina all'Europa illuminista*, Bologna, Nardini, 1997.

Zonta G., *Storia della letteratura italiana, l'età moderna*, Torino, Unione Tipografica Torinese, 1932.

Zuber R., *La littérature française du XVIIᵉ siècle*, Paris, P.U.F., 1993.

# L'Afrique à l'envers ou l'endroit des Cafres: tragédie et récit de voyage au XVII<sup>e</sup> siècle

par

CHRISTIAN BIET et SYLVIE REQUEMORA

Comment les auteurs du XVII<sup>e</sup> siècle appréhendent-ils l'Afrique et les Africains? Comment représentent-ils ce «pays» réel et mythique, et ses habitants, par la littérature dramatique et viatique? Comment remplissent-ils ce continent à partir du tracé de ses côtes? Comment enfin penser le rôle littéraire des Cafres sans les prendre pour des Persans, sans actualiser ce rôle au mépris de toute chronologie, et donc sans tirer l'interprétation vers le Siècle des Lumières?

A l'évidence, l'Afrique est, avant tout pour les auteurs du XVII<sup>e</sup> siècle, un emblème archaïque de l'Occident, un témoignage présent de son passé lointain, une trace constituée de ses mythes, un moyen d'imaginer le Bien, l'image de l'Eden, et d'appréhender le Mal représenté par les Cafres. Mais le recours à l'Afrique dans ces textes est simultanément un moyen de dire *autre chose* et de prendre, dans l'écriture, dans l'esthétique et dans la philosophie, *des risques*, de se trouver dans la nécessité de créer de nouvelles formes arrimées à de nouvelles images. Enfin, l'Afrique permet de construire un monde renversé, à la fois revers du monde occidental et possible enseignement, voire utopie nécessaire pour stigmatiser ses vices, honorer ses vertus et proposer d'autres voies. Car on peut aussi saisir l'homme derrière le Cafre, comprendre que l'homme noir le plus abandonné de Dieu, le plus repoussant, a le même statut *humain* que l'homme blanc, sous une autre couleur, derrière une autre apparence: l'un et l'autre sont soumis à la Chute, pris par le Mal, et soumis aux passions.

A partir deux études conjointes, l'une portant sur la tragédie de Nicolas-Chrétien Des Croix, *Les Portugais infortunés* (1608), l'autre sur la relation de voyage de Guillaume Chenu de Laujardière, *Relation d'un voyage à la côte des Cafres* (1686-1689), nous chercherons à répondre à ces questions. Ces deux communications, étroitement liées, proposent donc un regard croisé sur la manière dont l'Occident représente l'Afrique au XVII<sup>e</sup> siècle, à partir des références directement disponibles aussi bien en matière de relations de voyages, de répertoire dramaturgique, de connaissances de l'actualité historique que de références littéraires. En observant précisément la façon dont l'Afrique apparaît dans une série de textes, on s'interrogera ici sur l'image de l'Afrique et des Africains au XVIIᵉ siècle: pays mythique; pays diabolique; pays de l'Autre radical; pays d'un Autre qui nous désigne; berceau de croyances inconnues; réservoir d'esclaves; lieu investi par d'autres puissances occidentales; refuge pour les Protestants; lieu enfin propice à la fois à la reprise d'éléments pastoraux et à la création de nouvelles formes littéraires et dramatiques.

# «Chacun est en pareil de grandeur»[1]. Les Portugais et les Africains saisis par le spectacle des corps

par

Christian BIET

A quoi donc les Cafres servent-ils? En quoi cette image repoussante, archaïque, infiniment violente, permet-elle de dire quelque chose sur le monde civilisé, sur les humains en général, et sur nous-mêmes? Sont-ils le bras armé d'une purification? Une manière d'envisager un nécessaire sacrifice afin que les Chrétiens puissent enfin, légitimement, énoncer la parole des Evangiles? Ou sont-ils l'emblème d'une tentative avortée pour dire que l'Afrique peut contenir en son sein une véritable civilisation avec un Etat, un roi et des lois? Tragédie de l'inversion sur l'altérité et la curiosité, pièce «relativiste» venue tout droit de la pensée de Montaigne et se penchant sur les atrocités (portugaises en particulier...) infligées aux indigènes – humains comme nous – et sur de possibles atrocités inverses, pièce sur la manière dont les Chrétiens traitent les hommes noirs, le texte de Des Croix, *Les Portugais infortunez* (1608) apparaît à la fois comme un texte formellement archaïque – avec un prologue, de longs discours, une langue datée, des chœurs, une élégie finale –, une tentative spectaculaire – mêlant la musique, la danse, l'effet scénique –, et un incroyable tableau – dont on dirait aujourd'hui qu'il est anticolonialiste – des violences que les Européens méritent en retour de celles qu'ils ont accomplies. Cette tragédie normande[2] s'inspire d'un événement des années 1553 relaté par le Père

---

[1] Nicolas-Chrétien Des Croix, *Les Portugais infortunés* (1608), acte IV, v. 1617. Edition de référence: A. Maynor Hardee, T.L.F., Droz, 1991.

[2] On mettra cette recherche en rapport avec celles menées parallèlement sur le théâtre du début du XVIIe siècle et qui donnent lieu à deux articles : Ch. Biet, « Le spectacle du sang, l'incapacité des rois et l'impuissance du public. Représentation de la

Maffei en 1588 (*Historiarum Indicarum*, livre XVI), et transforme le naufrage des Portugais, représenté en cinq actes, en «sujet de tragédie»: des Portugais naufragés sont soumis au sort qu'ils infligent généralement aux noirs (affamés, volés de leurs biens, de leurs armes et de leurs vêtements, enfin abandonnés dans le désert).

Les récits de voyages, «Histoires» et relations diverses nourrissent la littérature et le théâtre du temps, décrivent, de façon complexe, l'établissement de la domination occidentale en même temps qu'ils réfléchissent à l'élaboration d'un premier état du droit naturel. Des Croix, proche de Las Casas et surtout de Montaigne, compare les mœurs et les couleurs, met en parallèle les ruses des Occidentaux et les réactions des indigènes, représente la rencontre de deux continents, et fait état des peurs des uns et des autres (l'homme occidental, figuré dans cette tragédie, prend peur et tire en l'air pour effrayer les sauvages). Et dans cette découverte, parfois violente et parfois philosophique de l'Autre, le corps intervient lui aussi lorsque deux femmes se rencontrent et comparent la forme de leurs seins, puis, liées par un respect mutuel, échangent des dons.

### La diversité des seins et celle des hommes

Les seins des femmes sont incroyablement divers. C'est curieux, mais c'est ainsi. En 1608 ou en 1995, dans la tragédie française ou dans le roman américain, la surprise est la même. Melinde[3], la reine des Manicains, dans la tragédie de Des Croix, veut absolument tâter les seins d'Eleonor, la femme de Sose Sepulvede (le chef des Portugais), cela dès leur première rencontre. Cette demande curieuse les engage alors l'une et l'autre dans une discussion sur la pudeur, sur la nécessité de ne pas montrer sa nudité devant toute la cour, mais surtout, sur la diversité des apparences du corps féminin, et pour tout dire, sur la diversité des civilisations humaines.

> MELINDE
> Les femmes blanches ont petites les mamelles,
> Que je taste pour voir si vous les avez telles,
> En ce païs ici longues nous les avons,
> Mais les vostres encor plus belles nous treuvons.

---

souveraineté et spectacle violent dans les tragédies du tout premier XVIIe siècle : la tragédie de *Scédase* d'Alexandre Hardy » in *L'invraisemblance du pouvoir,* colloque de Swarthmore, 2002, éd. J.-V. Blanchard et H. Visentin, à paraître; et Ch. Biet, « Naissance sur l'échafaud, ou la tragédie du début du XVIIe siècle », in *Naissance et littérature*, éd. E. Méchoulan, Montréal, à paraître.

[3] Mélinde est aussi le nom d'un territoire au nord du Mozambique, près du territoire de Manique.

Je les voudrois bien voir.
ELEONOR
　　　　　Excusez-moi Madame,
Si ce n'est en secret, j'en aquerrois du blasme.
Comme en divers climats diverses sont les mœurs,
Tout de mesme les teints variez de couleurs;
Chacun est en pareil de grandeur différente,
De ce qui plaist à l'un, l'autre ne se contente.[4]

La question est alors de savoir à quoi correspond ce fait, et ce que cette réalité de diversité indique.

– Je m'y connais en nibards, c'est tout. Dit Sabbath, le narrateur du roman de Philip Roth. J'étudie les nibards depuis l'âge de treize ans. Et je ne crois pas qu'il existe un autre organe, ou partie du corps, où l'on puisse observer autant de variations dans la taille – les nibards de la femme sont les seuls.

– Ça je sais, répondit, Madeline, qui tout à coup, s'amusait vraiment et commençait à rire. Et pourquoi est-ce ainsi? Pourquoi Dieu a-t-il voulu pareille variété de taille pour les seins? N'est-ce pas étonnant? Il y a des femmes qui ont des seins dix fois plus gros que les miens. Ou plus même. Pas vrai?

– En effet, c'est vrai.

– Il y a des gens qui ont un grand nez, dit-elle. Moi j'ai un petit nez. Mais y a-t-il des gens qui ont le nez dix fois plus gros que le mien? Trois, fois, quatre fois, grand max. Je ne sais pas pourquoi Dieu a fait ça aux femmes.

– Cette variété, suggéra Sabbath, existe peut-être pour répondre à la satisfaction d'un large éventail de désirs, ce n'est pas impossible. Mais c'est vrai que, ajouta-t-il, en se remettant à réfléchir, les seins, comme vous les appelez, ne sont pas faits pour attirer les hommes – ils sont faits pour nourrir les enfants.

– Mais je ne crois pas que la taille ait un rapport avec la production de lait, dit Madeline. Non, ceci ne résout pas la question du *pourquoi* de ces énormes différences.

– C'est peut-être parce que Dieu n'a pas réussi à se décider. C'est souvent le cas.

– Est-ce que ce ne serait pas plus intéressant, demanda Madeline, si c'était le *nombre* de seins qui variait? Est-ce que ce ne serait pas plus

---

[4] Acte IV., v. 1609-1618.

intéressant? Vous me suivez – des femmes avec deux, d'autres avec six…[5]

«Peut-être que Dieu n'a pas réussi à se décider», peut-être aussi, comme on le lit chez Des Croix qui le tient de Montaigne, que «chacun est en pareil de grandeur différente» et que la diversité nous engage à reconnaître et à penser ces différences au nom d'une humanité qui les réunit: «C'est un contentement avoir la counoissance / Des mœurs de ceux qui sont sous une autre puissance» rappelle Melinde un peu plus tôt (v. 1285-1286) en se référant naturellement aux *Essais* (Livre III, «Des coches»). Peut-être que les hommes, si divers, apparemment si opposés, sont comme les seins, avec pour chaque communauté des formes, une apparence physique, une enveloppe, des mœurs, des coutumes, des goûts et des croyances particuliers.

Ainsi, lorsque, pour la première fois, un Pontife Manicain[6], doté, comme il est dit dans le texte, d'une voix particulière, d'une déclamation différente pour la représentation, et d'un costume exotique, rencontre une troupe d'hommes blancs, il recule, hésite sous la surprise, puis cherche à comprendre, à s'approprier le monde qui, soudain, devient si différent. Le Pontife trempe alors sa main dans l'eau pour toucher le visage des blancs et voir si ces hommes-là ne sont pas maquillés en blanc:

> Vos habits, vostre voix, et vostre poil aussi
> Sont asseurez tesmoins que vous n'estes d'ici,
> Outre, ceste blancheur, s'elle n'est d'artifice,
> De vos pays lointains est un certain indice,
> Aprochez-vous un peu que je voie si l'eau
> La pourroit effacer de dessus vostre peau.
> Elle ne s'en va point, je croy que la nature
> Vous aporte naissans cete blanche teinture. (acte I, v. 495-502).

De cette image forte, mise en action par le théâtre, et qui renverse le «barbouillage» carnavalesque avec lequel on représentait les noirs, s'ensuit une véritable *disputatio* sur la nature des hommes: cette noirceur est-elle due à une cause naturelle, au climat ou à une raison biblique? Les noirs l'ignorent et ne demandent qu'à en être avisés à la condition exprès qu'on ne se serve pas de ces explications pour les berner.

> PANTALEON
> D'Europe les climats temperement feconds
> Produisent comme nous hommes et femmes blonds,

---

[5] Philip Roth, *Le Théâtre de Sabbath*, (*Sabbath's theater* 1995), trad. Lazare Bitoun, Gallimard, 1997 II, pp. 413-414.

[6] Le Pontife et le Sérif sont produits à partir du modèle Sarrazin. Moncondez, le roi des Manicains est lui aussi formé à partir du même modèle.

De mesme qu'en Indie et la Zone rostie,
On en void de plombez, et de noirs en partie.
Mais sçavez-vous d'où vient vostre noire couleur?
Est-ce point du soleil la brulante chaleur,
Qui dessechant la peau la rend comme brulée,
Ou bien l'aridité de la terre hallée,
Ou bien que la semence, et le sang par trop cuit
Cause que vostre chair si noirement reluit?
Ou quelque'autre raison encor non aparente,
Ou de tous ces sujets la cause efficiente?
   PONTIFE
Nous ignorons cela, combien que quelquefois
Nous avons entendu qu'il est venu des rois
D'un estrange païs qui nous ont donné l'estre,
Dont on voioit la chair toute noire parestre.


   ANDRE
Quand les fils de Noé peuplèrent l'univers,
Le partageant entr'eux, en trois lots tous divers,
Sem, comme aisné, choisit la terre Orientalle,
Cham celle là du Sud, Japhet l'Occidentale:
Voilà comme de nous vous aprendrez comment
Pour estre descendus de Cham directement
Vous portez cette marque en vostre chair emprainte.
   PONTIFE
Pourveu qu'en vos discours il n'y ait point de feinte
Ce m'est un grand plaisir d'entendre tout ceci. (acte I, v. 503-527).

On comprend mieux pourquoi Des Croix insiste sur la méfiance du Pontife, aussi bien devant ses propres mythes que devant les informations délivrées par les Portugais. Car il est clair que cette marque noire biblique, invoquée par André et cette idée, développée par Pantaleon, que le sang et la peau des noirs sont «trop» cuits parce qu'ils sont soumis à des climats moins tempérés et moins féconds, tendent à faire des Cafres-Manicains des sous-hommes. S'ils admettent, selon les doctes explications des blancs, qu'ils sont maudits, comme Cham, ou trop cuits, comme la nature l'indique, ils se placent immédiatement dans un rapport défavorable vis-à-vis des blancs. Ainsi, dès la première rencontre entre les deux mondes, l'étonnement et la curiosité font place à l'interprétation, et l'interprétation renvoie au discours de la feinte et au rapport de force fondé sur des croyances, des opinions et une utilisation politique et pratique des sciences, des mythes et de la religion.

   Les Manicains sont d'autres hommes, avec d'autres coutumes, mais ils sont des hommes. Et ce sont deux sortes d'humanité qui vont entrer en relation, forcées par les circonstances. La tragédie notera donc leur altérité et leurs ressemblances. Les Portugais sont des Occidentaux, persuadés de leur supériorité, voire de leur seule humanité, mais ils ont besoin des Manicains pour survivre. Dès lors, les Portugais doivent composer, ruser, utiliser tous leurs atouts, des vieilles recettes (breloques contre subsistance) aux arguments sophistiqués (l'hospitalité comme valeur commune à tous), pour convaincre les Manicains de les laisser survivre. Inversement, les Manicains doivent apprendre les risques qu'ils encourent à faire preuve de bonté, d'hospitalité, voire de tolérance, ou à se mettre dans l'état de commercer, en connaissant les Portugais comme de véritables interlocuteurs. Mais cette re-connaissance de l'Autre Occidental d'un côté, et de l'Autre Manicain du point de vue des Portugais, peut-elle se faire en toute quiétude et sans danger puisque la rencontre s'élabore sur un rapport de force et de nécessité, et non point à partir de la simple volonté de se connaître?

## L'humanité sauvage

L'Afrique est ici un décor qui rend nécessaire le spectacle, les costumes surprenants, les danses exotiques, les emprunts à la pastorale – un genre que Des Croix connaît bien –, enfin les grandes scènes de combat cruel dont le public, et spécifiquement le public normand, est friand. Mais l'Afrique est aussi un lieu utile à la mise en place d'une réflexion, parce qu'elle permet un décentrement, voire un renversement des points de vue, à l'intérieur du dispositif dramaturgique de la tragédie, qui suppose qu'il y ait un affrontement et une représentation violente des contradictions. On peut alors voir, sur la scène même, plusieurs vérités contradictoires s'exercer: celles des Manicains, celles des Portugais, mais encore différents points de vue Manicains et Portugais à l'intérieur de chaque groupe.

L'échiquier tragique s'élabore. Il y a de beaux seins, mais il y en a de laids, et il y en a de médiocres. Il y a chez les Portugais les curieux, les honnêtes gens, les capitaines courageux, conscients des progrès scientifiques – André Vasco –, les philosophes gentilshommes humanistes gagnés par le néo-stoïcisme – Pantaleon –, les chefs de guerre pris par l'action, héritiers de leur nom, de leur passé coupable et des forfaits de leurs prédécesseurs, puis dépassés par les circonstances – Sose Sepulveda –, les femmes chrétiennes, vertueuses finalement martyres – Eléonor –, enfin les enfants, agneaux sacrifiés. Il y a chez les Manicains des courtisans – Tavar –, des Pontifes intéressés à connaître l'Autre comme à en recevoir ses dons, des lieutenants chefs d'armée, conseillers machiavéliques et violents dont la principale préoccupation est de préserver la terre et la liberté du royaume – Sérif –, des reines curieuses, envieuses, compatissantes et frivoles – Melinde –, enfin un roi puissant, soleil de son royaume, dévoué à son dieu Mosini, prudent, conscient des leçons de l'Histoire, capable d'entendre les uns et les autres avant de trancher, d'abandonner la clémence et la douceur pour agir en vengeur, recourir à la ruse et exercer la force – Mocondez.

Car ce texte ne pêche ni par idéalisme du sauvage, ni par éloge des chrétiens: les noirs, comme les blancs, sont bons *et* méchants, les attitudes des noirs étant une réplique fidèle de celle des blancs, si bien que les circonstances dans lesquelles le personnel tragique est pris devient l'image analogique d'une lutte entre Etats européens tant la ruse, la malice, la violence et le calcul d'intérêt sont communs aux uns et aux autres. Tout dépendra donc du lieu dans lequel se place la fiction et des circonstances — autrement dit du rapport de force qui régit l'intrigue. Et cette fois, la surprise viendra de ce que les noirs, étant plus à même de le faire compte tenu de la faiblesse des Portugais, calculeront mieux que les autres.

Voilà ce que, au moins dans un premier temps, la tragédie de Des Croix représente sur la scène, avec tous les gestes et toute la force du théâtre du début de ce siècle: la relativité des mœurs, à la manière de Montaigne, l'idée d'humanité commune à tous les hommes, mais aussi la sauvagerie de tous les hommes, la règle implacable du rapport de force, des jeux d'intérêt et la violence qui en dérive nécessairement. Ainsi, dans ce texte, la force s'empare des hommes sans que les femmes et les pontifes n'y puissent rien: les Manicains savent calculer leur guerre, jouer de la prudence et de la force, et les Occidentaux sont dépouillés. Nus, ils sortent de leur état, connaissent la honte, la mort de leurs enfants, l'horreur des bêtes sauvages pour enfin, en petit groupe de rescapés, partir pour une longue marche qui les mènera à Cefala.

*Les Portugaiz infortunés* est une tragédie publiée au tout début du siècle au moment où la France du roi Henri IV se lance dans un grand programme d'exploration de territoires ignorés (au Canada surtout) et où elle doit être confrontée à d'autres impérialismes préalables au sien. Il s'agit donc de prouver qu'au Canada, on ne fait pas ce que les Portugais et les Espagnols ont commis en Amérique, en Afrique ou en Inde. Qu'on n'agit par intérêt particulier, qu'on ne se pare pas des plumes de la religion pour asseoir une domination violente, qu'on ne réalise pas de grosses fortunes grâce aux corsaires, bref, qu'on va au Canada, et partout dans le monde, pour connaître d'autres territoires – et non pour les asservir – afin d'apporter en tout lieu la bonne doctrine évangélique. Ainsi, en dénonçant la colonisation portugaise, Des Croix vante les mérites de la colonisation au Canada en même temps qu'il met en garde contre de possibles excès français qu'on a malheureusement pu parfois constater. En effet, si l'on peut admettre que le Génie du Prologue, démon précipité «du haut Ciel» (v. 328), a de bonnes raisons de punir les Portugais grâce à ses pouvoirs limités que sont l'orage

et la tempête, si l'on peut accepter que l'Ange Raphaël, protecteur et gué-
risseur, mais aussi apocryphe selon les Protestants[7], ne puisse rien devant
la décision du maître du Cap, on doit enfin convenir que si, cette fois, la
vengeance, légitimement, triomphe, le temps viendra où les hommes, parce
qu'ils sauront mieux gouverner leurs vaisseaux et parce qu'ils auront été
punis, qu'ils seront repentants et contrits et qu'enfin ils seront meilleurs –
comme après le Déluge –, passeront outre à la puissance relative du Génie
et auront toute la légitimité requise, grâce à ce sacrifice, «pour aller pre-
scher en chacun lieu / De ce rond univers l'Evangile de Dieu» (v. 335-336).

### Le procès de Sepulveda, au nom de Las Casas et de Montaigne

Ainsi, en utilisant le prétexte de la relation de Maffei, Des Croix dépasse la question des Manicains et des Cafres pour faire le procès, par le
spectacle qu'il propose, de la domination portugaise et espagnole sur l'ensemble des territoires nouvellement conquis et sur leurs habitants.

Juan Ginès de Sepulveda est-il coupable d'inhumanité, et si oui, comment l'en punir? C'est, à travers la figuration d'un double de Sepulveda,
prénommé Sose, la question proposée par Des Croix: dans la double harangue du Génie du Cap de Bonne Espérance et de l'Ange Raphaël durant le
prologue, dans le débat entre les Portugais eux-mêmes pris dans la tempête
et soumis au marasme qui suit comme après un déluge inaugural, chez les
Manicains ensuite, et finalement dans la réponse terrible des Cafres,
conscients de l'histoire des sauvages et bien décidés, en hommes comme
les autres, à préserver leur liberté nationale par la violence. Dès lors, par le
jeu évangélique du sang, Sose Sepulvede subit la punition des représentants
de tous ceux que Sepulveda a torturés: faute de retomber sur le principal
responsable de la colonisation féroce (Sepulveda lui-même), le sang
retombe sur son ombre et son double, voire son *alias*, son sosie (Sose), sur
sa femme, ses enfants et tout son groupe. Car nommer Sose Sepulveda le
principal chef des Portugais de la tragédie n'est évidemment pas innocent:
Sepulveda (né vers 1490 – mort en 1573) est, dès le milieu du XVIe siècle,
l'emblème de l'impérialisme de la foi catholique.

Ce Cordouan, étudiant de Bologne, traducteur d'Aristote à la cour pon-
tificale, historiographe de Charles-Quint, précepteur de Philippe II d'Espagne, est le rédacteur d'une histoire de la découverte du Nouveau Monde.

---

[7] L'Ange Raphaël, l'un des trois grands anges de la tradition post-biblique catholique, n'apparaît en effet que dans le livre de Tobit, donné comme apocryphe par les
Protestants, et dans le livre d'Hénoch, qui n'est reconnu ni par les Protestants ni par les
catholiques. D'où ce curieux statut qui mine son pouvoir à l'orée de ce texte.

C'est lui qui, dans ses écrits, légitime les cruautés commises au nom de la foi, au nom du fait que les Indiens ne sont pas des hommes, sauf peut-être lorsqu'ils sont convertis. C'est à partir de ces présupposés que Sepulveda s'oppose à Bartolomé de Las Casas et qu'il élabore dans le *Democrates secundus sive Dialogus de justis causis belli* une proposition tendant à fonder un ordre mondial reposant sur un impérialisme de la foi chrétienne (et blanche, donc). Ce fut au point que les théologiens de Salamanque et d'Alcalà, consultés par le Conseil de Castille, émirent une réprobation et que son ouvrage, largement publié en Espagne, traduit en langue vulgaire, eut un énorme retentissement qui dépassa les frontières et donna lieu à une violente controverse.

Dès lors, un jury de théologiens se réunit en 1550 pour éclairer le Conseil de Indes et juger du cas. Le règlement du conflit qui opposait les thèses humanistes de Las Casas et celles, théologico-colonialistes, de Sepulveda se fera par l'intervention de Francisco de Vitoria au nom du christianisme et du respect de la souveraineté politique: sous réserve de conditions très définies, la colonisation pouvait être juste. C'était le premier point. Mais d'autre part, on devait rejeter, contrairement à la proposition de Sepulveda, l'idée d'un empire universel (la Chrétienté, mais aussi finalement l'Empire de Charles-Quint et de Philippe II) au profit d'un réel équilibre entre les nations souveraines. Ce que reconnaissait alors Vitoria, c'était donc le droit des nations indigènes à exercer leur souveraineté. Dans son *De Indii*, le théologien-juriste, en comparant les Indiens aux paysans des régions les plus reculées d'Europe, affirme ainsi qu'il faut évidemment éduquer les uns et les autres et tâcher de les convertir, et qu'il faut aussi considérer le droit du premier occupant, donc prendre acte du fait que les Indiens non seulement possédaient leur terre avant l'arrivée des Espagnols, mais avaient aussi mis en place une organisation sociale particulière et fort élaborée.

C'est pourquoi, lorsque Des Croix montre dans sa tragédie que les Manicains ont forgé une véritable organisation sociale et un Etat particulier avec un roi fort, des coutumes et même un droit criminel, il reprend une suite d'arguments majeurs, parfaitement identifiables, bien connus depuis plus d'un demi-siècle, qui viennent, de fait, s'inscrire contre ce que le nom de Sepulvede indique. Et même si ce Sepulvede-là n'est qu'un sosie de l'original, l'idée est évidemment de le sanctionner des fautes théoriques et pratiques du Sepulveda historique. Dès lors, il faudra que Sose convienne de ses torts, qu'il en soit puni, et qu'il en soit contrit avant de mourir. Cependant, si l'intrigue retrace la punition de Sepulveda à travers celle de Sose Sepulvede et de tout son peuple (Portugais et Espagnols compris), elle accuse formellement le rêve illégitime de l'empire universel agissant au nom de la foi chrétienne en l'assignant à l'intérêt et à la cupidité des catholiques de la péninsule et en montrant combien cette intrication a produit des conduites aussi intolérantes qu'inhumaines.

Et par un jeu de causes et d'effets, Des Croix a alors beau jeu de représenter comment la situation se retourne, en montrant que les conduites violentes des uns, puisqu'elles sont fondées sur l'intérêt et la cupidité et non sur une foi qui n'est qu'une apparence et un moyen pratique, peuvent être mises à profit par les autres au nom de leur liberté et de propre préservation d'une part, et pour leur plus grand profit de l'autre. C'est donc ici le monde politique et guerrier de ce que l'on appelé les Grandes Découvertes que Des Croix décrit en faisant porter l'essentiel de la responsabilité sur les Espagnols et les Portugais dans la détermination des causes. Toutefois, parce qu'il figure aussi sur la scène un peuple impitoyable, les Manicains, et pas le peuple pacifique et commerçant du roi Alagos, Des Croix indique parallèlement que les Cafres ne sont pas de bons sauvages, mais sont aussi sauvages que les chrétiens, tant l'homme, quelles que soient ses différences de mœurs et de couleur, est maudit.

Ainsi, le portrait de Mocondez dépasse largement les descriptions des histoires d'Afrique, les textes de Las Casas et les analyses de Vitoria pour s'ancrer sur la représentation de la figure d'un roi légitime, fort et prudent, tout en convenant que cette force et cette prudence, toutes entières dirigées vers la préservation de l'Etat, de la nation et de la liberté de ses peuples, est bien capable de mettre en place une dangereuse *métis*, une politique de ruse, de calcul et même de violence, si bien qu'à partir des Indes et de l'Afrique, Des Croix inscrit sa tragédie dans l'univers européen et vise à décrire tous les Etats, et l'état de l'humanité toute entière.

## L'humanité entière soumise à la Chute

Restera-t-il alors quelque chose d'autre que de l'horreur et de la Chute, une fois l'action punitive terminée et le sacrifice accompli? Y aura-t-il un possible espoir dans ce monde où ni les blancs ni les noirs ne sont véritablement justes et où les rois et les puissants sont nus ou revêtus d'oripeaux somptueux, ou encore parés de hauts-de-chausses qui cachent mal leur culpabilité, leur honte et leur damnation? Des Croix donne plusieurs pistes pour envisager quelques réponses: d'abord celle du sacrifice par la punition, qui amène à la conscience des fautes et à la contrition, mais aussi à la mort; ensuite celle du sacrifice des innocents au nom des coupables, motif christique de l'agneau pascal figuré par Eléonor et ses enfants – quoiqu'Eléonor elle-même ne soit pas à l'abri de toute culpabilité, puisqu'elle n'entend pas échanger sa montre contre rien et que le sang des enfants est marqué par la culpabilité de leur père –; celle aussi des philosophes humanistes d'une part, et néo-stoïciens, de l'autre, figurés par André, le capitaine éclairé et courageux, et Pantaléon, stoïque devant les maux et déterminé à poursuivre sa quête providentielle; celle enfin de l'autre roi africain, le mythique Alagos revendiqué par les meilleurs récits viatiques, que les Portugais n'ont pas voulu croire, et qui sait à la fois commercer et donner, faire acte d'humanité en pratiquant pleinement la relation de tout homme avec tout homme, comme Montaigne le prescrit, et faire preuve de charité.

Les Manicains, eux, se défendent et, avec les armes et les vertus légitimes et illégitimes des Portugais (la prudence, la liberté, la force, la ruse, l'apparence) s'emparent des tous les biens de leurs ennemis historiques pour s'enfermer à double-tour dans leur Etat, humain, trop humain. Après avoir posé, par les moyens du théâtre, la question historique et juridique du droit du premier occupant, après avoir représenté celle de la curiosité (faite de répulsion et d'attirance, de recul et d'approche consentie) et de l'appropriation[8], Des Croix permet aux supposés barbares de retourner le système (Le Sérif traite les Portugais de «race barbare»), de combattre au nom de leur liberté, voire de devenir le bras armé de la vengeance divine. Mais dans le même temps, il les condamne, non pour leur violence spécifique, ni pour leur barbarie extra-occidentale, mais pour le principe de violence calculée qu'ils ont en commun avec nous. Car le dépouillement, finalement, n'est ni plus ni moins cruel, et tout aussi scénique, que l'assassinat sanglant auquel les tragédies du temps sacrifient beaucoup: là est la seule originalité dans la vengeance, mais une originalité lourde de sens, sur laquelle je reviendrai.

Ainsi, quel que soit l'Autre, il relève, comme nous, de l'humanité, et comme nous, il est dans la Chute: bon et méchant, prudent et calculateur, pudique et vicieux, enfin, surtout, soumis aux fautes, à la Faute, qui désignent notre condition d'homme. Dès lors, est-il possible d'échapper à cette marque vicieuse, à cette Faute qui nous condamne tous? Les noirs ont beau avoir la naïveté impudique de leur état, ils n'en sont pas moins hommes et ne peuvent un instant échapper à ce qui *ne les distingue pas* des autres hommes. Car, si les seins et les humains ont des différences, tous sont les insignes du péché. D'ailleurs ces noirs, ces Manicains faits, chez Des Croix, de morceaux épars, à la fois africains, arabes et indiens, ne sont pas des hommes de nature puisqu'ils savent se vêtir, présenter, par leurs vêtements et leurs coutumes, des hiérarchies, puisqu'ils connaissent les manières de constituer des Etats, enfin parce qu'ils sont l'image de la nature

---

8 On se référera ici au superbe ouvrage de Stephen Greenblatt, *Ces merveilleuses possessions, Découverte et appropriation du Nouveau Monde au XVI<sup>e</sup> siècle*, [1991], trad. Franz Regnot, Les Belles Lettres, 1996; et à Tvetan Todorov, *La Conquête de l'Amérique. La question de l'autre*, Seuil, 1982.

de l'homme qui est d'être bon et méchant. Quant aux Portugais, ils ont beau croire en la vraie religion, vouloir le Bien, espérer la pitié, pratiquer la pudeur, ils sont à la fois redevables des fautes de leurs pairs et de leurs prédécesseurs, coupables de préjugés raciaux à l'égard des bons rois noirs, enfin soumis aux péchés d'orgueil, de cupidité, d'avarice, de colère ou d'envie.

Nul n'est donc épargné par la Chute, ni exclu de la Providence. Reste à savoir s'il est possible d'aller vers le Bien, en veillant à la bonté, en évitant d'objectaliser ou d'instrumentaliser les autres hommes, en comparant les coutumes sans sanctionner celles qui sont différentes, en ne recherchant pas l'intérêt particulier, le profit immédiat, comme l'ont malheureusement fait les Portugais, les Espagnols et leurs affidés pirates, pour aller vers une rencontre tolérante, au Canada par exemple. C'est peut-être ici ce que la tragédie peut indiquer et démontrer par l'absurde exemple de Sose Sepulveda et de sa pauvre cohorte. Sous la conduite d'un roi tolérant, juste, fort et prudent, les Jacques Cartier investis de leur mission sont peut-être capables de ne pas tomber dans les fautes de la colonisation cruelle et ainsi, de ne pas avoir à affronter la vengeance logique (plus que juste) des colonisés.

On pourrait ainsi donner l'image d'une infinie confiance dans le théâtre pour représenter la Faute, les erreurs et les péchés, les violences propres à tous les hommes, pour montrer combien il est nécessaire de les fuir en poussant le spectateur à l'exercice de la terreur et de la pitié, enfin pour suggérer qu'une autre voie est possible, loin des chemins coloniaux des Portugais et des Espagnols, mauvais chrétiens puis chrétiens convertis par l'expérience de leur propre défaite, loin aussi des calculs guerriers communs aux Européens et aux Manicains. Il serait ainsi légitime de croire en une Providence, et surtout à un règlement tolérant, politique et juste du monde.

### «Dieu a de l'aversion pour toute sorte de nudité du corps, [...] le démon en fait son plaisir et sa joie»[9]

Sorte de bilan du siècle précédent et de la fin des grandes découvertes, réquisitoire contre la domination portugaise et espagnole au profit de la politique coloniale française, ce texte est aussi un moment exceptionnel du

---

[9] Abbé Jacques Boileau, *Discours de l'abus des nudités de gorge divisé en deux parties*, 1677, rééd. Jérôme Million, texte présenté par Claude Louis-Combet, 1995, Première partie «Que les nudités de la gorge et des épaules sont blâmables et nuisibles», p. XXXVI.

théâtre dont ce seul article ne saurait épuiser les ressources. Il figure un monde étranger, exotique, pastoral où les noirs intéressent parce qu'ils parlent autrement, portent d'autres vêtements, évoquent d'autres coutumes. Il représente encore un prologue où un génie venu de l'épopée de Camoens[10], le Génie du Cap de Bonne Espérance, protège les Manicains et les Africains dans leur ensemble, renvoie l'ange Raphaël à son ambiguïté et à son illégitimité, enfin venge les Cafres des avanies qu'ils ont connues en envoyant une tempête qui punit les blancs et les réduit à la misère. Enfin et surtout, ce théâtre met en scène, durant 680 vers sur 2742, soit plus d'un quart du texte, des acteurs nus (on parla plus tard d'indécence, même si l'on mit en doute le fait que cette pièce ait été représentée[11]). L'étrangeté devient le corps tel qu'il apparaît radicalement nu sur la scène. Le corps blanc de l'acteur.

La terreur et la pitié, de toute évidence, ne sont pas les seuls ressorts de ce texte, ni de la représentation qu'il propose. Car si la punition des Portugais par les Manicains est bien claire, si elle fournit une leçon interprétable, d'autant plus évidente qu'elle est transcrite dans une longue suite élégiaque, relevée des plaintes d'une mère, de celles des jeunes enfants et des larmes d'un père, enfin commentées par des équipiers-philosophes, cette punition est aussi un incroyable tableau de la nudité. Un tableau qui constitue toute la fin de la tragédie. Le problème, en effet, est que le dépouillement des Portugais, des hommes, des enfants et des femmes, est représenté, ou, pour le moins, donné pour l'être. On connaît bien, en effet, la manière dont on représente les noirs nus, dans les ballets (ce genre de spectacle est d'ailleurs repris à l'acte II), et l'on verra, dans *le Sicilien ou l'amour peintre* de Molière, huit «Mores nus» danser dans la mascarade finale, au milieu des «Mores de qualité» et des «Mores à capot» (à capes). Barbouillage et sortes de pagnes sont là pour couvrir l'essentiel, et les comédiens (masculins) ne montrent que leurs bras, leurs jambes et une partie de leur torse peints. Mais ce que propose ici Des Croix est une tout autre chose, car il ne s'agit ni d'exotisme dansé, ni de mascarade.

L'originalité de la punition, et de cette tragédie, est donc que la nudité blanche apparaît sur le théâtre, ou est écrite pour apparaître (ou être imaginée, sur une scène possible, par le lecteur). Elle est d'ailleurs

---

[10] On ne s'étonnera pas des références portugaises et espagnoles de Nicolas-Chrétien des Croix lorsqu'on saura que la Normandie, et, en l'espèce, Rouen, publient, traduisent et jouent en grand nombre les œuvres de la littérature de la péninsule. Plus qu'aucune autre ville de théâtre, Rouen est, à cette époque, marquée par l'esthétique de la tragédie espagnole d'avant la *comedia*, et est habituée à lire et à apprécier l'horreur spectaculaire. De même, la grande épopée de Camoens, y est fort connue.

[11] Voir, pour les réactions du XVIIIᵉ siècle (et l'on notera que la pièce est encore lue alors), la préface de A. Maynor Hardee, T.L.F., Droz, 1991.

largement glosée tant par le discours que par les jeux de scène. Eléonor, s'enterrant dans le sable, à la manière d'un personnage de Samuel Beckett de *Oh! Les Beaux jours*, couvre ses seins de ses cheveux, telle les saintes martyres des tableaux espagnols et italiens, tandis qu'autour d'elle l'ensemble des comédiens (hommes, femmes et enfants) est censé jouer nu, se déplacer, et déclamer. L'extrême pudeur enterrée au beau milieu de la détresse extrême est alors scéniquement louée avant de laisser toute la place à une déchirante élégie:

SOSE
Ce dernier coup d'esclandre a rabaissé mon ame
Si fort qu'au desespoir presque je me reclame,
Car de salut nous est tout le moien osté
Puisque nous sommes reduits à telle extremité
Que n'avons pas de quoy couvrir nostre chair nuë,
Mais où est maintenant ma femme retenuë?

ANDRE
Ceste pauvre Princesse aboiant le cercueil
Tout confite en pleurs, en sanglots et en dueil,
Pour se voir toute nuë: et encor vergongneuse
Qu'aucun de nous la veist ainsi calamiteuse.
Jusques à la ceinture elle a voulu sa chair
Dans un monceau de sable honteusement cacher:
Et de sa chevelure, elle couvre le reste
De ce qui se peut voir du nombril à la teste,
Sa poitrine, son sein, ses épaules, ses bras,
C'est un spectacle encor pire que le trépas. (acte V, v. 2217-2232)

Eléonor devient le tableau souffrant de la pudeur et de la honte. Et, comme le dira plus tard l'Abbé Jacques Boileau «Selon la pensée de l'Apôtre saint Paul, Dieu n'a donné une longue chevelure aux filles et aux femmes qu'afin qu'elle leur servît d'un voile naturel pour couvrir leur gorge et leurs épaules; et que la nature même leur inspire un grand désir de conserver pour ce sujet la longueur de leurs cheveux, afin qu'elles aient toujours de quoi se voiler lorsqu'elles seront surprises par les regards de quelque curieux.» et l'Abbé citera, en note: «'La nature même ne vous en-seigne-t-elle pas qu'il serait honteux à un homme de laisser toujours croître ses cheveux; et qu'il est au contraire honorable à une femme de les laisser toujours croître parce qu'ils lui ont été donnés comme un voile qui la doit couvrir.' Saint Paul, *Première Epître aux Corinthiens*, 11, 14».[12]

---

[12] Abbé Jacques Boileau, *Discours de l'abus des nudités de gorge divisé en deux parties*, Seconde partie «Des vaines excuses des femmes qui ont la gorge et des épaules nues», LIX.

Voilà donc bien de quoi attirer la pitié, la ferveur et la compassion du public, ou des lecteurs, et produire un tableau de martyre, la représentation d'une sacrifiée qui connaît à sa manière la honte de la nudité telle qu'Eve l'a connue en sortant de l'Eden ou telle que l'ont endurée les femmes fortes de l'antiquité et les saintes les plus vertueuses. Voilà aussi de quoi mettre en scène l'image parlante et symbolique des blancs dénudés, perdus et sans armes, au sein d'une nature que les Cafres contrôlent, eux qui sont doublement vêtus de leurs propres costumes et des habits volés aux Portugais. Voilà de quoi édifier, donc, et faire réfléchir sur le retournement des conditions, sur le renversement des mondes, sur la punition des fautes et sur le rachat, voire sur la rédemption par la souffrance. On pourra enfin relever que le théâtre, avec tous ses artifices, induit chez le spectateur toute l'émotion nécessaire lorsqu'il montre l'ensevelissement du corps des enfants et d'Eléonor dans le sable, narre la dévoration de Sepulvede par une bête sauvage, ou fait sortir de scène les derniers rescapés citant *L'Exode* (16).

Mais, comme le dira encore l'Abbé Boileau, la «nudité plaît aux libertins et aux pécheurs, il n'en faut pas davantage pour conclure qu'elle excite au péché et qu'elle porte la marque et le caractère du libertinage»[13]. On aura beau faire, on aura beau dire, ces comédiens sont nus. Même en objectant que l'idée qu'on peut se faire de la nudité n'est pas la même en 1606 et en 1677, même si elle est probablement mieux tolérée, voire plus «innocente» sous le règne du roi Henri et sur les planches de Rouen qu'à Paris sous Louis XIV, même si elle n'est que proposée par le texte et peut-être juste bonne à être lue, elle est quand même là, infiniment présente, aveuglante pour quiconque lit la pièce, en 1608 comme en 2003. Car la réserve qui consisterait à dire que cette tragédie n'a jamais été jouée, ou qu'on n'a même jamais envisagé de le faire, ne tient pas devant le fait que ce texte est publié sous la forme du théâtre et que le lecteur doit *imaginer* une représentation précise des corps nus. On pourrait même ajouter que cette représentation imaginaire est au moins aussi forte que la représentation réelle puisque l'imagination, plus que la représentation scénique, donne à penser et permet au lecteur d'aller plus loin que le réel du plateau qu'on propose au spectateur de voir.

Représenter des martyrs, couper des seins, arracher des yeux, griller des corps, peut être un moyen de saisir le spectateur en le guidant vers la foi et la vertu. C'est en tout cas l'hypothèse qui prévaut en ce début de XVIIe siècle, et particulièrement dans le sud de l'Europe. Mais on sait aussi que de telles images ne sont pas sans danger, c'est d'ailleurs l'une des raisons pour lesquelles on les abandonnera dans les années 1640. Alors, lorsque la vue du sang, typique, voire systématique du théâtre du temps, laisse la

---

[13] Abbé Boileau, *op. cit.*, première partie, p. XXXII.

place à celle de la chair, même pitoyable, ne peut-on penser que l'intérêt qu'on trouve à voir les corps, ou à imaginer qu'on les voit lorsqu'on lit la pièce, donne lieu à d'autres passions que la terreur et la pitié et à d'autres plaisirs?

Là est bien le problème, d'autant qu'on ne voit pas des corps peints en noir durant tout le cinquième acte de cette tragédie, des corps peints de supposés Cafres qui pourraient filtrer le regard concupiscent des spectateurs-lecteurs en fournissant une sorte d'habillement à la monstration des corps nus. Ce que voit le spectateur, ce que se représente le lecteur par l'imagination, ce sont les corps blancs des acteurs – et des actrices nouvellement incluses dans les troupes –, sur la scène même: des corps nus, présents, proches, ce qui explique d'ailleurs le terrible désarroi d'Eléonor et sa souffrance.

Dès lors, le plaisir moral dévolu au théâtre et l'instruction qui y est attachée, généralement revendiqués par les auteurs, semble mise en danger – ou heureusement remplacée – par un plaisir d'un autre ordre, qui est celui du spectacle des corps: d'abord «sauvages» barbouillés et dansants, comme dans les pastorales (à l'acte II), ensuite parés de manière exotique, comme dans les ballets de cour, enfin, et là est le plus surprenant, nus et souffrants, mais aussi offerts aux regards, ou à l'imagination qu'on en a. Terriblement ou voluptueusement offerts? Il est difficile de trancher, mais on ne peut repousser l'une ou l'autre part de l'alternative tant ce coup de force scénique déplace les bornes du représentable.

Ainsi, comment échapper aux censures des religieux qui peignent le théâtre comme un lieu de débauche à la même période? Comment ne pas tomber sous les coups conjugués de l'Eglise de France et de l'autorité de Tertullien? Pour les zélés de la foi, le théâtre est bien, et restera durant tout le XVIIᵉ siècle, «l'asile et la forteresse de l'impureté; et s'il m'est permis de parler de la sorte, comme l'amphithéâtre et l'échafaud où l'innocence, l'honnêteté et la chasteté seraient immolées. Tant il est difficile que les hommes demeurent innocents parmi des femmes superbement vêtues et à demi-nues, et que les femmes conservent toute leur pureté dans la compagnie des jeunes gens qui s'étudient à leur plaire et qui les entretiennent librement de la violence de leur passion.»[14] On ajoutera à ce jugement que, si le lieu du théâtre pervertit en laissant les femmes se mettre demi-nues dans la salle et sur scène, une tragédie qui les dénude tout à fait, fût-elle simplement lue, ne peut qu'être vouée aux gémonies. Alors comment expliquer ce fait, cette pièce, et tous ces risques apparemment encourus, et qui feront ensuite l'étonnement scandalisé ou intéressé de la critique?

---

[14] Abbé Boileau, *op. cit.*, seconde partie, p. XXXVII.

## Le spectacle des corps, l'expérience de la nudité

On pourrait se détourner de cet effet scénique, et recouvrir d'un voile pudique ce théâtre de l'excès en le taxant d'archaïque, de baroque, voire de normand. «Hélas! encore un coup, si nous ne pouvons pas empêcher ces nudités, ne négligeons pas au moins de montrer que nous les désapprouvons en évitant de les regarder.»[15] Plutôt que de se scandaliser ou de se détourner d'un archaïsme, il semble qu'il faut ici reprendre l'ensemble de la tragédie à la lumière de cette incroyable représentation des corps.

Il semble qu'il faut aller un pas plus loin et se demander si Des Croix, montaignien jusqu'au bout, ne va pas, par le dispositif théâtral proprement dit, jusqu'à tenter de représenter l'humanité égale et voluptueuse sans perversion, pour le plaisir de voir les corps nus et d'en jouir par le spectacle. Autrement dit, d'imaginer un spectateur pétri de Montaigne. Nous le savons depuis le Livre II (chapitre XII) des *Essais*, la beauté du corps est relative: «il est vray semblable que nous ne sçavons guiere que c'est que la beauté en nature et en général, puisque à l'humaine et nostre beauté nous donnons tant de formes diverses.» Les longues mamelles des unes et les tétons ronds des autres plaisent à chacun et sont des normes pour chacun des pays, on l'a vu à l'acte IV. Certaines civilisations les montrent, d'autres pas, puisqu'elles ont inventé la pudeur et lu les bons auteurs. La question est alors de savoir si les vêtements sont portés par pudeur, comme nous le dit saint Paul et ses disciples, par peur du froid, ou pour paraître, comme on peut le concevoir presque partout. Or, pourquoi faudrait-il que le paraître soit un péché, ou que l'absence de pudeur soit un crime? Les débats sur les Topinambous, au XVIe siècle, montrent que la vergogne peut n'être pas conçue chez ceux qui n'ont aucune conscience du péché originel. Alors pourquoi ne pas chercher à montrer, ou proposer la mise en scène, de la nudité comme possible objet de représentation, naturel, humain, et détaché du péché qui la touche? Une nudité, pour le plaisir... Là est peut-être l'expérimentation la plus intéressante, la proposition la plus forte de Des Croix: une expérience – qu'on pourrait ainsi voir comme une tentative en actes d'un théâtre à proprement parler *humaniste* –, mais qui conclut pourtant à l'impossibilité de la chose. Expérience théâtrale infiniment déceptive donc, comme la tragédie qui la contient.

Reprenons. Dans cette tragédie, les uns et les autres, à des titres divers, savent que le vêtement est nécessaire et que rendre nu c'est punir. Les Manicains humilient les Portugais en leur infligeant un supplice physique (ils sont à la merci de la nature cruelle) et moral; les Portugais, humiliés, souffrent aussi de la nécessité qu'ils ont de ne pas être pudiques, qui n'est

---

15 Abbé Boileau, *op. cit.*, première partie, p. XIV.

jamais qu'une transcription de leur blessure morale. Les uns et les autres ont conscience du fait que la nature brute, dénudée et sauvage n'est pas leur fait puisqu'ils sont, les uns et les autres, dans un état de civilisation. Or c'est cette civilisation, ou la réalisation qu'ils en ont fait, qui les rend, ou les a rendus, barbares: les uns ont péché par orgueil et par cupidité, les autres pèchent par violence, par force et par intérêt, tout cela au nom de leur communauté propre, sans examiner la communauté des hommes. Dès lors, ne peut-on imaginer, en rompant avec ces croyances et ces pratiques, que la nudité peut être autre chose qu'un crime, un péché ou une punition?

Or, une fois l'expérience faite, Des Croix montre précisément qu'on ne le peut pas et que ces comédiens nus, propres à instiller la pitié et la compassion, éveillent aussi, forcément, l'intérêt et la concupiscence. C'est ce qui fait son coup de force, mais c'est aussi ce qui fait la force de sa démonstration en actes. On ne peut plus, après la conscience de la Chute et l'élaboration d'une civilisation, revenir à un état antérieur, celui des Topinambous, par exemple, où la nudité sans crime serait une évidence presque, si j'ose dire, pastorale. On ne peut pas proposer scéniquement un état de nudité *neutre* où les corps seraient présents et à même de figurer le bonheur comme le malheur, sans ambiguïté louche et voluptueuse. Si bien que l'intérêt du Vᵉ acte devient, de fait, aussi ambigu que possible: la nudité des corps interroge le spectateur sur sa vision, détruit en partie sa compassion et laisse filtrer sa concupiscence. Si les hommes et les femmes représentés sont pris par les fautes et par La Faute, les spectateurs aussi, parce qu'ils sont pris en compte dans ce grand spectacle de la nudité. Car, «Comment pourraient-[ils] unir l'innocence avec la nudité, puisque la nudité a été la première marque de la perte de l'innocence?»[16]

Ainsi, l'Afrique et ses Cafres, les Portugais et leurs péchés, ont permis à la fois de démontrer que l'humanité a des mœurs diverses, que certains pervertissent le monde plus que les autres, que d'autres peuvent tenter d'y résister, ou de créer ailleurs des schémas différents, mais aussi de dire que tous sont soumis à la Chute, blancs et noirs confondus, quelque conscience qu'ils en aient. Et les spectateurs, ou les lecteurs, qui pourraient se sentir exclus de cette observation, sont finalement pris dans cette démonstration puisque le spectacle leur indique combien leur supposée compassion, ou leur pitié larmoyante, ou même leur intention humaniste, donne aussi lieu à une jouissance coupable. Car leur imagination et leurs regards, dirigés sur corps nus des comédiens, les ont trahis.

---

[16] Abbé Boileau, *op. cit.*, Première partie, p. XLIV.

Peut-on alors envisager autre chose que les passions et le péché comme ressorts du théâtre? Peut-on imaginer que la tragédie dépasse la pitié, la compassion, la crainte, la fascination pour la souffrance et le plaisir de voir des corps nus, pour évoluer vers un espoir? L'ambigu Ange Raphaël, auquel on ne peut que prêter une foi toute relative, à la fin du prologue et Pantaléon, le Gentilhomme philosophe, à la fin de la pièce, se répondent pour indiquer le chemin. L'Ange, après avoir constaté que le Génie peut déplacer les ondes et les vents, affirme qu'il ne peut rien sur les âmes et que ce pouvoir, comme celui de n'importe quel Neptune, est limité auprès de la puissance de Dieu:

> Tu ne peux plus voler dans les celestes flames,
> Encor moins exercer ton pouvoir sur les ames.
> C'est pour les mariniers seulement menasser
> Qui malgré toy pourront en l'ocean passer.
> Ton Cap dorénavant sera libre passage
> Pour voir de l'ocean l'un et l'autre rivage,
> Et pour aller encor prescher en chacun lieu
> De ce rond univers l'Evangile de Dieu. (Fin du prologue, v. 329-336)

L'Homme, lui, exprime sa confiance en la Providence, à condition que les humains s'unissent et s'entraident:

> Pour le moins que chacun l'un l'autre se soulage,
> Dieu nous renforcera s'il luy plaist le courage. (Acte V., Derniers vers, 2741-2742)

Comme si, après la tempête et le déluge, après le naufrage, après le passage du fleuve Saint-Esprit – c'est ainsi qu'il est réellement et qu'il repris, non sans intention, par Des Croix dans sa tragédie –, une fois les combats passés, une fois la faute punie, une fois le sacrifice accompli, une fois que la terre des Africains a été nourrie du corps des Portugais, une nouvelle Union était possible sous le signe de la Providence et de l'Humanité. Une Union qui rejète la violence des passions, les calculs politiques, les oppositions sanglantes et tous ceux qui les exercent, afin qu'une route de paix soit enfin envisageable et mène au Salut de ceux qui restent. Les Cafres demeureront ainsi dans l'intérieur des terres et ne pourront participer à la Rédemption; quant aux corsaires et aux mauvais commerçants, ils devront céder le pas aux bons navigateurs, bons apôtres et bons évangélistes. Le chemin de l'Union est donc enfin tracé en cette année de grâce, 1608.

Les acteurs peuvent alors sortir de scène, et leur nudité peut échapper aux regards, et peut-être redevenir naturelle, neutre, et sans péché.

# «Travesti en un nouvel Adonis par ces dames cafres» Chenu de Laujardière saisi par l'intégration au corps africain

par

SYLVIE REQUEMORA

A l'autre bout du siècle, la quête semblerait retourner problématique-ment vers le mythe pastoral de l'âge d'or. La *Relation d'un voyage à la côte des Cafres* (1686-1689) de Guillaume Chenu de Laujardière, est le récit d'un protestant qui, à 14 ans, fuit la France et la révocation de l'Edit de Nantes pour rejoindre sa famille en Allemagne. Mais cette rencontre va être différée de quatre ans en raison d'un détour imprévu par l'Afrique du vaisseau anglais partant pour les Grandes Indes sur lequel l'auteur est ob-ligé d'embarquer. L'Afrique est alors avant tout un lieu décalé, une forme de palliatif à un lieu protestant. Le lieu du voyage est donc la Cafrerie, considérée comme une sorte de *no man's land* peuplé par des «fils de Caïn» diaboliquement noirs, territoire sans limites précises regroupant toute l'Afrique australe, depuis le Cap Nègre jusqu'au Cap de Bonne Espérance. M. El Annabi nous a déjà parlé des Cafres en développant les préjugés liés à leur représentation en citant Dos Santos: «rien de plus barbare que les Cafres» et D. Lanni a surenchéri par des citations encore plus explicites: peuple «dévoreur de tripes», femmes aux «amples tétasses», «couille unique pour mieux courir», *etc*. F. Lestringant et P. Carile, dans la préface de leur édition[17], ont montré que «le terme générique de *Cafres* ne désigne pas une ethnie particulière, encore moins un peuple ou une race, [il] est le produit du regard ethnocentrique des Arabes tout d'abord, des Portugais et des Hollandais ensuite, lesquels, abordant les contrées inhospitalières de l'Afrique méridionale, y étaient reçus le plus souvent à coups de pierres et de bâtons, quand ils n'étaient pas dévorés sur le champ». C'est ainsi que *Le Grand Dictionnaire historique* de Moréri rappelle que «ce mot de Cafre veut dire sans loi, et vient du mot *cafir* […], que les Arabes appliquent à

---

[17] Laujardière Guillaume Chenu de, *Relation d'un voyage à la côte des Cafres (1686-1689)*, Dugay Emmanuelle éd., Préface de Lestringant Frank et Carile Paolo, Avant-Propos de Moureau François, Paris, Les Editions de Paris-Max Chaleil, 1996, 99 p.

tous ceux qui nient l'unité d'un Dieu, et qu'on a donné aux habitants de ce pays, parce qu'on a cru qu'ils n'avaient ni princes, ni religion»[18]. Les Cafres semblent donc au départ être dans l'imaginaire du temps des «nieurs», définis par leur négativité de principe, et diabolisés, à la manière de ce Méphistophélès dont Goethe fera «celui qui toujours nie». Les véritables cafres sont en fait des pasteurs nomades appartenant à une tribu *Xhosa* ignorée par les Européens à l'époque.

Après avoir été massacré puis rescapé, Laujardière est inséré dans la tribu macosse, y séjourne plus d'une année et s'y intègre si bien qu'il s'en ira «les larmes aux yeux». Il s'engage alors pour trois ans au service de la Compagnie hollandaise des Indes en tant que matelot et c'est en Allemagne, environ quatre ans après son départ, entre 17 et 24 ans, qu'il rédigera son récit, lui et/ou un autre auteur inconnu à ce jour, et que ce récit ne sera retrouvé sous forme de manuscrit que bien plus tard. Quatre manuscrits existent actuellement de ce texte, dont le dernier vient d'être découvert en Pologne par Dominique Lanni. La première édition de cette relation est une traduction allemande en 1748, la première édition française date de 1921 et la plus récente a été publiée en 1996. Le texte semble parfois bien romanesque. Il présente nombre d'éléments appartenant au roman d'aventure: attaques de pirates, naufrage, famine en mer, rencontre et combat avec les «sauvages», idylle nègre, expéditions, trahisons, *etc.* Mais son authenticité a été confirmée par divers documents parus après la mort de Laujardière qui corroborent ses propos[19] et l'on sait que les règles du genre viatique reposent précisément sur cette alliance du plaisir et de l'instruction, et que la narration d'anecdotes romanesques légitime paradoxalement l'appartenance du récit au genre viatique, «genre métoyen» par définition[20].

Sorte de Télémaque africain, parcourant toute une série de rites d'initiation dans une société présentée comme innocente et obéissant à une structure patriarcale, Laujardière porte un regard sur sa tribu africaine qui tranche avec les regards négatifs des autres voyageurs en Afrique. Ouvert et curieux, il apprend la relativité et s'interroge sur cet

---

[18] Moreri, *Le Grand Dictionnaire historique, nouvelle et dernière édition*, Paris, Les Libraires associés, 1759, voir «Cafrerie» ou «Côte des Cafres».

[19] Voir la postface d'Emmanelle Dugay, éd. cit.

[20] Sur les règles du genre viatique, voir les travaux du Centre de Recherche sur la Littérature des Voyages présidé par François Moureau (www.crlv.org), les articles de Sophie Linon-Chipon, Normand Doiron, Frank Lestringant, ou encore ma thèse à paraître *Littérature et Voyage au XVII^e siècle: récits, romans, théâtre*, dirigée par Pierre Ronzeaud, Université de Provence.

autre mode de fonctionnement proprement inversé tout en renvoyant à certains mythes pastoraux de l'Age d'Or. La Cafrerie dans cette optique semble presque devenir une autre Bétique africaine...

Nous allons donc retrouver, à l'autre bout du siècle, les principaux axes de lectures que Ch. Biet vient de développer: un emblème du passé de l'Occident à la fois historique et mythique, un monde renversé, une interrogation sur la figure du Roi, une réflexion sur le droit naturel, la dimension pastorale, et la curiosité, menant à la relativité par le renversement de regards.

En effet, alors que la pièce propose un bilan des atrocités colonialistes du siècle passé tout en renvoyant à la situation à la même époque en Nouvelle France, et interroge le sens de la société des Africains, la relation renvoie une image positive de la Cafrerie, généralement diabolisée dans l'imaginaire collectif, au point d'en faire par certains aspects une société patriarcale à la manière des idéaux féneloniens. Deux regards vers l'amont envisagent ainsi l'Afrique comme un monde renversé: une France renversée par rapport à des modèles politiques remis en cause et une Afrique inversée par rapport aux images négatives habituelles.

## Rencontrer l'Afrique

Le premier contact entre Chenu de Laujardière et le Cafre est d'abord visuel, mais il doit, pour ne pas avorter, être aussi doublé d'un contact vocal. Néanmoins la voix ne découvre que l'altérité d'une autre voix, étrangère, gutturale et digne de curiosité mêlée de frayeur. De plus, dans le texte de Laujardière, le premier échange est burlesque en ce qu'il repose sur un décalage entre l'appréhension philosophique de la part des voyageurs et l'interprétation mercantile de l'indigène beaucoup plus pragmatique:

> nous vîmes six Nègres qui gardaient un grand troupeau de vaches. Dès qu'ils nous aperçurent, ils prirent la fuite, il y en eut pourtant un qui, plus courageux que les autres et rappelé par nos cris et par nos gestes suppliants, revint à nous. Nous tâchâmes de lui faire comprendre par nos signes notre nécessité. A cela il ne nous répondit qu'en nous présentant la main. Nous, qui prenions ceci pour un signe d'amitié, la lui serrions de tout notre cœur, mais ce n'était pas ce qu'il demandait. Nous le comprîmes enfin et lui mîmes dans la main qu'il nous tendait un morceau de cuivre. (pp. 34-35)

Le premier contact est donc propice à la première étude des us et coutumes autochtones, à savoir ici le troc, et plus loin les modes d'alimentation. Le troc permet par la suite à l'auteur de traiter le *topos* du mépris du

voyageur qui croit berner l'autochtone naïf en lui proposant un échange
qu'il estime à son avantage. Or le troc ne repose pas sur des objets qui ont
une valeur en soi mais sur l'estime que le donneur accorde à la chose donnée, il pose en fait le problème de la relativité des coutumes et des valeurs.
Le troc primitif des cafres se transformera en marchandage trompeur au
contact des Portugais. Les Cafres apprennent vite les vices des Européens
et Rousseau aurait vu là une confirmation de sa théorie sur la corruption de
l'homme originel par le contact de la société dite «civilisée»:

> Ces Nègres étaient autrefois de bonne foi et il faisait bon de troquer
> avec eux, mais le fréquent commerce qu'ils font avec les Portugais les
> a rendus fripons et artificieux. (p. 53)

Le rapport aux Portugais ne donne pas lieu à un renversement en forme
de miroir, comme dans la pièce, mais à une forme de mimétisme encore
plus néfaste.

Mais le troc est donc en fait estimé «bon» quand il est à l'avantage de
l'Européen, il n'y a pas ici de nostalgie d'une bonté cafre originelle. Lorsque le Cafre a compris l'autre principe du troc, celui de son interlocuteur, il
s'adapte vite aux nouvelles règles et semble finalement comprendre l'avantage qu'il peut tirer de cette relativité des mœurs, comme l'avait fait l'Européen lors de leur première rencontre. Finalement, ce texte exploite tous les
éléments de la découverte propre au récit de voyage, par une écriture de la
tension qui oscille sans cesse entre étonnement burlesque, mépris condes-
cendant et peur de l'accident dramatique. Le troc achevé, on revient au
*topos* de l'installation avec le dîner des voyageurs, interrompu par un motif
nouveau, qui va avoir une grave conséquence: le pot de terre.

> Mais, à peine avions-nous commencé à manger, que nous fûmes cruel-
> lement interrompus par un accident qu'il était impossible de prévoir.
> Le pot de terre en fut le malheureux sujet, la funeste occasion de la
> mort de mes camarades et peu s'en fallut de la mienne.

> La vieille femme qui nous l'avait donné, le voyant encore auprès du
> feu, après que nous en eûmes tiré la viande, s'étant avancée pour le re-
> prendre, notre pilote, jugeant qu'il nous pouvait être encore néces-
> saire, se leva promptement de table pour l'en empêcher. Cette femme
> le voyant approcher d'un air fort brusque en eut peur, et se mit à fuir
> avec le pot. Le pilote la suivit pour le ravoir en lui criant qu'il le
> voulait payer. Les Nègres cependant qui n'entendirent pas ce qu'il
> disait, croyant qu'il voulait faire violence à cette femme, se jetèrent en
> même temps sur nous et, sans nous donner le temps de prendre nos
> armes, ils nous chargèrent à coup de pierre, de lances et de bâtons
> avec une telle furie que, croyant l'éviter, nous fûmes obligés de nous
> jeter dans l'eau. (pp. 35-36)

Le pot de terre est donc ici une marmite de terre pour cuire la viande mais va vite devenir un motif de dispute et l'emblème de la pomme de discorde. De plus, outre la parabole testamentaire (*Siracide*, 13. 2), logique pour un protestant, ce motif pourrait aussi étrangement rappeler la fable de La Fontaine, «Le pot de terre et le pot de fer». Rappelons-nous des dix premiers vers:

> Le pot de fer proposa
> Au pot de terre un voyage.
> Celui-ci s'en excusa,
> Disant qu'il ferait que sage
> De garder le coin du feu,
> Car il lui fallait si peu,
> Si peu, que la moindre chose
> De son débris serait cause:
> Il n'en reviendrait morceau. (*Fables*, livre V, 2.)

La morale est alors «Ne nous associons qu'avecque nos égaux» Dans cette fable, nous avons la problématique même des voyageurs qui se mêlent à un peuple étranger. L'association ici échoue tragiquement.

Ainsi la spécificité de ce texte réside dans l'absence de description physique et d'animalisation de l'Autre. L'autre est appelé aussitôt «Nègre» et n'est pas précisé. Le premier contact est un contact gestuel plus que visuel. L'accent est porté sur la différence des comportements et des coutumes, et donc sur le choc culturel. Lorsque la mésentente sera levée, la communication sera plus heureuse. Et pourtant nous n'avons en fait pas là de préjugé ni de description animalisée comme c'est souvent le cas. Chenu de Laujardière pose un regard neuf qui tranche avec les habituels *a priori* condescendants des voyageurs.

### Reconsidérer les normes

Les relations de voyages ont en commun de penser l'humanité selon des canons culturels occidentaux. Mais dans le récit de Chenu de Laujardière, un passage caractéristique peut sembler intéressant pour étudier cette originale «révolution sociologique», «ce pivotement du regard par lequel l'observé prend tout à coup la place de l'observateur»[21], et les implications idéologiques et esthétiques que ce pivotement implique. Il s'agit d'une anecdote galante comique où l'auteur conte sur un ton très ironique sa rencontre avec les filles du roi macosse qui l'hébergent. Voici le texte:

---

[21] Paolo Carile et Franck Lestrignant, Préface, *op. cit.*, p. 13

[...] je vis cinq femmes qui s[e] baignaient. Dès qu'elles m'aperçurent, craignant que ce ne fut quelque autre ou que je ne fusse accompagné, elles coururent à leur peau et s'en couvrirent avec promptitude. Mais alors qu'elles me reconnurent et qu'elles me virent seul, elles les laissèrent et se jetèrent sur moi. Elles m'eurent bientôt dessaisi de la mienne, ma ceinture fut mise en pièces. Enfin elles me mirent aussi bien qu'elles dans le même état que l'on dépeint nos premiers parents. Après cela, elles me firent mille caresses, me reprochèrent d'avoir abandonné leur habitation, me louèrent sur ma beauté, vantèrent mon teint qui approchait très fort du leur, mes yeux si joliment enfoncés dans la tête, mon petit nez retroussé, ma bouche si bien fendue et mes lèvres si relevées qui sympathisaient tant avec les leurs. Elles ajoutèrent que, pour peu que mes cheveux fussent un peu plus crêpés, il n'y aurait pas un Macosse aussi joli que moi, que j'étais bien plus beau que ces autres Blancs avec leur couleur jaune et leurs cheveux blonds; en un mot, je me vis bientôt travesti en un nouvel Adonis par ces dames cafres. Mais elles n'étaient pas des Vénus pour moi. Je faisais cependant ce que je pouvais pour m'arracher de leurs mains. En voyant qu'elles ne voulaient pas me rendre ma peau, je courus aux leurs, en pris une et me mis à courir de toute ma force vers leur habitation. Je rencontrai à quelques pas de là une des femmes du roi qui, me voyant cette peau sur les épaules, me demanda où je l'avais prise. Je lui contai toute mon aventure. Elle me défendit d'en parler à personne et me dit de lui rendre cette peau, et que je me donnasse bien garde de paraître ainsi devant le roi, qu'elle m'en voulait donner une autre, et que je l'attendisse dans le même endroit.

Elle me laissa en même temps et m'en apporta bientôt une autre toute neuve qu'elle avait préparée pour un de ses fils. Pour peu que l'on eusse eu d'envie, cette aventure aurait pu avoir de plus grandes suites, car depuis cela, le roi commença à me faire plus de caresses qu'à l'ordinaire et proposa un jour de me marier avec la plus jeune de ses filles. Je crus d'abord qu'il se moquait de moi; depuis je connus que c'était sérieusement qu'il m'avait fait cette proposition, car il m'en parla depuis fort souvent, de sorte qu'il n'a tenu qu'à moi de me voir gendre de Sa Majesté Macossienne. (pp. 51-52).

Au-delà de l'aspect comique de l'anecdote, le texte semble renverser des notions esthétiques, aussi bien que des *topoi* picturaux et littéraires, en développant une forme de théorie de la relativité appliquée à la notion esthétique du Beau, en parodiant des tableaux tels que *Suzanne et les Vieillards* ou *Vénus au bain*, et en réactivant le cliché – lafontainien depuis *Les Amours de Psyché et Cupidon* – de la curiosité féminine, ou du dit «péché d'Eve»... L'usage qui est fait ici de ce *topos* occidental permet une critique de la femme qui dépasse le seul espace exotique pour faire un écho caricatural à la femme occidentale, mais en l'appliquant à cet autre *topos* de l'Africaine délurée si présent dans les récits de voyages. Le motif, devenu exotique, peut outrer les vices cachés des femmes en général et faire plus d'effet. Par ailleurs, l'usage habile du style indirect, qui provoque ce comique de comparaison et de situation, permet un décalage burlesque quand le compliment des Macosses est traduit en termes mythologiques occidentaux par l'auteur. L'alliance entre les canons esthétiques africains et européens, référant à deux cultures fondamentalement différentes permet au lecteur de mettre à distance par le rire ses propres canons et d'envisager toute leur relativité. De plus, le motif de la peau comme symbole sexuel, à la fois peau de bête symbolisant les instincts primitifs de l'homme et vêtement africain signe de civilisation malgré tout, fait converger deux langages opposés de l'amour: trophée de l'amant dans le langage cafre, simple couverture de protection pour le narrateur qui provoque le rire par sa méconnaissance des signes cafres. Le motif de l'objet compromettant, qui, comme dans une comédie (voir plus tard le ruban dans *Le Mariage de Figaro*), passe de main en main, trouve son aboutissement dans la peau vierge masculine qui est rendue au narrateur par la femme du roi à la fin... Des «caresses» sensuelles des filles du roi aux «caresses» plus diplomatiques du roi, Laujardière a appris la relativité des coutumes et des normes esthétiques.

### Intégrer l'Afrique

Le problème de l'intégration du voyageur à la communauté étrangère, est diversement traité selon les auteurs. Chez Chenu de Laujardière, elle se fait tant au niveau individuel qu'au niveau social et culturel grâce au traitement polysémique du thème du combat.[22] En l'espace de deux pages très révélatrices, nous avons la juxtaposition de deux mouvements très différents: à l'aventure personnelle narrant une rixe enfantine chez le «père nourricier» qu'est l'hôte du voyageur, succède un discours général sur les us et coutumes étrangères, et plus spécifiquement sur la guerre entre tribus cafres, qui semblerait n'avoir aucun lien direct avec la page précédente. Le fils du roi perce la jambe du voyageur avec un javelot, le voyageur riposte en l'assommant, le roi punit alors son fils en faveur du voyageur avant d'amener son peuple à la guerre contre une autre tribu. Le récit passe donc de la narration d'une anecdote à un discours guerrier. Mais le lien entre les deux est en fait le thème de la bataille, une bataille enfantine d'une part, et un combat de peuplades de l'autre. Au niveau personnel comme au niveau général, un combat est mené. Tout se passe en fait comme si la bataille entre les fils, le légitime et l'adopté, préfigurait le combat entre les

---

[22] *Op. cit.*, pp. 41-44.

Macosses et les Maquenasses, la tribu ennemie. Les points communs sont nombreux: au «javelot» vengeur de l'enfant font écho les arcs et les flèches des combattants, à la «colère» du voyageur contre son «frère» correspond le «dépit» qu'il éprouve contre les Maquenasses, sa jambe percée renvoie aux blessures de guerre, le coup de javelot est doublé par la flèche qu'il reçoit au bras, à l'alliance des frères contre lui correspond la rencontre entre les deux armées, à la lâcheté de l'enfant font écho les flèches empoisonnées, etc. Ce transfert du particulier au général pourrait en fait servir à signifier que l'expérience du voyageur est un combat à mener contre l'Afrique – aussi bien l'autre terre que l'autre peuple –, et que c'est au sein de ce combat que se fait son intégration et son assimilation à cet autre monde. Mais cette société ne peut pas se caractériser par une altérité sauvage radicale, sous peine d'englober le voyageur dans cette sauvagerie. Le peuple Macosse est donc un peuple cafre d'exception. Alors que «tous les Cafres en général passent pour être fort grossiers et brutaux, [c]eux parmi lesquels [le voyageur demeure] le sont beaucoup moins que les autres. Ils sont généralement bien faits, grands et dispos.» Ces cafres-là font donc figure d'exception, et leur guerre contre les Maquenasses apparaît ainsi comme une guerre contre un peuple primitif, instinctif et peu évolué, c'est-à-dire contre l'éthnotype même de l'Africain méprisé par les Européens. L'intégration du voyageur à la tribu est aussi une appropriation de la notion cafre pour la distinguer des représentations monstrueuses. Le but du voyageur est de valoriser le peuple Macosse qui sort grandi et civilisé de cette confrontation où il vainc la force grâce à la ruse et à l'intelligence capable d'exploiter les éléments climatiques[23]. Mais si le combat sert à sublimer le peuple Macosse, Chenu de Laujardière ne fait pas pour autant une apologie utopique. Le voyageur «soupir[e] après [s]on retour en Europe»:

> La vie que je menais commençait à m'être insupportable. Enfin, après avoir demeuré un an entier parmi ces peuples, Dieu eut pitié de moi et m'en retira. (p. 52)

Le peuple Macosse n'est pas le prétexte à une utopie destinée à servir de modèle aux Européens. Le grand massacre général qui est fait lors du conflit est un des exemples des outrances d'un peuple extrême, qui ne peut que faire peur à une société française policée, où la juste mesure est la règle:

---

[23] «Leurs flèches trop légères étaient emportées par le vent, au lieu que les nôtres, qui ne servaient que de sagaies – c'est une espèce de dard, d'un bois fort dur et fort pesant –, ne lançaient pas un coup en vain.» Chenu de Laujardière, *op. cit.*, p. 44.

On ne prit point de prisonniers, tout fut massacré, femmes et enfants,
on ne fit quartier à personne. (p. 44)

Le rythme ternaire de la phrase, parfaitement équilibré (8/5+5/8), où
alternent les allitérations dures (occlusives bi-labiales sourdes [p], constrictives labio-dentales sourdes [f], constrictives vélaires sonores [r]), marque
avec insistance un martèlement obsessionnel et l'intransigeance d'une
société encore trop sauvage pour les Européens.

### Interroger l'Europe *via* l'Afrique

La terre des Macosses n'est donc pas *in fine* une Bétique fénelonienne,
et pourtant, on peut bien y réfléchir à la figure royale et au système
patriarcal. En effet, le lien entre la rixe familiale et le combat tribal réside
dans la figure du père qui est aussi roi. La figure du roi comme père ou du
père comme roi de sa famille entraîne le fait que le voyageur recueilli
comme un fils soit aussi sujet. Du fils au sujet, divers rôles sont joués par le
voyageur pour réussir son intégration et le combat le fait passer d'un statut
à l'autre: la rixe enfantine le fait passer du statut d'hôte à celui de fils préféré, la guerre le transforme de sujet passif en héros devenu un sujet riche
et notable dans la tribu. Le combat personnel et civil permet donc à l'auteur
d'exploiter des figures polysémiques, véritables emblèmes de la transfor-
mation du statut du voyageur: étranger souffrant, il devient héros célébré
par la famille et la cité, à travers le père et le roi, représentant la grandeur
du peuple Macosse. Lier la famille et la cité par leur mode de fonctionnement revient à démontrer que le peuple cafre Macosse est un peuple
patriarcal qui renvoie au mythe du peuple primitif paisible et bon dans une
sorte d'Age d'Or de l'ordre conservateur. C'est un des *leitmotivs* des *Aventures de Télémaque* de Fénelon, et en tous cas un des modèles de roi vanté
auprès de Louis XIV à la même époque. On aboutit alors au paradoxe d'un
état du droit de nature et du droit du plus fort servant de miroir renversé à
certains modèles politiques en vigueur alors en France.

De même, une réflexion générale sur l'exercice de la justice chez un
peuple à l'origine réputé sans lois est suscitée notamment par le spectacle
du supplice infligé à une empoisonneuse attachée nue sur le sol en plein
soleil, exposée à une armée de fourmis lui entrant par tous les orifices du
corps:

Ils ne reconnaissent point de seconde vie. Ils s'imaginent qu'ils
seraient immortels, s'ils n'étaient point tués et empoisonnés, c'est
pourquoi ils appréhendent extrêmement les empoisonnements et
punissent fort sévèrement ceux qu'ils croient coupables de ce crime.

Ils les appellent Goïka, du même nom que ces peuples avec qui ils
sont toujours en guerre et contre lesquels ils ont une haine irré-
conciliable.

Voici le supplice que j'ai vu exercer sur une femme qui fut accusée
d'avoir empoisonné un homme qui mourut en notre nègrerie.
Premièrement, ils firent deux trous en terre, ensuite ils couchèrent
cette femme sur son dos, lui mirent les deux bras dans ces deux trous,
jusque par-dessus le coude, et les remplirent avec de la terre et des
pierres afin qu'elle ne les pût retirer. Ils lui écartèrent ensuite les
jambes autant qu'ils purent et les lièrent à deux pieux plantés en terre
à une distance l'un de l'autre et, après lui avoir donné trente coups de
bâtons, ils lui jetèrent une quantité prodigieuse de petites fourmis
noires et extrêmement piquantes dans la bouche, dans les yeux, le nez
et les oreilles, et lui en couvrirent tout le reste du corps. On la laissa
dans cet état, toute nue et exposée à la plus grande ardeur du soleil,
depuis le matin jusqu'au soir qu'on la détacha. Mais le lendemain, ils
recommencèrent à la tourmenter et son supplice ne finit qu'avec sa vie
qui dura encore trois mois.

Quoiqu'on ne puisse pas dire que les Macosses vivent sous un régime
de lois, ils ne laissent pourtant guère de crimes impunis. Les peines
sont arbitraires au roi. Le vol surtout n'est pas pardonné, à la réserve
de celui du cuivre ou du fer, car, comme l'un et l'autre sont fort rares
et aussi précieux que le sont parmi nous les diamants et les perles, ils
pardonnent à une tentation trop forte pour eux pour y pouvoir résister.
Mais si quelqu'un dérobe un bœuf ou un mouton, on le fait mourir
irrémissiblement, parce que la tentation n'est plus si grande par
l'abondance qu'ils en ont. Ils n'attribuent plus le larcin à la faiblesse
de la nature, mais au méchant naturel du voleur. (pp. 49-50).

Dans ce dernier paragraphe, contrairement à ce qu'indique la note d'E.
Dugay[24], Laujardière ne remarque pas l'inexistence d'un système de lois, il
voit bien qu'il y a un minimum de lois pénales et que les crimes sont punis.
Le problème est qu'il n'y a pas de constitution d'un corps de lois comme
en Europe et que, du coup, la loi est réduite à sa plus simple expression: s'il
y a crime, il faut qu'il soit puni, or, dans cette civilisation très simple et très
réduite, le seul personnage capable de dire la loi, c'est le roi. Dans les
sociétés occidentales, il y a des relais, le roi est représenté par la justice et
les magistrats, mais en réalité, c'est toujours la loi du roi qui passe (le roi
peut intervenir dans n'importe quelle affaire pénale, ou civile, à tout moment). Donc si le crime est majeur, il est normalement puni en fonction de
la société réduite et sans échelons, sans non plus de théorisation et de fixa-
tion d'une échelle des peines: on n'a ici que l'arbitraire du roi, normal en

---

24 Note 52 p. 71, *op. cit.*

France, moins évident chez les protestants. Certains ethnologues notent l'existence chez les cafres d'un conseil d'anciens chargés d'assister le roi qui ne pouvait pas prononcer de sentences arbitraires. On pourrait en fait reconnaître là un mode d'exercice de la justice protestante à la manière de Gryphius: punir revient à punir la mauvaise nature. En ce qui concerne les vols – faute moins importante dans l'échelle des infractions – on distingue normalement les vols graves et les vols mineurs, or ici l'évaluation est inversée: voler de l'or ou son équivalent est moins grave que voler un bœuf. Il s'agit là d'une réflexion protestante (voire aussi janséniste) car qui vole ce qui n'a pas besoin d'être volé, est considéré comme vraiment mauvais. Autrement dit, l'atténuation de la faute par les circonstances vient de la constatation de la nature de l'individu concerné: s'il vole sans en avoir la nécessité impérieuse, il est vraiment méprisable. Mais cette nécessité est aussi due à l'envie et au fait que ce qui est volé a beaucoup de valeur, donc à la tentation. Plus la tentation est grande, plus la faute est excusable, plus la tentation n'a pas lieu d'être, plus elle est condamnable. On voit donc comment Laujardière met l'accent sur le lien entre les cafres et les protestants, dans la logique de sa démonstration.

La structure du texte en triptyque, qui reprend les traditionnelles trois étapes de tout récit de voyage (aller-séjour-retour), prend elle aussi un sens démonstratif. Le texte, encadré, permet ainsi un parallèle plus ou moins implicite entre les prétendus vrais civilisés et les sauvages: la violence des combats en mer contre les pirates que subit le voyageur avant et après avoir été délivré des cafres renvoie à la violence des tribus africaines. Après avoir joyeusement fendu la tête d'un jésuite venu le sauver, par réflexe vengeur après les persécutions jésuites, Laujardière trébuche avec son pied dans le ventre ouvert d'un cadavre qui se révèle être le capitaine du vaisseau. Ainsi, d'une certaine façon, «la dignité conquise du sauvage» est encadrée par «l'ample démonstration de l'indignité du civilisé, dont la mort rencontre l'indifférence», comme l'écrivent F. Lestringant et P. Carile.[25]

> La division se mit entre nous, chacun accusait l'autre; des accusations on en vint aux coups de poings, aux coups de bouts de corde et, enfin, des bouts de corde aux couteaux. Ce n'était point parti contre parti, tout était divisé. Quand l'un était relâché des mains de son camarade, un autre le reprenait et recommençait un nouveau combat avec lui. Chacun frappait à tort et à travers sans considérer où les coups tombaient. Jamais on n'a vu une telle confusion ni un si grand bruit. (pp. 57-58).

---

[25] *Op. cit.*, p. 14.

Alcool, pillage, loi du plus fort, guerre civile entre camarades, c'est la zizanie qui l'emporte. La structure du texte démontre donc l'inversion en proposant une vision de civilisés «ensauvagés».

Relation en forme de roman de formation, comportant diverses épreuves conçues comme étapes de l'initiation à la personnalité adulte et le retour au point de départ, ce récit, bien sûr, a l'originalité de ne contenir «aucun souci de moraliser» et «aucune contrainte normative»[26], de rester véritablement ouvert et d'annoncer l'optimisme pseudo-naïf de Candide. Mais il marque bien des liens avec le protestantisme. C'est ce qui permet peut-être à Laujardière de travailler sur l'inversion des perspectives et les notions de relativité et d'altérité, tout en proposant une narration viatique authentique.

Au total, nous avons donc vu que chez Des Croix, les cafres sont aussi sauvages que les Chrétiens, ici, à l'autre bout du siècle nous voyons que les Protestants sont aussi sauvages que les Cafres, qu'ils n'ont pas plus de lois lorsqu'ils sont à bord de ce microcosme confiné qu'est le vaisseau. Le cafre, étymologiquement sans loi ni religion, n'est alors plus celui qu'on croit... La nudité et le spectacle des corps révèlent en fait une mise à nu relativiste des préjugés et coutumes européennes, une mise à nu de la condition pécheresse de l'homme, quelle que soit sa couleur.

---

[26] F. Moreau, *op. cit.*, p. 19.

# Apulée l'Africain revisité par le Grand Siècle ou les filles légitimes de Psyché

par

ALIA BACCAR BOURNAZ

La profession de foi des classiques est, doit-on le rappeler, l'imitation des Anciens sur lesquels il convient d'avoir les yeux fixés. Auteurs, œuvres, héros et lieux gréco-latins ont été des modèles fort prisés par l'ensemble des écrivains français du Grand Siècle. Un coup d'œil sur *A History of french dramatic literature in the seventeenth century* de H. C.Lancaster[1] nous indique d'emblée la place de choix occupée par les latins africains et leur cité de prédilection, Carthage: Apulée, Tertullien, St Cyprien, St Augustin, Fulgence, ainsi que ses héros: Didon, Amilcar, Asdrubal, Annibal, Scipion, Massinissa, Syphax, Sophonisbe, Jughurta, tous ont, de toute évidence, fasciné les lettres et les Arts du XVIIᵉ siècle français.

Un seul exemple parmi tant d'autre me permettra de démontrer le rayonnement de l'Afrique romaine dans l'imaginaire occidental, je citerai celui d'Apulée dont la renommée fut telle que ses concitoyens lui élevèrent de son vivant, deux statues à Carthage et dont le chef-d'œuvre, *Les Métamorphoses* ou *L'Ane d'or* est l'un des premiers romans de l'humanité.[2] Le récit abrite un conte narrant les épreuves endurées par Psyché, pour atteindre le bonheur éternel.

Il n'est pas question ici de procéder à une étude suivie des incidences de ce mythe sur les écrits du XVIIᵉ siècle, ni d'établir entre eux des parallélismes: le temps qui m'est imparti ne le permettant pas. Mais je me propose, dans le cadre de cette rencontre, de dépoussiérer l'image d'Apulée l'Africain, de découvrir le joyau contenu dans son œuvre et de prendre

---

[1] Henry Carrington. Lancaster *A History of french dramatic literature in the seventeenth century*, Johns Hopkins Press, Baltimore, Les Belles Lettres, 1929-1942, 9 vol. (Part V RECAPITULATION, 1610-1700).

[2] Méjid el Houssi, «Apulée, la création aventureuse», in *Actes du colloque Les Racines du texte maghrébin*, Faculté des Lettres Manouba, Editions CERES, Tunis 1997, pp. 151-160.

connaissance des modifications que cette fable a connues tout au long du XVII$^e$ siècle.

Ce berbère numide aux cheveux bouclés est né en 124 dans la vallée de la Medjerda, plus précisément à Mdaourouch, Madaure, à 40 km au sud-est de Souk Ahras, en Algérie. C'est là que Lucius Apuleius entame son éducation jusqu'à l'âge de 16 ans. Il poursuit ensuite ses études latines à Carthage où il apprend la rhétorique puis se rend en Grèce où il s'initie à la philosophie de Platon[3]. Son esprit curieux l'emmène aussi à visiter une partie de l'Asie-Mineure. Après avoir plaidé aux barreaux de Rome, il finit par revenir, à la mort de son père, à sa terre natale qu'il présente en ces termes dans *Apologies*:

> Quant à ma patrie, vous avez rappelé d'après mes propres droits, d'après mes propres écrits, qu'elle était située sur les limites mêmes de la Numidie et de la Gétulie. J'ai déclaré en effet dans une conférence publique [...] que j'étais demi-numide et demi gétule...

> Cela ne veut pas dire que je rougirais de ma patrie, même si nous étions encore dans la ville de Syphax. Mais après la défaite de ce prince, la faveur du peuple romain nous fit passer sous la domination du roi Massinissa; plus tard notre cité fut fondée à nouveau par l'établissement de vétérans; et nous sommes maintenant une colonie florissante... (XXIV, 29)

D'une débordante activité, se partageant entre diverses fonctions médecin, avocat, philosophe, bibliothécaire mais aussi député au Conseil, il peut ainsi donner libre cours à son éloquence qui fut légendaire. Un séjour en Oéa, en Tripoli, lui permet d'épouser une riche veuve Pudentilla; ses proches intentent un procès à Apulée l'accusant de cupidité et d'avoir contraint la jeune femme au mariage, en usant de magie. Peut-être les talismans qu'il portait sur lui ont-ils éveillé leur méfiance! Cet incident ne ternira pas ses jours qu'il achèvera à Carthage, auréolé de gloire, vers 180.

Son œuvre est à l'image de sa curiosité et de sa soif de culture. Il lègue à la postérité des écrits philosophique, rhétorique et romanesque.

*Les Métamorphoses* ou *Asinus aureus* retiendra notre attention. Cette oeuvre fut rédigée par Apulée à Carthage à l'âge mûr, c'est à dire en l'an 161[4]; il semble s'être inspiré de l'œuvre grecque *L'Ane* (l'*Oxos*) attribuée à Lucien. *L'Ane d'Or* est un roman picaresque narrant en onze livres les aventures vécues par un jeune Grec, Lucius, transformé en âne, à l'aide

---

[3] Ammar Mahjoubi, *Villes et structures urbaines de la province romaine d'Afrique*, Centre de Publications Universitaires, Tunis 2000.

[4] Indication donnée par Pierre Grimal dans son Introduction des « Métamorphoses», in *Romans grecs et latins*, Gallimard, Bibliothèque de La Pléiade, Paris 1958, p. 142.

d'un onguent magique, dérobé à son hôtesse la sorcière Pamphile. Au terme de ces aventures qui ont pour cadre la Grèce du II$^e$siècle, l'âne Lucius, las de sa condition d'animal, implore l'aide divine pour que cesse son calvaire. Ce qui fut fait grâce à l'intervention de la déesse Isis. Le roman recourt au procédé technique de l'enchâssement permettant à l'auteur d'imbriquer au récit initial une foule d'anecdotes, d'histoires et de péripéties. Ces histoires fabuleuses sont agencées avec art: trois histoires de brigands (IV), trois contes galants (IX), trois cas de crimes monstrueux (IX et X).

Une digression, du milieu des Livres IV et VI, est consacrée au conte de *Psyché*, entièrement crée par Apulée.[5] Permettrez-moi d'en rappeler les grandes lignes.

Princesse d'une incomparable beauté, Psyché attire à sa porte une foule de prétendants; offensée, Vénus demande à son fils Cupidon de la rendre amoureuse du

> dernier des hommes, un homme maudit par le Sort et dans son rang, et dans sa fortune, et dans sa personne même, et si vil que, par le monde entier, l'on ne puisse trouver un être qui l'égale en misère. (Liv. IV, p. 220). [6]

Mais à sa vue, Cupidon en tombe éperdument amoureux et décide de l'épouser, à l'insu de sa mère. Pour garder son anonymat, il demande à Apollon d'envoyer au roi, père de Psyché, un oracle le sommant de parer sa fille pour le mariage et de l'exposer dans sa robe nuptiale sur un rocher isolé où un démon viendrait l'emporter:

> un monstre cruel, féroce et serpentin, qui vole sur des ailes, plus haut que l'éther, et qui bouleverse tout, s'en prend à chacun, par le feu et le fer, fait trembler Jupiter même, terrifie tous les dieux et frappe de terreur les fleuves et les ténèbres du styx.[7] (p. 221)

En fait de monstre, c'est Zéphyr qui est chargé d'enlever Psyché et de la transporter dans une vallée inconnue où se dresse un merveilleux palais. La nuit tombée, elle est rejointe par Cupidon. Il lui déclare qu'il est son époux

---

[5] «C'est apparemment la première mise en forme littéraire d'archétypes folkloriques répandus un peu partout autour de l'interdit et de sa transgression, de la belle et du monstre» écrit Madeleine Bertaud, «Echos platoniciens dans quelques discours sur l'amour, Urfé, Apulée, La Fontaine», in *Colloquim Helvéticum*, «Eros et Littérature», Fribourg,2000, 31, p. 135.

[6] Les citations de «Les Métamorphoses» d'Apulée renvoient à l'édition de Pierre Grimal, *op.cit.* du (Liv.IV/28, Liv. V, au Liv.VI/24).

[7] Apulée, «Les Métamorphoses», *op. cit.*, p. 221.

et qu'elle sera la plus heureuse des femmes si elle s'abstient de vouloir
connaître son identité et son visage;sa désobéissance entraînerait des conséquences graves sur leur couple. Psyché accepte ces conditions et connaît le
bonheur auprès de ce mystérieux compagnon, jusqu'au jour où, lors d'une
visite, ses sœurs jalouses du bonheur et du luxe dans lequel se prélasse la
jeune femme finissent par découvrir son mystère et la poussent à surprendre son époux. Elle s'exécute mais en contemplant à la lueur d'une
lanterne Cupidon endormi, Psyché est si émue par sa beauté, qu'elle laisse
tomber une goutte d'huile brûlante sur son épaule, le jeune homme se
réveille en sursaut. Comprenant que Psyché l'a trahi, Cupidon s'envole.

C'est alors que commencent les épreuves de Psyché. Désespérée, la
jeune femme le cherche en vain et ne trouve aucune aide même de la part
de Junon et de Cérès qui refusent de porter secours à l'ennemie d'une
déesse.

Psyché se rend alors au palais de Vénus qui en fait son esclave et lui
impose d'innombrables travaux impossibles à accomplir. Grâce à l'aide des
dieux, elle arrive à surmonter ces épreuves aussi dangereuses et difficiles
les unes que les autres, jusqu'au jour où ouvrant le flacon rempli d'une
crème de beauté adressé à Vénus, elle se retrouve dans l'antichambre de la
mort, submergée par un sommeil profond…

Pendant ce temps, Cupidon regrettant son épouse, intercède auprès de
Jupiter pour lui venir en aide et sauver leur couple. Le dieu des dieux y
consent; Cupidon retrouve ainsi Psyché endormie dans le passage menant
au séjour des morts et la ramène à la vie. Leur mariage est scellé par tous
les dieux. Vénus oublie sa colère tandis que Jupiter en tendant à Psyché une
coupe d'ambroisie, la rend immortelle.

Pour Apulée, cet ancêtre de Madaure, ce platonicien venu de Numidie à
Rome, le mythe est à interpréter symboliquement il est, selon l'étymologie
grecque «psukê», la personnification de l'âme et son aspiration vers
l'idéal.Comme le précise Madeleine Bertaud:

> C'est une allégorie du parcours initiatique de l'âme, tel que Platon
> l'avait exposé […] l'âme exilée de son premier séjour, souffrante, doit
> se purifier afin de pouvoir rejoindre le monde des essences.[8]

En effet, par la descente aux enfers de l'héroïne puis sa délivrance, Apulée
veut nous montrer que souvent en ce monde nous sombrons dans un abîme
de peines d'où nous sortons à la fin, agrandis: théories du bien, du beau, du
vrai et de l'épuration par la connaissance et la vertu, l'universelle bonté
finale des dieux éclairent la fable d'une lueur de mysticisme.

---

[8] Madeleine Bertaud, *op. cit.*, p. 136.

Un conte ayant une telle composition:chute, expiation, réhabilitation et déployant une telle prolifération de dieux et de déesses, de magie et de surnaturel d'amour et de tendresse, ne pouvait que séduire le XVII$^e$ siècle. Cette profusion de merveilleux, palais enchantés, Néréides, Tritons, colombes domestiques tirant le char de Vénus, tout était là pour enchanter et séduire la haute société, friande de mythologie et de contes galants.

En effet, un recensement d'oeuvres, déjà effectué par Henry Le Maître en 1939 dans *Essai sur le mythe de Psyché dans la littérature française*[9] révèle l'intérêt porté au conte d'Apulée qui fut traduit en français par J. Montlyard en 1612.

Le XVII$^e$ siècle français est généralement situé entre la mort d'Henri IV en 1610 et celle de Louis XIV en 1715. Mais nous allons nous permettre d'aller en deçà car le texte que Psyché a inspiré est, précise H. Le Maître, une

> pièce allégorique traitée d'une manière assez peu décente par Louvan Géliot en 1599:*Psiché,* fable morale en 5 actes...C'est une scène hardie mettant en scène l'âme humaine tiraillée par ses 5 sens et détournée par Dieu. (p. 61)

En 1600, P.Poulet Sieur de Chatillon écrit un roman mystique *Les Amours spirituels de Psyché* où l'héroïne incarne l'âme chrétienne. Il fut réédité à Paris en 1606 et 1608.

En 1608, paraît à Rouen, *L'Innocente descouverte*, tragi-comédie, écrite par Jean Auvray et republié en 1628 en appendice du *Banquet des Muses*. Auvray reprend en cinq actes la tradition antique et la remanie; pour innover, il modifie la dimension tragique donnée par Apulée et lui adjoint un caractère comique en créant le personnage d'un valet.[10]

Scipion de Grammont présente le *Ballet de la Reyne, tiré de la fable de Psiché*, dansé en 1619 dans une salle du Louvre. A son sujet, Georges Couton précise:

---

[9] Henry Le Maître, *Essai sur le mythe de Psyché dans la littérature française, des origines à 1890* Imp. de Persau-Beaumont, 1939.

[10] Daniela Dalla Valle a attiré mon attention sur cette pièce à laquelle elle a consacré une étude«Apuleio in tragicomedia:L'Innocence descouverte di Jean Auvray» in *Il Confronto Letterario*, Universitadi Pavia, Anno IX, n.18, novembre 1992, Schena editore.

avec déjà Vénus sur son char tout doré tiré par deux grands cygnes chevauchés par deux petits amours; avec des entrées dansées par les adorateurs de Psyché ou par les dieux marins.[11]

L'influence italienne y est manifeste:en effet, décorations raffinées et créations artistiques donnent plus de lustre encore au conte d'Apulée

Appelé par Marie de Médicis, Giambatista Marino présente en 1623, *L'Adone* poème lyrique, épopée en 20 chants séparés ayant chacun un titre et au centre desquels est la *Novelleta* de Psyché. Marino versifie le texte d'Apulée et lui laisse sa forme de conte émouvant, surnaturel, sans aucune portée morale. Cette œuvre met en vogue en France l'image de Psyché, héroïne de conte de fées à connotation symbolique.

J. Puget de la Serre publie une année plus tard à Paris un roman prolixe, enrichi de figures *Les Amours des Dieux, de Cupidon et de Psiché*. C'est un hymne à la beauté féminine qui suit fidèlement le conte d'Apulée. L'auteur ajoute de longues descriptions et l'achève dans une atmosphère de féerie. Romanesque et morale ponctuent le récit où le style baroque s'épanouit dans toute sa splendeur.

A La Rochelle, en 1628, un manuscrit inédit de 255 pages assimile Psyché à l'âme humaine: *Les flames de Psiché*. C'est une suite de méditations sur l'amour divin. Ce livre protestant utilise la Bible et des principes de la philosophie scolastique. «Il n'est qu'un pâle témoin dans les aventures littéraires de la *Psyché* antique» écrit H. Le Maître (p. 80).

Quelques trente années plus tard, Benserade compose le *Ballet royal de Psyché ou,de la peinture de l'Amour* dansé par sa Majesté Louis XIV, le 16 et le 17 janvier 1656.Il met en scène en une Première partie

le palais de l'Amour, les merveilles de l'Amour, Psyché suivie des amants célèbres de la littérature, l'Amour domptant les dieux, les insensés, les Amazones même et Marc-Antoine dominé par Cléôpatre.[12]

Ainsi, la vogue de la danse et de la musique remettent à la mode le mythe de Psyché. Pour Benserade, il est «fait exprès pour le genre du ballet et pour la cour spirituelle et galante de 1656.»[13]

Cette œuvre est un triomphe qui met Psyché au goût du jour. Ne contenant aucune préoccupation morale,la fable devient un divertissement, conforme au goût précieux.

---

[11] Georges Couton, *Molière Œuvres complètes*, Gallimard, La Pléiade, Tome II, p. 793.

[12] *Ibid.*

[13] Henry Le Maître, *op. cit.*, p. 85.

Nous le savons, ce mouvement opte pour les sujets mythologiques donnant une place centrale à la grâce féminine; le rôle croissant des salons dans la vie de société s'empare de l'histoire de Psyché qui fut souvent souvent représentée, on peut rappeler à titre d'exemple:

– *Galerie de Psyché*, fresque peinte par Michel Corneille, à l'Hôtel Amelot de Bisseuil(1657-1660),
– *Apothéose de Psyché*, plafond de Le Brun pour l'hôtel de l'abbé La Rivière, évêque de Langres (aujourd'hui Musée Carnavalet),
– *Amour de Psyché* figure dans le volume *Cabinet de Monsieur de Scudéry*,
– Psyché est aussi représentée dans une des tapisseries des Gobelins effectuée sous la direction de Le Brun....

Comme nous le voyons, les représentations sont diverses. De ce point de vue, il y aurait une très intéressante recherche iconographique à effectuer qui n'entre pas dans le cadre de ma recherche aujourd'hui. Mais je ne peux résister à la tentation de mentionner les trois tableaux de Claude Gellée dit Le Lorrain:

– *Paysage avec le père de Psyché sacrifiant au temple d'Apollon* (1663),
– *Paysage avec Psyché et le palais de l'amour* (1664),
– *Paysage avec Psyché sauvée du suicide* (1665).

Une autre trace de la fable d'Apulée se retrouve dans un genre différent qui s'impose par son originalité en 1666.Il s'agit d'un manuscrit *Psyche Gemmea* de Jean Chifflet, Chanoine de Besançon qui cherche «à comprendre l'antiquité à la lumière de sa foi chrétienne» précise Henry Le Maître. La famille de Chifflet possédait une riche collections de bijoux antiques se rapportant à l'Amour et Psyché et dont elle tira des gravures étayées par des commentaires en latin. L'objet de cette étude est de tirer, en quatorze chapitres, des enseignements moraux; Henry Le Maître ajoute:

> Ils ont un caractère évident [...] le monogramme du Christ est sur le bouclier de l'Amour:l'Amour céleste pourvu de très longues ailes, terrasse Cupidon dépouillé [...]. L'idée générale est l'âme humaine aux prises avec l'amour sous toutes ses formes. Il reconstitue à l'aide des pierres gravées une histoire de Psyché plus ample, d'une transposition allégorique plus complète que les épisodes conservées par Apulée. (p. 88)

Trois ans après cette production insolite, La Fontaine écrit un roman prosodié *Les Amours de Psyché et de Cupidon*. Il adopte le plan de l'auteur africain «Presque toutes inventions sont d'Apulée, j'entends les principales et les meilleures» avoue-t-il dans sa Préface. En effet, il ne s'éloigne pas du récit initial: il prête les mêmes plaintes à Vénus que celles relevées dans *L'Ane d'or*,mais avec une touche «lafontainienne», la déesse est surtout vexée à l'idée de pouvoir être grand-mère.

> Je me suis regardée tôt ce matin, mais il ne m'a point semblé que j'eusse encore l'air d'une aïeule.[14]

il destine également à la princesse

> un monstre cruel qui déchire les cœurs [...] un empoisonneur, [...] un incendiaire.

de même, elle ne voit jamais son amant; ils ne se rencontrent que la nuit ou dans le fond d'une grotte obscure; pareillement c'est Vénus qui impose des travaux à la jeune femme...

Cependant, La Fontaine prend des libertés qui conviennent à sa personnalité. Il mêle à l'histoire de Psyché, la description de Versailles qu'il nous fait découvrir grâce aux promenades de quatre amis dans les majestueuses allées du château. Le thème est abordé différemment: relâchement des mœurs et insistance sur l'incompatibilité de l'amour et du mariage. L'atmosphère esthétique est également autre,telle la visite dans l'antre du Sommeil et l'enchantement qui imprime ses visions merveilleuses dans l'imagination donnent cette fois au poète l'occasion d'une transposition toute personnelle. L'approche mystique est elle aussi abordée autrement: ainsi après sa deuxième tentation, Psyché prend l'apparence d'une more à la peau noire et bien que d'apparence laide, elle exerce la même attirance sur son époux qu'elle retrouve à la fin de ses épreuves. La Fontaine a voulu montrer par là que la beauté loin d'être extérieure est, bien au contraire, toute intérieure. D'autre part, son récit non dénué d'humour projette en imagination des apparitions merveilleuses: décors, actions et personnages doués de sentiments hors du commun.

En 1671, Louis XIV demande à Molière de donner une pièce à grand spectacle lors du Carnaval qui devait se dérouler, en grande pompe.Comme nous l'avons mentionné plus haut, le mythe de Psyché étant alors en vogue, Molière décide de le mettre sur scène et en brosse le plan, il a «réglé la

---

[14] Pierre Clarac, *Jean de La Fontaine, Œuvres complètes*, Gallimard, Bibliothèque de La Pléiade,1958, tome II, p. 236.

disposition où il s'est s'attaché aux beautés et à la pompe du spectacle»[15].
Pour respecter les délais, il fait appel à Quinault pour écrire les paroles
mises en musique par Lulli, et à Corneille pour mettre en vers le mythe de
Psyché, à l'exception du Prologue, de l'acte I et de la scène 1 de l'Acte II.

Le 17 janvier 1671, les regards éblouis de la cour, peuvent enfin découvrir dans la grande salle des machines du Palais des Tuileries, la première représentation de *Psyché*[16]. Le succès en fut retentissant.

Composée en 5 actes, la pièce est précédée d'un Prologue et entrecoupée par des intermèdes entre chaque acte pour permettre les changements de décor, les insertions de chants, de ballets et de récits; ainsi, à la
dernière scène de l'Acte V, viennent les récits d'Apollon, Bacchus, Mome,
Mars, muses et les quatre ballets pour célébrer l'apothéose de Psyché et ses
noces avec l'Amour.

Molière opère des modifications profondes à la donnée romanesque
pour l'adapter au théâtre. Les genres narratifs et dramatiques ont bien sûr
des moyens d'expression très différents et des lois qui leurs sont propres.
L'évolution dramatique est certes la même. Mais, il choisit de poser
d'emblée le nœud de l'action. En effet, le Prologue nous plonge dans une
atmosphère féerique avec «la descente en terre» de Vénus précédée de
«divinités, chœurs, hymne à l'amour et ballets». Ses premières paroles
sont:

> Psyché, Psyché la belle, aujourd'hui tient ma place;
> Déjà tout l'univers s'empresse à l'adorer, (vers 47-48)
>
> Mais j'en aurai la vengeance (vers 90)

L'accent est ensuite mis sur le moteur de l'action: la jalousie des deux
sœurs qui se manifeste tout au long de la pièce. Un messager de l'oracle
annonce que la jeune fille sera exposée sur un rocher où elle doit être dé-
vorée par un monstre. C'est l'occasion pour Corneille de souligner les valeurs morales de la jeune fille et sa grandeur d'âme. Ensuite, Psyché est
représentée aux Enfers et nous apprenons, grâce à son monologue, son état
d'esclave au service de Vénus et les pénibles travaux que la déesse lui
impose.

Néanmoins, Corneille n'oublie pas d'adapter le mythe au public mondain; c'est ainsi qu'il choisit une rhétorique galante, il prend le temps de
placer des discussions portant sur la casuistique précieuse (I, sc. 3), de développer et de multiplier les tendres scènes d'amour entre Psyché et Cupidon et de décrire avec subtilité les différentes manifestations de l'Amour.

---

[15] *J. de La Fontatine, Œuvres complètes*, Avis au Lecteur, *op. cit.*

[16] *Psiché, tragédie-ballet*, par J.B. Molière, Paris 1671.

En effet, Cupidon occupe un rôle plus important que dans la fable; il apparaît aux yeux de Psyché sous des traits humains mais ne lui révèle pas son identité et disparaît lorsqu'elle lui arrache son secret; c'est lui qui vole à son secours pour l'aider à arriver à bout des épreuves qu'elle endure, c'est lui qui tente de la réveiller et s'insurge contre la cruauté de sa mère qu'il affronte, c'est lui enfin qui intercède auprès de Jupiter pour sauver Psyché.

Proche de l'opéra, cette tragédie-ballet est un grandiose divertissement où raffinement, pompe, magnificence, prouesses scéniques et lyrisme sont déployés dans le but d'émerveiller le Roi Soleil et ses courtisans.

Ce succès pousse Lulli à en tirer un opéra *Psiché tragédie lyrique*.[17] Il élague le texte de ses prédécesseurs pour donner une place de choix à sa composition musicale et fait appel à Thomas Corneille et à Fontenelle pour réécrire les quelques scènes maintenues. Cet opéra est représenté avec quasiment les mêmes décors, le 19 avril 1678 dans la salle du Palais-Royal et ne connaît aucun succès; il est réimprimé dans les recueils de l'Opéra en 1726.

En 1680, Chapelle, libertin et célibataire endurci, écrit un récit en prose, *Voyage d'Encausse* qui ne sera publié qu'en 1854 et dans lequel est inséré au début, une nouvelle en trois cents vers *Les divorces de l'Amour et de l'Hyménée*. Elle illustre la théorie de la possibilité de vivre heureux en dehors des liens du mariage.

Pour les 20 années suivantes, H.C.Lancaster mentionne *Les Amours de Psiché et de Cupidon,* en 1695,de Barante Ignace de Brugière, puis *La Psyché de village* de Martial Guérin, en 1705, *L'Ane d'or* de Compain de Saint-Martin, 1707 et *La nouvelle Psiché,* 1711 de Madame\*\*\*, tous éclipsés par le regain de faveur de la Psyché de 1671.


En somme, dramaturges, romanciers, poètes et artistes ont puisé dans le riche vivier légué par Apulée dans son conte *Psyché* qu'ils ont transcrit avec aisance et liberté.

Ils est incontestable qu'ils perpétuent, dans le traitement du sujet, des pensées et expressions traditionnelles et conventionnelles, tels l'apport mythologique, la typologie des aventures de Psyché ainsi que leur symbolique. Et de ce point de vue, la Grand Siècle est largement débiteur d'Apulée l'Africain.

Néanmoins, une empreinte propre au XVII$^e$ siècle est venue se greffer sur ce sous-bassement culturel qui a engendré un thème littéraire aux multiples facettes et usages; les auteurs l'ont remodelé selon les lois de chaque

---

17 Lulli, Thomas Corneille, Fontenelle, *Psiché,* tragédie lyrique aux frais de l'Ac. Roy. De Musique, Paris 1678, (réed. En 1688,1703,1713).

genre, selon leur personnalité et selon leur époque: précieux, libertins, épicuriens, mystiques, esthètes, tous y ont trouvé leur compte. Du baroque au
classicisme, du roman à la nouvelle, de la tragi-comédie à la tragédie et à la
comédie, du ballet à l'opéra, sa grande diversité a permis de renouveler et
d'en user à des fins diverses. En témoigne le cortège merveilleux des filles
légitimes de Psyché.

# VII. Clôture du colloque

# En guise de conclusion

par

## ALIA BACCAR BOURNAZ

La 7e rencontre du CIR17 vient de s'achever, à l'Hôtel Abou-Nawas El Mechtel, dans ma bonne ville de Tunis, terre d'Afrique.

Elle nous a permis d'explorer le vieux continent, «terre des merveilles et des miracles» (Mohamed Rahmouni). De riches communications nous ont fait voyager de l'Afrique du Sud à l'Afrique du Nord en passant par Madagascar, Ethiopie, Egypte, Monomatopa, Angola, Mozambique, Mauritanie... Il est apparu que certaines de ces terres ont d'avantage inspiré la plume des écrivains étudiés. Il s'agit de l'Egypte pharaonique, du Nil et du Maghreb antique et barbaresque. L'Afrique Noire, quant à elle, est présente en filigrane (Sonia Gadhoum, Alain Niderst, Guy Spielmann) elle est considérée comme un «pays diabolique ou comme réservoir d'esclaves» (Christian Biet et Sylvie Requemora). De ce fait, «elle est la terre des hommes qu'on utilise» ( Sergio Poli ).

Nos vingt-neuf orateurs ont brossé une fresque humaine saisissante: Egyptiens, Carthaginois, Romains, Juifs, Arabes, Morisques, Barbaresques, Hottentots, Cafres... et Maures, ceux-ci étant considérés tantôt comme ennemis (Sonia Gadhoum), tantôt comme «personnes de qualité» (Mariette Cuénin-Lieber). Ils ont restauré l'image des enfants d'Afrique: Cléôpatre, Didon, Sophonisbe, Asdrubal, Syphax, Apulée, S'Augustin, Albumazar, Hassen Ezzayati dit Léon l'Africain. Ils ont aussi brossé le portrait de «ces êtres du bout du monde» que les voyageurs «inventent ou fantasment» (Dominique Lanni).

Ils ont mentionné les différents aspects mystiques de l'Afrique, berceau de croyances inconnues, doublées de fanatisme et de sorcellerie (Mohamed Bouattour, Marcelle Leopzzi).

Ils ont reconstitué la mosaïque animale africaine (éléphants, chameaux, lions, crocodiles, et oiseaux divers) sans oublier le bestiaire fantastique, avec «le topoï convenu des crocodiles mangeurs d'hommes» (Jean Michel Racault), des monstres marins et des dragons...

La flore n'a pas manqué de marquer cette rencontre d'une empreinte originale puisque tout un échantillonnage de plantes mentionnées par les voyageurs du XVIIe siècle et poussant encore en Tunisie, a été présenté aux participants qui ont pu voir, palper et sentir diverses herbacées exposées (Zinelabidine Benaïssa).

Ces études nourricières nous ont permis d'aborder plusieurs problématiques comme celle de l'altérité (Donna Kuizenga, Fatiha Loualich, Hassen El Annabi), de l'universalité (Raja Bahri, Yassine, Khédija Ajroud), de l'intertextualité (Mariette Cuénin-Lieber, Alia Baccar) et de nous pencher sur des approches différentes: récits de voyage et littérature (Linon-Chipon, Francis Assaf), traitement de l'Histoire par la littérature (Perry J.Gethner, Hamdi Hmaïdi), pénétration du réel par la force du mythe et des croyances (Alain Niderst, Mohamed Bouattour).

Comme nous le voyons, de multiples aspects furent traités grâce à un large éventail géographique, historique, lexicographique, littéraire, iconographique et lyrique, illustrés souvent par des documents peu connus.

Il est apparu que «L'épaisseur du continent a intrigué voyageurs, découvreurs, cosmographes et missionnaires» (Annie Molinié). Par l'immensité de son territoire, «l'Afrique reste encore au XVII$^e$ siècle le pays de la difformité et de la démesure, [...] mère des prodiges [...]; sa topographie restant floue dans l'imaginaire, elle inspire des sentiments ambigus» aussi, géographie et mythologie se rejoignent-elles dans l'imaginaire du voyage (Marie-Christine Pioffet) et dans les différents genres abordés.

De cette abstraction, de cet ailleurs chargé de mystères (Mohamed Rahmouni), il ressort la difficulté de connaître l'Autre, de le définir, de le représenter, de le mettre en scène; figure symbolique, il n'est plus un être réel. L'Africain est méconnu «les Ethiopiens sont tous les peuples qui ont la peau noire» (Hassen El Annabi, Dominique Lanni); source de stéréotypes anthropologiques, il est fourbe, barbare et appartient à une «sous-humanité monstrueuse» (Sophie Linon Chipon) ou devient «un objet ludique pour le divertissement» ou alors sert de ressort dramatique (Lyès Annabi). Dans le jeu théâtral, l'Afrique Noire est ignorée et dédaignée sur scène et n'est pas reconnue en tant que telle à travers les costumes portés par les acteurs ou par les décors (Guy Spielmann). L'Africain est utilisé comme masque, comme simple élément traditionnel du spectacle (Russell Goulbourne).

Ornement du récit, l'Afrique est le décor d'aventures extraordinaires (Madeleine Bertaud).Toile de fond éloignée de toute civilisation, elle permet à l'Europe de s'interroger sur elle-même. (Russell Goulbourne) «C'est le pays d'un autre qui nous désigne» (Christian Biet, Sylvie Requemora).

A travers la perception occidentalisée des lieux et des hommes (Russell Goulbourne et Lyès Annabi), on nous donne à voir une «Afrique culturelle et littéraire, un là-bas sans substance, ni profondeur» (Ralph Heyndels).

Bref, cette mise en perspective nous a séduits; le propos des diverses communications aussi édifiantes les unes que les autres, a contribué à la résurrection des Afriques du XVII<sup>e</sup> siècle.

J'adresse mes vifs remerciements à l'ensemble des collègues pour leur apport scientifique, pour leurs brillantes interventions et pour leur présence attentive.

Oui, nous sommes des admirateurs convaincus, voire gourmands du Grand Siècle, mais nous n'en sommes pas moins ouverts sur le présent et sur l'avenir. Ce colloque a permis, à mon grand bonheur, de découvrir les jeunes dix-septiémistes internationaux et tunisiens. Ils sauront assurer une brillante relève.

# Paroles de clôture

par

WOLFGANG LEINER

Le Colloque de Tunis vient d'ajouter une nouvelle réussite à la liste des manifestations passées du Centre International de rencontres sur le XVII<sup>e</sup> siècle. Grâce à l'engagement enthousiaste de tous ceux qui ont conçu et préparé cette rencontre et ont réussi à ce qu'elle se déroule dans une atmosphère de cordialité et d'hospitalité, nous avons vécu des journées mémorables. Aussi m'est-il un devoir très agréable de dire ici à nos hôtes, en mon nom, au nom du Bureau de notre Centre, mais aussi au nom de tous les participants notre profonde gratitude. Pendant tout notre séjour l'Université de la Manouba, la Mairie de la Ville de Tunis, le Ministère de la Culture du gouvernement de la Tunisie et le Directeur de l'Institut français de la Coopération nous ont entouré d'une généreuse attention. A tous nos hôtes j'exprime nos sentiments de reconnaissance Le mérite du succès de ce colloque revient d'abord à l'équipe qui sous la direction d'Alia Baccar a su coordonner les multiples manifestations de ce grand projet dont nous applaudissons aujourd'hui la parfaite réalisation. Le succès de nos journées tunisiennes est dû aussi au concours des nombreux collègues et chercheurs venus présenter les résultats de leurs investigations. Leurs communications nous permettent de nous faire une idée plus précise de l'image qu'on se faisait au XVII<sup>e</sup> siècle de l'Afrique. Madame la Présidente, chère Amie, merci de nous avoir convié à cette rencontre qui nous a beaucoup apporté.

C'est la dernière fois qu'il m'incombe de clôturer un colloque du CIR 17, car après dix ans de présidence, je quitte aujourd'hui la fonction qui m'a passablement occupé et beaucoup passionné. Créer à partir de rien – sinon d'une idée vague de ce qu'on voudrait faire – une association solide, lui donner une structure, une identité, l'élever au rang d'une institution respectée était une tâche valant la peine d'être poursuivie avec engagement. Si les débuts étaient souvent difficiles, l'enthousiasme engendré par les premiers colloques de Kiel, Santa Barbara et de Fribourg, les encouragements nombreux venant de l'extérieur et puis surtout le soutien constant apporté par les membres du bureau et le conseil d'administration ont contribué à donner forme et permanence à notre Centre.

Après sept colloques, le point de non-retour me paraît atteint. Le CIR 17 est définitivement installé. Je peux donc quitter le poste occupé depuis

1991 sans mettre en danger l'avenir. Et ceci d'autant plus que le secrétaire général, Pierre Ronzeaud, et les trésoriers, Charles Mazouer et Buford Norman, garantiront par leur présence une continuité dont pourra profiter Cecilia Rizza, qui présidera désormais au destin du Centre. Avec le dynamisme que nous lui connaissons, avec son savoir-faire et sa très vaste culture dix-septièmiste, notre présidente conduira le CIR 17 vers de nouveaux rivages. Avec le bureau renouvelé, le CIR 17 continuera à se développer au grand profit des études qui nous tiennent à cœur. En tant qu'éditeur des actes, je continuerai à servir notre Centre de façon plus modeste, mais toujours avec la même ferveur. Le président du CIR 17 s'en va. Vive la présidente!

Wolfgang Leiner<br>
Président 1991-2002